Platons theoretische
Philosophie

Gernot Böhme

Platons theoretische Philosophie

Verlag J.B. Metzler
Stuttgart Weimar

Böhme, Gernot:
Platons theoretische Philosophie / Gernot Böhme.
Stuttgart ; Weimar : Metzler, 2000
ISBN 978-3-476-01765-9

Dieses Werk einschließlich aller seiner Teile ist urheberrechtlich geschützt. Jede Verwertung außerhalb der engen Grenzen des Urheberrechtsgesetzes ist ohne Zustimmung des Verlages unzulässig und strafbar. Das gilt insbesondere für Vervielfältigungen, Übersetzungen, Mikroverfilmungen und die Einspeicherung und Verarbeitung in elektronischen Systemen.

© 2000 J. B. Metzlersche Verlagsbuchhandlung und Carl Ernst Poeschel
Verlag GmbH in Stuttgart

Satz: Typomedia Satztechnik GmbH, Ostfildern
Druck und Bindung: Ebner & Spiegel GmbH, Ulm
Printed in Germany

meiner Frau
Farideh Akashe-Böhme
gewidmet

Inhalt

Vorrede 1

I. Einleitung 5

1. Ein Vorbegriff der Platonischen Philosophie 7
2. Das Höhlengleichnis 20

II. Die Wissenschaft und die Dialektik 33

1. Einleitung 35
2. Die Wissenschaft von der Zahl 38
3. Geometrie und Stereometrie 55
4. Die zwei Teile der Astronomie 66
5. Die Harmonielehre 79
6. Die Synopsis der Wissenschaften 87
7. Was ist Dialektik? 100
     7.1 Die Methode der Logoi 100
     7.2 Das dihairetische Verfahren. Idee und Begriff 109
     7.3 Definieren 115
8. Die dialektische Begründung von Wissenschaft 128
     8.1 Die Methode des Einen und Vielen: Das Paradigma
        der Musiktheorie 128
     8.2 Die Sprachtheorie 141
9. Das System der »gegenstandsbezogenen« Wissenschaften . 149

III. Erkenntnis und Rede 165

1. Das Liniengleichnis 167
2. Theorie des Bildes 178
3. Was ist Erkenntnis? 201
     3.1 Kriterien und Modelle 201
     3.2 Wahrnehmung 203
     3.3 Doxa 209
     3.4 Die Erkenntnis der Natur 223
4. Die Lehre vom Satz 230

5. Auf dem Wege zu Kategorien 244
   5.1 Ideen, Prinzipien und die obersten Gattungen 244
   5.2 Der Ursprung der aristotelischen Kategorien
       in akademischen Diskussionen 247
   5.3 Selbigkeit 251
   5.4 Andersheit, Verschiedenheit 261
   5.5 Quantität/Qualität 270
   5.6 Seiendes, Bewegung/Ruhe 277

IV. Der Kosmos und das Gute 285

1. Die Konstitution des Kosmos 287
2. Körper: Die Theorie der vier Elemente 294
3. Seele 311
   3.1 »Räumlichkeit« 311
   3.2 Zeit 316
   3.3 Bewegung 324
4. Das Sonnengleichnis 345

V. Anhang 363

Personenregister 365
Stellenregister 369
Sachregister 379
Danksagung 392

Vorrede

Dies ist eine systematische Darstellung der platonischen Philosophie. Obgleich Platon ein oberstes Prinzip kennt – das Eine oder das Gute – und vom wahren Wissen verlangt, daß es aufsteigend oder absteigend mit diesem obersten Prinzip verbunden sei, heißt *systematisch* aber doch keineswegs deduktiv oder anagogisch. Platons Texte sind selbst denkbar weit von einer solchen Darstellung seiner Philosophie entfernt. Sie haben fast durchweg Dialogform und entwickeln philosophische Gedankengänge paradigmatisch, das heißt in Auseinandersetzung mit konkreten Einzelfragen, und dialogisch, das heißt in einer bestimmten Gesprächssituation und aus den Voraussetzungen heraus, die bei den Gesprächspartnern unterstellt werden können oder von ihnen selbst gemacht werden. Als Autor strebt Platon in seinen Schriften keineswegs eine durchgängige Stimmigkeit an, noch hält er sich an eine feste Terminologie. Was dargestellt wird, ist immer konkretes Philosophieren und nicht ein fester Bestand von Wissen. Wenn Platon im *siebten Brief* (341c4–6) feststellt, daß es keine Schrift von ihm gebe, die seine Philosophie enthielte, so sollte man diese Behauptung ernst nehmen. Zwar lassen sich durchaus in Platons Schriften Lehren und Positionen identifizieren und man spricht mit Recht von der *Platonischen Philosophie*, doch hat Platon bewußt vermieden, sie als ein mitteilbares, beweisbares und lehrbares Gedankengebäude darzustellen. Nicht daß er eine solche Darstellung für menschenunmöglich gehalten hätte. Er war jedoch der Meinung, daß sie eher zu Pseudowissen führen würde – denn das entscheidende Moment im Wissen war für ihn die persönliche Aneignung.

Wenn ich meine Darstellung der Platonischen Philosophie systematisch nenne, dann deshalb, weil ich sie nicht dem Gang einzelner Dialoge folgend, sondern geordnet nach Sachproblemen darstelle. Das Ziel ist dabei, die einzelnen Bestandstücke der

Platonischen Philosophie in ihrem Zusammenwirken zur Lösung von Sachproblemen vorzuführen. Diese Bestandstücke seiner theoretischen Philosophie sind: die Ideenlehre, die Prinzipienlehre, die ungeschriebene Lehre, die Erkenntnistheorie, die Logik und die Ontologie. Diese einzelnen Lehren von Platon werden häufig gegeneinander ausgespielt, sei es nun, daß von bestimmten Autoren nur eine von ihnen, etwa die ungeschriebene Lehre, als die *wahre* Platonische Philosophie ausgegeben wird[1], sei es, daß eine von ihnen, z. B. die Ideenlehre[2], als alle umfassend präsentiert wird oder sei es, daß sie mit der Unterstellung einer Entwicklung Platons, als frühere und spätere Phasen seines Philosophierens verstanden werden. So meinen beispielsweise einige Autoren, daß Platon in späteren Dialogen wie dem *Sophistes* und dem *Philebos* die Ideenlehre zugunsten der Prinzipienlehre aufgegeben habe.[3] Solche Versuche entspringen einer ganz unangebrachten Dogmatisierung Platons und verkennen die trotz aller Strenge immer wieder spürbaren spielerischen und tentativen Züge seiner Philosophie. Platon selbst hat in seinen Texten immer wieder den vorläufigen Charakter seiner Gedankenentwicklung angemerkt, auch an Stellen, die wir heute als genuin platonisches Gedankengut hinnehmen müssen, wie z. B. die Erklärung der vier Elemente durch platonische Körper. Auch hat er immer wieder gut ausgearbeitete Thesen und Definitionen im letzten Moment durch einen aporetischen Ausgang des Gesprächs ins Schweben gebracht. Das gilt beispielsweise von seiner Erkenntnistheorie im *Theaitetos*. Manche *seiner* Lehren führt er als vom Hörensagen bekannt an, manche läßt er durch Fremde vortragen oder sein Protagonist Sokrates bezeichnet sie als einen Traum oder ein Geschenk der Götter. Will man das Ensemble dieser Lehren als die Philosophie des Autors, durch den wir sie

---

[1] Zu einer solchen Auffassung neigen Angehörige der Tübinger Platonschule. So meint etwa Szlezák, daß Platon in dem Sinne *esoterisch* sei, daß er auf seine eigentliche Philosophie in seinen Schriften nur in Andeutungen und Auslassungsstellen verweise. Thomas A. Szlezák. *Platon lesen*, Stuttgart, frommann-holzboog 1993.

[2] So das klassische Buch von Paul Natorp, *Platos Ideenlehre. Eine Einführung in den Idealismus* (1902), Darmstadt: WB (Nachdruck der 2. Aufl. von 1922), 1961, 4. Aufl. 1975.

[3] Charakteristisch dafür ist Wilhelm Kamlahs Buch *Platons Selbstkritik im Sophistes*, München: C. H. Beck 1963.

kennen oder dem sie durch Zeugen zugeschrieben werden, verstehen, so scheint mir die richtige Weise des Vortrags, sie nicht als stringentes, widerspruchsfreies Gebäude darzustellen, sondern ihren Zusammenhang in der Bearbeitung von Sachproblemen deutlich zu machen. Dies ist es, was ich systematische Darstellung nenne.

Wenn ich von der *theoretischen* Philosophie Platons rede, dann will ich damit in erster Linie eine Einschränkung anzeigen. Zwar beziehe ich mich auf das Ganze der Platonischen Philosophie, zeige sie aber unter eingeschränkten Gesichtspunkten, indem ich mich auf die Probleme konzentriere, die man später der Ontologie, der Erkenntnis- und Wissenschaftstheorie, der Logik und der Kosmologie, kurz: der theoretischen Philosophie zugeordnet hat. Dagegen werden Fragen der praktischen Philosophie, also der Staatstheorie, der Pädagogik, der Ethik, der Anthropologie in diesem Buch allenfalls berührt. Was die platonischen Grundlehren angeht, ist dies allerdings keine Einschränkung. Würde man einen zweiten Band mit dem Titel *Platons praktische Philosophie* folgen lassen, so würde sich in Bezug auf diese kaum etwas ändern, nur daß das μέτριον ein anderes Gewicht und wohl auch einen anderen Sinn erhielte.

Die Einschränkung auf die theoretische Philosophie ist bei mir allerdings noch durch ein Zusatzmotiv bestimmt, nämlich die Absicht, Platons Philosophie im Zusammenhang der Wissenschaftsentwicklung seiner Zeit darzustellen. Da Platonforscher und Wissenschaftshistoriker in der Regel verschiedener Provenienz waren, nämlich philologischer bzw. mathematisch-naturwissenschaftlicher, sind die bedeutenden Fortschritte, die beide Gebiete in unserem Jahrhundert gemacht haben, relativ unabhängig voneinander verlaufen. Zwar haben Wissenschaftshistoriker sich immer wieder um die Erklärung einzelner platonischer Stellen bemüht und umgekehrt Platonforscher Anleihen bei Wissenschaftshistorikern gemacht, und doch ist bisher Platons theoretische Philosophie nicht wirklich im Licht der Wissenschaftsgeschichte gelesen worden.

Ich versage es mir, Platons theoretische Philosophie durch ihre Aktualität anzupreisen. Whitehead soll einmal gesagt haben, alle Philosophie bestünde in Anmerkungen zu Platon. Das scheint mir nicht zu viel, eher zu wenig gesagt, weil nämlich in diesem Diktum Platons Bedeutung nur in der Philosophie gesehen wird.

Platons Einfluß ist aber nicht auf die Philosophie beschränkt, sondern betrifft die europäische Kulturentwicklung in ihrer Gesamtheit, das heißt also das Verständnis von Politik, von Wissenschaft, von Kunst, von Erziehung. Platon ist in uns, sofern wir von europäischer Kultur geprägt sind. Deshalb halte ich es auch für gänzlich verfehlt, Platon verstehen zu wollen[4], indem man ihn mit modernen Mitteln, etwa der Prädikatenlogik oder Methoden der Sprachanalyse, rekonstruiert, denn der eigentliche Gewinn, den man aus einem Studium der Platonischen Philosophie ziehen kann, liegt gerade in umgekehrter Richtung, nämlich darin, daß wir von Platon her *uns selbst* besser verstehen lernen.

---

4 Oder gar besser, als er sich selbst verstand: Andreas Graeser, *Platons Ideenlehre. Sprache, Logik und Metaphysik. Eine Einführung*, Bern und Stuttgart: Paul Haupt, 1975, 7.

I. Einleitung

I.1 Ein Vorbegriff der Platonischen Philosophie

Dieses Buch setzt sich zum Ziel, ein Verständnis des Zusammenhanges Platonischer Lehren zu vermitteln, indem es ihr Zusammenwirken in der Lösung von Sachproblemen darstellt. Dabei stehen diese Lehren auch selbst zur Diskussion, sie werden expliziert und begründet, und zwar aus bestimmten Textstellen des platonischen Werks. Diese Arbeit am Detail setzt allerdings nach hermeneutischer Doktrin die Kenntnis der platonischen Lehren, in gewisser Weise sogar die Kenntnis des Gesamtwerkes voraus. Nun ist zwar von einem Leser dieses Buches zu erwarten, daß er im Prinzip weiß, was Platonische Philosophie ist, oder daß er sich mit wenig Mühe durch einschlägige Einführungen und Übersichten informieren kann. Gleichwohl ist es zweckmäßig, den Untersuchungen dieses Buches eine Skizze der platonischen Lehren voranzustellen, um sich mit dem Leser über den hermeneutischen Vorbegriff, den man von der Platonischen Philosophie hat, zu verständigen.

Diese vorgreifende Darstellung der Hauptlehren der Platonischen Philosophie gehört noch nicht zu dem, worum es in diesem Buch eigentlich geht. Der Vorbegriff muß notwendig relativ roh und unbestimmt sein, quasi naiv und dogmatisch, und er soll nicht an einzelnen Textstellen ausgewiesen werden. Inhaltlich gehört das, was in diesem Vorbegriff über die platonischen Lehren gesagt wird, durchaus zu den Behauptungen des Buches, nur sind es vorläufige Behauptungen, die noch zu explizieren und modifizieren sind, und das insbesondere deshalb, weil diese Lehren hier im Vorbegriff unverbunden nebeneinandergestellt werden: Erst in ihrem Zusammenwirken klärt sich ihr eigentlicher Sinn.

Ideenlehre

Der Ausdruck Eidos, Idee ist einer der wichtigsten der Platonischen Philosophie. Das Eidos ist das eigentlich Seiende. Εἶδος oder wie es manchmal auch heißt ἰδέα kommen von ἰδεῖν, sehen. Eidos ist im vorphilosophischen Sprachgebrauch soviel wie die sichtbare Gestalt. Wichtig ist, daß auch der Ausdruck für *wissen*, εἰδέναι, von ἰδεῖν kommt und zwar das Perfekt des Verbs darstellt: Wissen ist Gesehen-haben, und der eigentliche Gegenstand des Wissens ist die Idee.

Als Ausdruck der Philosophie hat *Idee* seinen Ursprung in der Sokratischen Frage τί ἐστι; – Was ist die Gerechtigkeit, was ist ein Mensch? Diese Frage zielt darauf, was eine Sache eigentlich ist (ὃ τί ποτε ὄν), auf das, was sie zu dem macht, was sie ist: und dies ist die Idee. Also die Idee der Biene ist das, was eine Biene eigentlich zur Biene macht. Die Idee der Gerechtigkeit ist das, was jemanden gerecht macht, sei es nun ein Mann, eine Frau, ein Freier oder ein Sklave. Die Idee ist deshalb etwas Allgemeines – aber nicht im Sinne eines Begriffs, der viele Einzelfälle unter sich enthalten könnte, sondern als etwas Gemeinsames, das viele Einzeldinge teilen können, etwas, in dem sie übereinkommen. Im Unterschied zu diesen vielen Einzeldingen, die denselben Namen tragen wie die Idee, wird die Idee häufig durch das Epitheton *selbst* (αὐτός) bezeichnet: Der Mensch selbst, die Gerechtigkeit selbst, der Tisch selbst. Der einzelne Mensch mag gerecht sein, aber die Idee der Gerechtigkeit ist eben die Gerechtigkeit selbst.

Die Frage τί ἐστι;, was ist x, zielt auf die Idee, aber die Idee ist nicht die Antwort auf diese Frage. Vielmehr ist die Antwort eine Definition, das heißt ein Satz, in dem expliziert wird, was die Idee ist. Es ist also zu unterscheiden: der Name, die Idee, das Einzelding und die Definition. Mit dem Namen Bett bezeichnet man sowohl das Einzelding Bett, wie auch die Idee des Bettes (das Bett selbst). In der Definition wird ausgesagt, was Bettsein eigentlich ist, sie bezieht sich also auf die Idee. Gleichwohl gilt sie auch als Aussage über das Einzelding, obgleich dieses sein Bettsein nur mehr oder weniger gut ist.

Die Beziehung von Idee und Einzelding wird bei Platon mit verschiedenen Modellen beschrieben und zwar durch Teilhabe, durch Mimesis oder durch die Urbild-Abbild-Relation. Ein konkreter Gegenstand ist ein Bett, weil er an der Idee des Bettes teilhat. Man kann auch sagen, daß das konkrete Bett die Idee des Bettes zur Darstellung bringt. *Darstellung* ist eine Übersetzung von Mimesis. Anderseits kann man auch sagen, daß das einzelne Bett durch Nachahmung des Bettes selbst hergestellt wurde. Damit greift das dritte Modell, durch das Platon die Beziehung von Idee und Einzelding beschreibt, nämlich als Urbild-Abbild-Relation. Die Idee ist das Urbild oder Vorbild und das Einzelding ist, was es ist, nur insofern es die Idee abbildet.

Durch diese Modelle bringt Platon eine Asymmetrie zwischen Idee und Einzelding zum Ausdruck. Die Ideen sind jeweils, was sie sind, auch wirklich, das heißt vollkommen, während die Einzeldinge dies nur in gebrochener und in unvollständiger Art zur Darstellung bringen. Sie sind in ihrem Sein deshalb sekundär und abhängig, während die Ideen selbständig sind. Ideen und Einzeldinge sind Gegenstände unterschiedlicher Erkenntnisweisen. Alles, was wir mit unseren Sinnen wahrnehmen können, sind nur Einzeldinge, und sie sind, was sie sind, nur unvollständig und in gebrochener Form. Die Ideen können deshalb nur durch Denken erkannt werden. Dadurch ergibt sich eine Kluft zwischen der *Welt der Ideen* und der *Welt der Sinnlichkeit*, der sogenannte χωρισμός.

Platon macht die Verhältnisse gern an mathematischen Beispielen klar: Wenn man einen Kreis zeichnet und mit Hilfe dieser Zeichnung mathematische Sätze demonstriert, so bezieht man sich in diesen Demonstrationen nicht eigentlich auf die Zeichnung, die ja faktisch einen Kreis nur mehr oder weniger gut darstellt, sondern man bezieht sich auf den *Kreis selbst*. Die mathematischen Gegenstände, die als solche nur denkbar sind, bilden eine Welt für sich. In der sinnlichen Welt dagegen mögen wir es mit runden Dingen zu tun haben oder auch mit Zeichnungen von Kreisen. Sie sind nie eigentlich und in Strenge Kreis, sondern sie sind das, als was wir sie ansprechen, nämlich Kreise oder kreisrund, nur insofern sie, was der Kreis selbst ist, abbilden oder mehr oder weniger gut zur Darstellung bringen.

Die Skizze der Ideenlehre könnte damit schon hinreichend sein. Ich möchte aber doch diejenigen ihrer inneren Probleme, die Platon selbst angibt, noch nennen, schon deshalb, weil ihre Kenntnis ebenso landläufig ist wie die Ideenlehre selbst. Da ist als erstes das Problem der Selbstanwendung zu nennen. Die Idee ist, was sie ist, selbst: Heißt das, daß die Gerechtigkeit auch gerecht ist? Diesem Problem der Selbstprädikation kann und will Platon nicht ausweichen, weil es einige Ideen gibt, für die der Selbstbezug essentiell ist. So definiert er die Seele als Selbstbewegung und charakterisiert im Dialog *Charmides* ein bestimmtes Wissen als Reflexionswissen, nämlich als Wissen des Wissens. Ein weiteres Problem ist das des Einen und Vielen. Die verschiedenen Modelle, nach denen die Beziehung der einen Idee zu den vielen Einzeldingen gedacht werden, enthalten immer das Problem, daß eins in vielem sein muß und doch gleichwohl eins bleiben. Ein weiteres Problem ist das berühmte Tritos-Anthropos-Argument, das Argument vom dritten Menschen: Wenn die Beziehung von Idee und Einzelding als Abbildungsbeziehung gedacht wird, dann muß ja wohl das Einzelding der Idee ähnlich sein, also beispielsweise ein Mensch der Idee des Menschen. Damit ergibt sich aber ein *dritter Mensch*, nämlich als dasjenige, worin Urbild und Abbild übereinkommen. Schließlich enthält die Selbständigkeit der Ideenwelt und der damit verbunden χωρισμός ein grundsätzliches Problem, denn alles, was ein bestimmtes Was-Sein hat, hat ja sein Original in der Ideenwelt. Wie ist es dann aber mit den Beziehungen *zwischen* Ideenwelt und sinnlicher Welt? Platon folgert im Dialog *Parmenides*, in dem auch die anderen genannten Probleme diskutiert werden, daß es dann keine Erkenntnis der Ideen geben könne. Denn Erkenntnis in der Ideenwelt würde sich nur auf Ideen richten und die Erkenntnis bei uns nur auf die sinnlichen Dinge.

Zum Abschluß sei noch festgestellt, daß die Ideenlehre ein bestimmtes Modell von Erkenntnis favorisiert. Wenn das eigentliche Sein von etwas in seinem Eidos, also seinem prägnanten Aussehen besteht, dann ist das Sehen, die Schau die adäquate Erkenntnisweise. Etwas als etwas erkennen heißt dann aber in ihm wiedererkennen, was man schon zuvor geschaut hat. In diesem Sinne kann Erkenntnis dann als Erinnerung bezeichnet werden. Das ist die berühmte Anamnesislehre Platons.

Prinzipienlehre

Als Platons Prinzipienlehre bezeichnet man zwei Theorien, die Platon in den Dialogen *Philebos* und *Sophistes* einführt. Der Titel selbst ist problematisch, weil Platon in diesem Zusammenhang den

Ausdruck Prinzip (ἀρχή) nicht benutzt. Vielmehr redet er eher so unbestimmt, wie Empedokles seine vier Elemente als *die Vier* bezeichnet. Im *Philebos* redet er von vier oder fünf oder noch mehr *Teilen* eines Ganzen, im *Sophistes* von *obersten Gattungen*. Um ein Vorverständnis zu formulieren, ist jedoch der Ausdruck *Prinzip* nicht unangebracht, weil die fraglichen Ausdrücke jeweils die Funktion haben, Erklärungen für alles Seiende, beziehungsweise der Möglichkeit des Redens über alles Seiende zu liefern.

Im *Philebos* geht es um die Konstitution alles Seienden. Dafür führt Platon die Prinzipien des Unbegrenzten und der Grenze, des Gemischten, der Ursache der Mischung und der Ursache der Auflösung ein. Er betont, daß die Reihe dieser Prinzipien unabgeschlossen sei. Die eigentliche Lehre besteht darin, daß alles Seiende durch ein Zusammenspiel von Unbegrenztem und Grenze zustande kommt. Das dritte Prinzip bezeichnet bereits das Seiende als so Konstituiertes. Als viertes Prinzip, die Ursache, benennt Platon die Vernunft.

Man kann diese Lehre in erster Näherung im Sinne der späteren, nämlich der Aristotelischen Lehre von Form und Materie verstehen. Hiernach wird ein Seiendes von der Art eines in der sinnlichen Welt gegebenen Dinges verstanden als ein Konkretum (σύνολον) aus Form und Materie. Das ist das Handwerksmodell des Dinges: Einer Materie, etwa Holz, wird durch Bearbeitung eine Form, etwa die Form eines Bettes, gegeben und dadurch wird das Ding zu dem, was es sein soll, nämlich Bett. Diese Lehre hat sicher bei Platon ihren Ursprung, aber sie kann die Prinzipienlehre, wie Platon sie im Dialog *Philebos* formuliert, keineswegs erschöpfen. Denn das eigentlich Seiende sind bei Platon ja die Ideen, und Platon wendet die Prinzipien des Unbegrenzten und der Grenze im *Philebos* auch explizit auf Ideen an. Wenn dort beispielsweise von Tönen oder Sprachlauten die Rede ist, so geht es nicht um die sinnlich gehörten Töne oder Laute, sondern die im Bereich der Töne oder Laute feststellbaren charakteristischen Unterschiede. Es geht Platon bei der Prinzipienlehre des *Philebos* um die Erklärung der Vielheit des Seienden nicht erst im Bereich des sinnlich Wahrnehmbaren, sondern schon im Bereich der Ideen.

Nun enthält eine Idee, weil sie dem Vielen trotz dessen Unterschiedlichkeit gemeinsam ist, eine innere Unbestimmtheit. Die Verhältnisse von Ober- und Unterideen sind den Verhältnissen von Ober- und Unterbegriffen entgegengesetzt. Während ein Oberbegriff inhaltlich ärmer ist als ein Unterbegriff, ist eine Oberidee inhaltlich reicher als eine Unteridee, weil sie nämlich die Unterideen in sich enthält. So gesehen gehört zu jeder obersten Idee eines Sachgebietes eine innere Unbestimmtheit, die im Zusammenspiel mit dem Prinzip der Grenze zu einer Ausdifferenzierung und damit zu einer Vermannigfaltigung der Ideen führt. Jede Idee, mit Hilfe deren man erkennen kann, *was* ein Ding der sinnlichen Welt ist, enthält also nach Platons Lehre bereits beides, das Unendliche und die Grenze, die Unbestimmtheit und die Bestimmtheit.

Auch die zweite Prinzipienlehre Platons, diejenige, die wir im *Sophistes* finden, dient dazu, die Mannigfaltigkeit im Bereich der Ideen selbst zu verstehen. Hier geht es aber vielmehr um das Verhältnis der Ideen untereinander, ihre Verflechtung (συμπλοκή), ihre Gemeinsamkeit und ihren wechselseitigen Ausschluß. Um diese Ordnung im Bereich der Ideen formulieren zu können, führt Platon die von ihm sogenannten obersten Gattungen (μέγιστα γένη) ein. Er nennt sie durch die Ausdrücke Seiend (ὄν), Selbigkeit (τ'αὐτόν), Verschiedenheit oder Anderssein (τὸ ἕτερον), Ruhe (στάσις), Bewegung (κίνησις). Diese obersten Gattungen können nicht als oberste Arten des Seienden verstanden werden, weil ja *Seiend* selbst eine von ihnen ist. Sie dienen vielmehr dazu, die Verhältnisse im Bereich des Seienden selbst zu beschreiben. Dabei ist es Platons besonderes Ziel zu zeigen, daß auch Nichtseiendes in gewisser Weise ist. Dies ist nötig, um zu begreifen, was ein Bild und was ein Satz ist. In beiden kommt nämlich das Nichtseiende in gewisser Weise als seiend vor. Das Bild, insofern es täuschen kann, der Satz, insofern er falsch sein kann. Die obersten Gattungen dienen damit dazu, so etwas wie Täuschung und Falschheit zu erklären, aber damit prinzipieller noch den Unterschied von Wahrheit und Falschheit.

Die Beziehungen zwischen den Ideen werden zunächst an den obersten Gattungen selbst demonstriert. Das heißt also, daß sie teils aneinander teilhaben, teils sich gegenseitig ausschließen, daß sie mit sich selbst identisch sind und voneinander verschieden. Obgleich sie zur Beschreibung der Verhältnisse zwischen Ideen eingeführt werden, werden sie also auch selbst als Ideen behandelt. Damit haben sie einen besonderen, nämlich reflexiven Charakter, der ihre Auszeichnung als oberster oder vielleicht besser bedeutendster Gattungen rechtfertigt.

Die ungeschriebene Lehre

Ein Teil der Platonischen Lehren wird als seine *ungeschriebene Lehre* bezeichnet. Es ist natürlich, daß Lehren, die ein Autor mündlich mitteilt, auch mündlich weitertradiert werden, bis sie irgendwann einmal aufgeschrieben werden. Daß aber bereits bei Aristoteles der Ausdruck *ungeschriebene Lehre* zur Bezeichnung eines besonderen Teils der Platonischen Lehren auftritt, zeigt an, daß seine mündlichen Mitteilungen inhaltlich deutlich über das schriftlich Niedergelegte hinausgingen. Diese Inhalte seien hier zunächst kurz skizziert.

Das Allerwichtigste ist, daß Platon in der ungeschriebenen Lehre die Seinsordnung im ganzen, wie auch jedes einzelne Seiende von zwei Prinzipien her beschreibt, nämlich dem Einen und der unbestimmten Zweiheit (ἕν und ἀόριστος δυάς). Die ἀόριστος δυάς ist genauer besehen die Bezeichnung für ein Paar, das in unbestimmter Relation zueinander steht, nämlich das Groß/Kleine oder das Übertreffen und Zurückbleiben. Seiendes und damit Gutes kommt zustande, indem das Eine in der unbestimmten Zweiheit, im Übertreffen und Zurückbleiben, einen Ausgleich schafft. Dieser Ausgleich wird als Maß, als das Angemessene, als das Mittlere bezeichnet. Ein weiteres Bestandstück der ungeschriebenen Lehre ist die Rede von den Ideen-Zahlen. Diese Rede kann einen zweifachen Sinn haben, nämlich daß die Zahlen bei Platon Ideen sind und umgekehrt die Ideen Zahlen. Da uns diese Lehre vor allem in der Polemik des Aristoteles gegen sie überliefert ist, mag sie im Bericht verzerrt sein. Jedenfalls wirkt sie bei Aristoteles wie eine Art Pythagoräismus, in dem die pythagoreische Weisheit, *alles ist Zahl*, wörtlich genommen wird. Pythogoräismus ist in der Tat ein genuiner Zug platonischen Philosophierens. Dazu gehört auch ein weiteres Bestandstück der ungeschriebenen Lehre, nämlich die Erzeugung der Zahlen aus einem Zusammenspiel des Einen und der unbestimmten Zweiheit und ferner der Aufbau der ontologischen Ordnung, wie sie uns in Platons *Politeia* im Liniengleichnis entgegentritt, einer Ordnung gemäß der Dimensionenfolge von Punkt, Strecke, Fläche und Körper.

Diese Lehren Platons sind uns vor allem durch Aristoteles bekannt, teils aber auch durch Sextus Empiricus, Proclus und spätantike Aristoteles-Kommentatoren. In diesen Berichten spielt eine besondere Rolle der Bezug auf platonische Lehrvorträge *Über das Gute*. Von ihnen wird berichtet, daß die Zuhörer ganz enttäuscht gewesen seien, weil sie einen ethischen Vortrag erwartet hatten und von Platon hauptsächlich mit Mathematik konfrontiert wurden oder besser, wie die Berichte zeigen, mit einer in mathematischer Sprache dargestellten Ontologie.

Daß *die ungeschriebenen Lehren* ein wichtiger Bestand dessen sind, was man als Platons Philosophie ansehen muß, gilt heute als gesichertes Ergebnis philologischer und philosophischer Forschung. Gleichwohl gehen die Meinungen über die Einschätzung dieser Lehren auseinander. Eine Hauptfrage ist, ob man die ungeschriebenen Lehren Platons als *esoterisch* bezeichnen soll, nämlich in dem Sinne, daß sie nur für einen eingeweihten Kreis bestimmt und verständlich waren. Nun hat schon früh Konrad Gaiser, einer der wichtigsten Erforscher der ungeschriebenen Lehre, davor gewarnt, für Platons Akademie so etwas wie Hermetik, das heißt Abschluß nach außen und Geheimhaltung, wie es bei älteren Weisheitsschulen durchaus üblich war, anzunehmen. Gleichwohl könne es einen natürlichen Unterschied zwischen einer Vortragsart für Akademieangehörige und für ein öffentliches Lesepublikum gegeben haben. In diesem Sinne hat Aristoteles offenbar einen Teil seiner Schriften als exoterisch bezeichnet. Der Ausdruck esoterisch dagegen tritt in Platons und Aristoteles' Epoche überhaupt noch nicht auf. Daß nun die ungeschriebene Lehre nur für Akademieschüler bestimmt war, kann nicht zutreffen, denn die Vorträge *Über das Gute* waren offenbar öffentlich. Gerade deshalb lösten sie ja beim Auditorium eine Verwunderung aus, die bei »eingeweihten« Höhrern nicht hätten auftreten können. Es spricht einiges dafür, daß die ungeschriebene Lehre schlicht eine späte, fortentwickelte Form der Platonischen Philosophie ist, zu deren Darstellung im Stil der Dialoge Platon nicht mehr gekommen ist.

Eine solche Auffassung der ungeschriebenen Lehre wollen einige Autoren, wie z. B. Szlezák, allerdings nicht akzeptieren, weil sie die Existenz einer ungeschriebenen Lehre Platons im Zusammenhang mit seiner an verschiedenen Stellen geäußerten Schriftkritik sehen. Platon, ein begabter, in gewissem Sinn leidenschaftlicher Autor, kritisiert merkwürdigerweise an mehreren Stellen seines Werkes das Schreiben und die Schriftlichkeit. Genauer: Er sieht in dem geschriebenen Wort nur einen höchst unvollkommenen Ersatz für das gesprochene und gibt ihm lediglich als Erinnerungshilfe einen Wert. Diese Kritik geht soweit, daß Platon im *siebten Brief* schreibt: » Es gibt ja auch von mir darüber (d. h. über die wichtigsten Wissensinhalte) keine Schrift und kann auch niemals eine geben; denn es läßt sich keineswegs in Worte fassen wie andere Lerngegenstände, sondern aus häufiger und gemeinsamer Bemühung um die Sache selbst und aus dem gemeinsamen Leben entsteht es plötzlich... in der Seele und nährt sich dann schon aus sich heraus weiter« (341c4–d2). Hieraus folgern die genannten Autoren, daß Platon zentrale Stücke seiner Lehren nicht habe aufschreiben *wollen* und sie nur mündlich mitgeteilt habe. So deutet Szlezák die aporetischen Ausgänge von Dialogen und immer wieder auftretende *Aussparungsstellen* in Platons Werk, das heißt Stellen, an denen Platon explizit eine weiterführende Untersuchung abbricht, als Hinweise auf die Inhalte, die uns heute als ungeschriebene Lehre überkommen sind.

Nun fragt sich allerdings, ob wir, dieser Linie folgend, annehmen müssen, daß Platon bestimmte Dinge nur nicht habe aufschreiben wollen, oder daß er der Meinung war, es sei prinzipiell unmöglich sei, sie aufzuschreiben. Für uns Nachgeborene scheint mir allerdings nur eine Entscheidung, die gewissermaßen quer zu dieser Alternative liegt, sinnvoll. Da wir mit der ungeschriebenen Lehre Platons ja auch nur in geschriebener Form zu tun haben – nämlich in der schriftlichen Überlieferung ihrer Zeugen –, kann für uns das Unsagbare – Platon redet wohlgemerkt an der zitierten Stelle im *siebten Brief* nicht nur von dem was nicht *aufschreibbar* ist –, also kann das Unsagbare genaugenommen nicht in den Inhalten bestehen. Vielmehr bezieht sich Platon mit diesen Bemerkungen sichtlich auf ein zentrales Moment seines Begriffs von Erkenntnis, nämlich das Moment der Aneignung: Erkenntnis ist erst Erkenntnis, wenn man sie selbst gewonnen hat. Aus diesem Grunde ist Philosophie nicht einfach verbal mitteilbar und schon gar nicht aufschreibbar, und aus diesem Grunde ist die eigentliche Weise, Philosophie zu lehren, das Gespräch, das dem Partner ermöglicht, selbst dialektische Erfahrungen zu machen.

Im ganzen ergibt sich daraus für die weitere Behandlung der

ungeschriebenen Lehren Platons in diesem Buch folgendes: Sie sind inhaltlich ein weiteres Bestandstück der theoretischen Philosophie Platons, ein Bestandstück, das mit den anderen, in den Dialogen enthaltenen in der Lösung von Einzelproblemen zusammenwirkt, wodurch sich diese verschiedenen Bestandstücke gegenseitig erhellen. Die ungeschriebenen Lehren sind nicht geeignet, Lücken der von Platon schriftlich niedergelegten Lehre zu füllen oder gar letzte Aporien, in die die Platonische Philosophie gerät, aufzulösen. In diesem Sinne ist die ungeschriebene Lehre Platons offenbar von dogmatisierenden Schülern der Akademie, beginnend mit Speusippos und Philipp von Opus, verwendet worden.

Kosmologie

Platons theoretische Philosophie ist über große Epochen der europäischen Philosophiegeschichte mit seiner Kosmologie identifiziert worden. Das hat zum einen seinen Grund darin, daß sie kompakt und explizit als Lehre in einer seiner Schriften, nämlich in *Timaios*, dargestellt ist. Dagegen sind die Ideenlehre und die Prinzipienlehre Platons in seinen Dialogen immer nur implizit thematisiert, nie explizit entwickelt. Sie erscheinen vielmehr quasi ad hoc oder in Form eines Nebenthemas in Dialogen, die auf der Oberfläche ganz anderes behandeln. Insofern sind diese Teile der theoretischen Philosophie als Platonische Lehren nicht ohne die Arbeit von Philologie und Hermeneutik herauszuarbeiten. Das gilt natürlich in noch stärkerem Maße von der ungeschriebenen Lehre. Auf der anderen Seite ist der *Timaios* diejenige Schrift Platons, die seit der Antike in den gelehrten Traditionen fast durchgehend präsent war, so daß Platons Philosophie zeitweise geradezu mit den Lehren des *Timaios* identifiziert werden konnte. Heute oder besser gesagt nach Entstehung der neuzeitlichen Naturwissenschaft ist der Status des *Timaios* nicht anders als der anderer platonischer Dialoge, weil seine Ausführungen über Tatsachen der empirischen Welt durch die Wissenschaftsgeschichte ganz und gar überholt worden sind. Was interessiert, ist auch hier die Theorie als solche, das heißt die von Platon dargelegten Grundlagen der Erkenntnis sinnlich erfahrbarer Wirklichkeit.

Platons Kosmologie ist eigentlich eine Kosmogonie, das heißt er durchdringt die Struktur sinnlich erfahrbarer Welt, indem er sie im Werden darstellt – nämlich als Produkt eines göttlichen Weltschöpfers, des Demiurgen. Diese Darstellung ist auch in sofern adäquat, als ontologisch gesehen die sichtbare Welt der Bereich des Werdens und Vergehens ist – im Unterschied zum Bereich des ewigen Seins. Zwar meint Platon, daß der immerwährende Bestand des Kosmos durch die Götter garantiert sei, aber im Prinzip ist, was zusammengefügt wurde, auch auflösbar.

Wenn Platon den Kosmos als den Bereich des Werdens und Vergehens konzipiert, so dürfen Werden und Vergehen nicht als innerweltliche Prozesse verstanden werden – die gibt es natürlich auch: Veränderung, Wachstum, Ortsbewegung –, vielmehr müssen die Ausdrücke gewissermaßen transzendental verstanden werden, nämlich als Hervortreten und Verschwinden der Ideen im Sichtbaren. Der Kosmos wird nach dem Modell handwerklicher Tätigkeit als Produkt eines Nachahmungs- oder Darstellungsprozesses verstanden: Im Blick auf das ewig Seiende schafft der Demiurg den Kosmos als dessen Bild. Dieses Modell der Kosmogonie fordert allerdings quasi ein materielles Prinzip, das heißt einen Bereich, in dem, oder eine Grundlage, auf der die Ideen in Erscheinung treten können. Das ist die χώρα, häufig als *Raum* übersetzt, das aufnehmende Prinzip, die Amme des Seins. Die Chora ist das einzige der Kosmologie eigentümliche Prinzip, wenn man sie überhaupt so nennen darf. Denn als Gegenprinzip von Form und als universelles Medium für deren Hervortreten darf die Chora als solche keine eigene Gestalt und Bestimmtheit haben. Platon nennt sie deshalb auch ein dunkles, schwer faßbares Eidos.

Der Kosmos im ganzen wird von Platon als ein großes Lebewesen gesehen. Deshalb gehören zur Kosmogonie vor allem die Schaffung des Weltkörpers und damit der Elemente und die der Weltseele. Der systematische Einbau der auf Empedokles zurückgehenden Vierelementenlehre in die Kosmogonie gelingt Platon durch den Nachweis, daß sie für die Wahrnehmbarkeit der Welt einerseits und deren inneren Zusammenhang andererseits notwendig sind: Damit man innerweltlich Seiendes sehen kann, ist das Feuer notwendig, damit man es leiblich spüren kann, ist die Erde notwendig. Wasser und Luft ergeben sich als Vermittlungsglieder zwischen beiden. Die Konstitution der Elemente im Einzelnen begreift er dann, indem er sie atomistisch und zwar im Schema der

Platonischen Körper denkt: Die Erde als Teilchen mit Würfelgestalt, das Feuer als Teilchen mit Tetraedergestalt, die Luft als Teilchen mit Oktaedergestalt und das Wasser als Teilchen mit Ikosaedergestalt. Im Anschluß an diese Theorie der Elemente, versucht dann Platon, in einer breit angelegten Physiologie chemische und organische Prozesse zu begreifen.

Die Weltseele wird von Platon als nach mathematischen Verhältnissen gegliederte Selbstbewegung konzipiert. Die Ordnung des Lebens des Kosmos im ganzen manifestiert sich im rhythmischen System der Himmelsbewegungen. Dieses System ist es, was Platon Zeit nennt, und als Darstellung von Leben überhaupt begreift.

Man kann Platons Kosmologie als seine Theorie der Natur oder gar als seine Naturwissenschaft bezeichnen. Dabei muß man aber beachten, daß dann *Natur* im neuzeitlichen Sinne eingeschränkt wird als der Bereich des Seins, der empirisch, das heißt hier durch sinnliche Wahrnehmung gegeben ist. Platon selbst hat noch wie die Vorsokratiker einen Begriff von Natur, also Physis, mit dem das Sein im ganzen gemeint ist. Und da für ihn die Ideen das eigentlich Seiende sind, sind auch sie im eigentlichen Sinne Natur.

Damit sei der Vorgriff auf Platons theoretische Philosophie abgeschlossen. Bevor nun die Lektüre im einzelnen beginnt, sei noch einmal darauf hingewiesen, in welchem Interesse und nach welcher Lesart das geschieht. Platons Philosophie liegt uns nicht in Abhandlungen, sondern in Dialogen vor. Sie bilden, literarisch gesehen, je für sich eine Einheit und können und sollen auch als solche gelesen werden. Eine systematische Lektüre von Platons Werk tut dem in gewisser Hinsicht Gewalt an. Sie ist eine Querlektüre, die, bestimmten Sachproblemen folgend, aus der Einheit der Dialoge einzelne Stellen herausnimmt und diese unter Umständen sogar auf das hin interpretiert, was nicht auf der thematischen Ebene des Dialogs untersucht wird, sondern was implizit in den Argumentationsstrukturen geschieht. Diese Gewaltsamkeit soll natürlich im Folgenden abgemildert werden, indem jeweils auf den Kontext des Dialogverlaufs, aus dem die Einzelstellen stammen, verwiesen wird und die Differenz von Oberflächengeschehen im Dialog und implizit oder ad hoc mitgeteilter Lehre genannt wird.

Platons Philosophie wird nicht doxographisch behandelt, das heißt als Meinung eines Philosophen der Vergangenheit neben anderen. Vielmehr wird sie *ernst* genommen, das heißt mit dem Interesse gelesen, Grundlagen der europäischen Kultur zu identifizieren, die bis heute wirksam sind, und damit auch das Verständnis von dem, was heute Wissenschaft, was Kunst, was Natur und was menschliche Existenz ist, zu fördern. Platons Schriften werden in ihrem Wahrheitsanspruch ernst genommen, das heißt in ihrer Leistung zur Lösung von Sachproblemen studiert. Die Rahmenbedingungen dafür sind allerdings nicht durch unser gegenwärtiges Verständnis dieser Probleme, sondern durch den für Platon zeitgenössischen Kontext der Wissenschaftsentwicklung gegeben. Deshalb wird dieser neben den platonischen Texten die wichtigste Basis der Darstellung von Platons theoretischer Philosophie sein.

I.2 Das Höhlengleichnis

Es bedarf wohl keiner Rechtfertigung, ein Buch über Platon mit dem Höhlengleichnis zu beginnen, obgleich dieser höchste Ausdruck seiner Philosophie im ganzen vielleicht das Letzte ist, was man verstehen wird. Aber, unserer hermeneutischen Maxime entsprechend, wollen wir mit dem Blick auf das Ganze beginnen. Dieses präsentiert sich nirgends so kompakt und erleuchtend wie im Höhlengleichnis. Obgleich dieses Gleichnis durch sich selbst wirken kann und soll, möchte ich doch die Lektüre durch ein paar Bemerkungen über den Ort in Platons Werk und die Absicht, in der es dort vorgetragen wird, machen.

Das Höhlengleichnis steht an zentraler Stelle von Platons Dialog *Politeia*, eines Dialogs, der im Deutschen auch den Namen *Über die Ordnung des Gemeinwesens* tragen könnte. Die Gliederung des Gemeinwesens wird hier mit der Gliederung der menschlichen Seele analogisiert und entsprechend das menschliche Gutsein mit dem Gutsein des Staates. Platon begreift die Ordnung des Gemeinwesens als Herrschaftsordnung und entsprechend ist die menschliche Seele gut, wenn dem Teil die Herrschaft zukommt, dem sie gebührt, nämlich der Vernunft. Auch im Staat soll die Vernunft herrschen und zwar durch die Vernunft der Herrschenden: Das ist Platons Forderung der Philosophenherrschaft. Die Philosophen sind diejenigen, die das wahre Wissen und insbesondere die Einsicht in das Gute gewonnen haben und von daher in der Lage sind, die Geschicke der Menschen, die diese Einsichten in der Regel nicht haben, zu leiten. Freilich – zum Philosophen muß man gebildet werden.

Das Höhlengleichnis nun steht an zentraler Stelle in der Darlegung der Bildung eines Menschen zum Philosophen. Durch die Frage, was das Gute eigentlich ist, wird Sokrates zu einer Reihe von Gleichnissen veranlaßt, dem Sonnengleichnis, dem Liniengleichnis und dem Höhlengleichnis. Im Sonnengleichnis erläutert Sokrates die Funktion der Idee des Guten durch eine Analogie zur Funktion, die die Sonne im Bereich der sichtbaren Welt hat. Im Liniengleichnis wird ein Schichtenmodell des Seienden entworfen, nach Graden von Wahrheit und Seiendheit. Diesen Schichten entsprechen Typen von Erkenntnis, die ebenfalls eine Hierarchie, und zwar nach Klarheit und Festigkeit bilden. Dieses, also das Liniengleichnis, stellt bereits eine Vorbereitung zur Einschätzung der unterschiedlichen Wissensformen für die Ausbildung des Philosophen dar. Im Höhlengleichnis nun geht es um die Lage des Menschen im Ganzen des Seienden. Mit Hilfe dieses Gleichnisses wird es Sokrates gelingen, zu verdeutlichen, in welcher Hinsicht die Erziehung des Philosophen in ihm eine gegenüber dem gewöhnlichen Zustand der Menschen radikale Veränderung bewirken muß.

Warum bedient sich Sokrates bzw. Platon überhaupt eines Gleichnisses, um ein so wichtiges Stück seiner Philosophie vorzutragen? Wie wichtig dieses Lehrstück ist, wird gerade durch unsere Zugangsweise besonders deutlich. Wenn man nämlich schon zwei Hälften in Platons Philosophie unterscheidet, theoretische und praktische Philosophie: Hier an dieser Stelle hängen sie zusammen. In den Gleichnissen geht es Platon einerseits um seine Ontologie und Wissenschaftstheorie, also die theoretische Philosophie, und andererseits gerade um den Staat, das menschliche Gutsein und die Erziehung.

Ein Gleichnis ist eine indirekte, eine uneigentliche Darstellungsweise. Warum sagt Platon nicht direkt, worauf es ihm ankommt? Hier, im sechsten Buch der *Politeia*, beginnt Sokrates die Reihe von Gleichnisreden mit einer leicht ironischen Abwehr, einem Self-Understatement. Auf die Aufforderung, über das Gute zu reden, antwortet er: »Aber daß ich es nur nicht unvermögend bin und, wenn ich es dann doch versuche, mich ungeschickt gebärde und euch zu lachen gebe!« (*Politeia* VI, 506d6). Aber es ist wohl doch nicht nur Self-Understatement, wenn Sokrates meint, zur Darstellung des Guten selbst nicht befähigt zu sein. Auch an anderen Stellen bei Platon lesen wir von einer Scheu, die Sachen selbst anzusehen und direkt über sie zu sprechen. So sagt Sokrates im Dialog *Phaidon* an einer Stelle (99d4–100a7), an der er gewissermaßen seine intellektuelle Biographie darstellt, er habe sich eines Tages entschlossen, nicht die Sachen, also das Seiende als solches zu untersuchen, sondern indirekt in den Logoi, in den Reden über sie. Es könne einem sonst ergehen wie den Leuten, die eine Sonnenfinsternis mit bloßem Auge beobachten wollen und nicht durch eine geschwärzte Scheibe: Sie werden geblendet und erkennen dann gar nichts mehr. An einer anderen, ebenfalls für die Biographie des Sokrates wichtigen Stelle, nämlich im Dialog *Theaitetos* (149c1), an der es um die Hebammenkunst geht, heißt es, daß die menschliche Natur zu schwach sei, das für diese Kunst Entscheidende ohne eigene Erfahrung, das heißt ohne Erfahrung am eigenen Leibe, zu erkennen. Gerade diese Stelle, an der auf die menschliche Natur und die ihr angemessene Erkenntnisweise Bezug genommen wird, ist zur richtigen Einschätzung der Gleichnisrede von besonderem Gewicht.

Denn es ist durchaus möglich, die Gleichnisrede als uneigentliche, auch als eine gegenüber der direkten Darstellung der Verhältnisse schlechtere oder gar unzulängliche anzusehen. Der Ausdruck, der bei Platon für das steht, was wir im Deutschen *Gleichnis* nennen, ist εἰκών, Bild.[1] Eikon, das Bild, ist wie wir noch vielfach sehen werden, nicht das eigentlich Seiende, sondern eben bloß das Abbild eines Urbildes und in dem, was es ist, auch abkünftig von dem Urbild. Eine Gleichnisrede könnte danach durchaus von minderem Rang sein. Diese Einschätzung wird nun schon allein dadurch abgeschwächt, daß Platon *jede* sprachliche Darstellung als Abbildung bezeichnet. Wir müssen deshalb danach fragen, was eine Rede, der Platon die Bezeichnung Eikon gibt, im besonderen leistet. Eikon hängt mit dem Verb εἰκάζειν zusammen, und das heißt abbilden. Abbilden heißt aber nicht einfach nur, wie in der Mathematik, eine Struktur eines Bereiches in einem anderen zu reproduzieren, sondern eben vielmehr *in ein Bild bringen*. Diese Bedeutung von εἰκάζειν findet sich bei Platon mehrfach an Stellen, wo Partner des Sokrates versuchen, sich von diesem merkwürdigen Menschen *ein Bild zu machen*. So versucht Menon, Sokrates im Bild des Zitterrochens zu begreifen (*Menon*, 79e7–80b7) und Alkibiades im Bilde jener Standbilder, die von außen aussehen wie Satyrn, innen aber Götterbilder enthalten (*Symposion*, 215a7–b5). Man sieht an diesen Verwendungsformen von εἰκών und εἰκάζειν, daß die Gleichnisrede bei Platon ihre besondere, ihre eigentümliche Leistung haben muß. Es könnte möglich sein, daß in ihr Verhältnisse verstanden werden, die man

---

[1] Man sollte deshalb äußerst zurückhaltend sein, die platonische Gleichnisrede mit den Gleichnissen der Bibel, deren griechischer Titel nicht εἰκών, sondern παραβολή ist, in eins zu setzen.

aufgrund der Beschränktheit der menschlichen Natur in direktem Zugriff überhaupt nicht verstehen würde. Die Gleichnisrede, die als Rede analytisch und diskursiv ist, enthält eben zusätzlich die Kraft der Bilder. In ihnen können komplexe Verhältnisse gewissermaßen auf einen Blick kompakt erfaßt werden, und sie haben suggestiven Charakter, das heißt sie vermögen die affektive Teilnahme am Gegenstand der Rede selbst mitzuteilen. Letzteres ist nun gerade beim Höhlengleichnis relevant. Hier geht es ja um die Lage des Menschen im Ganzen des Seienden. Dieser Lage könnte man sich natürlich auch reflexiv zu versichern versuchen. Aber die Veranschaulichung, die die Gleichnisrede leistet, ist eben auch eine Verbildlichung, das heißt sie erzeugt eine Distanz, so daß man, das heißt Sokrates und seine Zuhörer, die Lage des Menschen für einen Moment von sich abgelöst erblicken können, um – vielleicht – angesichts dieses Bildes zu erschrecken. Die Gleichnisrede wird hier also zu einem Spiegel der Selbsterkenntnis. »Sieh...« beginnt Sokrates seine Rede:

> Nächstdem, sprach ich, vergleiche dir unsere Natur in Bezug auf Bildung und Unbildung folgendem Zustande. Sieh nämlich Menschen wie in einer unterirdischen, höhlenartigen Wohnung, die einen gegen das Licht geöffneten langgestreckten Zugang längs der ganzen Höhle hat. In dieser seien sie von Kindheit an gefesselt an Hals und Schenkeln, so daß sie auf demselben Fleck bleiben und auch nur nach vornhin sehen, den Kopf aber herumzudrehen der Fessel wegen nicht vermögend sind. Licht aber haben sie von einem Feuer, welches von oben und von ferne her hinter ihnen brennt. Zwischen dem Feuer und den Gefangenen geht obenher ein Weg, längs diesem sieh eine Mauer aufgeführt, wie die Schranken, welche die Gaukler vor den Zuschauern sich erbauten, über welche herüber sie ihre Kunststücke zeigen.
> Ich sehe, sagte er.
> Sieh nun längs dieser Mauer Menschen allerlei Geräte tragen, die über die Mauer herüberragen, und Bildsäulen und andere steinerne und hölzerne Bilder und von allerlei Arbeit; einige, wie natürlich, reden dabei, andere schweigen.
> Ein gar wunderliches Bild, sprach er, stellst du dar und wunderliche Gefangene.

Uns ganz ähnliche entgegnete ich. Denn zuerst, meinst du wohl, daß dergleichen Menschen von sich selbst und voneinander etwas anderes zu sehen bekommen als die Schatten, welche das Feuer auf die ihnen gegenüberstehende Wand der Höhle wirft?
Wie sollten sie, sprach er, wenn sie gezwungen sind, zeitlebens den Kopf unbeweglich zu halten!
Und von dem Vorübergetragenen nicht eben dieses?
Was sonst?
Wenn sie nun miteinander reden könnten, glaubst du nicht, daß sie auch pflegen würden, dieses Vorhandene zu benennen, was sie sähen?
Notwendig.
Und wie, wenn ihr Kerker auch einen Widerhall hätte von drüben her, meinst du, wenn einer von den Vorübergehenden spräche, sie würden denken, etwas anderes rede als der vorübergehende Schatten?
Nein, beim Zeus, sagte er.
Auf keine Weise also können diese irgend etwas anderes für das Wahre halten als die Schatten jener Kunstwerke?
Ganz unmöglich, sagte er.
Nun betrachte auch, sprach ich, die Lösung und Heilung von ihren Banden und ihrem Unverstande, wie es damit natürlich stehen würde, wenn ihnen folgendes begegnete. Wenn einer entfesselt wäre und gezwungen würde, sogleich aufzustehen, den Hals herumzudrehen, zu gehen und gegen das Licht zu sehen und, indem er das täte, immer Schmerzen hätte und wegen des flimmernden Glanzes nicht recht vermöchte, jene Dinge zu erkennen, wovon er vorher die Schatten sah, was meinst du wohl, würde er sagen, wenn ihm einer versicherte, damals habe er lauter Nichtiges gesehen, jetzt aber, dem Seienden näher und zu dem mehr Seienden gewendet, sähe er richtiger, und, ihm jedes Vorübergehende zeigend, ihn fragte und zu antworten zwänge, was es sei? Meinst du nicht, er werde ganz verwirrt sein und glauben, was er damals gesehen, sei doch wirklicher als was ihm jetzt gezeigt werde?
Bei weitem, antwortete er.
Und wenn man ihn gar in das Licht selbst zu sehen nötigte, würden ihm wohl die Augen schmerzen und er würde fliehen

und zu jenem zurückkehren, was er anzusehen imstande ist, fest überzeugt, dies sei weit gewisser als das zuletzt Gezeigte?

Allerdings.

Und, sprach ich, wenn ihn einer mit Gewalt von dort durch den unwegsamen und steilen Aufgang schleppte und nicht losließe, bis er ihn an das Licht der Sonne gebracht hätte, wird er nicht viel Schmerzen haben und sich gar ungern schleppen lassen? Und wenn er nun an das Licht kommt und die Augen voll Glanz hat, wird er nichts sehen können von dem, was ihm nun für das Wahre gegeben wird.

Freilich nicht, sagte er, wenigstens sogleich nicht.

Gewöhnung also, meine ich, würde er nötig haben, um das Obere zu sehen. Und zuerst würde er Schatten am leichtesten erkennen, hernach die Bilder der Menschen und der anderen Dinge im Wasser und dann erst sie selbst. Danach würde er, was am Himmel ist, und den Himmel selbst würde er leichter in der Nacht betrachten, indem er das Mond- und Sternenlicht ansieht, als bei Tage die Sonne und in ihr Licht.

Wie sollte er nicht!

Zuletzt aber, denke ich, wird er auch die Sonne selbst, nicht Bilder von ihr im Wasser oder anderwärts, sondern sie selbst, wie sie an sich ist, an ihrer eigenen Stelle anzusehen und zu betrachten imstande sein.

Notwendig, sagte er.

Und dann wird er schon herausbringen von ihr, daß sie es ist, die alle Zeiten und Jahre schafft und alles ordnet in dem sichtbaren Bereich und auch von dem, was sie dort sahen, gewissermaßen die Ursache ist.

Offenbar, sagte er, würde er nach jenem auch hierzu kommen.

Und wie, wenn er nun seiner ersten Wohnung gedenkt und der dortigen Weisheit und der damaligen Mitgefangenen, meinst du nicht, er würde sich selbst glücklich preisen über die Veränderung, jene aber beklagen?

Ganz gewiß.

Und wenn sie dort unten sich Ehre, Lob und Belohnungen für den bestimmt hatten, der das Vorüberziehende am schärfsten sah und sich am besten behielt, was zuerst zu kommen pflegte

und was zuletzt und was zugleich, und daher also am besten vorhersagen konnte, was nun erscheinen werde, glaubst du, es werde ihn danach noch groß verlangen und er werde die bei jenen Geehrten und Machthabenden beneiden? Oder wird ihm das Homerische begegnen und er viel lieber wollen das Feld als Tagelöhner bestellen einem dürftigen Mann und lieber alles über sich ergehen lassen, als wieder solche Vorstellungen zu haben wie dort und so zu leben?
So, sagte er denke ich, wird er sich alles eher gefallen lassen, als so zu leben.
Auch das bedenke noch, sprach ich. Wenn ein solcher nun wieder hinunterstiege und sich auf denselben Schemel setzte, würden ihm die Augen nicht ganz voll Dunkelheit sein, da er so plötzlich von der Sonne herkommt?
Ganz gewiß.
Und wenn er wieder in der Begutachtung jener Schatten wetteifern sollte mit denen, die immer dort gefangen gewesen, während es ihm noch vor den Augen flimmert, ehe er sie wieder dazu einrichtet, und das möchte keine kleine Zeit seines Aufenthaltes dauern, würde man ihn nicht auslachen und von ihm sagen, er sei mit verdorbenen Augen von oben zurückgekommen und es lohne nicht, daß man versuche hinaufzukommen; sondern man müsse jeden, der sie lösen und hinaufbringen wollte, wenn man seiner nur habhaft werden und ihn umbringen könnte, auch wirklich umbringen?
So sprächen sie ganz gewiß, sagte er. (*Politeia* VII, 514a–517a9)

Ein Gleichnis verlangt nach Auslegung und Sokrates beginnt sogleich selbst damit. Freilich fragt man sich, warum er zunächst ein Bild gibt, um dessen Sinn nachher doch zu diskursivieren. Aber ganz so ist das Verhältnis von Bild und Auslegung nicht. Zwar sagt Sokrates noch einmal, wofür das Bild Bild sein soll, aber dann löst er es nicht als solches auf, sondern *führt* gewissermaßen hindurch und zwar vor allem, um die affektiven Reaktionen plausibel zu machen, die mit der Stellung des Menschen in der Ordnung des Seienden verbunden sind.

Das Höhlengleichnis gibt wie das Liniengleichnis eine vierfache Schichtung des Seienden an. Die Hauptgliederung ist die zwischen der Höhle und dem oberen Bereich. Durch das Bild ist ein Wertunterschied gesetzt, allein schon durch das Oben und Unten aber auch dadurch, daß der untere Bereich der der Schranken und Beschränktheiten ist, während der obere der Bereich der Freiheit ist. Der untere Bereich ist der Bereich des Seienden, der, der sinnlicher Wahrnehmung zugänglich ist, »der uns durch die Gesichtswahrnehmung erscheinende Platz«[2]. Der obere Bereich wird als der durch die Vernunft erfahrbare Ort bezeichnet (ὁ νοητὸς τόπος, 517b). Beide Bereiche sind nun selbst wieder zweigeteilt, und zwar der untere in den Bereich der Werkzeuge, Standbilder und der anderen Dinge, die die Gaukler über die Schranke halten, und den Bereich der Schatten an der Höhlenwand, also das, was allein von den Gefesselten wahrgenommen werden kann. Der obere Bereich teilt sich entsprechend in die Sachen selbst und deren Schatten und Spiegelbilder. Beide Bereiche werden bestimmt durch Abbildungsverhältnisse, die zustande kommen in der Höhle durch das Licht des Feuers und im oberen Bereich durch das Licht der Sonne, die für die Idee des Guten steht. Rückblickend auf das Liniengleichnis kann man hinzunehmen, daß der untere Bereich zum oberen im ganzen wiederum in einem Abbildungsverhältnis steht.

Das Gleichnis stellt demnach die Gesamtheit des Seienden als nach Seinsrängen geschichtet dar. Die Beziehungen des Seienden verschiedenen Ranges werden durch Abbildungsverhältnisse bestimmt. Es wird sich für das Folgende die Aufgabe stellen, gerade das zu verstehen, was in diesem Bild nicht näher ausgeführt wird, nämlich das Prinzip, das die einzelnen Seinsränge miteinander vermittelt, also im Bild gesprochen, die Funktion und Wirkung des *Lichts*.

Zunächst gilt es aber, die Lage des Menschen in der Gesamtheit des Seienden, wie sie durch das Höhlengleichnis dargestellt wird, zu verstehen. Denn das Gleichnis hat ja vor allem den Zweck, klarzumachen, daß die Seinsordnung und die mit ihr verbundenen unterschiedlichen Erkenntnisweisen nur dann wirklich verstanden

---

2 Der griechische Ausdruck, der hier durch Platz übersetzt wird, ist ἕδρα, der durch seine anderen Bedeutungen, wie Bank, Stillsitzen usw., noch zusätzlich die Beschränktheit dieses Ortes artikuliert.

werden, wenn man als Mensch seine Stellung im Seienden durch eine Lösung der Fesseln, durch einen Aufstieg und einen Abstieg wirklich erfährt.

Als später Leser Platons fragt man sich, was das für einen selbst bedeutet. Wird Lektüre allein genügen, um zu verstehen, was Platon meint?

Die gewöhnliche Lage des Menschen wird von Platon als ein Zustand der Fesselung, der Starrheit, der Unfreiheit dargestellt: Die Menschen haben nicht einmal mit den Dingen, die im Prinzip sinnlicher Wahrnehmung zugänglich sind, selbst zu tun, sondern nur mit deren Abbildungen und Schatten. Diese Sicht der Lage des Menschen im Ganzen des Seienden ist philosophiegeschichtlich von allergrößter Wirkung gewesen. Man braucht nur an Kants Unterscheidung des mundus sensibilis und mundus intelligibilis zu erinnern und seine Behauptung, daß wir nicht mit den Dingen an sich, sondern nur mit Erscheinungen zu tun haben. Aber hier bei Platon liegen die Dinge doch noch etwas anders, denn der ganze Bereich der Höhle wird ja als Bereich des Wahrnehmbaren bezeichnet. Die Gefesselten haben allerdings nur mit Erscheinungen (φαινόμενα) zu tun, und sie treiben, soweit es ihnen um Erkenntnis geht, eine *Physik der Erscheinungen*. Was ihnen fehlt ist der praktische Umgang mit den Dingen – das unterscheidet sie von den Schauspielern, die für sie das Schattenspiel inszenieren. Dieser Unterschied von bloßer Wahrnehmung und praktischem Umgang macht in Bezug auf die Erkenntnis der Dinge einen erheblichen Unterschied. Platon geht diesem Unterschied im Zusammenhang des Höhlengleichnisses allerdings nicht weiter nach.

Wichtiger ist ihm das Negative, nämlich, daß der gewöhnliche Zustand der Menschen als ein Zustand der Fesselung anzusehen ist. Wodurch ist der Mensch normalerweise gebunden und was schränkt seine Erkenntnismöglichkeiten so radikal ein? Es lohnt sich hier, da es ja um die Erziehung zum Philosophen geht, eine andere Stelle heranzuziehen, an der Platon darüber redet, was geschehen muß, damit man wahrhaft philosophisch und damit erkenntnisfähig wird. Es handelt sich um Sokrates' Gespräch mit seinen Freunden an seinem letzten Lebenstage, wie es im Dialog *Phaidon* dargestellt ist. Auch diese Situation hat ja viel mit Kerker, Fesselung, mit gewöhnlicher Existenz und mit dem eigentlichen, dem philosophischen Leben zu tun. Sokrates erklärt seinen Freunden, freilich wie immer mit leicht ironischer Note, daß ihm nichts Schlimmes bevorstehe, weil ja sein Leben als Philosoph seit je ein Sterbenwollen (*Phaidon*, 64a) und eine Trennung der *Seele vom Leibe* (64c) gewesen sei. Es ist der Leib und seine Begierden, das ist seine These, die der wahren Erkenntnis entgegenstehen.

> Wie aber (verhält es sich) nun mit dem Erwerb der richtigen Einsicht selbst, ist dabei der Leib im Wege oder nicht, wenn ihn jemand bei dem Streben danach zum Gefährten mit aufnimmt? Ich meine so: gewähren wohl Gesicht und Gehör den Menschen einige Wahrheit? Oder etwa derartiges, was auch die Dichter uns vorschwatzen, daß wir weder scharf hören noch sehen? Und doch, wenn unter den Wahrnehmungen, die dem Leibe angehören, diese nicht genau sind und sicher: dann die anderen wohl gar nicht; denn alle sind ja wohl schlechter als diese; oder dünken sie dich das nicht? – Freilich, sagte er. – Wann also trifft die Seele die Wahrheit? Denn wenn sie mit dem Leibe versucht, etwas zu betrachten, dann offenbar wird sie von diesem hintergangen. – Richtig. – Wird also nicht in dem Denken, wenn irgendwo, ihr etwas von dem Seienden offenbar? – Ja. – Und sie denkt offenbar am besten, wenn nichts von diesem sie trübt, weder Gehör noch Gesicht noch Schmerz und Lust, sondern sie am meisten ganz für sich ist, den Leib gehen läßt und soweit irgend möglich ohne Gemeinschaft und Verkehr mit ihm dem Seienden nachgeht. (*Phaidon*, 65a7–65c7)

An dieser Stelle wird sehr deutlich, daß die eigentliche Fessel des Menschen in seiner Leiblichkeit selbst besteht. Es ist keineswegs bloß die Eingeschränktheit der Sinne, sondern seine leibliche Gebundenheit an seinen Zustand in der Welt, nämlich seine Gebundenheit durch affektive Betroffenheit: Schmerz und Lust. Die Erweiterung der menschlichen Erkenntnismöglichkeiten durch den Umgang mit den konkreten Dingen ist deshalb noch nicht die eigentliche Befreiung, sie beginnt vielmehr erst mit dem Aufstieg aus der Höhle in den oberen Bereich. Was dabei dem Menschen geschehen muß, wird von Platon mit allerstärksten Ausdrücken bezeichnet. Nicht nur, daß er den Aufstieg aus der Höhle heraus als beschwerlich bezeichnet, es geht vielmehr um eine Umkehrung der ganzen Seele (περιαγωγή, *Politeia* VII, 521c), das heißt eine Veränderung der Grundeinstellung. Die Wendung von den Schatten in der Höhle zu den Gegenständen der sinnlichen Welt, die bereits eine Differenz zwischen dem bloßen Wahrnehmen und dem Umgangswissen setzt, einem Wissen, das die Handwerker haben, ist nur eine Analogie zu der entscheidenden Umwendung, die der Philosoph vollziehen muß.

> Die jetzige Rede aber, sprach ich, deutet an, daß dieses der Seele eines jeden innewohnende Vermögen und Organ, mit dem jeder begreift, wie das Auge nicht anders als mit dem gesamten Leibe zugleich sich aus dem Finstern ans Helle wenden konnte, so auch dieses nur mit der gesamten Seele zugleich von dem Werdenden abgeführt werden muß (περιακτέον), bis es das Anschauen des Seienden und des glänzendsten unter dem Seienden aushalten lernt. Dieses aber sagten wir, sei das Gute; nicht wahr? (*Politeia* VII, 518c4–d1)

Was diese Umwendung der ganzen Seele bedeutet, werden wir anhand des Weges des Philosophen durch die Wissenschaften, dessen Beschreibung sich unmittelbar an die Auslegung des Höhlengleichnisses anschließt, studieren müssen. Hier nur noch ein Wort zum Schicksal des Philosophen in der Welt. Platon macht deutlich, daß der Philosoph, der den Weg zum eigentlichen Seienden gefunden hat und am Ende zur Einsicht in die Idee des Guten gekommen ist, derjenige ist, dem eigentlich die Führung im Staate zukommen müßte, denn er durchschaut die wahren Verhältnisse. Nur steht dem der Unverstand der Mehrheit der Menschen entgegen, die weiterhin gefesselt bleiben und nicht geneigt sind, die Überlegenheit des Philosophen anzuerkennen. Und im Übrigen benimmt sich der Philosoph, wenn er aus dem Bereich des eigentlich Seienden zurückkehrt, recht tölpelhaft und findet sich in der gewöhnlichen Welt nicht gut zurecht. Platon spielt hier auf die unglückliche Rolle und auch das leidhafte Schicksal der Philosophen von Thales bis Sokrates an. Eine Konsequenz aus deren Erfahrungen ist, daß die an sich wünschenswerte Wirksamkeit des Philosophen in der gewöhnlichen Welt, das heißt im gesellschaftlichen Zusammenhang, nicht allein auf seiner tieferen Einsicht beruhen kann, sondern vielmehr auch eine *Wiedereingewöhnung* in die Niederungen menschlicher Existenz, das heißt ein Verständnis der gewöhnlichen menschlichen Sichtweisen und den Erwerb praktischer Kompetenzen verlangt.

II. Die Wissenschaft und die Dialektik

II.1 Einleitung

Der erste und entscheidende Schritt im Werden des Philosophen ist die Lösung aus dem Banden leiblich-sinnlicher Existenz und die Zuwendung zum ewig Seienden. Diese Umwendung der ganzen Seele wird nach Platons Erziehungsprogramm durch die Wissenschaften bewirkt. Die Beschäftigung mit den Wissenschaften ist auch das Erste, worin sich das Curriculum der Philosophen von dem der anderen Bürger unterscheidet. Die erste Phase bis zum 20. Lebensjahr teilen sie mit ihnen. Im Knaben- und dann im Ephebenalter lernen sie lesen und schreiben, lernen sie rechnen und Geometrie, haben eine musische Ausbildung und treiben Leibesübungen. In der Phase vom 20. bis zum 30. Lebensjahr sollen sie durch eine Beschäftigung mit den Wissenschaften »zu einer Übersicht der gegenseitigen Verwandtschaft der Wissenschaften und der Natur des Seienden« (*Politeia* VII, 537c2–4) kommen. Vom 30. bis zum 35. Lebensjahr treiben sie dann Dialektik. Danach, bis zum 50. Lebensjahr, müssen sie durch Übernehmen verschiedener Ämter im Staat praktische Erfahrungen sammeln. Im 50. Lebensjahr dann wird erwartet, daß sie zur Einsicht in die Idee des Guten kommen und sich dadurch zum Staatslenker qualifizieren (*Politeia* VII, 536d–540c).

Dieses Curriculum zeigt gegenüber den Ausführungen zum Höhlengleichnis einen gravierenden Unterschied. Nach dem Höhlengleichnis nämlich wird der Philosoph erst nach der Einsicht in die Idee des Guten und der Rückkehr in die Höhle Ämter übernehmen und durch Erwerb praktischer Fähigkeiten dann dazu kommen, die Erkenntnisse, die er in der Schau des ewig Seienden gewonnen hat, auch anzuwenden. Hier in der Übersicht des Philosophencurriculums jedoch steht die Ausübung der Ämter, das heißt der Erwerb praktischer Erfahrungen, *vor* der Einsicht in die Idee des Guten. Das könnte bedeuten, daß die Beschäftigung mit

Die Wissenschaft und die Dialektik

Dialektik, die sich an die Wissenschaften anschließt, dazu allein nicht ausreicht – wir würden vorläufig sagen, daß sie *nur* zur Gewinnung des Prinzips des Einen, nicht aber des Guten führt, oder anders genommen, nur zur Idee des Guten in rein theoretischer Perspektive. Das erlaubt uns auch, dem Duktus des siebten Buches der *Politeia* folgend, zunächst die Übersicht über die Wissenschaften (σύνοψις τῶν μαθημάτων, *Politeia* VII, 537c2f.)zu gewinnen und nach ihrer didaktischen Begründung zu fragen.

Diese Einschränkung erlaubt es uns auch, die in der Einführung gestellte Frage, ob wir als moderne Leser – und überhaupt als bloße *Leser* – die Einsichten mitvollziehen können, um die es Platon geht, positiv zu beantworten. Denn – so merkwürdig es klingen mag – die περιαγωγὴ τῆς ψυχῆς, die Umkehrung der ganzen Seele, die Platon als den ersten und schwierigsten Schritt auf dem Weg zu einer philosophischen Existenz fordert, hat heute jeder schon hinter sich. *Jeder* – damit wäre wohl zu viel behauptet, wenn das hieße *jeder Mensch,* – sicher aber jeder Leser eines Buches wie das vorliegende oder überhaupt jeder, der ein akademisches Training hinter sich hat. Niemand käme heute auf die Idee, die Gegenstände der Mathematik in den Feldern ihrer *Anwendung* zu suchen oder zu glauben, daß das, was uns die Sinne präsentieren, die wahre Wirklichkeit sei. Diese *Selbstverständlichkeiten* sind eine Folge des mächtigen Einflusses von Platons Philosophie, der uns vor allem durch den Platonismus der neuzeitlichen Wissenschaft und das akademische Wesen unserer Universitäten erreicht. Allgemeiner kann man von einer *Trivialisierung des Philosophenideals* sprechen.[1] Wenn Sokrates im *Phaidon* für den Philosophen die Distanz zu dem eigenen Körper und dessen Instrumentalisierung fordert, so ist dies eine heute von jedermann geübte Praxis. Wenn er in den Dialogen *Hippias Minor* und *Alkibiades* I die Errichtung einer inneren Instanz, die die Zurechenbarkeit von Handlungen garantiert, fordert, so ist das etwas, das nicht nur moralisch, sondern auch rechtlich heute von jedermann gefordert wird. Wenn er im *Protagoras* die Fähigkeit, *aus dem Wissen heraus zu handeln,* als eine

---

[1] Das habe ich näher ausgeführt in meinem Buch *Einführung in die Philosophie* in dem Kapitel *Philosophie als Lebensform* (Frankfurt/M.: Suhrkamp, 3. Aufl. 1998).

Potenz bezeichnet, die den Philosophen von den *Vielen* unterscheidet, so ist das etwas, was heute jeder zumindest im medizinischen Umgang mit sich ohne weiteres leistet. Auch die Affektbeherrschung, die im *Protagoras* die zentrale Rolle spielt, ist heute etwas, was jedermann zumindest im *coolen* Umgang mit Technik mühelos beherrscht. Schließlich ist mit der Etablierung der Wissenschaften als eines gesamtgesellschaftlichen Unternehmens der Wille zur Wahrheit, der ebenfalls ursprünglich ein Proprium des Philosophen war, zu etwas allen Gemeinem geworden.

Freilich, wenn man daraus folgern wollte, daß heute schon jedermann halbwegs ein Philosoph sei, so wäre das ein anachronistischer Fehlschluß, denn es könnte ja heute vom Philosophen ganz etwas anderes verlangt sein als zu Sokrates' oder Platons Zeit. Auch ist mit der Trivialisierung jener Umwendung von einer sinnengebundenen Betrachtungsweise zu Erkenntnis durch Verstand und Vernunft, also, wie wir heute sagen würden, vom Konkreten zum Abstrakten, noch nicht garantiert, daß wir Platons Ausführungen dazu im siebten Buch der *Politeia* ohne weiteres verstehen. Es könnte sein, daß man als Leser vielleicht gerade die Umwendung der Seele zunächst in umgekehrter Richtung vollziehen muß, um überhaupt zu verstehen, wohin die von Platon geforderte περιαγωγή τῆς ψυχῆς uns geführt hat.

II.2 Die Wissenschaft von der Zahl

Die Wissenschaften, die Platon durch Sokrates im siebten Buch der *Politeia* vorstellt, sind allesamt mathematische Wissenschaften. Es wäre nicht abwegig zu vermuten, daß Platon nur solche überhaupt als Wissenschaften anerkannt hätte. Es wird sich jedoch zeigen, daß er zumindest auch der Grammatik oder der allgemeinen Sprachlehre den Anspruch auf Wissenschaftlichkeit zubilligte. Aber hier bei der Philosophenerziehung, die zur Umwendung der ganzen Seele führen soll, geht es jedenfalls nur um mathematische Wissenschaften, die Arithmetik, die Geometrie, die Stereometrie, die Musiktheorie und die Astronomie. Bei ihrer Behandlung befolgt Platon eine gewisse Ordnung, die in etwa der Dimensionenfolge – Punkt (μονάς), Strecke, Fläche, Körper – entspricht, einer Folge, die ja nach Zeugnissen über die ungeschriebene Lehre auch der Ordnung der Seinsschichten parallelisiert wurde. Aber das spielt hier keine Rolle. Wenn Sokrates mit der Arithmetik beginnt, so weil sie etwas Gemeinsames darstellt, ein κοινόν, »dessen alle Künste und Verständnisse und Wissenschaften als Hilfsmittel bedürfen« (*Politeia* VII, 522c1 f.). Es wird sich sogar erweisen, daß die Arithmetik für die anderen mathematischen Wissenschaften den Charakter einer Voraussetzung hat –, aber am Anfang zielt Sokrates zunächst auf die praktische Nützlichkeit ab und spricht deshalb auch zunächst ohne Differenzierung von »Zahl und Rechnung« (522b7).[1] Sokrates betont zunächst auch den praktischen Nutzen der Fähigkeit zählen und rechnen zu können, und schon allein dieses Nutzens wegen wird der Philosoph diese Kompetenzen beherrschen müssen. Denn er geht ja auch durch alle Ämter, insbesondere das des Strategen. Aber die praktische Rechenfähigkeit sollte jedermann schon in der Jugend erworben haben. Sie gehört gewissermaßen zu den Grundkompetenzen des Menschen (522e5).[2] Auf der höheren

---

1 Wie vielfältig man hier eigentlich zu differenzieren hätte, zeigt D. H. Fowler, *The Mathematics of Plato's Academy. A New Reconstruction*, Oxford Clarendon Press 1987, Kapitel 4.2 und 4.6.

2 Die Behauptung, man müsse zählen können, »wenn man überhaupt ein Mensch sein will«, klingt hier ein bißchen ironisch, aber daß hier nicht nur eine selbstverständliche Forderung an den *gebildeten* Menschen aufgestellt wird,

Stufe der Erziehung geht es genaugenommen überhaupt nicht um Rechnen, sondern um die Erkenntnis der Zahl. Deshalb sagt Sokrates von *dieser Kenntnis*: »Sie mag wohl nach ihrer Natur zu dem auf die Vernunfteinsicht Führenden (...) gehören, obwohl sich niemand ihrer recht als eines auf alle Weise zum Sein Hinziehenden bedient« (523a1–4). Das gilt übrigens für alle anderen mathematischen Wissenschaften, die Platon durchgeht, auch, und so sieht er sich gezwungen, jeweils erst das Eigentliche dieser Kenntnisse, nämlich ihren Wissenschaftscharakter herauszuarbeiten. Hier am Anfang ist das noch etwas mühsam und umständlich, dafür kommt Sokrates dabei auch zu Resultaten, die über die Charakterisierung der Arithmetik als Wissenschaft hinausgehen. Der Weg führt grundsätzlich von einer Sinnen-gebundenen Erkenntnis zu einer reinen Verstandes- bzw. Vernunfterkenntnis. Sokrates sucht deshalb Wahrnehmungssituationen auf, die als solche bereits schon Aufforderungscharakter haben, das heißt Anlaß geben, die Ebene der Wahrnehmung zu verlassen. Es lohnt sich, seine Beispiele genau zu betrachten. Nachdem er zunächst die Vermutung seines Gesprächspartners Glaukon abgewehrt hat, es könne sich hier um das Phänomen der Sinnestäuschung handeln, fährt er fort:

> Nicht auffordernd, sprach ich, ist das, was nicht in eine entgegengesetzte Wahrnehmung zugleich ausschlägt; was aber dazu ausschlägt, setze ich als auffordernd, weil die Wahrnehmung nun dieses um nichts mehr als sein Gegenteil kundgibt, sie mag nun von nahem darauf zukommen oder von weitem. So wirst du aber wohl deutlicher sehen, was ich meine. Dies, sagen wir also, wären drei Finger, der kleinste und hier der andere und der mittlere.
> Ja, sagte er.
> Und denke, daß ich von ihnen als in der Nähe gesehenen rede. Betrachte mir aber nun dieses an ihnen.
> Was doch?

sondern Platon vielmehr eine tieferliegende Verbindung von menschlicher Natur und Besitz der Zahl sieht, zeigt der Vergleich mit einer Stelle im *Timaios*. Dort heißt es, daß Gott das Licht der Sonne geschaffen habe, »damit es möglichst in den gesamten Himmel scheine und damit alle Lebewesen, deren Natur das angemessen war, die Zahl besäßen, indem sie sie aus dem Umschwung des *Selben* und Gleichförmigen erlernten« (*Timaios,* 39b8–11).

> Ein Finger ist offenbar jeder von ihnen auf gleiche Weise, und insofern ist es ganz einerlei, ob man ihn in der Mitte sieht oder am Ende und ob er weiß ist oder schwarz, stark oder dünn und was noch mehr dergleichen; denn durch alles dieses wird die Seele der meisten nicht aufgefordert, die Vernunft weiter zu fragen, was wohl ein Finger ist; denn nirgends hat ihnen derselbe Anblick gezeigt, daß ein Finger auch das Gegenteil von einem Finger ist.
> Freilich nicht, sagte er.
> Dies wäre also offenbar nicht die Vernunft auffordernd oder aufregend.
> Offenbar nicht.
> Wie aber ihre Größe und Kleinheit? Sieht auch die das Gesicht hinreichend und so, daß es ihm keinen Unterschied macht, ob einer in der Mitte liegt oder am Ende? Und erkennt der Tastsinn ebenso Dicke und Dünnheit, Weichheit und Härte? Und zeigen nicht ebenfalls die anderen Sinne dergleichen alles nur mangelhaft an? Oder geht es nicht jedem Sinn so, daß zuerst der über das Harte gesetzte Sinn auch über das Weiche gesetzt sein muß und der Seele wahrnehmend Hartes und Weiches als dasselbe meldet?
> So ist es, sagte er.
> Muß nun nicht hierbei die Seele zweifelhaft werden, als was ihr doch die Wahrnehmung das Harte andeutet, wenn sie doch dasselbe weich nennt, und so auch die des Leichten und Schweren, als was doch leicht und schwer, wenn sie doch das Schwere als leicht und das Leichte als schwer kundgibt?
> Freilich, sagte er, müssen diese Aussagen der Seele gar wunderlich erscheinen und näherer Betrachtung bedürftig. (523b9–524b2)

Es ist interessant zu lesen, daß Platon hier die Erkenntnis des Fingers als Finger *nicht* zu dem zählt, was Aufforderungscharakter hat. Das ist auffällig, weil natürlich gerade hier die Ideen eine Rolle spielen. Ein Finger wird als Finger erkannt, weil man in ihm die Idee des Fingers wiedererkennt. Aber, das ist das Entscheidende, man macht dabei lediglich Gebrauch von der Idee des Fingers, ohne aber irgend einen Anlaß zu haben, etwa nach dieser Idee selbst zu fragen. Das ist anders bei solchen Wahrnehmungen, die

zugleich *in die entgegengesetzte Wahrnehmung ausschlagen* (523c1). Was ist damit eigentlich gemeint? Betrachten wir das Beispiel des Ringfingers.
Für uns enthält dieses Beispiel keinerlei Probleme. Selbstverständlich wird der Ringfinger *relativ* zum kleinen Finger als groß und *relativ* zum Mittelfinger als klein bezeichnet. Aber, daß es uns hier nur allzu leicht fällt, mit diesem Beispiel fertig zu werden, zeigt lediglich, daß wir Nachgeborene sind. Wir bedienen uns nämlich mit dem *relativ* eines der Instrumente der logischen Bewältigung von Wirklichkeitserfahrung, die im Platonischen Werk mühsam erarbeitet worden sind. Dieses *relativ*, πρός τι, erscheint allerdings nicht in unserem Text, sondern im Dialog *Sophistes*. Es hat seinen Platz auch eher in der Frage der Beurteilung oder des Urteils, nicht so sehr im Bereich der Wahrnehmung. Hier an unserer Stelle geht es zunächst darum festzuhalten, daß es Wahrnehmungserfahrungen beunruhigender Ambivalenz gibt. Diese Ambivalenzen werden hier in einer Reihe von Paaren genannt: groß/klein, dick/dünn, weich/hart, leicht/schwer. Im Bezug auf diese Charakterisierungen kann uns die Wahrnehmung von ein und demselben Gegenstand mal das eine, mal das andere *melden*. Der Ausdruck *melden* gibt vielleicht am besten wieder, wie Platon sich ausdrückt. Er benutzt die Ausdrücke δηλοῦν, deutlich machen, und σημαίνειν, anzeigen. Es ist wichtig, daß es hier noch nicht um die Urteilsstruktur des Etwas-als-etwas-Aussagen geht. Deshalb kann man auch nicht sagen, daß der Ringfinger relativ zum Mittelfinger *als klein* beurteilt werde. Vielmehr bringt die Wahrnehmung vom Mittelfinger kommend, wenn sie auf den Ringfinger trifft, eine solche Disposition mit, daß sie auf den Ringfinger treffend etwas Kleines meldet. Vom kleinen Finger kommend dagegen meldet sie »etwas Großes«. Vielleicht sind die phänomenologischen Verhältnisse für uns zugänglicher, wenn wir nicht ein Beispiel nehmen, das einen Maßvergleich nur allzu nahe legt. Das Phänomen der Wahrnehmungsambivalenz ist uns viel mehr von der Erfahrung der Wechselbäder vertraut.[3] Die Wärmeerfahrung in ein und demselben Wasserbad kann uns von der

---

3 Martin Basfeld. *Phänomen-Element-Atmosphäre. Zur Phänomenologie der Wärme*, in: G. Böhme/G. Schiemann (Hrsg.), *Phänomenologie der Natur*, Frankfurt/M.: Suhrkamp 1997, 190–212

prüfenden Hand, je nach dem aus welchem Bad sie kommt, das eine Mal »heiß«, das andere Mal »kalt« signalisieren.

Betrachten wir dabei das einzelne Signal oder, besser gesagt, das aisthetische Widerfahrnis genauer. Drücken wir es, um die Fragen einfacher formulieren zu können, einmal in Sätzen aus: Was heißt es, daß ich einen Finger als groß, ein Wärmebad als heiß, eine Unterlage als weich empfinde? Ich möchte behaupten, daß in dem Widerfahrnis von Größe immer eine positive oder negative Erwartungsenttäuschung enthalten ist, also daß das Widerfahrnis etwa so wiedergegeben werden müßte: Ist der aber groß!, oh wie heiß!, so schön weich!. In diesen sogenannten Qualitäten ist immer eine Steigerungs- oder Intensitätserfahrung mitgegeben, die man zwar, um sie zu verdeutlichen, durch einen Vergleich zum Ausdruck bringen kann, – also etwa: dieses Wasserbad ist wärmer als jenes, – die aber in der Wahrnehmung selbst eher als Steigerungs- oder Abschwächungserfahrung gegeben ist. Das heißt, die Erfahrung von »groß« ist genaugenommen die unbestimmte Erfahrung von »größer als«, die Erfahrung von weich, die unbestimmte Erfahrung von »weicher als« etc. Es ist sehr wichtig, sich phänomenologisch diese Erfahrungen zu verdeutlichen, um verstehen zu können, was jemand wie Platon mehr als 1000 Jahre, bevor es auch nur Ansätze zu Meßverfahren und gar apparativen Feststellungen von Größen für Qualitäten[4] gegeben hat, gemeint haben könnte.

Platon ist mit den Ausführungen zu groß/klein, dick/dünn, weich/hart, leicht/schwer noch keineswegs bei der Arithmetik angelangt, wohl aber hat er deutlich gemacht, daß es nicht nur notwendig ist, aus dem Bereich des Sinnlichen zum Bereich des Denkbaren aufzusteigen, sondern daß es im Sinnlichen selbst für diesen Aufstieg einen Anlaß gibt: die eigentümlich schillernde, nach entgegengesetzten Richtungen tendierende Wahrnehmung von Qualitäten. Der Versuch, sich hierüber Rechenschaft zu geben, führt nun einerseits zur polaren Differenzierung – und wie sich später noch zeigen wird zur relativen Beurteilung – der Qualitäten, andererseits zur »Entdeckung« des Prinzips der unbestimmten

---

[4] Für diese Geschichte grundlegend: Anneliese Maier, *Das Problem der intensiven Größe*, in: A. Maier, *Zwei Grundprobleme scholastischer Naturphilosophie*, Roma: Edizioni di Storia e Letteratura, 1968.

Die Wissenschaft von der Zahl 43

Zweiheit. Mit Recht hat die Forschung von Gadamer bis Reale[5] darauf hingewiesen, daß der Text auf dieses Prinzip anspielt. Es ist klar, daß Akademiemitglieder, also Platons Schüler, an dieser Stelle an Platons Lehre von dem Einen und der unbestimmten Zweiheit, wie sie als ungeschriebene Lehre überliefert ist, erinnert werden mußten. Freilich kann man nicht sagen, daß hier die Prinzipien schon als Prinzipien, das heißt in ihrer Funktion, Seiendes überhaupt zu konstituieren, vorgestellt werden. Deshalb kann man die Stelle auch so lesen, daß hier aus dem Bedürfnis, mit phänomenaler Unbestimmtheit fertig zu werden, die Idee der Zweiheit auftaucht. Aber sehen wir zu, wie weit Platon wirklich kommt:

> Natürlich also versucht die Seele bei dergleichen zuerst, Überlegung und Vernunft herbeirufend, zu erwägen, ob jedes solche Angemeldete eins ist oder zwei.
> Natürlich.
> Und erscheint es als zwei, so ist doch jedes von beiden ein anderes und eins.
> Ja.
> Und wenn jedes von beiden eins ist und beide zwei, so erkennt sie doch zwei gesonderte, denn ungesondert würde sie nicht zwei erkennen, sondern eins.
> Richtig.
> Großes freilich und Kleines, sagten wir, sah auch das Gesicht, aber nicht gesondert, sondern als ein Vermischtes. Nicht wahr? Ja.
> Um aber dieses deutlich zu machen, wurde die Vernunft genötigt, ebenfalls Großes und Kleines zu sehen, nicht vermischt, sondern getrennt, also auf entgegengesetzte Weise wie jenes.
> Richtig.
> Und nicht wahr, von daher fiel es uns zuerst ein, danach zu fragen, was wohl das Große und Kleine ist?
> Allerdings.
> Und so nannten wir dann das eine das Erkennbare, das andere das Sichtbare. (524b2–c15)

---

5 Hans Georg Gadamer, *Platons ungeschriebene Dialektik*, in: ders., Ges. Werke Bd. 6, Tübingen: Mohr, 129–153; G. Reale, *Zu einer neuen Interpretation Platons*, Paderborn: F. Schöningh 1993, 11. Kapitel.

Also: Aus der Unbestimmtheit, der Verschmiertheit (Vermischtheit) der Wahrnehmung wird durch *Überlegung und Vernunft* ein Zweierlei, wobei jede der beiden polar unterschiedenen Qualitäten je für sich eines ist und zugleich das Andere des Anderen. Das heißt aber, daß sie tatsächlich als *Paar* auftauchen, nicht einfach als zusammenhanglose Menge von zweien. Damit ist allerdings Anlaß gegeben, darüber nachzudenken, wie Platon sagt, »was wohl das Große und Kleine ist« (524c11). Dieser Satz ist nun allerdings stark, denn er spricht in der Formulierung, in der standardmäßig nach der Definition von etwas gefragt wird (τί ποτ' ἐστίν;). Und zwar wird eben nicht nach dem Großen für sich und dem Kleinen für sich gefragt, sondern nach ihrer Zweiheit. Zugleich ist anzunehmen, daß es sich hier nicht einfach um das spezielle Beispiel groß/klein handelt, sondern um das Prinzip, das den verschiedenen Qualitätspaaren, die oben genannt wurden, zugrunde liegt. Wir können hieraus zwar entnehmen, daß die Zweiheit etwas mit der Unbestimmtheit im Sein zu tun hat, noch nicht aber daß *unbestimmte Zweiheit* selbst als Prinzip bezeichnet wird. Und ferner fehlt hier noch eine Vorstellung von dem Zusammenspiel dieses Prinzips mit seinem Gegenprinzip, der Einheit.

Kehren wir aber nun zum Text und damit zur Behandlung der Arithmetik als einer den Aufstieg zur Vernunft fördernden Disziplin zurück. Zunächst einmal stellt Platon fest, daß es mit *dem Einen* in der Wahrnehmung ebenso geht, wie mit den Zweiheiten der Qualitäten: Man gerät in Irritationen, ob etwas, das man als eines sieht, »als auch das Gegenteil davon« (524e3) anzusehen ist. Was das Gegenteil des Eins-Seins ist, wird hier nicht explizit gesagt, aber wir können aus anderen Stellen, etwa aus dem *Philebos* entnehmen, daß dieses Gegenteil Vielheit oder auch Mannigfaltigkeit genannt werden kann. Dort im *Philebos* unterscheidet Platon nun ein triviales und ein ernst zu nehmendes Problem des Einen und Vielen. Das triviale Problem besteht darin, daß man ein und derselben Sache in der Wahrnehmung oft vieles zuschreibt, bzw. sie als aus vielerlei zusammengesetzt erkennt. Das ernstzunehmende Problem besteht darin, daß es etwas Ähnliches auch im Bereich der Ideen selbst gibt. Dort handelt es sich allerdings um die Teilung bzw. die Vermannigfaltigung *einer* Idee. Da Platon hier den Ausgang von der Wahrnehmung nimmt, denkt er wohl primär nur an das triviale Problem des Einen und Vielen. Es geht ihm an dieser Stelle auch gar nicht darum, das Problem des Einen und Vielen zu lösen, sondern vielmehr darum, daß man aufgrund der genannten Irritation veranlaßt wird danach zu fragen, was überhaupt Einheit ist:

> Und die Seele würde darüber bedenklich werden müssen und, indem sie in sich das Denken in Bewegung setzt, untersuchen und weiterfragen, was doch die Einheit selbst ist. (τί ποτέ ἐστιν αὐτὸ τὸ ἕν, 524e4 f.)

Auch hier wieder die starke Formulierung, die nach der Sache selbst fragt: damit ist allerdings das Prinzip des Einen ins Spiel gebracht. Wir können das um so sicherer sagen, als von Zahlen erst in der Folge die Rede ist und – das muß man hinzunehmen – die Eins nach griechischem Verständnis noch keine Zahl ist. Zahlen fangen erst dort an, wo man es mit einer Mehrheit zu tun hat. Wir werden später im *Philebos* sehen, daß die Zahlen die Funktion haben, den Übergang vom Einen zum Unendlichen zu vermitteln. Hier heißt es nur, daß auch die Zahl, wie die Eins »als leitend zur Wahrheit« sich zeigt (525b1).

> Eben dieses aber, sagte er, hat die Wahrnehmung, die es mit der Eins zu tun hat, ganz besonders an sich. Denn wir sehen dasselbe Ding zugleich als eines und als unendlich vieles.
> Wenn nun die Eins, sprach ich, so wird wohl die gesamte Zahl eben dieses an sich haben.
> Allerdings.
> Das Zählen aber und Rechnen hat es ganz und gar mit der Zahl zu tun.
> Freilich.
> Dies also zeigt sich als leitend zur Wahrheit. (*Politeia* VII, 525a1–b1)

Die entscheidende Frage ist nun, was hier unter Zahl zu verstehen ist. Platon spielt hier erneut auf die praktische Nützlichkeit der Arithmetik an, nennt ja auch die Arithmetik parallel mit Rechnung (λογισμός). Aber gleich darauf heißt es, daß die Philosophen »sich an die Rechenkunst geben und sich mit ihr beschäftigen, nicht auf gemeine Weise, sondern bis sie zur Anschauung der Natur der Zahl gekommen sind durch die Vernunft selbst« (525c1–3). Es geht also in *der* Arithmetik, an die Platon denkt, nicht um Zählen oder Rechnen, sondern um die Natur der Zahlen. Allerdings wird die

Einsicht in die Natur der Zahlen einen gerade befähigen, auch gut rechnen zu können, denn für Platon ist der eigentliche Arithmetiker derjenige, »der alle Zahlen kennt« (*Theaitetos*, 198b9 f.).

Um das zu verstehen ist es nun notwendig, etwas weiter auszuholen. Platon hat nämlich ein Verständnis von Arithmetik, das auf die Pythagoreer zurückgeht. Wir würden eine solche Arithmetik heute eher als Zahlentheorie bezeichnen. Platons Verständnis von Arithmetik unterscheidet sich damit charakteristisch von einem anderen, das auf Aristoteles zurückgeht. Dieses letztere ist das Verständnis, das wohl auch heute der durchschnittliche Leser mitbringt: die Zahlen entstehen durch Zählen, das heißt durch sukzessives Hinzunehmen von Einsen. Danach haben die einzelnen Zahlen – es handelt sich in jedem Fall nur um die heute so genannten *natürlichen Zahlen* – primär keine individuellen Eigenschaften, sondern sie sind lediglich Mengen bestimmter Größe. Natürlich kann man, wenn man die natürlichen Zahlen einmal auf diese Weise algorithmisch erzeugt hat, auch nach ihren besonderen Eigenschaften fragen, das heißt man kann Zahlentheorie treiben. Aber man überspielt damit ein Problem, das Platon gegen diese ganze Auffassung von Zahlen anführt: Wenn man eins zu einem hinzufügt, was macht dann die zwei Einsen zur Zwei? Ich zitiere die charakteristischste Stelle bei Platon aus dem Dialog *Phaidon*. Dort heißt es:

> Und wie, wenn eines zu einem hinzugesetzt worden ist, daß dann die Hinzufügung Ursache sei, daß zwei geworden sind, und wenn eines gespalten worden ist, dann die Spaltung, würdest du dich nicht scheuen, das zu sagen, und vielmehr laut erklären, du wüßtest nicht, daß irgendwie anders jegliches werde, als indem es teilnähme an dem eigentümlichen Wesen eines jeglichen, woran es teilhat, und so fändest du gar keine andere Ursache des Zwei-geworden-Seins als eben die Teilnahme an der Zweiheit (τῆς δυάδος μετάσχεσιν), an welcher alles teilnehmen müsse, was zwei sein solle, so wie an der Einheit was eins sein solle? (*Phaidon*, 101b8–c6)

Worauf Platon hier hinweist, ist nur allzu berechtigt: Die zwei Einsen, um zwei zu sein, müssen irgendwie miteinander verbunden werden, das heißt es muß eine neue Einheit daraus entstehen. Freilich, das ist gleich hinzuzufügen, diese Einheit darf nicht derart sein, daß die Einsen darin völlig verschwinden, dann wäre ja, was dabei herauskommt, nicht zwei, sondern eben eins. Also müssen wir sagen, die Zwei muß eine charakteristisch gegliederte Menge von Einsen sein, und ebenso die Drei, die Vier usw. Das ist die Art und Weise, wie die Pythagoreer Zahlen gedacht oder, besser gesagt, vorgestellt haben, nämlich als anschaulich figurierte Mengen. Achtet man nun nicht so sehr auf den Mengencharakter der Zahlen, sondern auf die Figur, die die Menge zu *einer* macht, dann rücken die Zahlen in die Nähe von dem, was Platon Ideen nennt. Nach der Überlieferung zur ungeschriebenen Lehre hat Platon tatsächlich von *Ideenzahlen* gesprochen oder gar die Ideen selbst als Zahlen bezeichnet. Dem müssen wir weiter nachgehen.

Platon fordert, wie gesagt, im siebten Buch der *Politeia*, daß die Arithmetik *das Wesen der Zahlen* erkenne. Die uns überlieferten Definitionen der Zahl enthalten nun stets die beiden genannten Momente, nämlich den Mengencharakter der Zahlen und ihre Einheit. Thales soll die Zahl als μονάδων σύστημα, als Zusammenstellung von Einheiten, und Eudoxos als abgegrenzte Menge[6] bezeichnet haben. Euklid definiert im siebten Buch die Zahl als »die aus Einheiten zusammengesetzte Menge« (VII,2). Platon hat an diesen Definitionen offenbar jeweils den Charakter der Einheit der Zusammenstellung und der Ordnung als das Entscheidende angesehen. Dadurch ist jede Zahl quasi ein Individuum für sich. Jede besitzt eine besondere Figuration oder Organisation von Einsen. Sie gehen, so gesehen, nicht auseinander hervor, wie zum Beispiel die Drei durch Hinzufügung einer Eins zur Zwei oder die Vier durch Hinzufügung einer Eins zur Drei. Es ist dieses, was offenbar Aristoteles zu seiner Ablehnung der Platonischen Zahlentheorie veranlaßt hat. Er setzt sich mit ihr sehr ausführlich im 13. Buch seiner *Metaphysik*, insbesondere im Kapitel vier auseinander. Sein Hauptargument gegen Platon ist, daß bei einer solchen Zahlenauffassung die Zahlen gewissermaßen inoperabel werden. Er drückt das in der Regel so aus, daß die Einheiten jeweils nur in *einer* Zahl zusammenfaßbar sind, aber nicht die Einheiten zweier Zahlen miteinander. Das wird zu prüfen sein, aber auf den ersten Blick trifft es allerdings zu. Denn um etwa die Einheiten der Zahl Zwei

---

[6] Ivor Bulmer-Thomas, Plato's Theory of Number, in: Classical Quaterly 33 (1983), 384.

mit den Einheiten der Zahl Drei zusammenzufügen, müßte man ja gewissermaßen die Zwei und die Drei zuerst auflösen. Aristoteles setzt dem einen Zahlbegriff entgegen, nach dem dieses Problem gar nicht auftreten kann, weil jede Zahl als solche Produkt einer Operation ist:

»Notwendig muß man doch die Zahlen durch Hinzufügung (πρόσθεσις) bilden, z. B. die Zweiheit, indem man zum Eins ein anderes Eins hinzusetzt, und die Dreiheit, indem man zu der Zwei ein anderes Eins hinzusetzt, und die Vierheit auf dieselbe Weise. Ist dem nun aber so, so können unmöglich die Zahlen so entstehen, wie jene (nämlich Platon und seine Anhänger, G.B.) sie entstehen lassen, aus dem Eins nämlich und der unbestimmten Zweiheit; denn es wird ja bei der Entstehung durch Hinzufügung die Zweiheit ein Teil der Dreiheit und diese der Vierheit, und dasselbe ergibt sich bei den folgenden Zahlen.« (*Metaphysik* 13, 1081b12–20, Übers. H. Bonitz)

In diesem Zitat ist eins der wichtigsten Zeugnisse über Platons Prinzip des Einen und der unbestimmten Zweiheit und deren Zusammenwirken zur Erzeugung der Zahlen enthalten. Wir müssen dessen Diskussion verschieben, um zunächst noch das figurative Zahlenverständnis, das Platon mit den Pythagoreern teilt, weiter zu erläutern, und damit Aristoteles' Argument, daß die Zahlen so verstanden inoperabel sind, zu entkräften. Die Wissenschaftsgeschichte hat nämlich gezeigt, daß die Pythagoreer gerade aufgrund dieser Zahlenauffassung eine große Zahl sehr wichtiger mathematischer Gesetze gefunden haben.

Als Pythagoreer bezeichnet man eine Weisheitsschule des sechsten und fünften vorchristlichen Jahrhunderts, die auf den Mathematiker und Weisheitslehrer Pythagoras zurückgeht. Seine Lebensdaten sind nicht bekannt, er soll aber um 532/31 seine ἀκμή gehabt haben, das heißt die Blütezeit seines Lebens. Die Pythagoreer hielten ihre Weisheitslehren geheim. Sie glaubten an die Seelenwanderung und strebten danach, durch Übungen, vor allem aber durch Entwicklung von Wissen sich zu vervollkommnen. Sie entfalteten auch eine politische Tätigkeit und waren vor allem in Italien einflußreich. In der späteren Phase gab es eine Trennung zwischen den Akusmatikoi, das heißt den Leuten, die mehr in Erleuchtung und Einweihung ihr Heil suchten, und den Mathematikoi, die durch Forschung ihr Wissen zu erweitern trachteten.⁷ Wichtige Mathematiker nach Pythagoras sind Hippasos und Archytas von Tarent. Mit letzterem war Platon befreundet. Viele pythagoreische Lehren sind uns durch Platon überliefert, der ihnen in wichtigen Stücken mit seiner eigenen Lehre folgte. Das führte dazu, daß von der späteren Überlieferung häufig Lehren der Platonischen Akademie als *pythagoreisch* bezeichnet wurden, so daß man umgekehrt pythagoreische Lehren eigentlich als platonische zu bezeichnen hätte.⁸ Was nun die pythagoreische Arithmetik angeht, so ist sie in den Büchern VII bis IX des Euklid überliefert. Danach haben die Pythagoreer die Zahlen – es sind natürlich immer die natürlichen Zahlen gemeint – als *Figurationen* behandelt, nämlich als Dreieckszahlen, Quadratzahlen, Rechteckzahlen, Fünfeckzahlen usw.

Schon diese Feststellung allein genügt, um auf Platons Ausführungen zur Arithmetik in zweierlei Hinsicht ein Licht zu werfen. Auffällig ist nämlich, daß Platon die Unterscheidung von *gerade* und *ungerade* als elementarste Unterscheidung bezeichnet. So gibt es im *Politikos* eine Stelle, wo es um elementare Ideenteilungen geht. Er kritisiert dort die Einteilung der Menschen in Hellenen und Barbaren und die Einteilung der Zahlen, »wenn jemand aus dem Ganzen eine Myriade herausschnitte, die er als eine Art absonderte, und dann alles übrige ebenfalls mit einem Worte bezeichnen... wollte« (*Politikos*, 262d6–e3). Dann sagt er:

> Besser aber und mehr nach Arten und in die Hälften hätte er sie geteilt, wenn er die Zahl in Gerades und Ungerades zerschnitten und so auch das menschliche Geschlecht in männliches und weibliches. (262e3–5).

Ferner bezeichnet Platon die Arithmetik an mehreren Stellen als die *Lehre vom Geraden und Ungeraden* (*Politikos* 262c, *Epinomis* 990c7, *Gorgias* 451a). Diese Differenz ist in der Tat für die Zahlen elementar, wenn sie doch als Konfigurationen von Einheiten verstanden werden. Die andere auffällige Redeweise Platons ist die schon genannte, nämlich daß der Arithmetiker derjenige sei, der alle

---

7 Siehe B.L. van der Waerden, *Erwachende Wissenschaft. Ägyptische, babylonische und griechische Mathematik*, Basel und Stuttgart: Birkhäuser, 2. Aufl 1966, 178.
8 Zu diesem Problem siehe Erich Frank, *Plato und die sogenannten Pythagoreer. Ein Kapitel aus der Geschichte des griechischen Geistes*, 2. Aufl., Darmstadt WB 1962.

Zahlen kenne. Auffällig ist diese Redeweise vor allem deshalb, weil sie bei Platon offenbar auch jene Kompetenz des Arithmetikers deckt, die wir als *Rechnen-Können* bezeichnen.

> SOKRATES: ... Du nimmst doch eine Rechenkunst an?
> THEAITETOS: Ja.
> SOKRATES: Diese denke dir nun als die Jagd nach allen Erkenntnissen vom Geraden und Ungeraden.
> THEAITETOS: So denke ich sie.
> SOKRATES: Vermittels dieser Kunst nun, meine ich, hat jemand sowohl für sich die Erkenntnisse der Zahlen in seiner Gewalt als auch auf andere überträgt er sie vermittels ihrer, wer dies tut.
> THEAITETOS: Ja.
> SOKRATES: Und wir sagen, wer sie übergibt, der lehre, und wer sie überkommt, der lerne, wer sie aber hat, so daß er sie besitzt in jenem Taubenschlage, der wisse.
> THEAITETOS: Sehr wohl.
> SOKRATES: Nun merke schon auf das Folgende. Wer nun vollkommen ein Rechenkünstler ist, weiß der nicht alle Zahlen? Denn die Erkenntnisse von allen Zahlen sind in seiner Seele? (*Theaitetos*, 198a5–12)

Auf dieser Grundlage behandelt Platon nun das Beispiel, daß jemand die Aufgabe »fünf und sieben« *ausrechnet*. Dieses Ausrechnen stellt Platon aber nicht operativ dar, also etwa so, daß die Fünf sukzessiv zu den Sieben hinzugefügt würden, sondern vielmehr so, daß der Mathematiker in »fünf und sieben« die zwölf *erkennt*. Dieses direkte Erkennen, das wir heute intuitiv nennen würden, ist natürlich genau dann möglich, wenn man die beiden Zahlen so konfiguriert, daß sie – zusammengeschoben – die Konfiguration zwölf ergeben. Es ist bekannt, daß kleine Kinder auf diese Weise *rechnen* können, bevor sie zählen können. Freilich dürfte diese Art von Rechenkunst auf kleine Zahlen beschränkt sein.

Die figurative Zahlenvorstellung hat nun die Pythagoreer zu einer großen Anzahl allgemeiner Sätze geführt. Die elementarsten dabei beruhen in der Regel auf der Differenz von gerade und ungerade. Es sind Sätze wie:

- Eine Summe gerader Zahlen ist gerade.
- Eine Summe einer geraden Anzahl ungeraden Zahlen ist gerade.
- Eine Summe einer ungeraden Anzahl ungerader Zahlen ist ungerade.
- Gerade minus gerade ergibt gerade.
- Gerade minus ungerade ergibt ungerade...

Die genannten Sätze finden sich im neunten Buch des Euklid.[9] Es gibt durchaus bedeutende und nicht nur triviale Sätze, von denen man zeigen kann, daß sie *intuitiv*, das heißt aufgrund der Einsicht von Zahlkonfigurationen eingesehen werden können. Ein solcher Satz ist der folgende:

$$N^2 = 1 + 3 + 5 + 7... + (2N - 1)$$

Dieser Satz wird durch das Zusammenschieben von ungeraden Zahlen, die in Form eines Gnomons dargestellt sind, erkannt.

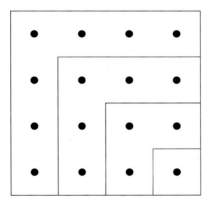

Als bedeutendste Leistung einer solchen Arithmetik ist der Beweis zu bezeichnen, daß die Diagonale im Quadrat zur Seite inkommen-

---

9 Siehe dazu B.L. v. d. Waerden, a.a.O., 180 f.

surabel ist. Der Beweis wird indirekt geführt und beruht auf dem Satz, daß das Produkt zweier ungerader Zahlen wieder ungerade sein muß:

Bezeichnen wir die Seite des Quadrats mit a, die Diagonale mit d. Wenn nun a und d kommensurabel wären, so müßte es zwei ganze Zahlen n und m geben, die ihr Verhältnis ausdrücken. Also

$d : a = m : n$

Wir nehmen nun an, daß m und n die kleinsten Zahlen dieser Art sind, das heißt, daß bereits alle gemeinsamen Teiler herausgekürzt sind, m und n sind also teilerfremd. Nun gilt als Folgerung von

$d : a = m : n$

auch $d^2 : a^2 = m^2 : n^2$

und ferner nach dem Satz des Pythagoras $d^2 = 2a^2$. Daraus folgt aber, daß d^2 gerade sein muß und folglich auch nach dem oben angeführten Satz, daß d gerade sein muß. Ganz analog gilt dasselbe für m. Wenn aber m gerade ist, dann können wir auch m in der Form 2h, wobei h eine natürliche gerade oder ungerade Zahl ist, schreiben.

Da nun ebenfalls nach Pythagoras $m^2 = 2n^2$ ist, gilt auch

$4h^2 = 2n^2$, also

$2h^2 = n^2$, und daraus folgt, daß n ebenfalls gerade ist – im Widerspruch zu der Annahme, daß m und n teilerfremd sind.

Zusammengenommen folgt also, daß die Annahme, man könne das Verhältnis von Diagonale und Quadrat durch das Verhältnis zweier natürlicher Zahlen darstellen, zu einem Widerspruch führt. Also können Diagonale und Quadrat nicht kommensurabel sein.

Das soll vorerst genügen, um den pythagoreischen Hintergrund von Platons Auffassung von Arithmetik zu verdeutlichen. Auf diesem Hintergrund versteht man Platons Forderung an die Arithmetik, das Wesen der Zahlen zu begreifen: es handelt sich um Arithmetik qua Zahlentheorie. Es geht darum, die Zahlen selbst als Konfigurationen oder als Ordnungsformen zu verstehen und ihr Miteinander als ein Ordnungsgefüge. Diese Erkenntnis ist zugleich die Basis des Rechnen-Könnens.

Fassen wir vorläufig zusammen, was für Platon Arithmetik ist.

Die Wissenschaft von der Zahl 53

Es ist die Lehre von dem Einen und von den Zahlen und zwar den Zahlen selbst, wie Platon am Schluß noch einmal betont (525d6). Sie hat ausgehend von der ersten Differenzierung im Reich der Zahlen, nämlich der Unterscheidung von gerade und ungerade, jeder Zahl ihre Besonderheit zu bestimmen und die Beziehungen zwischen den Zahlen zu erforschen. Sie ist also nach heutigem Verständnis nicht so sehr Arithmetik als vielmehr Zahlentheorie. Da aber Platon Rechnen als die Erkenntnis der Struktur von Zahlen und ihrer Beziehungen versteht, ist die so verstandene Arithmetik zugleich das, was der Rechenkünstler eigentlich wissen muß. Er ist derjenige, der »alle Zahlen kennt« (*Theaitetos*, 198b).

Zum Schluß betont Platon noch einmal, daß es ihm in der Arithmetik um die Zahlen selbst geht, nicht um zählbare Dinge. Dabei charakterisiert er diese nur denkbaren Zahlen durch besondere Eigenschaften der darin vorkommenden Einsen: Sie sind nicht teilbar und einander alle gleich. Weil die Stelle einiger Aufklärung bedarf, sei sie hier zunächst im ganzen hergesetzt. Es geht um die Frage, wodurch die Arithmetik wahrhaft nützlich ist:

Durch das, was wir eben sagten: wie sehr sie die Seele in die Höhe führt und sie nötigt, sich mit den Zahlen selbst zu beschäftigen, nimmer zufrieden, wenn einer ihr Zahlen, welche sichtbare und greifbare Körper haben, vorhält und darüber redet. Denn du weißt doch, die sich hierauf verstehen, wenn einer die Einheit selbst in Gedanken zerschneiden will, wie sie ihn auslachen und es nicht gelten lassen; sondern wenn du sie zerschneidest, vervielfältigen jene wieder, aus Furcht, daß die Einheit etwa nicht als eins, sondern als viele Teile angesehen werde.

Ganz richtig, sagte er.

Was meinst du nun, Glaukon, wenn jemand sie fragte: Ihr Wunderlichen, von was für Zahlen redet ihr denn, in welchen die Einheit so ist, wie ihr sie wollt, jede ganz jeder gleich und nicht im mindesten verschieden und keinen Teil in sich habend? Was denkst du, würden sie antworten?

Ich denke dieses, daß sie von denen reden, welche man nur denken, unmöglich aber auf irgendeine andere Art handhaben kann. (*Politeia* VII, 525d5–526a7)

Zunächst einmal ist an dieser Stelle irritierend, daß hier die Eins als Zahl vorzukommen scheint – im Gegensatz zu dem bisher Gesagten. Aber man beachte, daß Platon 526 a von der Eins oder den Einsen *in* den Zahlen redet. Die Betonung, daß die Einsen, deren Einheit etwa die Drei ausmacht, untereinander völlig gleich sind, ist in Absetzung von den zählbaren Dingen in der Welt durchaus verständlich und notwendig. Drei Äpfel sind zwar in einer bestimmten Hinsicht gleich, nämlich insofern sie Äpfel sind, in fast allen anderen Hinsichten aber nicht. Bei den Einsen *in* der Drei gibt es aber keine Hinsicht, nach der sie unterschieden werden könnten.

Die andere Eigenschaft, durch die Platon die mathematischen Einsen von gegebenen Einheiten unterscheidet, ist ihre Unteilbarkeit. Schleiermachers Übersetzung knüpft daran an, daß zuvor von sichtbaren und greifbaren Körpern die Rede war, ist aber gleichwohl irreführend. Der Ausdruck, den Platon verwendet, κερματίζειν, heißt nicht *zerschneiden*, sondern *wechseln*, nämlich Geld wechseln. Damit spielt Platon auf eine Praxis an, nach der sich eigentlich das Rechnen mit Brüchen anböte. Wenn etwa eine Drachme gleich sechs Obolen ist, so könnte man auch umgekehrt sagen, daß eine Obole eine sechstel Drachme ist. Gerade dieses Naheliegende, das uns heute so selbstverständlich ist, nämlich das Rechnen mit Brüchen, wehrt Platon hier ab. Man hört, daß die Mathematiker, wenn jemand die Eins wechseln will, sie gleich vervielfältigen, »aus Furcht, daß die Einheit etwa nicht als Eins, sondern als viele Teile angesehen werde« (525e3–5). Was bedeutet dieses Vervielfältigen? Es bedeutet – im obigen Beispiel gesprochen, daß die Mathematiker nicht sagen würden, eine Obole ist ein sechstel Drachme, sondern sie würden sagen, eine Obole verhält sich zu einer Drachme, wie eins zu sechs. Griechische Mathematiker rechneten nicht mit Brüchen, sondern mit Verhältnissen. Dadurch konnte die Arithmetik strikt Arithmetik bleiben, nämlich die Lehre von den natürlichen Zahlen. Auf diese Auffassung der Mathematiker bezieht sich Platon als Zeugnis dafür, daß die Mathematik zum bloß Denkbaren hinführt. Denn für die sinnliche Wirklichkeit gilt, wie jede Einheit in gewisser Hinsicht von einer anderen auch verschieden ist, so auch, daß sie selbst nicht strikt eins ist, sondern immer auch als Vielfaches von Teilen betrachtet werden kann – von kleineren Einheiten, wie man es vom Geldwechseln her kennt.

II.3 Geometrie und Stereometrie

Nach der Arithmetik behandelt Platon im Dialog *Politeia* die Wissenschaft der Geometrie. Nachdem dann diese abgehandelt ist, schlägt Sokrates als nächstes die Astronomie vor. Es stellt sich dann aber heraus, daß eine noch nicht recht entwickelte Wissenschaft übergangen wurde, nämlich die Stereometrie: Man könne ja das Thema der Astronomie *Körper in Bewegung*, nicht behandeln, bevor man nicht die Körperlichkeit als solche thematisiert habe. Die Reihenfolge muß also sein: Geometrie, Stereometrie und dann Astronomie.

Der ganze Umstand ist für den heutigen Leser etwas befremdlich, insofern er von vornherein Geometrie in einem weiteren Sinne versteht, nämlich als Wissenschaft vom Raum, und dann noch allenfalls bereit ist, die Geometrie der Ebene von der des dreidimensionalen Raumes zu unterscheiden. Demgegenüber muß zunächst festgestellt werden, daß weder Geometrie noch Stereometrie für die Griechen Theorien des Raumes sind, sondern vielmehr Theorien von Figuren, von Schemata. Und zwar behandelt die Geometrie Figuren, die Länge und Breite haben, μῆκος und πλάτος, und die Stereometrie solche, die zusätzlich noch Tiefe haben, βάθος. Zwar wird durchaus auch von so etwas wie Flächeninhalt gesprochen, nämlich χώρα oder χωρίον, aber es gab offenbar weder Flächen- noch Raummaße. So wird zum Beispiel die Größe des von Sokrates im *Menon* mit dem Sklaven diskutierten Quadrates als zwei mal zwei Fuß – nicht Quadratfuß! – angegeben. Das Thema für die Geometrie und Stereometrie sind und bleiben bis Euklid einschließlich die Figuren, und wir werden sehen, daß Platon eindringlich versucht das herauszuarbeiten. Für ihn aber ist das Ziel seiner Darlegung eigentlich ein anderes: Wie bei der Arithmetik will er auch die Geometrie und nachher die Stereometrie dazu nutzen, daß die Seele »sich nach jener Gegend hinwendet, in der das Seligste von allem Seienden sich befindet« (*Politeia* VII, 526e4 f.). Hier heißt es sogar, daß es darum ginge, »daß die Idee des Guten leichter gesehen werde« (526e3). Dafür ist es aber wiederum nötig, die Geometrie aus ihren sinnlich-praktischen Zusammenhängen herauszuführen und ihren eigentliche Erkenntnischarakter deutlich zu machen. Der praktische Nutzen, den Platon der Geometrie zugesteht, wird hier als Nutzen für den Heerführer in Fragen der Aufstellung und Gliederung des Heeres gesehen. Dazu ist allerdings nur wenig geometrische Kenntnis nötig und Platon sieht auch nicht hier die eigentliche Gefahr eines Mißverständnisses der Geometrie. Diese Gefahr liegt offenbar in einer bestimmten Praxis der Geometer selbst. Die entsprechende Stelle ist recht aufschlußreich.

> Und dieses, sprach ich, wird uns wohl niemand, der nur ein weniges von Meßkunst versteht, bestreiten, daß diese Wissenschaft ganz anders ist, als die, welche sie bearbeiten, darüber reden.
> Wieso, fragte er.
> Sie reden nämlich gar lächerlich und notdürftig; denn es kommt heraus, als ob sie handelten und als ob sie einer Handlung (πρᾶξις) wegen ihren ganzen Vortrag machten, wenn sie quadrieren, ausdehnen, hinzusetzen und was sie sonst für Ausdrücke haben, die ganze Sache aber wird bloß der Erkenntnis wegen betrieben. (527a1-b1)

Zunächst einmal wirkt es etwas merkwürdig, daß Platon Leute, die »nur weniges von Meßkunst verstehen«, denjenigen, die diese Wissenschaft betreiben, entgegensetzt. Das könnte durchaus heißen, daß er meint, die Geometer wendeten in der Regel diese Wissenschaft nur an, ohne sie wirklich zu verstehen. Es kann aber ebensogut auch heißen, daß er meint, wenn man die Geometer auf ihre Wissenschaft anspräche, sie durchaus zugeben würden, daß sie sich in irreführender Weise über sie äußern. Einige Interpreten schreiben, daß Platon hier ein konstruktivistisches Mißverständnis der Geometrie abwehrte. Die geometrischen Termini »erwecken zu unrecht den Anschein, als entstünden geometrische Figuren erst durch ihre Konstruktion. In Wahrheit bestehen sie nach Platon ewig und werden in einer Zeichnung nur nachgebildet.«[1] Das mag zwar auch richtig sein, trifft aber noch nicht den Kern der Sache. Dieser zeigt sich erst, wenn man die von Platon zitierten mathematischen Termini näher betrachtet. Daß sie auch an anderen mathematischen Stellen bei Platon vorkommen, zeigt, daß es sich

---

1 Dietrich Kurz in der benutzten Ausgabe der *Politeia*, 593.

hier wirklich um Fachtermini handelt. So der Ausdruck τετρα-γωνίζειν, quadrieren, im *Theaitetos* (148a8), der Ausdruck παρατείνειν, verlängern, im *Menon* (87a5 und 6), der Ausdruck προστιθέναι, hinzusetzen, ebenfalls im *Menon* (83a7 und 84d7). Am aufschlußreichsten ist dabei der Ausdruck τετραγωνίζειν.[2]

Bekannt ist die nicht exakt lösbare Aufgabe der Kreisquadratur. Die Lösung würde darin bestehen, ein Quadrat anzugeben, daß mit einem gegebenen Kreis flächengleich ist. Was aber exakt lösbar ist und von den Griechen gelöst wurde, ist das Quadrieren einer beliebigen geradlinigen Figur. Die Lösung besteht im Prinzip in drei Schritten. Erstens wird die Figur in Dreiecke zerlegt – das geschieht durch entsprechende Hilfslinien, zweitens werden die Dreiecke in jeweils gleiche Rechtecke verwandelt – jedes Dreieck ist einem Rechteck mit derselben Grundlinie und der halben Höhe gleich – und drittens muß jedes Rechteck in ein Quadrat verwandelt werden. Diese dritte und letzte Aufgabe ist der Kern des eigentlichen Problems und wird deshalb auch im engeren Sinne τετραγωνίζειν genannt. Die Lösung findet sich bezeichnenderweise bei Euklid an zwei Stellen, nämlich als 14. Satz des zweiten Buches und als 13. Satz des fünften Buches. Dabei ist die Formulierung im zweiten Buche eine rein konstruktive Flächenumwandlung, während die im fünften Buch auf die Lehre von der mittleren Proportionalen Bezug nimmt. Wenn man nämlich die Seiten des Rechtecks a und b und die des Quadrates mit x bezeichnet, dann besteht die Aufgabe des Quadrierens in der Auffindung der mittleren Proportionalen[3] zwischen a und b.

$$a : x = x : b \rightarrow a \cdot b = x^2$$

---

[2] Siehe dazu Ápád Szabó, *Die Entfaltung der griechischen Mathematik*, Mannheim: BI, 1984, Abschnitt III.9, *Der Tetragonismus*, und B. L. van der Waerden, *Erwachende Wissenschaft*, Basel und Stuttgart: Birkhäuser 1966, *Die geometrische Algebra*, 193–206.

[3] Szabó weist auf eine Stelle bei Aristoteles in de anima, II.2, 413a10–30, hin, an der Aristoteles die Definition von Tetragonismus heranzieht, um den Unterschied einer Definition, die nur sagt, »worin die Sache besteht«, zu einer, die auch den Grund angibt, klarzumachen, »Was ist der Tetragonismus? – Das Gleichsein eines Quadrats dem Rechteck. Eine solche Definition ist ein Schlußsatz. Derjenige aber, der behauptet, daß der Tetragonismus das Auffinden der mittleren Porportionalen ist, der macht auch den Grund der Sache namhaft.«

Die mittlere Proportionale zwischen zwei Größen a und b wird nur dadurch gefunden, daß man die Strecke a über ihren einen Endpunkt E um b verlängert, über der Gesamtstrecke a + b den Thaleskreis schlägt und im Punkt E auf der Strecke a + b das Lot errichtet. Der Abschnitt zwischen E und dem Schnittpunkt des Lotes mit dem Thaleskreis H ist das gesuchte x.

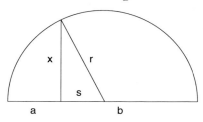

$x^2 = r^2 - s^2$ (nach Pythagoras)
$x^2 = (r-s) \cdot (r+s) = ab$

Worum geht es nun eigentlich beim Quadrieren? Für uns scheint es um die Bestimmung des Flächeninhaltes des Rechtecks zu gehen. Denn für uns impliziert ja die Angabe der Länge, die ins Quadrat genommen den Flächeninhalt des Rechtecks ergibt, unmittelbar den Vergleich mit einem Einheitsquadrat. Der Eindruck oder besser gesagt diese Praxis beruht aber darauf, daß wir jede Zahlenangabe, also außer den natürlichen auch die rationalen und irrationalen Zahlen, ohne weiteres als entsprechende Vielfache der Eins verstehen. So konnte sich aber für die Griechen die Situation überhaupt nicht darstellen, da sie ja nur die natürlichen Zahlen als Zahlen akzeptierten. Es ging ihnen deshalb auch nicht um die zahlenmäßige Erfassung geometrischer Figuren – sondern gerade umgekehrt um die geometrische Behandlung von Problemen, die sie zahlenmäßig nicht bearbeiten konnten.

Diese Tatsache hat van der Waerden sehr deutlich in dem zitierten Abschnitt, *Die geometrische Algebra*, herausgearbeitet. Während die Babylonier noch algebraische Probleme, das heißt die Lösung von linearen, quadratischen und auch kubischen Problemen relativ zwanglos als solche behandelten, sind die Griechen dazu übergegangen, sie mit geometrischen Methoden zu bearbeiten. Der Grund ist in der Entdeckung der Irrationalität zu sehen. Diese zeigt nämlich, daß schon quadratische Gleichungen in der Regel nicht rational auflösbar sind, das heißt durch Angabe von natürlichen Zahlen und ihren Verhältnissen. Dagegen kann die Lösung auf geometrischem Wege gefunden werden. Das einfachste Beispiel liefert dafür die Diagonale im Quadrat, die die Lösung der Gleichung $x^2 = 2$ darstellt – wohlgemerkt als rein geometrische Länge, nicht als Zahl. Das Problem des Tetragonizein oder der Auffindung der mittleren Proportionalen behandelt dasselbe in leicht verallgemeinerter Form, nämlich $x^2 = a \cdot b$. Van der Waerden hat nun gezeigt, daß die Problemstellungen des zweiten Buches des Euklid überhaupt nur sinnvoll sind, indem man sie als geometrische Verfahren zur Lösung algebraischer Gleichungen deutet. Diese Verfahren werden unter Umständen höchst kompliziert und führen in der Tat auch bis zur Lösung kubischer Gleichungen[4] – sie haben aber mit der Kenntnis geometrischer Figuren nichts mehr zu tun.

Das ist es nun offenbar, worauf Platon abhebt. Die Geometer benutzen ihre Kompetenzen, indem sie die Geometrie instrumentell anwenden zur Lösung algebraischer Gleichungen, während die Geometrie seiner Auffassung nach ihrem Wesen eigentlich die Erkenntnis der geometrischen Figuren ist: Am Ende des sechsten Buches der *Politeia* gibt er das Thema der Geometrie kurz als die Erkenntnis »der Gestalten und der drei Arten der Winkel« an (510c4 f.). Wenn Platon also die Geometer kritisiert, indem sie so reden, als ob sie die Geometrie bloß einer Praxis wegen (πράξεως ἕνεκα, 527a7) betrieben, so heißt das: Sie verwenden die Geometrie operativ, während es eigentlich um die Erkenntnis der Gestalten ginge. Welche Gestalten es nun sind und in welcher Weise er sich ihre Erkenntnis denkt, gibt Platon hier nicht weiter an. Vielleicht wird man zu »den Gestalten und den drei Arten der Winkel« die Rede von den *schönsten Dreiecken* aus dem Timaios hinnehmen müssen, denn es ist ja wohl zu erwarten, daß es um Grundtypen von geometrischen Figuren geht.

Die Stereometrie wird von Platon nun mit einiger Emphase eingeführt, nicht nur wie schon erwähnt, weil ihr zunächst die Astronomie vorangestellt worden war, sondern auch weil sich die Gesprächspartner darüber einig sind, daß sie noch nicht recht entwickelt sei. Weil die entsprechende Stelle den einzigen auch

---

4 Dann aber nicht beschränkt auf Konstruktionen mit Zirkel und Lineal, siehe v.d. Waerden, a.a.O., 249–252.

inhaltlich relevanten Hinweis enthält, sei sie hier im ganzen herge setzt.

> So lenke denn, sprach ich, wieder zurück. Denn nicht richt haben wir jetzt eben das Nächste nach der Geometrie ange geben.
> Wieso? Fragte er.
> Indem wir, sprach ich, nach der Fläche gleich den Körper i Bewegung nahmen, ohne ihn zuvor an und für sich betracht(zu haben. Und es wäre doch recht, gleich nach der zweite Ausdehnung (αὔξη) die dritte zu nehmen. Diese hat es abe zu tun mit der Ausdehnung des Würfels und mit allem, wa Tiefe hat.
> Richtig, sagte er. Aber dies, oh Sokrates, scheint noch nicl gefunden zu sein. (*Politeia* VII, 528a7–b5)

Der Wissenschaftshistoriker van der Waerden führt zu der Stel aus, daß man eigentlich nicht davon sprechen könne, daß z Platons Zeit die Stereometrie noch nicht recht entwickelt gewese sei. Es sind vor allem drei Punkte, die er anführt: Anaxagoras un Demokrit hätten bereits eine Geometrie räumlicher Perspektiv gehabt. Ferner habe Demokrit bereits angegeben, daß der Inha der Pyramide gleich einem Drittel des Prismas mit gleicher Grund fläche und Höhe sei. Schließlich habe Hippokrates von Chic gezeigt, daß die Lösung des Delischen Problems, nämlich da Problem der Würfelverdopplung, äquivalent sei mit der Auffindun zweier mittlerer Proportionalen zwischen zwei Größen.

$a : x = x : y = y : b$
$\rightarrow x^2 = ay, y^2 = xb$
$\rightarrow x^4 = a^2y^2 = a^2xb$
$\rightarrow x^3 = a^2b$

In Platons Lebenszeit wurde von Archytas eine geometrisch Lösung zur Auffindung zweier mittlerer Proportionalen angege ben. Van der Waerden meint nun Platons Feststellung, daß di Stereometrie noch nicht recht entwickelt sei, aber »allem zur Trotz vermöge ihres inneren Reizes gedeiht« (*Politeia*, 528c6 mit dieser aktuellen Situation in Verbindung bringen zu kör nen⁵. Dabei knüpft er in dem zitierten Text an den Ausdruck an, den Schleiermacher mit *Ausdehnung des Würfels* übersetzt, an. Er meint nämlich hierin das Problem der Würfelverdopplung angedeutet zu finden. Von daher und durch eine Querverbindung zu einer Stelle in der *Epinomis* glaubt er, Platon unterstellen zu müssen, daß er die eigentliche Aufgabe der Stereometrie in der Lösung kubischer Gleichungen gesehen habe, das heißt also einer Ausdehnung der Praxis der Mathematiker, Geometrie als Hilfsmittel der Algebra zu benutzen. Obgleich nun diese Interpretation einigen Reiz hat, dürfte sie nicht zutreffen. Wir hatten ja gesehen, daß Platon diese Praxis der Mathematiker gerade kritisiert. Außerdem kann man feststellen, daß Platon wenig später anstelle des Ausdrucks *die Ausdehnung des Würfels,* die Ausdehnung der Tiefe (ἡ βάθους αὐξή, 528d9) verwendet. Es ist deshalb anzunehmen, daß Platon hier nicht an Würfelverdopplung, sondern an die gegenüber der Fläche beim Würfel hinzukommende Ausdehnungsrichtung, nämlich die Tiefe, denkt. Insofern ist der Stelle eigentlich nur zu entnehmen, daß *Würfel* eine für die Stereometrie charakteristische Figur ist.

Wenn man nun in Analogie zur Geometrie nicht die algebraische Verwendung, sondern die Erkenntnis der Figuren als das eigentliche Ziel ansieht, dann müßte es in der Stereometrie um die Erkenntnis weiterer Figuren von der Art des Würfels gehen. Hierfür kann man nun in der Tat ebenfalls ein in Platons Lebenszeit fallendes wissenschaftliches Ereignis nennen, daß Platons Forderungen und hier geäußerte Erwartungen erfüllt, nämlich die Konstruktion der sogenannten fünf Platonischen Körper.

Die fünf Platonischen Körper werden nach Platon benannt, weil sie erstmalig in Platons *Timaios* aufgezählt und als vollständiger Satz der regulären Körper bezeichnet werden. Es handelt sich um das Tetraeder, das Oktaeder, das Ikosaeder, den Würfel und das Dodekaeder. Diese Körper würden mit größerem Recht als Körper des Theaitetos bezeichnet, denn offenbar ist es der Mathematiker Theaitetos, ein Schüler Platons, der diese Körper erstmalig geometrisch konstruiert und ihre Vollständigkeit bewiesen hat. Genauer besehen waren den Pythagoreern vor Theaitetos bereits Tetraeder, Würfel und Dodekaeder bekannt. Theaitetos konstruierte

---

5 Van der Waerden, a.a.O., der Abschnitt *Platon über die Stereometrie* im Kapitel V.

die bekannten und fügte ihnen das Oktaeder und das Ikosaed
hinzu. Das Resultat dieser Arbeit findet sich im XIII. Buch d
Elemente des Euklid, das nach übereinstimmender Meinung d
Wissenschaftshistoriker dem Theaitetos zugeschrieben wird. N
ausgerechnet den letzten Satz (XIII,18a), in dem bewiesen wir
daß es nicht mehr als diese fünf regulären Körper geben kan
meint van der Waerden einem so *vorzüglichen* Mathematiker w
Theaitetos nicht zumuten zu können, weil er fehlerhaft sei (a.a.C
286). Dieser Satz lautet:

> Weiter behaupte ich, daß sich außer den besprochenen für
> Körpern kein weiterer Körper errichten läßt, der von ei
> ander gleichen gleichseitigen und gleichwinkligen Figure
> umfaßt würde.[6]

Dieser Satz ist insofern fehlerhaft, als er eine notwendige Vorau
setzung nicht mitnennt, nämlich, daß es sich um *konvexe* regulä
Körper handeln müsse, das heißt um solche ohne eingestülp
Ecken. Daß es ohne diese Zusatzbedingung noch weitere regulä
Körper außer den Fünfen geben kann, wird von Kepler in se
ner *Harmonia Mundi*[7] gezeigt. Mir scheint aber van der Waerder
Argument ganz unberechtigt, insofern im Begriff des regul
ren Körpers zu Platons und Theaitetos' Zeit die Gleichheit all
Ecken implizit mitgedacht worden sein kann. Wenn man d
zugesteht, dann ist der Beweis des Satzes höchst einfach ur
eindrucksvoll:

Zunächst ist festzustellen, daß reguläre Körper von reguläre
Flächen oder Polygonen begrenzt werden. Dafür kommen nur d
gleichseitige Dreieck, das Quadrat, das Fünfeck und das Sechsec
in Frage. Würde man noch weitere hinzunehmen wollen, wie etw
das Siebeneck, Achteck, etc., so wären die Innenwinkel diese
Polygone zu groß. Denn die Polygone sollen ja durch räumlich
Zusammensetzung den regulären Körper bilden. Dabei müsse
mindestens drei solcher Polygone in einer Ecke zusammenstoße
um eine räumliche Ecke zu bilden. Eine räumliche Ecke muß ab

---

6 *Euklid*, Die Elemente, hrsg. und ins Deutsche übersetzt von Clemens Thac
  Darmstadt: WB 1962, 412.
7 Johannes Kepler, *Weltharmonik*. Übers. u. eingeleitet von Max Caspar, Darr
  stadt: WB 1973.

kleiner sein als 360°, das heißt kleiner als der Vollwinkel in der Ebene. Nun ist aber bereits beim Fünfeck der Innenwinkel 108° und drei von ihnen bilden eine Summe von 324°. Würde man die Sechsecke auch zur Bildung von regulären Polyedern nutzen wollen, dann würde man durch Zusammensetzung von drei Sechsecken keine räumliche Ecke mehr erhalten, weil der Innenwinkel beim Sechseck 120° beträgt, drei von ihnen zusammen also 360°.

Es folgt also, daß zur Bildung von regulären Polyedern nur gleichseitiges Dreieck, Quadrat und Fünfeck in Frage kommen, und zwar ergibt sich

– wenn man jeweils drei gleichseitige Dreiecke zu einer räumlichen Ecke zusammensetzt, das Tetraeder (3 · 60°=180°)
– wenn man jeweils vier gleichseitige Dreiecke zu einer räumlichen Ecke zusammensetzt, das Oktaeder (4 · 60°=240°)
– wenn man jeweils fünf gleichseitige Dreiecke zu einer räumlichen Ecke zusammensetzt, das Ikosaeder (5 · 60°=300°)
– wenn man jeweils drei Quadrate zu einer räumlichen Ecke zusammensetzt, der Würfel (3 · 90°=270°) und
– wenn man jeweils drei regelmäßige Fünfecke zu einer räumlichen Ecke zusammensetzt, das Dodekaeder (3 · 108°=324°)

Wenn man sechs gleichseitige Dreiecke oder vier Quadrate nehmen würde, dann ergäbe sich keine räumliche Ecke mehr und vier reguläre Fünfecke ließen sich überhaupt nicht in einem Punkt zusammenfügen, weil die Summe ihrer Innenwinkel bereits 360° überschritte.

Es ist nun aus Platons Timaios zu entnehmen, daß Platon von der Vollständigkeit des Satzes der fünf Platonischen Körper überzeugt war. Sie dürften zusammen mit der Kugel für Platon die *schönsten,* und das heißt, die wichtigsten körperlichen Figuren dargestellt haben. Wir werden später (II.8) durch Analyse von Platons Wissenschaftstheorie noch sehen, daß eine solche vollständige Übersicht über die Hauptgegenstände einer Wissenschaft dasjenige war, was Platons Idee von Wissenschaft überhaupt erfüllte.

Platon hat den Mathematiker Theaitetos in dem gleichnamigen Dialog ein Denkmal gesetzt. Theaitetos wird dort sowohl als tapferer Krieger wie auch als außerordentlich begabter jugendlicher Mathematiker vorgestellt. Das mathematische Beispiel, das dort behandelt wird, betrifft allerdings eine andere Leistung des Theaitetos, nämlich eine Klassifikation der irrationalen Größen wie sie in X. Buch der Elemente des Euklid vorgenommen wird.[8] Es is anzunehmen, daß die außerordentliche Wertschätzung, die Plato dem Theaitetos entgegenbrachte, sich nicht so sehr auf die Arbe des Theaitetos im Bereich der irrationalen Größen, die, wie de Dialog *Theaitetos* zeigt, von Platon gar nicht so recht verstande wurde, bezog, sondern vielmehr auf die Konstruktion der reguläre Körper und den Beweis ihrer Vollständigkeit. Denn die Unte suchung der irrationalen Größen ist lediglich der angestreng Versuch, den Bereich des Unsagbaren noch ein Stück weit z durchdringen und sagbar zu machen, während der Beweis der für regulären Körper ein eindrucksvolles Paradigma für Platons B hauptung der unabhängigen und ewigen Existenz der Forme darstellt.

Denn was heißt: Theaitetos fand das Oktaeder und d Ikosaeder? Und was bedeutet eigentlich der Satz: Es gibt nur fü reguläre konvexe Polyeder? Wenn Theaitetos diese regulären Körp *fand*, dann muß es sie irgendwie gegeben haben. Und wenn es n fünf reguläre konvexe Polyeder gibt, dann hat offenbar der Berei der Körper – wir würden heute sagen der dreidimensionale Raum eine innere Ordnung, die diese fünf und genau nur diese fü Körper zuläßt. Natürlich könnte man die Rede von der Existe oder gar der Präexistenz der regulären Körper abschwächen, inde man sagt, Theaitetos *konstruierte* diese Körper, aber schließli konnte er sie nur konstruieren, weil sie eben im Prinzip mögli waren. Diese Redeweise verschiebt also nur das Problem, inde man jetzt nicht von der Existenz der regulären Körper, sonde von der Existenz ihrer Möglichkeit spricht. Und sicher würde m auch heute sagen, daß die Existenz ihrer Möglichkeit Vora

---

8 Dieses Buch wird ebenfalls dem Theaitetos zugeschrieben. Siehe dazu van Waerden, a.a.O., das Kapitel *Analyse des X. Buches der Elemente*, 275–282. Sz hat in seinem Buch, *Anfänge der griechischen Mathematik*, München/Wien: Olc bourg 1969, 79 f., zu zeigen versucht, daß die in Platons *Theaitetos* erwäh Leistung des Theaitetos unscharf formuliert und darüber hinaus unbedeut sei. Tatsächlich ist auch die Unterscheidung von Größen, die schon als Län und solche, die erst als Quadrate mit der Eins kommensurabel sind, trivial ist aber eben doch ein Anfang der bedeutenden Leistung, die darin besteh die zunächst ganz diffuse Menge von irrationalen Größen eine Ordnung bringen, und genau dies ist das Thema des Buches X des Euklid.

setzungen hat, also etwa darin, daß es Geraden und Ebenen gibt und daß die Konstruktion von Parallelen eindeutig ist, kurz, die Voraussetzungen, die in den Axiomen der Geometrie festgelegt sind. Solche Voraussetzungen werden ja bei Euklid unter dem Stichwort Definitionen, Postulate und Axiome auch genannt. Aber der Hinweis darauf, daß die Möglichkeiten auch Voraussetzungen haben, verschiebt wieder nur das Problem, denn wenn man sich überhaupt erst einmal auf diese Voraussetzungen eingelassen hat, dann liegt damit bereits fest, welche Möglichkeiten es für die Konstruktion von Körpern *gibt*.

Dieses *Es – gibt*, das heißt die besondere Existenzweise von formalen Möglichkeiten ist offenbar das, was Platon mit seiner Ideenlehre im Sinn hat. Das Beispiel von den fünf Platonischen Körpern ist deshalb ein so gewichtiges Paradigma für diese Lehre, weil sich an ihm durch einen mathematischen Beweis demonstrieren läßt, daß es möglich ist, sich eine vollständige Übersicht über alle Möglichkeiten eines bestimmten Gegenstandstyps in einem Bereich zu verschaffen. Es ist kein Wunder, daß Platon etwas Derartiges auch in anderen Wissensbereichen anstrebte.

II.4 Die zwei Teile der Astronomie

Auf Sokrates' Frage, ob man die Astronomie in das Curriculum d[er] Philosophenerziehung aufnehmen solle, antwortet Glaukon: »[Ja.] Denn die Zeiten immer genauer zu bemerken, der Monate, sowo[hl] als der Jahre, ist nicht nur dem Ackerbau heilsam und der Schif[f]fahrt, sondern auch der Kriegskunst nicht minder« (*Politeia* V[II] 527d2–5).

Damit ist die Astronomie zugleich als Zeitlehre eingefüh[rt.] Das muß den modernen Leser verwundern, kennt er doch d[ie] Astronomie, wie ja auch der griechische Ausdruck sagt, als Wisse[n]schaft von den Gestirnen. Sie ist uns heute durchaus auch d[ie] Lehre von den Gestirnsbewegungen, aber nicht nur das, sonde[rn] auch die Wissenschaft von der Entstehung der Sterne, ihrer phy[si]schen Zusammensetzung, ihrer Strahlung. Das meiste davo[n] konnte für die Astronomie der Antike nicht Thema sein, nic[ht] einmal die Entfernung von der Erde. Genau genommen war f[ür] Platon, wie man im *Timaios* sieht, nicht einmal die Bewegung d[er] Himmelskörper der Gegenstand der Astronomie, weil nämli[ch] diese lediglich den Umschwung himmlischer Sphären *sichtbar m[a]chen*. Das sollte nicht vergessen werden, auch wenn wir im Folge[n]den durchaus von den Bewegungen der Gestirne sprechen werde[n.] Wenn wir nun die Umschwünge von den sie sichtbar machend[en] Gestirnen her charakterisieren, dann gibt es überhaupt nur sieb[en] solcher himmlischen Bewegungen. Denn die Fixsternsphäre ist i[m] ganzen nur eine, die übrigen sind durch die Planeten markiert. A[lle] diese Umschwünge sind *nach Platon Zeiten oder, besser gesagt, Teile [der] Zeit*. Als solche sind dem gewöhnlichen Menschen nur drei b[e]kannt, und zwar der Tag – das ist der Umschwung der Fixster[n]sphäre, der Monat – das ist der Umschwung des Mondes, und d[as] Jahr – das ist die Bewegung der Sonne durch die Ekliptik. Ab[er] auch die Bewegungen der anderen Planeten oder, besser gesa[gt,] ihrer Sphären sind Zeit, wie Platon im *Timaios* feststellt. Ich set[ze] die ganze Stelle hierher:

> So und deshalb ist also Tag und Nacht entstanden: d[er] Umschwung der einen (ungeteilten) und am meisten n[a]

Vernunft begabten Kreisbewegung; der Monat aber, wenn der Mond, der seine Kreisbahn durchlaufen hat, die Sonne einholt, und das Jahr, wenn die Sonne ihren Kreislauf vollendet hat. Die Perioden der anderen (Planeten) haben die Menschen nicht bedacht, außer einigen unter den vielen. Weder haben sie sie benannt, noch gegeneinander kommensurabel gemacht, indem sie sie mit Hilfe von Zahlen untersucht haben, so daß sie sozusagen nicht wissen, daß ihre Irrbewegungen Zeit sind. Diese nehmen zwar eine schwer zu bewältigende Menge (von Bewegungen[1]) in Anspruch, sind aber gleichwohl erstaunlich wohlgestaltet. (*Timaios*, 39c1–d2)

Als Zeit bezeichnet Platon das ganze System der Himmelsbewegungen. Sie ist das eigentliche Thema der Astronomie, eines Teils wohlgemerkt. Die Aufgabe dieses Teils der Astronomie ist es, das können wir aus der zitierten Stelle bereits entnehmen, die Himmelsbewegungen gegeneinander kommensurabel zu machen, das heißt, das zahlenmäßige Verhältnis ihrer Perioden festzustellen. Da die Verhältnisse der einzelnen Perioden nicht ganzzahlig sein werden, läuft diese Aufgabe darauf hinaus, eine umfassende Periode herauszufinden, in der alle einzelnen Perioden ganzzahlig enthalten sind, das heißt also das kleinste gemeinsame Vielfache der Einzelperioden. Dies ist es, was Platon das *vollkommene Jahr* nennt. An der eben zitierten *Timaios*-Stelle fährt Platon folgendermaßen fort:

Nichtsdestoweniger kann man einsehen, daß die vollkommene Zahl der Zeit das vollkommene Jahr dann erfüllt, wenn die Schnelligkeiten der acht Perioden im Verhältnis zueinander vollendet sich zu einer Summe zusammenschließen, indem sie durch den Umschwung des Selben und gleichmäßig Gehenden heraufgemessen werden. (*Timaios*, 39d2–7)

Der *Umschwung des Selben* – das ist der Umschwung der Fixsternsphäre (IV.3.1). Das große Jahr ist also diejenige Periode, in der die Vielfachen aller anderen Perioden ganzzahlige Vielfache von Tagen sind. Diese Aufgabe zu lösen ist für den einfacheren Fall, nähmlich Tag, Monat und Jahr miteinander kommensurabel zu machen, das Kalenderproblem, ein Problem, das die antiken Astronomen, und

---

1 Der Ausdruck könnte auf das komplexe Planetensystem des Eudoxos verweisen. S.u.

auch die zu Platons Zeit, sehr beschäftigt hat. Für den praktischen Gebrauch, das heißt für die Regulierung der menschlichen Tätigkeiten, braucht man eine Jahreseinteilung, nach der das Jahr eine ganzzahlige Anzahl von Monaten enthält, und eine Monatseinteilung, nach der der Monat eine ganzzahlige Anzahl von Tagen enthält. Dies ist aber bei den astronomisch bestimmten Verhältnissen von Tag, Jahr und Monat nicht der Fall. Die Frage ist naheliegend, ob man wenigstens durch Zusammennehmen mehrerer Jahre zu ganzzahligen Verhältnissen kommt, so daß man die jeweiligen Überschüsse an Monaten oder Tagen auf Schaltjahre verteilen kann. Diese größeren Perioden, die mehrere Jahre umfaßten, wurden auch *das große Jahr* genannt.[2] Gebräuchlich waren beispielsweise die Oktaëteris, in der man acht Jahre zusammennahm mit fünf Jahren zu je zwölf Monaten und drei Jahren mit 13 Monaten, oder die Dekennaëteris mit insgesamt 19 Jahren, wobei man zwölf Jahre zu zwölf Monaten rechnete und sieben Jahre zu je 13 Monaten.[3] Endgültig befriedigend waren diese Vorschläge nicht. Das heute übliche Kalendersystem kommt zwar mit einem Schaltjahr nur alle vier Jahre, bei dem auch nur ein einziger Tag hinzugefügt wird, aus, aber es löst das Problem doch gewaltsam, indem auf die Mondbewegung keinerlei Rücksicht mehr genommen wird.

Nachdem nun Platon die Astronomie als Zeitlehre eingeführt hat und auf ihren praktischen Nutzen für Agrikultur, Schiffahrt und Krieg hingewiesen hat, kritisiert er an ihr, daß sie gewöhnlich gerade nicht so betrieben wird, daß sie jene Umwendung der ganzen Seele bewirkt, die in der Philosophenerziehung angestrebt wird. Die Argumentation im Fall der Astronomie verläuft allerdings ein wenig anders als bei den anderen Wissenschaften, bei denen primär ihre pragmatische Auffassung kritisiert wurde. Bei der Astronomie haben wir es nämlich zum ersten Mal mit einer Wissenschaft zu tun, die – zumindest nach gewöhnlicher Auffassung – von sinnlich Vorfindlichem handelt, nämlich von den in den Gestirnen sichtbaren Bewegungen. Es ist deshalb eigentlich selbst-

---

2 B.L. van der Waerden, *Das große Jahr und die ewige Wiederkehr*, in: Hermes 80 (1952), 129–155.
3 Ich habe das genauer dargestellt in meinem Buch: *Idee und Kosmos. Platons Zeitlehre – Eine Einführung in seine theoretische Philosophie*, Frankfurt/M.: Klostermann 1996, 144–158.

verständlich, daß sie empirisch betrieben wird, und man kann durchaus der Auffassung sein, daß sie bereits als solche die menschliche Seele *nach oben* führt und zwar nicht nur nach oben im wörtlichen Sinne, sondern durchaus auch zur Vernunft. Das sagt Platon im *Timaios* sogar selbst. Unmittelbar vor der soeben zitierten Stelle heißt es:

> Damit es aber ein augenfälliges Maß für ihre zueinander relative Langsamkeit und Schnelligkeit gebe, mit der sie in den acht Bahnen sich bewegten, entzündete der Gott in dem von der Erde aus zweiten der Kreisumläufe ein Licht, welches wir jetzt Sonne nennen, damit es möglichst in dem gesamten Himmel scheine und damit alle Lebewesen, deren Natur das angemessen war, die Zahl besäßen, indem sie sie aus dem Umschwung des *Selben* und Gleichförmigen erlernten. (*Timaios*, 39b2–c1)

Natürlich geht es auch hier um das Auszählen der anderen Perioden durch den Tag, aber noch fundamentaler ist eine quasi anthropologische Feststellung, die Platon hier trifft, nämlich, daß die Menschen (und alle Lebewesen, deren Natur es angemessen war) überhaupt der Zahl teilhaftig sind. Die reinen, oder besser gesagt relativ reinen Verhältnisse am Himmel haben es dem Menschen überhaupt ermöglicht, so etwas wie Wissenschaft zu beginnen. Im siebten Buch der *Politeia* freilich ist Platon in dieser Hinsicht ganz rigoros. Er stellt fest, daß es von empirisch Gegebenem, und seien es auch die Verhältnisse am Himmel, überhaupt keine Wissenschaft gebe. Hier die entsprechende Stelle:

> Denn ich kann wieder nicht glauben, daß irgendeine andere Kenntnis die Seele nach oben schauen mache als die des Seienden und Unsichtbaren; mag einer nun nach oben gereckt oder nach unten blinzelnd versuchen, etwas von dem zu erfahren, was durch die Sinne wahrgenommen wird, so leugne ich sogar, daß er etwas lerne, weil es von nichts dergleichen eine Wissenschaft gibt, ... (*Politeia* VII, 529b3–8)

Diese Behauptung, daß es von der sinnlichen Welt überhaupt keine Wissenschaft gibt, wirkt auf den modernen Leser befremdlich, zumal wenn er weiß, daß es gerade Platons Philosophie war, die Galilei – gegen die aristotelische Naturphilosophie – auf den Weg der neuzeitlichen Wissenschaft geführt hat. Wir werden uns mit Platons Auffassung im Zusammenhang der Kosmologie noch ausführlicher auseinandersetzen müssen. Dort, das heißt im Dialog *Timaios*, nimmt Platons Ablehnung noch eine andere Form an. Er sagt nämlich, man solle nicht glauben, ein Wissen von der sinnlichen Welt durch experimentelle Untersuchungen bestätigen zu können.[4] Hier beim Thema der Astronomie gesteht er der Himmelsbeobachtung wenigstens doch eine gewisse Funktion für die eigentliche, die wahre Astronomie zu: die Himmelserscheinungen seien παραδείγματα[5], Beispiele oder Modelle, die für die Astronomie eine ähnliche Funktion haben wie die Zeichnungen in der Geometrie. Man solle sich von den Himmelserscheinungen zwar die Aufgaben (προβλήματα[6]) vorgeben lassen, aber der eigentliche *Gegenstand* der Astronomie seien sie nicht:

> Also, sprach ich, um uns der Aufgaben zu bedienen, welche sie darbietet, wollen wir wie die Meßkunde so auch die Sternkunde herbeiholen, was aber am Himmel ist, lassen, wenn es uns darum zu tun ist, wahrhaft der Sternkunde uns befleißigend das von Natur Vernünftige in unserer Seele aus Unbrauchbarem brauchbar zu machen. (*Politeia VII*, 530b7–c3)

Die Verhältnisse am Himmel sind also nur eine Veranschaulichung oder, besser gesagt eine Darstellung dessen, was die wahre Astronomie beschäftigt. Aber was ist das, und wie soll man sich eine *Astronomie ohne Sterne* vorstellen? Platon gibt die Antwort in folgender Passage:

> Aber wie, meinst du, müsse man die Sternkunde anders lernen, als es jetzt geschieht, wenn sie mit Nutzen für das, was wir meinen, erlernt werden soll?
> So, sprach ich, daß man diese Gebilde am Himmel, da sie doch im Sichtbaren gebildet sind, zwar für das Beste und Genaueste in dieser Art halte, aber doch weit hinter dem Wahrhaften zurückbleibend, in was für Bewegungen die Schnelligkeit, welche ist, und die Langsamkeit, welche ist, sich

---

4 Zur Frage der Erkenntnis in der Kosmologie siehe III.3.4.
5 *Politeia* VII, 529d8.
6 *Politeia* VII, 530b7, vgl. 531c3.

nach der wahrhaften Zahl und allen wahrhaften Figuren gegeneinander bewegen und, was darin ist, forttreiben, welches alles nur mit der Vernunft zu fassen ist, mit dem Gesicht aber nicht. (*Politeia* VII, 529c1–d5)

Aus diesem Text ist nun zweierlei zu entnehmen. Durch die Attribute *seiend* (τὸ ὂν τάχος καὶ ἡ οὖσα βραδύτης) und *wahrhaft* ἐν τῷ ἀληθινῷ ἀριθμῷ macht Platon klar, daß der Gegenstand der Astronomie als Wissenschaft dem Bereich des bloß Denkbaren angehört. Ferner wird jetzt deutlich, daß die Astronomie genau genommen zwei Teile hat, nämlich einen, den wir bisher auch Zeitlehre genannt haben und in dem es um die Maßverhältnisse von Perioden geht, und noch einen anderen, in dem es um Figuren (σχήματα) geht, also eine Art Himmelsgeometrie. Wir bleiben vorläufig noch bei dem ersten Teil.

Platon redet hier von Schnelligkeit und Langsamkeit. Mit Bedacht habe ich τάχος nicht wie Hieronymus Müller mit Geschwindigkeit übersetzt, sondern mit Schnelligkeit, denn – das ist nicht nur wissenschaftshistorisch wichtig, sondern auch für das Verständnis dessen, was Platon eigentlich im Auge hat –: die Griechen kannten noch gar keinen Begriff von Geschwindigkeit. Geschwindigkeit als Quotient von Weg und Zeit oder von Wegdifferenz und Zeitdifferenz ist für die Griechen ganz undenkbar, weil sie einerseits überhaupt nicht mit Brüchen rechneten und andererseits Verhältnisse von Größen verschiedener Dimensionen nicht bildeten. Der Geschwindigkeitsbegriff, wie wir ihn von der neuzeitlichen Physik her kennen, ist eigentlich erst bei Galilei voll entwickelt. Er geht auf Überlegungen von Nicolas von Oresme (1329–1382) zurück. Oresme hat den Begriff der Geschwindigkeit als einen besonderen Fall der Quantifizierung der intensio formarum verstanden. Aristotelisch begriff er Schnelligkeit und Langsamkeit als Qualitäten, die mit größerer oder kleinerer Intensität vorliegen können. Er schlug als Maß der Intensität *Geschwindigkeit* ihre potentielle extensive Wirkung in der Zeiteinheit vor. Diese Quantifizierung enthält im Grunde zwei Schritte, die Oresme vom antiken Denken weggeführt haben, nämlich einerseits, daß Potenzen durch ihre extensiven Wirkungen gemessen werden, und andererseits, daß der Begriff der Geschwindigkeit zur Charakterisierung *eines* Körpers verwendet wird und nicht als Verhältnis der

Bewegungsintensitäten zweier Körper.[7] Das mußte natürlich in der Folge dann zur Frage nach dem Bezugssystem führen.

Für die Antike jedoch gilt, daß man von Geschwindigkeit eines Körpers überhaupt nicht reden kann, sondern immer nur von der Schnelligkeit oder Langsamkeit zweier Körper. Es handelt sich also eigentlich um zwei Qualitäten, die im Verhältnis der Polarität zueinander stehen. Diese Polarität charakterisiert die beiden Körper oder besser gesagt deren Bewegungen als ein Übertreffen und Zurückbleiben. Das ist natürlich für uns von äußerster Wichtigkeit, weil wir so gesehen mit einem Beispiel für die unbestimmte Zweiheit im Sinne der ungeschriebenen Lehre zu tun haben. Schneller sein heißt, den anderen Körper zu überholen, langsamer sein, hinter ihm zurückbleiben. Als Beleg für diese Auffassung mögen zwei Stellen aus Aristoteles dienen. In der *Physik* Δ 10, 218b15 heißt es, »das Schnelle ist das in weniger Zeit viel bewegte, das Langsame, das in vieler Zeit wenig bewegte« und in *Physik* Z 2, 232a25 f. heißt es: »Notwendig bewegt sich das Schnellere in der gleichen Zeit um mehr, in der kürzeren Zeit um gleiches und in kürzerer Zeit um mehr, wie einige definieren.«

Dieses Überholen und Zurückbleiben ist nun das, was man tatsächlich an den Himmelskörpern beobachten kann. Wie meint nun Platon, daß man die Unbestimmtheit dieser Verhältnisse überwinden kann und damit erkennen kann, welche wahren Verhältnisse in ihnen zur Erscheinung kommen? Wir kennen Platons Antwort darauf schon: nämlich indem man die Umschwünge, also die Perioden der Himmelsbewegungen im ganzen aneinander mißt, und das heißt: durch Finden ihres kleinsten gemeinsamen Vielfachen die Periode findet, in der sie gegeneinander kommensurabel (σύμμετροι) sind. Auch hier in der *Politeia* wird das klar ausgesprochen, an einer Stelle, an der wiederum betont wird, daß sich im sinnlichen Bereich diese reinen Verhältnisse nicht finden lassen:

> Aber die Maßbeziehung (συμμετρία = Kommensurabilität) der Nacht zum Tage und dieser zum Monat und des Monats zum Jahr und der anderen Gestirne zu diesen und unter sich, meinst du nicht, er werde den für ungereimt halten, welcher

---

[7] Zu dem ganzen Komplex s. Anneliese Maier, *Zwei Grundprobleme der scholastischen Naturphilosphie. Das Problem der intensiven Größe. Die Impetustheorie*, Rom: Edizioni di Storia e Letteratura, 3. Aufl. 1968.

behauptet, diese erfolgen immer auf die gleiche Weise, ohne je um das Mindeste abzuweichen, obwohl sie doch Körper haben und sichtbar sind, und man müsse auf jede Weise versuchen, die Wahrheit von ihnen zu erfassen? (*Politeia* VII, 530a8–b5)

Es geht also in der wahren Astronomie um die Kommensurabilität von Bewegungsabläufen, das heißt um die Frage, in welcher Weise sie miteinander im *Takt* sind: Die Astronomie als Zeitlehre erweist sich damit als Teil einer allgemeinen Rhythmik. Diese Auffassung bestätigt sich durch eine Parallelstelle im Dialog *Philebos*, in dem dieselbe Aufgabe, die sich hier für die Astronomie qua Zeitlehre stellt, nämlich Schnelligkeit und Langsamkeit in ein Zahlenverhältnis zu bringen, als Teil der Musik dargestellt wird. Dort (*Philebos*, 26a) heißt es, daß man in der Musik auf zweierlei Weise zu bestimmten Verhältnissen kommen kann, nämlich indem man die Unbestimmtheit von hoch/tief einerseits und die Unbestimmtheit von schnell/langsam andererseits zahlenmäßig erfaßt. Schon vorher hieß es, »in den Bewegungen des Körpers kann man andere derartige Eigenschaften erfassen, von denen sie (unsere Vorgänger) sagen, daß man sie durch Zahlen messen und Rhythmus und Metra nennen muß und zugleich einsehen muß, daß man entsprechend in Bezug auf jedes Eine und Viele Untersuchungen anstellen muß« (*Philebos*, 17d4–7). Es zeigt sich, daß die wahre Astronomie also Rhythmustheorie ist und speziell als Zeitlehre aufzufassen ist, insofern sie in den Himmelsbewegungen zur Darstellung kommt. Die Zeit ist ja, wie wir noch genauer in der Kosmologie (IV.3.2) sehen werden, nicht ein Wesen an sich, sondern lediglich die sinnliche Darstellung ewiger Verhältnisse. Wenn man die Himmelsbewegungen so gesehen auch als musikalisch geordnet verstehen kann, so muß man allerdings feststellen, daß das Verständnis dieser Ordnung im Sinne von Harmonien, wie es dann bei Kepler[8] ein so großes Gewicht erhält, unangebracht ist: Es handelt sich nicht eigentlich um Harmonien, sondern um Rhythmen.

Nun zum zweiten Teil der Astronomie. Platon hatte als Thema der Astronomie nicht nur »die Geschwindigkeit, welche ist und die

---

8 Johannes Kepler, *Welt-Harmonik* (übers. v. Max Caspar), Darmstadt: WB 1973. Dazu: G. Böhme, *Keplers Weltharmonik*, in: G. Gamm/G. Kimmerle (Hrg.), *Wissenschaft*, Tübingen: edition diskord 1991, 202–223.

Langsamkeit, welche ist«, genannt, sondern auch »alle wahrhaften Figuren« (*Politeia* VII, 529d3). Der Ausdruck Figuren, σχήματα, hatte uns zu der Vermutung Anlaß gegeben, daß es sich hier um eine Art astronomische Geometrie handeln müsse, nämlich, modern gesprochen, um die Geometrie der Planetenbahnen. An was für Figuren kann Platon gedacht haben? Daß sich die Gestirne auf Kreisen bewegen oder besser gesagt durch die Drehbewegung von Sphären mitbewegt werden, war für Platon und die durch ihn beeinflußte Astronomie eine Selbstverständlichkeit. Es ist klar, daß die Gestirne als göttliche Wesen sich mit den schönsten Bewegungen, also auf Kreisen bewegen. Diese Grundvorstellung allein macht allerdings noch keine Himmelsgeometrie notwendig. Letztere fängt dort an, wo die Bewegungsbahnen gegeneinander geneigt sind (also die Achsen der Sphären gegeneinander einen Winkel bilden) und wo ferner durch die unterschiedliche »Geschwindigkeit« der einzelnen Sphärenbewegungen sich relative Verzögerungen und Beschleunigungen ergeben: Dann nämlich bilden die Bewegungen der Gestirne miteinander Figuren. Solche Figuren waren zur Zeit Platons den Astronomen als Himmelsphänomene bekannt, und es war die Hauptaufgabe, die sich der führende Astronom Eudoxos zu lösen vorgenommen hatte, bzw. die ihm von Platon gestellt war, diese Figuren als bloße Erscheinungen durch die Kombination reiner, gleichmäßiger Sphärenbewegungen darzustellen.

Eudoxos, dessen Lebenszeit man auf 408 bis 355 datiert, war nachweislich zweimal in Athen und hat zeitweise in der Akademie mitgearbeitet. Auf ihn wird die Proportionenlehre, wie sie in den Büchern V und XII des *Euklid* dargestellt ist, zurückgeführt. In seiner Schrift, περὶ τάχεος, über die Schnelligkeit, über die wir durch Berichte des Aristoteles und des Simplikios informiert sind, hat er die Theorie der homozentrischen Sphären formuliert. Wenn man sie, historisch gesehen, als die erste astronomische Theorie überhaupt bezeichnet[9], so heißt das, daß, was am Himmel beobachtet werden kann, hier von bestimmten Grundannahmen über die Himmelsbewegungen abgeleitet wird. Dieses Verfahren: was

---

9 J.L.E. Dreyer, *A History of Astronomy from Thales to Kepler*, New York: Dover 1953, 107: »he is the first to attempt systematically to account for the planetary motions.«

man beobachten kann, nicht einfach bloß möglichst genau zu beschreiben, sondern als bloße Erscheinung von bestimmten Grundverhältnissen – hier Sphärenbewegungen – zu begreifen, hat man als *Rettung der Phänomene* bezeichnet.[10] Als Maxime der Forschung verstanden, enthält das Verfahren ein Doppeltes. Auf der einen Seite eine Abwertung der Phänomene, insofern sie nämlich nicht selbst als das Eigentliche, Wahre angesehen werden und andererseits einen gewissen Respekt vor den Phänomenen, insofern sie für die Theoriebildung, das heißt die Erkenntnis der *eigentlichen* Verhältnisse die Randbedingung bilden, an der sie sich zu orientieren hat: Die Theorie wird gerade dann als die wahre angesehen, wenn sie in der Lage ist, die Phänomen abzuleiten.

Phänomene in diesem Sinne waren für die Astronomie die Bewegungen der Planeten. Planeten im engeren Sinne waren in der Antike Merkur, Venus, Mars, Jupiter und Saturn, im weiteren Sinne kamen noch Mond und Sonne hinzu. Die drei weiteren uns heute bekannten Planeten wurden erst spät, nämlich nach der Entwicklung des Fernrohres entdeckt: Uranus 1781, Neptun 1864, Pluto 1930. Wenn man von den Planeten und natürlich auch den Kometen einmal absieht, so herrschen am Himmel äußerst einfache und übersichtliche Verhältnisse, nämlich genau genommen nur die eine große gleichmäßige Sphärenbewegung des Fixsternhimmels.[11] Relativ zu dieser großen Bewegung der Fixsternsphäre, die Platon im *Timaios*, den Umschwung des Selben nennt, zeigen nun die Planeten ein *unordentliches* Verhalten: Sie *wandern* in der Fixsternsphäre umher. So bleibt etwa die Sonne jeden Tag gegenüber der Fixsternsphäre etwas zurück und bewegt sich zudem im Laufe des Jahres auf der Fixsternsphäre langsam auf und ab, nämlich (nach heutigen Verhältnissen) zwischen den Sternbildern des Skorpion und des Schützen. Damit ergibt sich bereits die erste Figur: nämlich die Ekliptik, die Bahn, die die Sonne im Laufe eines Jahres relativ zur Fixsternsphäre vollendet und die, den Himmelsäquator

---

10 Simplikios führt das σῴζειν τὰ φαινόμενα in seinem *Kommentar zu Aristoteles' de caelo* auf Platon selbst zurück (ed. Heiberg, 1894, 488). Siehe dazu Jürgen Mittelstraß, *Die Rettung der Phänomene, Ursprung und Geschichte eines antiken Forschungsprinzips*, Berlin: de Gruyter 1962.

11 Es ist bemerkenswert, daß selbst dafür bereits in der Antike eine minimale Abweichung festgestellt wurde, nämlich eine Wanderung des Himmelspols innerhalb der Fixsternsphäre.

schneidend, gegen diesen einen Winkel von 23° hat. Platon bespricht diese Figur im *Timaios*, wo er den Demiurgen die Ordnung des Himmels durch Erschaffung der Gestirne und ihrer Sphären-Bewegungen hervorbringen läßt. Dabei berücksichtigt er, daß die Bewegungen der anderen Planeten in der Nähe der Ekliptik sich abspielen, so daß er sie als Abspaltungen der ihr entsprechenden Sphäre, genannt: der *Umschwung des Anderen*, darstellt. Hier die entsprechende Textstelle:

> Indem er nun dieses gesamte Gefüge der Länge nach spaltete, legte er beide in ihrer Mitte in der Gestalt eines Chi (X) aufeinander und bog sie jeweils kreisförmig in eins zusammen, indem er sie an der dem Kreuzungspunkt gegenüberliegenden Stelle mit sich selbst und mit dem andern zusammenknüpfte, umschloß sie rings durch die gleichförmige und an einundderselben Stelle kreisende Bewegung und machte den einen der Kreise zum äußeren, den anderen zum inneren. Die äußere Bewegung sollte, gebot er, der Natur des »Selben«, die innere aber der des »Anderen« angehören. Die des »Selben« führte er längs der Seite rechts herum, die des Verschiedenen der Diagonalen nach links herum. Doch das Übergewicht verlieh er dem Umlauf des »Selben« und Ähnlichen; denn ihn allein ließ er ungespalten, den inneren dagegen spaltete er sechsmal in sieben ungleiche Kreise, jede nach den Abständen des Zwei- und Dreifachen, deren je drei sind, und gebot den Kreisen, sie sollten in einander entgegengesetzter Richtung gehen, an Geschwindigkeit aber sollten drei gleich, die vier übrigen jedoch voneinander und den dreien zwar verschieden, aber doch nach einem *berechenbaren* Verhältnis laufen. (*Timaios*, 36b7–d7)

Die Figuren, die Eudoxos abzuleiten versuchte, ergeben sich dadurch, daß die Planeten, die sich ja, wie gesagt, in der Nähe der Ekliptik bewegen, einerseits dieser gegenüber teils voranschreiten, teils zurückbleiben (und an den Umkehrpunkten nahezu einen Stillstand zeigen) und andererseits eine Auf- und Abbewegung gegenüber der Ekliptik zeigen. Diese Figur, das heißt die Planetenbewegung gegenüber der nun festgehaltenen Ekliptik, ist bei einigen Planeten recht deutlich eine flach liegende Acht, die damals sogenannte Hippopede.

Die Leistung des Eudoxischen Planetensystems besteht nun vor allem darin, diese Hippopede durch Kombination von vier gleichmäßig sich drehenden Sphären abzuleiten. Zunächst wird die Hippopede selbst durch die Bewegung zweier Kugelschalen zustande gebracht, wobei die Achse der zweiten gegenüber der ersten etwas geneigt ist und auf der Kugelschale der ersten fixiert ist, also mit ihr herumgeführt wird. Drehen sich nun diese beiden Kugelschalen mit gleicher aber entgegengesetzter Geschwindigkeit, so beschreibt ein *Planet*, der auf der inneren Schale befestigt ist, für einen im Mittelpunkt der Kugelschalen fixierten Beobachter eine Acht. Diese Acht, die Hippopede, führt Eudoxos nun durch die Bewegung einer weiteren Kugelschale auf der Ekliptik herum und bewegt diese nun im ganzen mit der vierten Sphärenbewegung mit, nämlich der der Fixsterne.

Dieses System des Eudoxos hat sicher in hohem Maße Platons im siebten Buch der *Politeia* aufgestellter Forderung entsprochen, nämlich festzustellen, in was für Bewegungen sich die Gestirne »nach allen wahrhaften Figuren gegeneinander bewegen«, wenngleich man sagen muß, daß das Ziel, die Phänomene zu bewahren, noch sehr unvollkommen erreicht wurde. So ließen sich im Besonderen die Bewegungen von Mars und Venus nicht durch Kombination von vier Sphärenbewegungen darstellen, und ferner waren nach dem eudoxischen System die Hippopeden für alle Planeten gleich, im Unterschied zur *Wirklichkeit*, also zu dem, was man beobachten kann. Aber das Prinzip war doch so überzeugend, daß man nach Eudoxos zunächst nicht nach einem anderen System suchte, um die *Anomalien* zu bewältigen, sondern es durch Hinzufügung weiterer Sphärenbewegungen zu verbessern suchte. So erwähnt bereits Aristoteles 55 Sphären.

Im Rahmen der Philosophenerziehung war aber das *Retten der Phänomene* für Platon überhaupt nicht das primäre Ziel, sondern vielmehr die Etablierung einer Wissenschaft von Bewegungsfiguren als Teil einer theoretischen Astronomie, und genau dieser Schritt ist von Eudoxos vollzogen worden.

78 Die Wissenschaft und die Dialektik

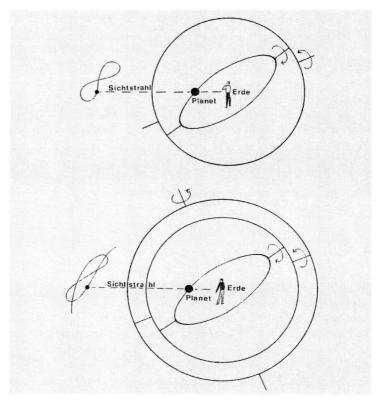

Die Entstehung der Planetenschleifen nach Eudoxos. Abbildung mit freundlicher Genehmigung des Autors, entnommen aus: Jürgen Teichmann. *Wandel des Weltbildes*, Stuttgart, Leipzig: Teubner 1996, S. 48.

II.5 Die Harmonielehre

Als letzte der wissenschaftlichen Disziplinen, die die Seele zum wahrhaft Seienden erheben sollen, bespricht Platon im siebten Buch der *Politeia* die Harmonielehre. Sie wird hier als ein Teil der Bewegungslehre eingeführt – freilich auf etwas merkwürdige Art:

> Es scheinen ja, sprach ich, wie für die Sternkunde die Augen gemacht sind, so für die harmonische Bewegung die Ohren gemacht und dieses zwei verschwisterte Wissenschaften zu sein, wie die Pythagoreer behaupten und wir, Glaukon, zugeben. Oder wie wollen wir uns verhalten? (*Politeia* VII, 530d6–10)

Daß Astronomie und Harmonielehre eine systematische Beziehung haben, dürfte durchaus Platons Meinung sein, nicht aber die hier angeführte Begründung. Hatte Platon nicht bei der Astronomie bereits gesagt, daß zur entscheidenden astronomischen Erkenntnis die Augen nicht viel beizutragen haben, und wird er das für die Harmonielehre bezüglich der Ohren nicht auch gleich sagen? Man kann wohl den Hinweis auf Augen und Ohren nur als didaktische Hinleitung zum eigentlichen Thema verstehen. Die Verwandtschaft von Astronomie und Harmonik hat nichts mit den Sinnen zu tun. Vielmehr stellen sie zwei Möglichkeiten geordneter Zahlenbeziehungen dar: In der Astronomie geht es um Kommensurabilitäten, in der Harmonielehre um Proportionen. Wichtig ist freilich der Hinweis, daß Platon sich hier explizit zur pythagoreischen Musiktheorie bekennt und das eben heißt: Harmonien als Zahlen*verhältnisse* zu verstehen.

Die dann folgende Abwehr der landläufigen Praxis derjenigen Leute, die die Harmonien erforschen, erhält nun eine besondere Note dadurch, daß Platon implizit zugleich eine konkurrierende, nämlich von der pythagoreischen abweichende Musiktheorie abweist. Im übrigen kommt hier gegenüber der Kritik der Praxis in den anderen Wissenschaften noch die Kritik des experimentellen Vorgehens hinzu. Hier der Text:

> Daß nicht unseren Zöglingen einfalle, etwas hiervon unvollständig zu lernen, so daß es nicht jedesmal dahin ausgeht,

worauf alles führen soll, wie wir eben von der Sternkunde sagten. Oder weißt du nicht, daß sie es mit der Harmonie ebenso machen? Indem sie nämlich die gehörten Symphonien und Töne aneinander heraufmessen, treiben sie, wie die Astronomen, etwas Aussichtsloses.

Bei den Göttern, sagte er, gar lächerlich halten sie bei den sogenannten Verdichtungen die Ohren hin, als ob sie aus den Nachbarn den Ton erjagen könnten. Die einen sagen, daß sie in der Mitte noch einen gewissen Laut hören und daß dies das kleinste Intervall sei, mit dem gemessen werde müsse; die anderen bestreiten das und sagen, sie klängen nun schon ganz gleich, und beide setzen die Ohren vor die Vernunft.

Du meinst jene praktischen Leute, die den Saiten etwas antun und sie auf die Folter spannen, indem sie sie auf den Wirbeln spannen. Damit aber das Bild nicht zu umfangreich wird bezüglich der Schläge mit dem Plektron und bezüglich dem Ansprechen, dem Versagen und dem übermäßigen Tönen der Saiten, mache ich damit Schluß und sage, daß diese Leute nichts sagen, sondern vielmehr jene, von denen wir eben sagten, wir wollten sie der Harmonie wegen befragen.(*Politeia* VII, 530e6–531b8)

Was heißt es, daß die kritisierten Forscher die gehörten Symphonien (das heißt Zusammenklänge) und Geräusche, aneinander heraufmessen (531a2 f.)? Eins ist klar: Diese Kritik bezieht sich primär darauf, daß man sich überhaupt an die sinnlich gegebenen Töne und Tonverhältnisse hält. Das zeigt die Parallelisierung mit der Astronomie. Ferner aber bezieht sich Platon sichtlich auf einen Ansatz in der Musiktheorie, der vorübergehend auch bei den Pythagoreern ventiliert wurde[1] und dann bei Aristoxenos favorisiert wird. Danach dachte man sich die Intervalle als Vielfaches eines Kleinsten. So hat offenbar der Gesprächspartner von Sokrates, nämlich Glaukon, die Sache ebenfalls verstanden. Der Prozeß des *Verdichtens* bestand offenbar im Aufsuchen eines kleinsten Intervalles, mit dem dann die anderen gemessen werden sollten. Dabei geht es darum, bei einem gegebenen Intervall noch einen mittleren Ton zu identifizieren, das heißt möglicher-

---

1 Walter Burkert, *Weisheit und Wissenschaft. Studien zu Pythagoras, Philolaos und Platon*, Nürnberg 1962.

weise das Intervall zu teilen. Wenn das nicht möglich ist, dann hat man bereits das kleinste Intervall gefunden. Diese Auffassung widerspricht nun ganz und gar der Musiktheorie, die Platon als die pythagoreische kennt und vertritt, denn nach ihr sind Intervalle überhaupt keine Größen, sondern werden durch Zahlenverhältnisse dargestellt. Also um die drei Hauptbeispiele zu nennen: die Oktave durch das Verhältnis zwei zu eins, die Quinte durch das Verhältnis drei zu zwei und die Quarte durch das Verhältnis vier zu drei.

Die Ablehnung des empirischen Zuganges ist nun, wie schon erwähnt, an dieser Stelle nicht bloß die Kritik daran, daß man sich überhaupt auf die sinnliche Wahrnehmung verläßt, sondern sie ist Kritik an experimentellem Vorgehen. Diese Stelle ist für den modernen Leser insofern besonders interessant, als er von der Naturwissenschaft her gewohnt ist, daß man sich zwar nicht auf die menschlichen Sinne verläßt, wohl aber auf Experimente. Platon schildert hier mit spöttischen Ausdrücken das Vorgehen gewisser Musikforscher, und leider ist gerade wegen der abfälligen Weise, wie er über ihre Tätigkeit spricht, nicht genau zu sagen, worin ihre Experimente bestanden haben. Auffällig ist die verbale Identifizierung des Aufspannens von Saiten mit der Folter von Sklaven. Diese Parallele wird später wieder bei Francis Bacon, und zwar bei ihm in positivem Sinne auftauchen, denn *er* ist der Meinung, daß die Natur ihre Wahrheiten nur unter Druck preisgibt.[2] Platon hält offenbar gerade von solchen Wahrheiten nichts. Vom Wortlaut der zitierten Stelle her könnte man vermuten, daß er nur frei geäußerte Wahrheiten gelten lassen will. Eine Parallele im *Timaios* gibt aber einen für unseren Kontext wichtigeren, nämlich naturphilosophischen Grund an. Diese Stelle ist im *Timaios* besonders hervorgehoben, insofern sie den ganzen ersten Teil zum Abschluß bringt:

> Wollte aber jemand diese Angaben experimentell[3] überprüfen, dann hätte er wohl den Unterschied der göttlichen und menschlichen Natur verkannt, da zwar Gott das Viele in Eines

---

2 Die entsprechenden Stellen sind gesammelt in: Carolyn Merchant, *Der Tod der Natur. Ökologie, Frauen und neuzeitliche Naturwissenschaft*, München: C.H. Beck 1987.

3 Hier im Griechischen derselbe Wortstamm wie in der *Politeia* VII, 531b3: βασανίζειν, quälen, foltern.

zu vermischen und wiederum aus Einem in Vieles aufzulösen zur Genüge versteht und zugleich auch vermag, unter den Menschen aber niemand zu einem von beidem jetzt hinreicht, noch in der Folge je hinreichen wird. (*Timaios*, 68d2–7)

An dieser Stelle lehnt Platon also explizit die analytisch-synthetische Methode ab, die dann später für die neuzeitliche Naturwissenschaft die führende werden sollte. Er meint, daß sie nur dem Weltbaumeister selbst möglich wäre, den Menschen aber gerade nicht. Die Ablehnung einer Wissenschaft von der sinnlichen Welt hat also hier nicht allein in deren Unbeständigkeit und Ungenauigkeit ihren Grund, sondern ist auch zugleich die Ablehnung eines bestimmten Erkenntnistyps, nämlich der Erkenntnis des Gegebenen durch dessen Rekonstruktion. Darauf ist zurückzukommen.

Platon deutet an, daß die empirischen Harmonieforscher offenbar nicht nur durch Spannen von Saiten versuchten, Zwischentöne zu finden, sondern daß sie auch das Anspringen von Saiten selbst untersucht haben. Was sollte es sonst heißen, daß Saiten *versagen* beziehungsweise *prahlen*? Das könnte auf die Untersuchung von Resonanzphänomenen hinweisen – was im Zusammenhang einer Harmonik nicht abwegig wäre. Aber die empirische Methode, die nun gerade für die pythagoreische Musiktheorie die entscheidende wäre, wird nicht erwähnt, nämlich die Teilung von Saiten auf dem Kanon. Der Kanon ist ein Resonanzkörper, auf dem eine einzige Saite gespannt ist, die durch einen Steg in je zwei Saitenstücke geteilt werden kann. Dieses Gerät ist offenbar erst später, also nach Platon, entwickelt worden, setzte also die pythagoreische Musiktheorie schon voraus. Aber als Lehre von der Teilung des Kanon, nämlich im euklidischen Buch *sectio canonis*, ist uns diese Lehre überliefert worden.

Die *sectio canonis* des Euklid ist zwar die systematisch vollständigste aber nicht die einzige Quelle, durch die wir über die pythagoreische Musiktheorie informiert sind. In gewisser Weise wichtiger ist der Bericht des Ptolemäus in seiner *Harmonielehre*, weil nämlich Ptolemäus über die Leistung des Archytas in der Harmonielehre, also jenes pythagoreischen Freundes Platons, berichtet. Der Vollständigkeit halber ist noch auf ein Aristotelesfragment, das sich in Plutarch's Text *Über die Musik* befindet, hinzuweisen.

Schließlich sind natürlich Platons Texte selbst Zeugnisse für die pythagoreische Musiktheorie, also der hier zu behandelnde, wie auch Stellen im *Philebos* beziehungsweise im *Timaios*.

Worin bestand nun eigentlich die pythagoreische Harmonielehre? Wir müssen uns hier auf die Grundzüge beschränken und für die Feinheiten auf die Fachliteratur verweisen[4]. Pythagoras selbst soll schon den Konsonanzen (συμφωνίαι) Zahlenverhältnisse zugeordnet haben und zwar vermutlich auf der Basis von Erfahrungen beim Instrumentenbau. Diese Annahme ist nicht unplausibel, insofern die Länge schwingender Körper, also von Saiten, oder die Lochabstände von Flöten bestimmte Verhältnisse aufweisen. Entscheidend ist nun, daß bei den Pythagoreern zwischen Hippasos und Archytas der Versuch gemacht worden ist, diese Lehre zu theoretisieren. Nach dem Bericht des Ptolemäus sieht eine solche Theoretisierung folgendermaßen aus:

»1. Den Tönen werden Zahlen zugeordnet, und zwar gleich hohen Tönen gleiche Zahlen, verschiedenen ungleiche.

2. Gleichen Intervallen entsprechen dabei gleiche Zahlenverhältnisse.

3. Symphonen Intervallen entsprechen überteilige Verhältnisse (n+1):n oder vielfache n:1 (das Umgekehrte wird nicht verlangt).

4. Der Oktave, die dem Gleichklang am nächsten kommt, entspricht das Verhältnis 2:1, das der Gleichheit am nächsten kommt.«[5]

Ausgehend von der Oktave, also dem Verhältnis 2:1, soll dann Archytas weitere Intervalle durch Mittelbildungen gefunden haben. Dabei kommt das geometrische Mittel nicht zur Anwendung, weil zwischen zwei Zahlen in einem überteiligen Verhältnis niemals mittlere Proportionale gefunden werden können[6]. Durch Anwendung des arithmetischen und des harmonischen Mittels können nun in der Oktave die Quarte und die Quinte gefunden werden. Das arithmetische Mittel M zwischen zwei Termen A und B ergibt sich bekanntlich aus

---

[4] B. L. van der Waerden, *Die Harmonielehre der Pythagoreer*, in: Hermes 78 (1943, 163–198); Árpád Szabó, *Die Entfaltung der griechischen Mathematik*, Mannheim BI-Wissenschaftsverlag 1994, Kapitel II, *Musiktheorie und Proportionen*.
[5] Van der Waerden a.a.O., 168.
[6] Dieser Satz beruht auf *Euklid* VIII, 8, siehe van der Waerden, a.a.O., 169.

$$A - M = M - B \text{ oder } M = \frac{A + B}{2}$$

Das harmonische Mittel H zwischen zwei Termen A und B ergibt sich aus

$$(A - H) : A = (H - B) : B \text{ oder } H = \frac{2 AB}{A + B}$$

Ich wähle nun, um für die Mittel auch ganze Zahlen zu erhalten, als Terme für die Oktave die Zahlen 6 und 12. Dann ergibt sich für das arithmetische Mittel M = 9 und für das harmonische Mittel H = 8. Die damit erhaltenen vier Töne bilden den sogenannten Tetrachord, die vier festen Saiten der Lyra. Sie trugen die Namen Hypate, Mese, Paramese und Nete.

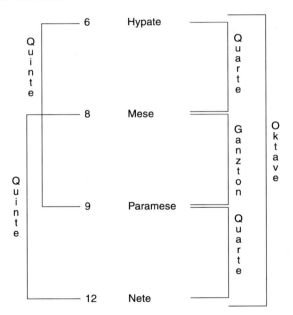

Die Hypate und Paramese stehen ebenso wie die Mese und die Trite im Verhältnis zwei zu drei, bilden also jeweils eine Quinte. Die Hypate und die Mese stehen wie die Paramese und Nete im Verhältnis drei zu vier, bilden also jeweils eine Quarte. In der Mitte, das heißt als Intervall zwischen Mese und Paramese, ergibt sich das

Verhältnis acht zu neun, der Ganzton. Durch weitere Teilungen werden in jeder Quarte noch zwei weitere Töne eingeschaltet. Welche Teilungen das aber sind, hängt von den verschiedenen bei den Griechen üblichen Tongeschlechtern ab: »Allen Tongeschlechtern gemeinsam sind die *festen Töne*, Hypate, Mese, Paramese, Nete; ihnen sind die oben schon erwähnten Zahlen 6, 8, 9, 12 zugeordnet. Die Intervalle innerhalb der Tetrachorde aber sind für die einzelnen Tongeschlechter verschieden«[7]. Solche Tongeschlechter sind das enharmonische, das chromatische und das diatonische.

Man kann sagen, daß damit die Grundzüge des europäischen Tonsystems bis heute festgelegt sind. Die Zahlenverhältnisse, die die Pythagoreer halb spekulativ halb aus der Instrumentenbaupraxis für die Harmonien festgesetzt haben, finden heute ihre Basis im Verhältnis der Schwingungszahlen der beteiligten Töne. Festgehalten hat man im wesentlichen an der Definition der Oktave, der Quinte, der Quarte und dem Ganzton. Dagegen mußte das Tonsystem im ganzen modifiziert werden, um von jedem Ton ausgehend dieselbe Folge von Frequenzverhältnissen zu durchlaufen, das heißt um Modulationen möglich zu machen. Das ist aber nur durch Einschaltung weiterer Töne, nämlich der Halbtöne, möglich und ferner durch Identifizierung der Töne, die man durch eine Erhöhung um einen halben Ton und durch Erniedrigung des darüberliegenden Ganztones um einen halben Ton erhält, also beispielsweise durch Identifizierung von fis und ges. Um die dabei in Kauf zu nehmenden Fehler möglichst klein zu halten, werden sie gleichmäßig auf alle Intervalle verteilt: So erhält man das wohltemperierte Klavier, das seit dem 18. Jahrhundert unser Tonverständnis dominiert. In unserem Jahrhundert ist daneben ein weiteres *ausgeglichenes* Tonsystem in Gebrauch gekommen, nämlich das Zwölftonsystem mit der sogenannten chromatischen Tonleiter. Hier haben alle Töne den gleichen Abstand, das heißt, wenn man wieder das Verhältnis der Oktave als 2:1 setzt, den Abstand $1 : \sqrt[12]{2}$. Durch dieses Tonsystem werden erstmals die konkurrierenden Ansätze des Pythagoras und des Aristoxenes miteinander versöhnt, weil nämlich die Intervalle, die weiterhin pythagoreisch als Zahlenverhältnisse begriffen werden, sich auseinander additiv ergeben. Da sich alle Intervalle als Produkte eines Grundintervalls

---

7 Van der Waerden, a.a.O., 184.

mit dem Verhältnis $1 : \sqrt[12]{2}$ ergeben, kann man sie ebensogut als Summen des Logarithmus von $\sqrt[12]{2}$ darstellen.

Platon hat die pythagoreische Harmonielehre sicherlich in ihrer fortgeschrittensten Form bei Archytas kennengelernt. Die Forderung, die er im VII. Buch der *Politeia* an eine Harmonielehre stellt, die die Seele von Sinnlichem weg zur Betrachtung des eigentlich Seienden führen sollte, war hier bereits weitgehend erfüllt. Für sie gilt jedenfalls nicht mehr die Kritik, die wir dort lesen: »Sie steigen nicht zu den Aufgaben, um zu suchen, welches harmonische Zahlen sind und welches nicht, und weshalb beides« (*Politeia*, 531c2–4). So überraschend Platons Forderung, das Wesen von Harmonie in einer Zahlenbeziehung zu suchen, immer wieder wirkt: Gerade sie ist in der pythagoreischen Harmonielehre erfüllt. Es sind ganz bestimmte ausgezeichnete Zahlenverhältnisse, deren Realisierung als harmonisch empfunden wird. Dieser Erfolg war in Platons Zeit außerordentlich eindrucksvoll und macht die pythagoreische These, *alles ist Zahl*, verständlich. Die historischen Konsequenzen für die Musiktheorie waren weitreichend. Sie befreite sich aufgrund ihrer Mathematisierung von der Erfahrung und wurde später als ein Teil des Quadriviums gesehen, nämlich neben der Arithmetik, Geometrie und Astronomie als vierte mathematische Wissenschaft. Erst im 18. Jahrhundert löste sie sich aus diesem Verband und wanderte ins Trivium hinüber, also in die Nachbarschaft zur Rhetorik und damit der Affektenlehre. Eine weitere Folge von Platons Auffassung, daß die Harmonien eigentlich eine Eigenschaft der Zahlen seien, führte dazu, sie auch in ganz anderen Bereichen als der Musik zu suchen. Das bedeutendste Zeugnis dafür ist Keplers *Harmonia Mundi*.

II.6 Die Synopsis der Wissenschaften

Der Durchgang durch die Wissenschaften dient nach dem leitenden Gesichtspunkt der Darstellung im VII. Buch der Politeia der Bildung der Philosophen. Bei jeder einzelnen Station macht Platon jedoch deutlich, daß die Wissenschaften, so wie sie zu seiner Zeit vorlagen und betrieben wurden, seinen Anforderungen noch keineswegs genügten. Deshalb dient die ganze Darstellung zugleich der Herausarbeitung seiner, Platons, Vorstellung von Wissenschaft. An einer Stelle am Ende des sechsten Buches der *Politeia* (511d), die noch eingehender zu besprechen sein wird, sagt Platon unmißverständlich, daß die mathematischen Wissenschaften, also gerade die, durch die der Philosoph im siebten Buch geführt wird, den Status von Wissenschaften eigentlich erst dann erhielten, wenn sie dialektisch begründet würden. Zur Vorbereitung einer solchen Begründung dient Platon nun das Ziel, das die Philosophenschüler durch ihre zehnjährige Beschäftigung mit Wissenschaften erreichen sollen, nämlich die *Synopsis der Wissenschaften* (*Politeia* VII, 537c2). Dieses synoptische Zusammenbringen der Wissenschaft nennt Platon am Ende des Durchgangs durch die einzelnen Wissenschaften auch ein *Vorspiel* zur Dialektik.

> Ich meinesteils denke, fuhr ich fort, wenn die Bearbeitung der Gegenstände, die wir bis jetzt durchgegangen sind, auf deren Gemeinschaft unter sich und Verwandtschaft gerichtet ist und sie zusammengebracht werden, wie sie zusammen gehören, ...
> (*Politeia* VII, 531c9–d4)

Die Ausdrücke, die Platon hier für das, was im Deutschen etwas blaß als Gemeinschaft, Verwandtschaft und Zusammengehören herauskommt, sind κοινωνία, ξυγγένεια und οἰκειότης. Κοινωνία bedeutet, daß die verschiedenen Wissenschaften etwas Gemeinsames haben, also von daher auch als Arten *einer* Gattung müssen gedacht werden können. οἰκειότης bedeutet Hausgenossenschaft, das heißt, daß die Wissenschaften als Gruppe sich zu einem Ganzen müssen verbinden lassen. ξυγγένεια ist noch stärker, es unterstellt nämlich eine gemeinsame Herkunft der verschiedenen Wissenschaften.

Es dürfte schwer sein, die Forderungen Platons in ihrer Radikalität nachzuvollziehen, aber sicher nicht schwerer als die Sache für ihn selbst war. Alles deutet darauf hin, daß er die Einheit der Wissenschaften als eine Aufgabe sah, als ein noch durchzuführendes Projekt. Es ist deshalb wohl durchaus angemessen, zunächst einmal zusammenzutragen, was aus der bisherigen Darstellung der Wissenschaften im siebten Buch sich an Gemeinsamkeiten abzeichnet. Es geht um fünf oder besser gesagt sechs Wissenschaften, wobei die erste Dreiergruppe, nämlich Arithmetik, Geometrie und Stereometrie Unbewegtes behandelt und die zweite Gruppe, nämlich Astronomie qua Zeittheorie, Astronomie qua Theorie der Bewegungsbahnen und Musiktheorie von Bewegung handeln. Die ersten drei kann man versuchen nach einem *Dimensionenschema* zusammenzufassen, nämlich dem Schema Punkt (μονάς), Strecke, Fläche, Körper – und das ist in der Akademie offenbar auch so geschehen. Nur fehlt für eine solche Zusammenfassung in *Politeia* VII die Angabe einer besonderen Disziplin für die Strecken und außerdem ist dort noch nicht davon die Rede, daß die Zahl, nämlich die Zweiheit die Grenze der Strecke ausmache. Daß Platon so gedacht hat, wird allerdings von Aristoteles bezeugt.[1] Nimmt man diese gegenüber dem Stand der Dinge im siebten Buch weitergehende Entwicklung hinzu, dann ergibt sich für die erste zur Viererergruppe erweiterte Gruppe von Wissenschaften in der Tat eine weitgehende Einheit: Grundlegend ist die Arithmetik. Die Zahlen bilden die Grenzen der Strecken, die Strecken bilden die Grenzen der Flächen und die Flächen bilden die Grenzen der Körper. Da durch die Grenzen jeweils abgegrenzt wird, *was* etwas ist, so sind die Gegenstände der nachgeordneten Wissenschaft jeweils durch die vorgeordnete bestimmt. Aristoteles wird später dieses Schema weitgehend übernehmen, er fügt nur hinzu, daß das συνεχές als noetische Materie zu den Grenzen hinzugedacht werden müsse. So sei die Definition der Strecke nicht die Zwei, sondern Zweiheit mit Kontinuum.

---

[1] Z.B. *Metaphysik* 1036b8 ff. Vgl. zum Unterschied von Platon und Aristoteles in dieser Frage mein Buch *Zeit und Zahl. Studien zur Zeittheorie bei Platon, Aristoteles, Leibniz und Kant.* Frankfurt/M.: Klostermann 1974, den Abschnitt *Das Verhältnis von Zahl und Strecke*, 165 ff.

Auch die drei anderen mathematischen Wissenschaften, nämlich die, die mit der Bewegung zu tun haben, zeigen eine große innere Verwandtschaft. Platon faßt im siebten Buch der *Politeia* zwei von ihnen als Teile der Astronomie zusammen, nämlich die Zeittheorie und die Theorie der Gestirnsbahnen. Im *Philebos* (*Philebos*, 17d) dagegen faßt er die Disziplin, die hier Zeittheorie genannt wird, als Rhythmustheorie auf und stellt sie mit der Harmonielehre zusammen als zwei Teile der Musiktheorie vor. Daß beides möglich ist, liegt natürlich daran, daß für Platon, was an diesen Wissenschaften eigentlich wissenschaftlich ist, im Grunde von Zahlen und ihren Verhältnissen handelt. Es seien deshalb einmal in einer schematischen Übersicht die sechs Wissenschaften der *Politeia* zusammengestellt, wobei jeweils angegeben wird, was sich als eigentlicher Gegenstand dieser Wissenschaften herausstellte, und ferner, welche Auffassung oder Verfahrensweise von diesen Wissenschaften fernzuhalten ist, damit sie nach Platons Maßstäben überhaupt als Wissenschaften anerkannt werden können.

Übersicht über die mathematischen Wissenschaften nach Platon

die Wissenschaft	Was wird erkannt?	Wie soll sie nicht aufgefaßt werden?
Arithmetik	das Große/Kleine als zwei erkennen, das Eine als immer dasselbe, die Zahlen	als Rechnen
Geometrie	Erkenntnis der Figuren	als algebraisches Verfahren
Stereometrie	Erkenntnis der Figuren (der Körper)	
Zeitlehre	die seiende Langsamkeit und Schnelligkeit und ihre Zahlenverhältnisse (Kommensurabilität)	als Himmelsbeobachtung
astronomische Bahntheorie	die Gestalten der Bewegung	als Himmelsbeobachtung
Harmonielehre	die Harmonie der Zahlen	als experimentelle Forschung

Im Rückblick auf Buch sieben der *Politeia* kann man für alle Wissenschaften feststellen: ihre eigentümlichen Gegenstände treten erst dann in den Blick, wenn man diese Wissenschaften nicht in der landläufigen Weise, nämlich im Blick auf sinnlich Gegebenes und auf Handlungskompetenzen betreibt. Zweitens sind die Wissenschaften jeweils einzeln durch eigentümliche Gegenstände gekennzeichnet, so sehr, daß sie an vielen Stellen geradezu mit dem Wesen ihrer eigentümlichen Gegenstände identifiziert werden. Wenn man nun den Blick auf diese eigentümlichen Gegenstände richtet – die natürlich sechs sein müssen, soll die Sechsheit der Wissenschaften erhalten bleiben –, so zeichnet sich doch eine weitgehende Gemeinsamkeit ab: Es handelt sich nämlich durchweg um Zahlen und Gestalten. Die Arithmetik, die Zeitlehre und die Harmonielehre haben mit Zahlen zu tun und zwar mit den Zahlen als solchen, ferner mit ihrer Kommensurabilität und schließlich mit ihren Verhältnissen oder Proportionen. Die Geometrie, die Stereometrie und die Astronomie qua Theorie der Gestirnsbahnen haben mit Gestalten zu tun.

Soweit die Synopsis. Kann man weitergehen? Haben die Wissenschaften einen gemeinsamen Ursprung, bilden sie ein System?

Platon nennt selbst eine Gemeinsamkeit für alle mathematischen Wissenschaften, und das ist das hypothetische Verfahren. Dieses wird nun allerdings als eine Schwäche, als ein Mangel eingeführt, nämlich als ein Vorgehen, das diese Wissenschaften als solche eher daran hindert, überhaupt Wissenschaften zu sein. Das hypothetische Vorgehen muß gerade überwunden werden, und die Mathematiker müssen Dialektiker werden, damit ihre Wissenschaften eigentlich zu sich selbst kommen. Ich zitiere in extenso:

> Und dies wenigstens, sprach ich, wird uns wohl niemand bestreiten, wenn wir sagen, daß, was jegliches selbst sei, dies kein anderes Verfahren (als die Dialektik, G.B.) ordentlich und von allen zu erfassen sucht. Daß alle anderen Künste (τέχναι) sich dagegen entweder auf der Menschen Vorstellungen und Begierden beziehen oder auch mit Hervorbringen und Zusammensetzen oder mit Pflege des Hervorgebrachten und Zusammengesetzten zu tun haben; die übrigen aber, denen wir zugaben, daß sie sich etwas mit dem Seienden befassen,

die Geometrie und was mit ihr zusammenhängt, sehen wir wohl, daß sie zwar träumen von dem Seienden, ordentlich wachend aber es wirklich zu erkennen nicht vermögen, solange sie, Annahmen (ὑποθέσεις) voraussetzend, diese unbeweglich lassen, indem sie keine Rechenschaft davon geben können. Denn wovon der Anfang ist, was man nicht weiß, Mitte und Ende also aus diesem, was man nicht weiß, zusammengeflochten sind, wie soll wohl, was auf solche Weise angenommen wird, jemals eine Wissenschaft (ἐπιστήμη)sein können? (*Politeia* VII, 533b1–c7)

An dieser Stelle werden zunächst alle praktischen Wissensformen zusammengefaßt und unter dem Titel der τέχναι ausgesondert: Sie jedenfalls sind schon deshalb nicht Wissenschaften, weil sie nicht sagen können, was das, um das sie sich kümmern, eigentlich ist. Von der »Geometrie und was mit ihr zusammenhängt...«, also den mathematischen Wissenschaften, wird dagegen gesagt, daß sie sich zwar durchaus mit dem Seienden selbst beschäftigen, aber sie *träumen* doch nur gewissermaßen und erfassen doch nur τοῦ ὄντος τι, etwas vom Seienden, und nicht wirklich das Seiende selbst. Der Grund dafür liegt nun gerade in der hypothetischen Methode. Sie wird hier dahingehend gekennzeichnet, daß die Wissenschaftler von Annahmen ausgehen, die sie erstens *unbeweglich* lassen und von denen sie zweitens keine Rechenschaft zu geben vermögen.

Worin besteht nun das hypothetische Verfahren? Der moderne Leser wird es nur allzu leicht als das axiomatisch-deduktive Verfahren verstehen, wie es erstmalig explizit in Euklids *Elementen* greifbar ist und sich in moderner Mathematik und Physik wiederfindet, etwa in Newtons *Principia* oder in Hilberts formaler Mathematik. Mit Erstaunen und Genugtuung wird der moderne Leser feststellen, daß Platon durch seine Kritik, die Mathematiker ließen ihre Hypothesen unbewegt, offenbar eine Variation der jeweiligen Grundannahmen fordert. Dieses Verständnis ist im ganzen nicht falsch, sollte aber doch an Platons Text modifiziert werden. Man hat verschiedentlich darauf hingewiesen, daß der Gebrauch des Ausdruckes *Hypothese* bei Platon schwankend ist, und sogar, daß es außer dem Gebrauch von Hypothesen im Verfahren der Geometer auch Hypothesen im Sinne von *Voraussetzungen* in der Dialektik gibt.[2] An den beiden loci classici, an denen Platon das hypothetische Verfahren als ein Verfahren der Geometer charakterisiert, wird es aber gerade dem Vorgehen der Dialektiker entgegengesetzt: Die Geometer benutzen Hypothesen als Anfänge (ἀρχαί), von denen aus die Konsequenzen aufgesucht werden, während der Dialektiker die Voraussetzungen als *bloße* Voraussetzungen ansieht, die nach einer Begründung verlangen. Außer diesen beiden gleich zu besprechenden Stellen ist wiederum an jene Stelle im *Phaidon* zu erinnern, an der Sokrates seine intellektuelle Biographie darstellt. Nachdem Sokrates dort gesagt hat, daß er sich in seinen Forschungen von den Dingen (τὰ πράγματα) abgewandt habe, um die wahren Verhältnisse nur indirekt und zwar in den Reden (λόγοι) zu untersuchen, stellt er dann noch fest, *wie* er dabei verfahren ist:

> Also dahin (zu den Logoi, G.B.) wendete ich mich, und indem ich jedesmal den Gedanken zugrunde lege (καὶ ὑποθέμενος ἑκάστοτε λόγον), den ich für den stärksten halte, so setze ich, was mir mit diesem übereinzustimmen scheint, als wahr – es mag nun von Ursachen die Rede sein oder von was sonst –, was aber nicht, als nicht wahr. (*Phaidon*, 100a3–6)

In diesem Satz wird die Methode des Sokrates bereits schon halbwegs als hypothetisch-deduktive Methode beschrieben und zwar bereits so, daß die Hypothese nicht eine willkürliche Annahme ist, sondern der Satz, der schon für sich genommen die meiste Evidenz hat.

Nun aber zu den beiden Stellen, an denen Platon das Vorgehen mit Hilfe von Hypothesen explizit als Methode der Mathematiker bezeichnet. Die eine Stelle findet sich im Dialog *Menon*, in dem es zwischen Sokrates und Menon um die Frage geht, ob Tugend lehrbar sei. Nach Sokrates' Forderung gegenüber Menon müßte man zur Beantwortung dieser Frage zunächst klären, was Tugend überhaupt ist, dann würde sich schon ergeben, ob sie lehrbar sei oder nicht. Da Menon sich aber nicht hinreichend geduldig zeigt, sich auf die Frage nach dem Wesen der Tugend, das heißt also auf das Vorgehen der Dialektiker einzulassen, schlägt Sokrates vor, nach der Weise der Geometer vorzugehen, nämlich

---

2 Árpád Szabó, *Die Anfänge der griechischen Mathematik*, München: Oldenbourg, 1969, 310–321.

»von einer Voraussetzung aus« (*Menon*, 86e3). Die Voraussetzung, die nachher angenommen wird, macht das Problem ziemlich trivial: Wenn Tugend Wissen ist, so ist sie auch lehrbar.

Das Vorgehen der Geometer wird nun an dieser Stelle leider durch ein Beispiel erklärt, das bis heute mathematisch nicht hinreichend aufgeklärt werden konnte.[3] Gleichwohl ist das Vorgehen, für das Platon dieses Beispiel einführt, doch klar. Es geht um die Frage, ob eine gegebene dreieckige Fläche in einen gegebenen Kreis eingespannt werden kann. Der Mathematiker, sagt Platon, könne auf eine solche Frage folgendermaßen reagieren: »Ich weiß noch nicht, ob dieses ein solches ist, aber als eine zweckmäßige Hypothese (ὥσπερ μέν τινα ὑπόθεσιν προὔργου) für die Sache glaube ich folgendes bei der Hand zu haben: Wenn dieses Dreieck ein solches ist, daß..., alsdann, dünkt mich, wird das und das folgen, und wiederum etwas anderes, wenn dies unmöglich ist« (*Menon*, 87a2–7). Die Einführung einer Hypothese hat hier sichtlich die Funktion einer Zusatzannahme, mit Hilfe derer das gegebene Problem sich einfacher darstellt, so daß eine bestimmte Aussage möglich ist. Es ist klar, daß man durch Einführung einer Zusatzannahme das allgemeine Problem einschränkt, und das heißt: man macht eine Fallunterscheidung. Natürlich kann sich herausstellen, daß die Zusatzannahme sogar allgemein gilt, so daß man mit ihr das Problem zugleich allgemein gelöst hat. In der Regel aber sind weitere Fälle zu unterscheiden. Platon nennt hier nur als weiteren Fall den, in dem die genannte Zusatzannahme nicht gilt. Allgemein muß man natürlich sagen, daß ein Interesse daran besteht, eine vollständige Fallunterscheidung zu machen, um so das gestellte Problem systematisch durch Zerlegung in einzelne, weniger komplexe zu lösen.

Von dieser Art der Verwendung von Hypothesen in der Mathematik ist die an dem anderen locus classicus, nämlich am Ende des sechsten Buches der *Politeia*, zu unterscheiden. Dort scheint das Verfahren der Geometer eher dem uns von Euklid her vertrauten axiomatischen Verfahren zu entsprechen. Obgleich sie der schon zitierten Stelle (*Politeia* VII, 533b-c) analog ist, sei sie hier in ganzer Länge zitiert:

---

[3] Jacob Klein, *A Commentary on Plato's Meno*, Chapel Hill: The Univ. of North Carolina Press 1965, 207.

Die Wissenschaft und die Dialektik

> Ich denke, du weißt, daß die, welche sich mit der Geometrie und den Rechnungen und dergleichen abgeben, das Gerade und Ungerade und die Gestalten und die drei Arten der Winkel und was dem sonst verwandt ist in jeder Verfahrensart voraussetzend, nachdem sie dies, als wüßten sie es, zugrunde gelegt haben, keine Rechenschaft weiter darüber weder sich noch anderen glauben geben zu müssen, als sei dies jedem deutlich, sondern hiervon beginnend gleich das Weitere ausführen und dann folgerechterweise bei dem anlangen, auf dessen Untersuchung sie ausgegangen waren. (*Politeia* VI, 510c1–d2)

Daß es sich hier um die Beschreibung eines hypothetisch-deduktiven Verfahrens handelt, scheint deutlich: Es wird etwas zugrunde gelegt, um von da aus *folgerechter Weise* (ὁμολογουμένως) bei etwas anzulangen. Dafür, daß es sich hier um die axiomatische Methode handelt, spricht auch die Allgemeinheit der von Platon als Beispiele angenommenen *Hypothesen,* wie auch die Wendungen »als wüßten sie es« und als sei es »jedem deutlich«. Um das von Platon beschriebene Verfahren näher zu verstehen, wird nun ein Exkurs zu den *Elementen* des Euklid notwendig:

Das erste Buch der *Elemente* des Euklid beginnt mit drei Gruppen von Sätzen, die man heute wohl Axiome der Geometrie nennen würde. Dieser Ausdruck tritt bereits in einem antiken Kommentar zu den *Elementen* auf, nämlich in dem Kommentar des Proclus.

Proclus nennt sie ἀξιώματα oder auch αἰτήματα, es tritt aber auch als zusammenfassender Titel ὑποθέσεις (Hypothesen) auf. Euklid benutzt weder den Ausdruck Axiome noch den der Hypothesen, er nennt vielmehr die erste Gruppe seiner *Voraussetzungen* Definitionen (ὅροι), die zweite Postulate (αἰτήματα), die dritte Axiome (κοιναὶ ἔννοιαι). In der ersten Gruppe wird festgelegt, was gewisse grundlegende Gegenstände der Geometrie sind. So wird beispielsweise Punkt, Linie, Strecke, Winkel, Figur und Parallele definiert. Im Hinblick auf Platon soll erwähnt werden, daß die drei Arten der Winkel, nämlich rechter Winkel, stumpfer Winkel und spitzer Winkel definiert werden. Ferner, was eine Figur (σχῆμα) im allgemeinen ist, was ein Kreis ist, ein Halbkreis, ein Dreieck, Viereck und ein Vieleck.

In den Postulaten wird gefordert (ἠιτήσθω), daß bestimmte

Konstruktionen durchführbar sind, und das heißt umgekehrt auch, daß das Produkt der genannten Konstruktionen *existiert*. So wird beispielsweise gefordert: »daß man mit jedem Mittelpunkt und Abstand den Kreis zeichnen kann« (3. Postulat).

Die Axiome oder allgemeinen Einsichten sind Sätze, die zum größten Teil nicht speziell geometrisch sind. Es handelt sich hier um die allgemeinen Eigenschaften von Gleichheit, wie beispielsweise Nummer 2: »Wenn Gleichen Gleiches hinzugefügt wird, sind die Ganzen gleich«. Spezifisch geometrisch ist Nummer 7: »was einander deckt, ist einander gleich« – ein Satz, den wir heute das Kongruenzprinzip nennen würden, – ferner, Nummer 9: »zwei Strecken umfassen keinen Flächenraum«.

In den weiteren Büchern werden je nach Thema weitere Definitionen hinzugefügt, wie etwa die Definition von Tangente und Berühren im Buch III. Wichtig wiederum im Blick auf Platon ist, daß im Buch VII, dem ersten der arithmetischen Bücher, außer *Einheit* und *Zahl* auch unter anderem *Gerade* und *Ungerade* definiert werden.

Diesen genannten drei Typen von *Voraussetzungen* folgen dann die eigentlich inhaltlichen Sätze der Geometrie, der Proportionenlehre, der Arithmetik. Diese Sätze kann man grob in zwei Klassen einteilen. Die erste Klasse könnte man konstruktive Existenzbeweise nennen. Sie werden in der Form von *Aufgaben* notiert, an die sich dann die konstruktive Lösung der Aufgabe anschließt. Als Beispiel sei I.1. genannt: »Über einer gegebenen Strecke ein gleichseitiges Dreieck zu errichten«. Der andere Typ von Sätzen hat *Wenndann*-Struktur. Als Beispiel sei die Umkehrung des Satzes des Pythagoras, I.48, zitiert: »Wenn an einem Dreieck das Quadrat über einer Seite den beiden Quadraten über den übrigen Seiten zusammen gleich ist, dann ist der von diesen beiden übrigen Seiten des Dreiecks umfaßte Winkel ein rechter«. Solche Sätze werden in der Regel so bewiesen, daß der behauptete Sachverhalt durch Zeichnung von Hilfslinien (διαγράμματα) und durch anschauliche Identifikation (ἐφαρμόζειν, siehe 7. Axiom) anschaulich einsichtig wird.

Euklid wirkte um 300 vor Chr. in Alexandria – war also kein Zeitgenosse Platons. Er soll aber seine Ausbildung in der platonischen Akademie erhalten haben. Seine Schrift *Elemente* besteht wohl zum größten Teil aus von ihm nicht geschriebenen mathematischen Büchern, die er aber redigiert hat und in eine bestimmte methodische Ordnung gebracht hat. Diese Ordnung nennen wir heute das axiomatische Verfahren. Sie wurde über weite Strecken der europäischen Philosophiegeschichte schlicht nach Euklids Vorbild die *geometrische Methode* genannt. Wir haben gehört, daß auch Platon von einem besonderem Vorgehen der Geometer gesprochen hat und dieses als Betrachtung mit Hilfe von Hypothesen bezeichnete. Es stellt sich nun die Frage, ob er sich damit bereits auf das axiomatische Verfahren, wie wir es bei Euklid finden, bezogen hat. Vor der Beantwortung dieser Frage, sei noch der Hinweis erlaubt, daß es sich in beiden Fällen, weder bei Platon noch bei Euklid um das handeln kann, was wir heute hypothetisch-deduktives Verfahren nennen. Denn bei diesem handelt es sich um die logische Ableitung von Sätzen aus anderen Sätzen, die als Voraussetzungen angenommen werden. Bei Euklid dagegen geht es um die Ausführung von Konstruktionen bzw. die Erzeugung von anschaulicher Evidenz.[4]

Wenn man nun mit diesen Informationen über das Vorgehen bei Euklid zu Platons Text aus dem sechsten Buch der *Politeia* zurückkehrt, dann fällt zweierlei auf. Nämlich erstens, daß die von Platon als Beispiele angegebenen Hypothesen nicht wie bei Euklid Sätze sind, sondern mathematische Gegenstände bzw. Grundunterscheidungen: »das Gerade und Ungerade und die Gestalten und die drei Arten der Winkel« (*Politeia* VI, 510c4 f). Und daß zweitens bei der Schilderung des Vorgehens der Mathematiker auf etwas Bezug genommen wird, »auf dessen Untersuchung sie ausgegangen waren« (*Politeia* VI, 510d2). Eine solche Wendung hat bei Euklid keinen Sinn, weil ja dessen *Hypothesen* bereits sämtlich aufgezählt werden, bevor noch irgendein Problem gestellt ist.

Was den ersten Punkt angeht, so kann man natürlich annehmen – und das tun auch die meisten Forscher – daß Platon mit der Nennung der mathematischen Entitäten eigentlich die Aussagen meine, durch die sie definiert werden. Es gibt aber anderer-

---

[4] Wolfgang Detel hat in seinem Kommentar zu Aristoteles' *Analytica Posteriora* gezeigt, daß man das euklidische Vorgehen nur in sehr gezwungener und pauschaler Weise als syllogistisch darstellen kann. Vgl. Aristoteles *Analytica Posteriora*, übersetzt und erläutert von Wolfgang Detel, Berlin: Akademie Verlag, 1993, Einleitung, 3.5.

seits auch gute Gründe dafür anzunehmen, daß Platon wirklich die mathematischen Entitäten meinte – da für ihn nach seiner Ideenlehre die Ideen natürlich die eigentliche Basis bilden und die ihnen zugeordneten λόγοι, d. h. ihre Definitionen, lediglich deren Bilder in der Sprache sind.[5]

Wenn man diese beiden genannten Punkte zusammennimmt, gewinnt man den Eindruck, daß die Darstellung des Vorgehens der Geometer nach *Politeia*, Buch VI, doch nicht so sehr von der Darstellung im *Menon* verschieden ist: Es wird ein mathematisches Problem gestellt, und der Mathematiker sucht es dann zu lösen, indem er es durch Zusatzhypothesen in einzelne, für sich zu behandelnde und übersichtlichere Fälle zerlegt. Die Kritik, die Platon (bei aller Anerkennung) am Vorgehen der Geometer an der genannten Stelle aus *Politeia*, Buch VI, äußert, würde dann bedeuten, daß sie kein Prinzip haben, nach dem die Vollständigkeit ihrer Hypothesen einsichtig würde, und daß sie in *diesem* Sinne über ihre Hypothesen Rechenschaft abzulegen nicht imstande sind. Das heißt nämlich, daß sie niemals genau wissen, ob sie durch ihre Fallunterscheidungen das gestellte Problem in allen seinen Möglichkeiten wirklich erschöpft haben.

Gegen diese Interpretation spricht lediglich, daß Platon die Hypothesen ja als etwas bezeichnet, was man *weiß*, oder zumindest voraussetzt, als *wisse* man es, oder als sei das schon *jedem deutlich*. Für die erste Interpretation, nämlich daß die Hypothesen die Mannigfaltigkeit möglicher Fälle für ein Problem darstellen, spricht – wie wir noch sehen werden (II.8) – die in den Platonischen Schriften nachzeichenbare Erfüllung von Platons Forderung einer dialektischen Begründung der Wissenschaften. Für die zweite Interpretation, nämlich daß die Hypothesen Voraussetzung im Sinne des Euklid sind, spricht die Forderung dieser dialektischen Begründung von Wissenschaften, so wie sie am Ende des Buches VI formuliert ist, selbst. Aber, was hindert, daß beide Versionen zusammenhängen: Es könnte ja sein, daß bei der Analyse von mathematischen Problemen sich immer wieder ein bestimmtes Set

---

5 So bin ich seinerzeit selbst vorgegangen in meinem Aufsatz *Platons Theorie der exakten Wissenschaften* in: Antike und Abendland, XXII (1976), 40–53. Wiederabgedruckt in: G. Böhme, *Alternativen der Wissenschaft*, Frankfurt/M.: Suhrkamp, 2. Auflage 1993.

von Voraussetzungen bewährt hat, so daß man sie dann im folgenden zu Voraussetzungen ganzer Mathematikbereiche erhoben hat.[6] Da nun weder bei Euklid noch bei Platon die Hypothesen im Sinne von Sätzen benutzt werden, aus denen etwas abgeleitet wird, sondern vielmehr charakteristische Gegebenheiten für die Anschauung darstellen, so könnte es sein, daß beide Lesarten auch inhaltlich nicht sehr weit auseinander liegen. Der Gebrauch, den Euklid faktisch von denjenigen Hypothesen macht, die in Platons Text erwähnt werden – es sind ja durchweg nur solche, die bei Euklid unter dem Titel *Definitionen* stehen – ist dann auch nicht der, daß aus ihnen etwas abgeleitet würde, sondern, daß sie jeweils der analytischen Klärung des Problems dienen, und damit einer Einsicht in den problematischen Sachverhalt. Das alles wird aber erst durchsichtiger werden, wenn man sich Platons Forderung einer dialektischen Begründung der Wissenschaften stellt. Sie liest sich am Ende des 6. Buches der *Politeia* so:

> Ich verstehe, sagte er, daß du meinst, was zur Geometrie und den ihr verwandten Künsten gehört.
> So verstehe denn auch, daß ich unter dem anderen Teil des Denkbaren dasjenige meine, was die Vernunft unmittelbar ergreift, indem sie mittels des dialektischen Vermögens Voraussetzungen macht, nicht als Anfänge, sondern wahrhaft Voraussetzungen als Einschritt und Anlauf, damit sie, bis zum Voraussetzungslosen an den Anfang von alldem gelangend, diesen ergreife und so wiederum, sich an alles haltend, was mit jenem zusammenhängt, zum Ende hinabsteige, ohne sich überhaupt irgendeines sinnlich Wahrnehmbaren, sondern nur der Ideen selbst an und für sich dazu zu bedienen, und so am Ende eben zu ihnen, den Ideen gelange. (*Politeia* VI, 511b1–c2)

Glaukon, der Gesprächspartner des Sokrates, antwortet dann:

> Weil sie aber ihre Betrachtung nicht so anstellen, daß sie bis an den Anfang zurückgehen, sondern nur von den Annahmen

---

6 Árpád Szabó, a.a.O., 1969, bemerkt dazu: »Fragt man nun, welcher Sinn des Wortes ὑπόθεσις in der Mathematik der *ältere* sein mag – eine *ad hoc* gewählte Voraussetzung oder eine endgültig festgelegte Grundlage –, so wird man sich für den ersteren entscheiden wollen« (313).

aus, so scheinen sie dir keine Vernunfterkenntnis davon zu haben, obgleich, ginge man von Anfange aus, sie ebenfalls erkennbar wären. Verstand aber, scheinst du mir die Fertigkeit der Geometer und was dem ähnlich ist zu nennen, jedoch nicht Vernunft, als etwas zwischen der bloßen Vorstellung und der Vernunfterkenntnis zwischeninne Liegendes. (*Politeia* VI, 511d1–6)

Platon formuliert hier, daß die mathematischen Wissenschaften in ihrem immanenten, nämlich hypothetischen Vorgehen, noch nicht eigentlich als Wissenschaften zu bezeichnen sind – sie gehören dem Bereich des Verstandes, der διάνοια an. Erst wenn der Dialektiker die Voraussetzungen, also die Hypothesen der Geometer, als Anfänge zu einem Aufstieg bis zum Voraussetzungslosen benutzt hat, und dann, wieder absteigend von diesem her diese Hypothesen begründet hat, dann werden die mathematischen Disziplinen in den Bereich der Vernunft, des νοῦς, einbezogen und damit erst eigentlich zu Wissenschaften.[7] Um die Möglichkeit einer dialektischen Begründung von Wissenschaft zu verstehen, gilt es aber nun zunächst nach der Dialektik selbst zu fragen.

---

7 F. M. Cornford hat die νόησις schlicht mit der aufsteigenden, die διάνοια mit der absteigenden Bewegung identifiziert. Siehe F. M. Cornford, *Mathematics and Dialectic in the Republic* VI-VII (1932), in: R. E. Allen, ed., *Studies in Plato's Metaphysics*, London, Routledge & Keagen Paul, 1965, 67. Das kann aber nicht zutreffen, weil einerseits auch zu mathematischen Disziplinen ein Aufstieg gehört, nämlich die Aufsuchung von Hypothesen zur Analyse eines Problems, und andererseits, weil zur Dialektik auch ein Abstieg, nämlich die Begründung der Hypothesen der Mathematiker gehört.

II.7 Was ist Dialektik?

II.7.1 Die Methode der Logoi

Es gibt in Platons Werk sehr viele Bestimmungen von Dialektik, und man könnte sagen, daß Platon in seinem ganzen Werk dem Leser vorführt, was Dialektik ist. Dialektik wird immer wieder als eine Bewegung oder ein Weg bezeichnet (*Politeia* VII, 532b5, 532e2) und es ist wohl der Weg, den Sokrates in seiner intellektuellen Biographie im Dialog *Phaidon* den δεύτερος πλοῦς, die zweite Fahrt nennt, nämlich der Weg zur Erkenntnis mittels der Rede (λόγος). Durch die Vielfalt der Bestimmungen gewinnt Dialektik demgegenüber an Kontur und wird zu einer mehr oder weniger regelhaft ausgearbeiteten Methode. Im Blick auf die Regeln, die Platon angibt, muß man sich freilich hüten, sie als unabhängig von dem jeweiligen Erkenntnisproblem anwendbares Instrument zu verstehen, – insbesondere das dihairetische Verfahren degeneriert nur allzuleicht zu einem Apparat zur Verfertigung von Definitionen.

Der Anfang jeder Bestimmung von Dialektik muß darin bestehen, das Wort selbst ernst zu nehmen: διαλέγεσθαι heißt *sich unterreden*. Es gehören zur Dialektik also immer mindestens zwei Personen. Auch wenn Platon das Denken als Selbstgespräch der Seele mit sich bezeichnet, so hat diese Charakterisierung nur dann eine Pointe, wenn er damit in die Seele selbst eine Zweiheit, eine innere Differenz hineinlegt. Dialektik ist immer durch eine Spannung und ein Spiel von Konsensus und Widerstreit konstituiert. Auch wenn es im Gespräch darum geht, den Partner zu widerlegen, so hat die Widerlegung nur dann Sinn, wenn der Widerlegte ihr selbst zustimmt, so daß selbst in der Widerlegung ein Konsens vorausgesetzt und aktualisiert wird.

Nun ist nicht jedes Gespräch schon Dialektik und nicht jeder Gesprächspartner ein Dialektiker. Dialektik als Weg der Erkenntnisgewinnung setzt bestimmte Kompetenzen voraus, Kompetenzen, die Platon doppelt charakterisiert. Er sagt nämlich im VII. Buch der *Politeia* man müsse »vermögen, irgend Rede zu stehen oder zu fordern« (531e5 f.). Was Schleiermacher hier mit *Rede stehen* übersetzt, ist griechisch λόγον διδόναι und das heißt genau genommen Rechenschaft ablegen. Was damit gemeint ist, wird in

Platons Dialogen immer wieder vorgeführt. Sokrates, der von seinen Partnern dieses λόγον διδόναι verlangt, begnügt sich nicht damit, daß sie nur irgendwie ihre Meinung äußern, sie müssen auch davon Rechenschaft ablegen können. Diese Rechenschaft kann vielfältig sein und hängt stark von dem ab, der sie fordert. Sie kann beginnen mit der Rechtfertigung der verwendeten Termini bzw. mit ihrer Bedeutungsklärung, sie führt über die Gewichtung und Prüfung der Konsequenzen, die aus dem jeweils Behaupteten folgen, und hat schließlich ihre Krönung in der Beibringung von Gründen für das Behauptete. Die andere Seite der Dialektik ist gewissermaßen das Komplement zum Rechenschaftablegen. Und Schleiermacher übersetzt deshalb im Hinblick auf die Gestalt des Sokrates nicht ungeschickt mit *Vermögen Rede zu fordern*. Der griechische Ausdruck an dieser Stelle ist aber eigentümlich unbestimmt und weich: ἀποδέχεσθαι heißt soviel wie *annehmen, entgegennehmen*. Das klingt passiv. Im dialektischen Gespräch ist dagegen der entgegennehmende Teil, in der Regel Sokrates, der eigentlich aktive, denn sein Gesprächspartner muß ja nur auf die Herausforderungen des Sokrates reagieren. Dabei werden die Kompetenzen des so Herausgeforderten selbst expliziert – also etwa als Erläutern-, als Deuten-, als Begründen-können. Worin aber eigentlich die Kompetenz des Sokrates besteht, bleibt im Dunklen, und er selbst tut auch alles dazu, sie im Dunkeln zu lassen, indem er sich schlicht als den Nichtwissenden gibt. Man könnte aber diesen passiven Part des Entgegennehmens als den eigentlich kreativen bezeichnen. Er muß sich Fragen einfallen lassen, und die Fragen sind es, die das Gespräch weitertreiben. Aber was heißt *sich Fragen einfallen lassen*? Gehört dazu etwa bereits ein systematischer Vorblick auf das zu behandelnde Erkenntnisproblem? Ist auf dieser Seite das eigentliche Methodenbewußtsein anzusiedeln? Ist nicht das Reden-entgegennehmen-Können auch selbst als positive Kompetenz zu verstehen? Denn es heißt doch wohl jeweils abzuschätzen, ob eine Antwort nun ausreichend ist oder weiterer Prüfung bedarf. D.h. das Entgegennehmen ist der eigentliche Akt der Billigung, durch die ein möglicher Konsens konstituiert wird. Sokrates zeigt immer wieder, daß er gerade über diese Kompetenzen verfügt. Es ist an ihm, das methodische Vorgehen zu erläutern, akzeptable Beispiele zu Antworten zu konstruieren, und es ist seine Sache, eine Antwort gelten zu lassen oder aufs Neue zu problematisieren.

Dialektik wird nun ferner vom Weg oder vom Ziel her charakterisiert – also vom Methodischen einerseits und vom potentiellen Resultat her andererseits. Als eine Hauptmethode des Dialektikers wird immer wieder die dihairetische genannt. Ich zitiere aus dem *Sophistes*, in dem ja auch, neben dem *Politikos*, die ausführlichsten Beispiele für Dihairesen zu finden sind, nämlich insbesondere die Definition des Angelfischers und des Sophisten. Dort im *Sophistes* heißt es:

> Das Trennen nach Gattungen und daß man weder dieselbe Idee für eine andere, noch eine andere für dieselbe halte, wollen wir nicht sagen, dies gehöre für die dialektische Wissenschaft? (*Sophistes*, 253d1–3)

Wenn man die Ideenteilung als wichtigstes Unternehmen der Dialektik bezeichnet, dann muß allerdings sogleich hinzugefügt werden, daß das Zusammennehmen – die Synopse – ebenso dazu gehört:»Denn wer diese Übersicht erreicht, ist dialektisch (ὁ μὲν γὰρ συνοπτικὸς διαλεκτικός); wer nicht, ist es nicht« (*Politeia* VII, 537c7). Im Dialog *Phaidros*, wo Sokrates den Unterschied von Rhetorik und Dialektik erklärt, werden diese beiden Seiten deutlich nebeneinander gestellt:

> Das überall Zerstreute anschauend zusammenzufassen in eine Gestalt, um jedes genau zu bestimmen und deutlich zu machen, worüber man jedesmal Belehrung erteilen will; ... Ebenso auch wieder nach Ideen zerteilen zu können, gliedermäßig wie jedes gewachsen ist, ohne etwa wie ein schlechter Koch verfahrend, irgendeinen Teil zu zerbrechen. (*Phaidros*, 265d3–e3)

Das Resultat der Dialektik, und das heißt eben auch der meisten in der Gestalt des Sokrates vorgeführten Unterredungen, scheint in der Definition des untersuchten Gegenstandes zu liegen. So heißt es beispielsweise im *Politeia* VII, 534b3, Dialektik sei den λόγος τῆς οὐσίας eines jeden zu erfassen, das heißt also zu sagen, *was* der jeweilige Gegenstand ist. Diese Auffassung vom Resultat der Dialektik scheint allerdings in einem Gegensatz dazu zu stehen, daß Platon die eigentliche Erkenntnis doch in der Schau des wahrhaft Seienden sieht. So heißt es – gleich nachdem Dialektik als Rechenschaft geben und fordern bestimmt wurde: »Ist dies nun schon, o Glaukon, die (ganze) Melodie, die die Dialektik ausführt? Die, wenngleich etwas Gedankliches, vom Sehvermögen (im Gleichnis) dargestellt wurde, von welchem wir sagten, daß es bestrebt sei, auf die Lebewesen selbst zu schauen und auf die Gestirne selbst, ja zuletzt auf die Sonne selbst« (*Politeia* VII, 532a1–5).

Platon setzt hier die Dialektik in Analogie nicht zu einem diskursiven, sondern einem intuitivem Vermögen. Das Ziel der Dialektik ist das Erfassen des Guten mit der Vernunft. Daraus ergibt sich das Problem, das Verhältnis der Dialektik und der Ideenschau zu bestimmen. Aber sicher kann man schon an dieser Stelle sehen: Die Dialektik ist offenbar ein Weg, mittels der Rede zur Ideenschau zu führen: »... mit der Dialektik ohne jede Wahrnehmung nur mittels der Rede auf das selbst, was jedes ist, loszugehen« (532a6 f.).

Die erste Aufgabe ist also, das Verhältnis von Dialektik und Ideenschau näher zu bestimmen. Das wird uns als zweites auf die Frage nach der Definition führen, und schließlich muß das dihairetische Verfahren soweit erläutert werden, wie es möglich ist, ohne schon zur Begründung von Wissenschaften überzugehen: ein Ergebnis, worin es nämlich seine Erfüllung findet.

Wie nun verhält sich Dialektik zur Ideenschau? Die Idee ist die Sache selbst, sie ist das eigentlich Seiende für Platon. Schon sein Terminus εἶδος macht klar, daß die Schau der eigentliche Zugang zur Idee ist. Alle Erkenntnis hat sich nach Platon an der Ideenschau zu messen bzw. ist abkünftig von ihr. Denn etwas erkennen heißt darin die Idee erkennen, heißt somit die Idee wiedererkennen (siehe dazu Kapitel III). Aus diesem Erkenntniskonzept folgt notwendig die Anamnesislehre: Die Seele muß alles schon einmal erblickt haben, will sie im Leben, d.h. in dieser Welt, etwas als etwas erkennen. Im *Menon* bringt Platon diesen Gedanken in Verbindung mit der Lehre von der Unsterblichkeit der Seele bzw. der Wiedergeburt:

> Wie nun die Seele unsterblich ist, und oftmals geboren und, was hier ist und in der Unterwelt, alles erblickt hat, so ist auch nichts, was sie nicht hätte in Erfahrung gebracht, so daß nicht zu verwundern ist, wenn sie auch von der Tugend und allem anderen vermag, sich dessen zu erinnern, was sie auch früher gewußt hat. (*Menon*, 81c5–7)[1]

---

1 Im Dialog *Phaidros* wird mit dem Bild vom Seelenwagen dieser Gedanke einer vorgeburtlichen Schau des ewig Seienden weiter ausgebaut. Siehe *Phaidros,* 247 b-e.

Gegenüber dieser Schau der Ideen des Seienden selbst wird nun der Weg der Dialektik, so sehr er mit der Philosophie identifiziert wird, nur als der zweitbeste Weg bezeichnet. Daß dieser Weg nicht nur auch ein Weg ist, sondern in der Tat der zweitbeste, soll im folgenden erläutert werden. Dazu müssen wir noch einmal auf die schon mehrfach erwähnte Wendung in der intellektuellen Biographie des Sokrates, wie er sie im *Phaidon* darstellt, zurückkommen. Sie ist deshalb so wichtig, weil hier zugleich deutlich wird, daß der zweitbeste Weg für den *Menschen* der eigentlich angemessene ist. Philosophie *ist* der zweitbeste Weg, sie ist Wissen unter der Bedingung des Nichtwissens und deshalb eine zutiefst menschliche Angelegenheit. Götter philosophieren nicht – sagt Platon einmal: »Kein Gott philosophiert, oder begehrt weise zu werden, sondern ist es« (*Symposion*, 204a1 f.). Das heißt aber nicht, daß die Schau der Ideen Menschen-unmöglich ist, nur steht sie am Ende langer Bemühungen, d. h. dialektischer Arbeit. Im 7. Brief beschreibt Platon das Ereignis dieser Schau so:

> Denn es (d. h. das letzte, das oberste Wissen) läßt sich keineswegs in Worte fassen, wie andere Lerngegenstände, sondern aus häufiger, gemeinsamer Bemühung um die Sache selbst und aus dem gemeinsamen Leben entsteht es plötzlich – wie ein Feuer, das von einem übergesprungenen Funken entfacht wurde – in der Seele und nährt sich dann schon aus sich heraus weiter. (*7. Brief*, 341c6–d2)

Nun aber zu der angekündigten *Phaidon*-Stelle. Sokrates hat hier zunächst seine Bemühung um Wissen im Bereich der Naturphilosophie geschildert. Enttäuscht von den materialistischen Naturphilosophen, die alles nur als faktischen Hergang beschrieben, ohne Antworten auf die Frage *warum?* zu geben, hatte er sich hoffnungsvoll dem Anaxagoras zugewandt, weil er mit dem Prinzip *Vernunft* anderes versprach. Aber genauer besehen machte er, sagt Sokrates, von diesem Prinzip gar kein Gebrauch. Deshalb habe er sich zu der *zweitbesten Fahrt* entschlossen.

> Es bedünkte mich nämlich nach diesem, da ich aufgegeben hatte, das Seiende (selbst) zu betrachten, ich müsse mich hüten, daß mir nicht begegne, was denen, welche die Sonnenfinsternis betrachten und anschauen, begegnet. Viele nämlich

verderben sich die Augen, wenn sie nicht im Wasser oder sonst worin nur das Bild der Sonne anschauen. So etwas bemerkte ich auch und befürchtete, ich möchte ganz und gar an der Seele geblendet werden, wenn ich mit den Augen nach den Gegenständen sähe und mit jedem Sinne versuchte, sie zu treffen. Sondern mich dünkte, ich müsse zu den Reden (λόγοι) meine Zuflucht nehmen und in diesen die Wahrheit des Seienden erforschen. Doch vielleicht ähnelt das Bild auf gewisse Weise nicht so, wie ich es aufgestellt habe. Denn das möchte ich gar nicht zugeben, daß, wer das Seiende in den Reden betrachtet, es mehr in Bildern betrachtet, als wer in den Dingen. Also dahin wendete ich mich, und indem ich jedesmal den Satz zugrunde lege, den ich für den stärksten halte, so setze ich mir, was mir mit diesem übereinzustimmen scheint, als wahr – es mag nun von Ursachen die Rede sein oder von was nur sonst, – was aber nicht, als nicht wahr. (*Phaidon*, 99d4–100a7)

Man hat diesen Text gelegentlich als eine Umwendung analog zu der, wie wir sie aus den Höhlengleichnis kennengelernt haben, verstanden. Nämlich als die Umwendung der Seele aus dem Bereich der Sinnlichkeit zum Bereich der reinen Gedanken und der Vernunft. Nun ist die Abkehr von den Sinnen allerdings in Sokrates' Rede auch impliziert. Aber einerseits steht an der Stelle, wo Schleiermacher noch *Gedanken* übersetzt, λόγοι (99e5), und das heißt *Reden*, und andererseits bezeichnet Sokrates das Geblendetwerden im Bereich der Sinne ja ganz deutlich nur als eine Analogie. *Er* möchte ja vermeiden, *an der Seele* geblendet zu werden. Und diesen Blendungsvorgang haben wir aus dem Höhlengleichnis als einen kennengelernt, der oberhalb der Höhle geschieht. Wenn Sokrates sagt, daß er sich von den πράγματα zu den λόγοι gewendet hat, so sind unter den πράγματα schon nicht mehr die sinnlichen Gegenstände, sondern das Seiende selbst zu verstehen. Das wird nun am Ende noch einmal unterstrichen, wo Sokrates sich gezwungen sieht, die Gleichnisrede ein bißchen zu korrigieren. Hier sagt er: »Denn das möchte ich gar nicht zugeben, daß wer das Seiende in den Reden betrachtet es mehr in Bildern betrachtet, als wer in den Dingen« (*Phaidon*, 100a1 f.). Die Dinge, von denen er hier redet, sind nicht das eigentlich Seiende, es steht auch nicht der

Ausdruck πράγματα da, sondern ἔργοι, also das Gemachte, das Hervorgebrachte.[2] Es handelt sich um die gewöhnlichen, sinnlich gegebenen Dinge. Dies ist nun ein außerordentlich wichtiger Gedanke: Das wahrhaft Seiende findet seine Darstellung einerseits in den konkreten sinnlichen Dingen, und andererseits in den Reden. Reden sind deshalb nicht weniger bildhaft als die konkreten Dinge. Es könnte aber sein, und das ist allerdings Platons Auffassung, daß das wahrhaft Seiende in den Reden sehr viel besser, d. h. deutlicher zur Darstellung kommt als in den sinnlichen Gegenständen.

Diese Verhältnisse werden noch deutlicher, wenn man auf ein Schema eingeht, das sich im Zusammenhang von Platons Schriftkritik findet. Nämlich das Schema *Name, Definition, Bild, Erkenntnis, die Sache selbst.*

> Für jedes Seiende gibt es drei Stufen, über die man zum Wissen kommen muß, die vierte ist das Wissen selbst – als fünftes muß man das ansetzen, was eben Erkenntnisgegenstand und wahrhaft seiend ist –: Eins ist die Benennung, das zweite die Erklärung, das dritte das Abbild, das vierte das Wissen. Nimm es nun an einem (Beispiel), wenn Du das jetzt Gesagte verstehen willst und denk Dir, es sei bei allem so. Es gibt etwas, was wir Kreis nennen, das hat eben diese Benennung, die wir jetzt aussprachen. Die Definition ist das zweite von ihm, sie ist aus Nomina und Verben zusammengesetzt: Das, was nämlich von seinen äußersten Punkten zur Mitte überall gleich entfernt ist, das wäre die Erklärung dessen, was die Benennung rund, kreisförmig und Kreis trägt. Das dritte ist das, was gemalt und wieder ausgewischt wird, gedrechselt und wieder zerstört wird. Davon erfährt der Kreis selbst, um den es sich bei all dem handelt, nichts, denn er ist etwas anderes als das. Das vierte aber ist das Wissen und Vernehmen (νοῦς) und die wahre Meinung über dies; alles dies muß man als eines ansetzen, das nicht in den Lauten und nicht in den körperlichen Gestalten, sondern in den Seelen ist. Dadurch ist es klar, daß es etwas anderes ist als die Natur des Kreises an sich und als die drei, die ich vorher genannt habe. Von diesem

---

2 Nach dem *Timaios* ist ja die ganze sinnliche Welt etwas vom Demiurgen Hervorgebrachtes.

nun kommt die Vernunft infolge ihrer Verwandtschaft und Ähnlichkeit dem fünften am nächsten, das andere bleibt weiter von ihm entfernt. Das Gleiche gilt von der geraden wie der gebogenen Gestalt und der Farbe, dem Guten und Schönen und Gerechten und von jedem Körper, sei er nun künstlich hergestellt oder natürlich entstanden, von Feuer und von jeglichem Lebewesen und dem Charakter der Seele und von jeglichem, was man tut und leidet: Wenn man von dem nicht diese vier aufnimmt, so oder so, wird man niemals am Wissen des fünften teilhaben können. Außerdem suchen diese ja ebenso die Qualität von jeglichem zu verdeutlichen wie das, was ein jegliches wirklich ist, wegen der Schwäche der Reden. Aus diesen Gründen wird niemand, der Verstand hat, sich jemals darauf einlassen, diesem Kraftlosen das, was er durchdacht hat, anzuvertrauen, noch dazu, wenn es unveränderlich ist, wie das ja mit dem in Buchstaben Geschriebenen der Fall ist. Auch dies wiederum, was ich hiermit meine, muß man zu verstehen suchen: Jeder von den Kreisen, die mit der Hand gezeichnet oder auch gedrechselt sind, ist voll von dem, was dem fünften entgegengesetzt ist – denn überall berührt er ja das Gerade – er selbst jedoch, so sagen wir, der Kreis, hat weder ein kleineres noch ein größeres Stück von der ihm entgegengesetzten Wesensart. Und die Benennung der Dinge, sagen wir, ist in keinem einzigen Fall zuverlässig, und es steht nichts dagegen, was jetzt rund genannt wird, gerade zu nennen und, was gerade, rund; und nichts verliert dadurch an Zuverlässigkeit, daß man es so umstellt und entgegengesetzt nennt. Ja, und in Bezug auf die Definition gilt dasselbe Verhältnis, da sie ja aus Nomina und Verben besteht: Auf nichts daran ist hinreichend zuverlässig Verlaß. Unendliche Erklärungen jedoch gibt es dafür, wie unbeständig jedes der vier ist, die bedeutendste, wie wir weiter vorn sagten, ist die: Zweierlei ist, was etwas ist und wie etwas ist und nicht die Qualität, sondern das Was sucht die Seele zu erfahren. Doch was sie nicht sucht, hält jedes der vier der Seele entgegen, in Worten und gegenständlich, und weil, was ausgesagt und vorgezeigt wird, mit den Sinnen leicht zu prüfen ist, füllt es nahezu jedermann mit jeder Art von Verlegenheit und Unsicherheit. (*7. Brief*, 342a7–343c6)

Diese Stelle ist zum Verständnis Platons so hilfreich, weil sie eine Ordnung in den erkenntnismäßigen Bezügen zum Seienden expliziert. Eine gewisse Unklarheit wird von Platon implizit verteidigt: Die Erkenntnis oder der νοῦς steht der Sache selbst, also dem Seiendem am nächsten. Er faßt aber Erkenntnis mit Name, Definition und Darstellung der Sache zu einer Vierheit zusammen nicht nur, um die Sache selbst davon zu unterscheiden, sondern auch um zu sagen, daß man der Sache selbst erst teilhaftig werde, wenn man sich hinreichend mit dieser Vierheit beschäftigt habe. Aber ist diese Teilhabe, um die es geht, nicht eigentlich identisch mit Erkenntnis? Platon behandelt in diesem Text die Erkenntnis selbst wie eine unter anderen Formen der Darstellung oder Repräsentation der Sache. Es gibt zwei sprachliche Darstellungen: durch den Namen und durch die Definition. Ferner gibt es eine *konkrete* Darstellung nämlich in Zeichnungen, Gemälden aber auch in sinnlicher Realisierung, so wie der Kreis im Wagenrad realisiert wird. Auch Erkenntnis wird bei Platon hier als Darstellung des Seienden betrachtet, denn sie wird ja mit den drei anderen unter dem Gesichtspunkt zusammengenommen, daß sie gewissermaßen mehr zum Ausdruck bringen, als man für die Erkenntnis eigentlich will. Da jede Darstellung ihr Medium braucht, wird mit der Darstellung von etwas zugleich auch das Medium in Erscheinung treten. Das heißt hier bei Platon, daß außer dem *Was* auch die Qualität mit deutlich wird. Allerdings kann man Erkenntnis so auffassen, und wir werden das im Kapitel III zu diskutieren haben. Es ist aber bei Platon durchaus möglich, Erkenntnis, insbesondere im Sinne von νοῦς, als den direkten Bezug zum Gegenstand selbst zu verstehen. Dann jedenfalls würde sie nicht mehr die Schwäche der Reden teilen bzw. die gesteigerte Schwäche der geschriebenen Lehre, um derentwillen Platon hier das ganze Schema entwickelt.

Für unsere Frage nach der Beziehung von Dialektik und Ideenschau folgt jedenfalls aus unserer Stelle, daß einerseits der Ideenschau gegenüber der Dialektik der Vorrang einzuräumen ist, andererseits aber die höchste Erkenntnis, nenne man sie wiederum Vernunft, oder auch Teilhabe am wahrhaft Seienden nicht ohne ein Zusammenspiel beider Seiten – wir würden sagen des diskursiven und des intuitiven Moments – möglich ist:

»Mit Mühe nur, wenn jedes von ihnen am anderen gerieben wird – Namen und Definitionen, Ansichten (ὄψεις)und Wahrnehmungen – und wenn es in wohlwollenden Prüfungen geprüft wird, und von Menschen, die ohne Mißgunst fragen und antworten, leuchten Einsicht und Verständnis (νοῦς) über jeden Gegenstand auf, wenn man sich anspannt, soweit es in menschlichem Vermögen steht. (*7. Brief*, 344b4–c1)

II.7.2 Das dihairetische Verfahren. Idee und Begriff

Nun gilt es die diskursiven Methoden, d. h. vor allem das Definieren und zuvor noch das dihairetische Verfahren näher zu betrachten.

Das dihairetische Verfahren erscheint auf den ersten Blick und von den in den Dialogen *Sophistes* und *Politikos* vorgeführten Beispielen her primär als ein Verfahren zur Gewinnung von Definitionen. Dort sollen der *Angelfischer*, der *Sophist* und der *Staatsmann* bestimmt werden. Schon diese Beispiele selbst zeigen, daß sich in den Definitionen der Wert des Verfahrens nicht erschöpfen kann. Das Verfahren nimmt über große Strecken einen spielerischen – um nicht zu sagen bizarren oder manieristischen – Verlauf, und die Ergebnisse sind höchst unbefriedigend. Wir werden später sehen, daß das Verfahren in der dialektischen Begründung von Wissenschaften eine weitere, vielleicht sogar bedeutendere Verwendung findet. Aber man sollte die dihairetische Verfertigung von Definitionen nicht unterschätzen, ist doch die Frage, was etwas ist (τί ἐστι;), bereits die Grundfrage des Sokrates gewesen. Und nicht nur die genannten Dialoge sondern auch ganze Listen von Definitionen, die als platonisch überliefert sind, zeigen, daß das Definieren eine der Hauptübungen war, die in Platons Akademie üblich waren.[1] Von Aristoteles bis ins Mittelalter verfestigt sich das Verfahren zur Generierung von Definitionen zu der allgemeinen Regel: genus proximum et differentia specifica, d. h. man solle die nächst höhere Gattung und dann die spezifische Differenz angeben. Das bekannteste Beispiel für eine solche Definition dürfte wohl die Definition des Menschen als animal rationale sein: Der Mensch ist ein Tier, das Verstand hat. Man sieht aber schon an diesem Beispiel,

---

[1] Siehe dazu auch Ernst Kapp *Der Ursprung der Logik bei den Griechen,* Göttingen: Vandenhoeck & Ruprecht 1965.

welche Probleme sich bei jeder derartigen Definition ergeben werden. Ist *Tiersein* die nächst höhere Gattung über dem Menschen, d. h. steht er als Art *neben* allen anderen Tierarten? Oder muß man zwischen der allgemeinen Gattung *Tier* und *Mensch* noch andere Gattungen einschalten? Ferner: Ist *Rationalität* überhaupt ein Spezifikum, das den Menschen von allen anderen Tieren unterscheidet, ein *Proprium,* wie es in der Definitionspraxis hieß? Und was ist allen Tieren gemeinsam, insofern sie sich vom Menschen unterscheiden? Oder sind alle Tierspezies *neben* den Menschen zu stellen mit jeweils eigenen Propria, durch die sie sich von allen anderen Tierarten unterscheiden? Ferner: Ist *Mensch* eine letzte Art, die sich nicht wieder teilen läßt? Und wie ist andererseits der Verzweigungsbaum nach oben fortzusetzen, also unter welchen höheren Gattungen steht wiederum *Tier*? Obgleich das Verfahren außer diesen gewiß noch viele weitere systematische Probleme enthält, hat es sich doch praktisch bewährt. Es ist mit dem Linnéischen Klassifikationssystem für Fauna und Flora in die neuzeitliche Wissenschaft eingezogen und erlebt heute in der Begriffsanalyse zum Zwecke von Speicherung und Retrieval von Wissen eine Renaissance.

Gerade wegen dieser Aktualität dessen, was aus der platonischen Dihairesis geworden ist, muß festgestellt werden, es sind *nicht* Begriffe, was bei Platon geteilt wird, sondern Ideen. Worin besteht der Unterschied? Zunächst das Gemeinsame: Sowohl der Begriff als auch die Idee stehen in der Beziehung des Allgemeinen zum Besonderen auf seiten des Allgemeinen. Der Begriff ist eine Vorstellung, die insofern allgemein ist, als sie viele einzelne umfaßt. Die Idee dagegen ist ein Seiendes, das in vielen Einzelnen zur Darstellung kommt. Damit ist der Unterschied zugleich schon angedeutet: Der Begriff gehört zur Erkenntnisordnung, die Idee – zur Seinsordnung. Der Begriff ist zwar ein Abkömmling der Ideenlehre, aber es gibt weder bei Platon noch bei Aristoteles einen Ausdruck für das, was wir unter Begriff verstehen. Der Übergang vollzog sich erst bei Boëthius. Boëthius konnte bereits auf eine Wendung der Ideenlehre zurückgreifen, die sich bei Aristoteles abzeichnete, indem dieser sagte, daß die Seele in gewisser Weise alle Ideen sei. Schon für Aristoteles war das Allgemeine ja eine Abstraktion. Zwar meinte er, daß die Idee als organisierendes Prinzip im Einzelding wirksam sei, aber für sich genommen hatte sie nur eine Existenz in der Seele. Mit dem Begriff der conceptio hat dann

Boëthius einen Nachfolger der Idee festgemacht, der nur in der Seele ist, und deshalb der Ordnung der Erkenntnis angehört.[2] Durch den Begriff werden Gegenstände erfaßt. Er ist nicht das Seiende selbst, sondern das, wodurch sich die Seele auf das Seiende bezieht. Deshalb sind in der Folge immer zwei Momente am Begriff unterschieden worden, deren Terminologie mit jeweils leicht veränderten Nuancen seine weitere Geschichte bestimmen: nämlich die Unterscheidung von significatio und suppositio, von intensio und extensio, von Inhalt und Umfang, von formaler Bedeutung und materialer Bedeutung oder von Sinn und Bedeutung. Um nicht diese ganze Geschichte darlegen zu müssen, sei eine charakteristische Unterscheidung herausgegriffen, die von intensio und extensio: Die Extension eines Begriffes ist die Menge der Gegenstände, die unter diesen Begriff subsumiert werden können, das heißt eine Klasse. Die Intension eines Begriffs ist die Art und Weise, durch die man sich auf diese Gegenstände bezieht bzw. der Aspekt, unter dem sie zu einer Klasse zusammengefaßt werden. An der Idee läßt sich dieser Unterschied von intensio und extensio nicht machen. Die Mannigfaltigkeit der Gegenstände, die die Idee darstellen, kann nicht zu einer extensio zusammengefaßt werden, weil diese Darstellung *abgeschattet*, also mehr oder weniger gut ist. Die Extension wäre daher in jedem Falle unbestimmt. Das ist übrigens schon bei Aristoteles anders, der das *Einssein der Idee nach* kennt[3], wobei also bereits die Idee zu einem bestimmten Hinblick wird, unter dem eine Mannigfaltigkeit zu einer zusammengefaßt werden kann.

2 Der entscheidende Schritt findet sich in Boëthius' Kommentar zu Aristoteles' *De interpretatione*. Nach Aristoteles ist der geschriebene Satz ein Zeichen für den gesprochenen und dieser wieder für etwas in der Seele. Dieses *Etwas* wird bei Boëthius zunächst *passiones animi* (als Übersetzung des griechischen παθήματα) und dann als conceptiones bezeichnet: »Nam sicut vocalis orationis verba et nomina conceptiones animi intellectusque significant, ita quoque verba et nomina illa quae in solis litterarum formulis jacent illorum verborum et nominum significativa sunt, ...« Boëthius, *In librum Aristotelis de interpretatione Commentaria majora* 407D, in: *Manlii Severini Boetii Opera Omnia*, Paris: Garnier Fratres et J.-P. Migne 1891 (Patrologiae latinae Cursus Completus Tomus LXIV).
3 Aristoteles, *Metaphysik* Δ 6.

Die Wissenschaft und die Dialektik

Der entscheidende Unterschied zwischen Begriff und Idee wird deutlich nun gerade in Bezug auf die Teilung. Ein Oberbegriff wird in Unterbegriffe geteilt, die er unter sich enthält. Die Teilung erfolgt so, daß die Extension des Oberbegriffs zerlegt wird, so daß die Menge der Extensionen der Unterbegriffe zusammen die Extension des Oberbegriffs ausmachen. Das bedeutet, daß die Intension des Oberbegriffs unbestimmter ist, d. h. durch weniger Merkmale charakterisiert, die des Unterbegriffs spezifischer und entsprechend durch mehr Merkmale charakterisiert als der Oberbegriff. Die Oberidee – wenn man so sagen darf –, also die Idee, die geteilt wird, enthält dagegen die Unterideen nicht unter sich, sondern in sich. Sie enthält deshalb – so paradox es scheinen mag – mehr Merkmale als die Unteridee.

Das Gesagte wird deutlicher werden, wenn wir uns einer Stelle im Dialog *Politikos* zuwenden, wo Platon im Zuge der Suche nach der Definition des Staatsmannes einen Dihairesis-Fehler diskutiert. Man war bereits so weit gekommen den Staatsmann im Bereich der Herdenzucht zu suchen. Diese nun hatte Sokrates der Jüngere, der Gesprächspartner des eleatischen Fremden in diesem Dialog eingeteilt in die Herdenzucht für Menschen und die für andere Tiere (*Politikos*, 262a). Dabei nahm er also eine Einteilung von ζῷον (Lebewesen) vor in: ἄνθρωπος und der Rest. Später (263d1) wird dieser Rest dann noch mit dem gemeinsamen Namen θηρία belegt. Aber dieses Verfahren wird vom Fremden kritisiert mit der Forderung »jeder Teil habe zugleich eine Idee« (ἀλλὰ τὸ μέρος ἅμα εἶδος ἐχέτω, 262b1 f.). Gemeint ist offenbar, daß das Sammelsurium von Tieren, das unter dem Sammelnamen θηρία genannt wird, zwar ein *Teil* (μέρος) von Lebewesen (ζῷον) ist, dadurch aber noch keine Idee hat, die sie zur Darstellung bringen. Dieser Ausdruck Teil (μέρος) bezieht sich offenbar auf die Menge aller möglichen Tiere, also auf die Extension. Wenn nun Begriffsteilung und Ideenteilung einfach dasselbe wäre, dann wäre mit der Extension auch die Idee Lebewesen geteilt. Denn mit der Abteilung einer Untermenge ist zugleich der Rest als Komplementärmenge charakterisiert. Und wenn die Untermenge – hier die der Menschen – durch eine bestimmte Eigenschaft, sagen wir, den Besitz der Vernunft definiert ist, so zugleich die Komplementärmenge durch das Fehlen dieser Eigenschaft. Vom Standpunkt der reinen Begriffslogik wäre hier also nichts einzuwenden. Platon verlangt aber, daß jeder Teil, wenn er im dihairetischen Verfahren akzeptiert werden soll, seine eigene Idee habe. Und das heißt eben, daß die Idee selbst, also hier die Idee des Lebewesens, in zwei (oder mehr) Ideen auseinandertreten soll, die je für sich zur Darstellung gelangen können.[4]

Platon macht diese Verhältnisse im weiteren Verlauf des Gespräches im Dialog *Politikos* noch deutlicher. Es geht um die Ideen des Menschen und der Zahl: Der Fremde versucht deutlich zu machen, daß nicht etwa alle Menschen oder alle Zahlen eingeteilt werden, sondern die Zahl selbst und das Menschliche selbst, also das, was Zahl ist, und das, was Mensch ist. Hier der Text:

> FREMDER: Dieses, wenn jemand das Menschliche Geschlecht in zwei zerlegen wollte und täte es, wie bei uns die meisten zu unterscheiden pflegen, daß sie das Hellenische als eines von allem übrigen absondern für sich, alle andere unzähligen Geschlechter insgesamt aber, die gar nichts untereinander gemein haben und gar nicht übereinstimmen, mit einer einzigen Benennung Barbaren heißen, und dann um dieser einer Benennung willen auch voraussetzen, daß sie ein Geschlecht seien. Oder wenn einer glaubte die Zahl in zwei der Art nach (κατ' εἴδη δύο) zu teilen, wenn er aus dem ganzen eine Myriade herausschnitte, die er als eine Art absonderte, und dann alles übrige mit einem Wort bezeichnen und wegen dieser Benennung hernach glauben wollte, dieses sei nun getrennt von jener die andere einheitliche Art davon. Besser aber und mehr nach Arten in die Hälften hätte er sie geteilt, wenn er die Zahl in Gerades und Ungerades zerschnitten und so auch das menschliche Geschlecht in männliches und weibliches. Lydier aber und Phrygier und so mehrere allen

---

4 Begriffslogisch kann man diese Verhältnisse allenfalls nachmachen, indem man sagt: Das Absprechen eines Prädikats ist nicht zugleich das Zusprechen eines anderen. Das ist das Problem des unendlichen Urteils, wie es in Kants *Kritik der reinen Vernunft*, § 9 auftritt. Aber man kann aus der Tatsache, daß ein Prädikat abgesprochen ist, ein anderes Prädikat definieren. Sei das Prädikat das abgesprochen wird P, dann kann man ein Prädikat P' definieren durch $S \in P'$ dann und nur dann, wenn gilt: nicht $S \in P$. Freilich hat man damit einen Typensprung vollzogen: Das neue Prädikat P' ist quasi kein ontisches, sondern ein epistemisches Prädikat.

übrigen entgegenstellen und abschneiden könnte er dann, wenn er aufgeben müßte Teil und Art (γένος ἅμα καὶ μέρος) zugleich zu finden beim Zerschneiden.
SOKRATES DER JÜNGERE: Ganz richtig. Aber eben dieses, Fremdling, wie kann einer das recht deutlich einsehen, daß Teil und Art (γένος καὶ μέρος) nicht dasselbe sind, sondern jedes etwas anderes?
FREMDER: O bester Mann, das ist keine schlechte Aufgabe. Wir aber sind schon jetzt weiter als billig von unserer vorgesetzten Rede abgeschweift, und du verlangst, wir sollen noch weiter abschweifen. Daher laß uns jetzt nur, wie es sich gehört zurückkehren: dieser Spur aber wollen wir ein andermal mit Muße nachgehen. Nur das nimm ja in acht, daß du nicht etwa meinest, hierüber etwas genau Bestimmtes von mir gehört zu haben.
SOKRATES DER JÜNGERE: Worüber denn?
FREMDER: Daß Art und Teil voneinander verschieden sind.
SOKRATES DER JÜNGERE: Aber wie?
FREMDER: Daß nämlich, wenn es eine Art von etwas gibt, eben dieses notwendig auch ein Teil desselben Gegenstandes sein wird, wovon es eine Art genannt wird, daß aber, was ein Teil sei, auch eine Art sein müsse, gar nicht notwendig ist. So sage immer lieber, daß ich mich erklärt hätte, als anders. (*Politikos*, 262c11–263b11)

Diese Beispiele enthalten, auch insofern sie Zerlegungen von Extensionen sind, ein Problem, weil nämlich die jeweils abgegrenzte Teilmenge endlich ist, wenn unter Umständen auch sehr groß (eine Myriade), der ganze Rest aber unendlich – bei den Zahlen, oder unbestimmt – bei den Barbaren. Aber das ist nicht Platons Punkt, denn er kritisiert ja nicht die Zerlegung von Mensch oder Zahl überhaupt, weil die ihnen zugeordneten Gegenstandsmengen, also alle Menschen und alle Zahlen, unbestimmt sind. Vielmehr verlangt er, daß die jeweils ganzen Ideen *Mensch* und *Zahl* so aufgespalten werden, daß jeder Teil wieder eine Idee ausmacht. Das kann aber nur dann geschehen, wenn es dabei keinen *unbestimmten Rest* gibt, also die Menge der Unterideen insgesamt erschöpft, was in der Oberidee enthalten ist. Dieses *Enthaltensein* darf natürlich nicht so verstanden werden, daß die Unterideen als

Merkmale oder Bestimmungen in der Oberidee enthalten wären. Dann wäre ja im Falle der Beispiele die Zahl zugleich gerade und ungerade, und der Mensch zugleich männlich und weiblich. Vielmehr ist in *Zahl* und *Mensch*, und d.h. bei Platon in dem, was Zahl ist und was Mensch ist, ein Potential enthalten, das sich zu den Charakteristika *gerade* oder *ungerade* und *männlich* oder *weiblich* entfalten kann. Von einzelnen Menschen, die man als männlich oder weiblich ansprechen kann, oder einzelnen Zahlen, die man als gerade oder ungerade bezeichnen kann, ist hier noch gar nicht die Rede. Für die Zahlen können wir in Rückblick auf die Darlegung über Arithmetik (II.2) noch einen Schritt weitergehen. Wenn Zahl überhaupt die Einheit einer Mannigfaltigkeit von Einsen ist, so sind *Gerade* und *Ungerade* zwei Typen solcher Einheit.

Daraus läßt sich für das Verfahren der Dihairesis ein Letztes entnehmen. Wichtiger als die vertikale Ableitung vom γένος zum εἶδος und von diesem weiter in weitere Unterideen ist die jeweils horizontale Gliederung. Die Zahl der Unterideen muß die möglichen charakteristischen Ausprägungen der Oberidee, die in ihr angelegten Differenzierungsmöglichkeiten systematisch entfalten. Das wird uns noch weiter bei der dialektischen Begründung von Wissenschaften beschäftigen.

Zunächst aber gilt es noch eine weitere Hauptbeschäftigung der Dialektik zu bestimmen, nämlich das Definieren.

II.7.3 Definieren

Das Definieren-Können gehört zu den Charakterisierungen des Dialektikers, insofern er die Ideen auseinanderhalten kann, d.h. nicht die eine für eine andere hält oder dieselben für verschiedene. Dem diente ja schon das Dihairesis-Verfahren, und die dihairetische Verfertigung von Definitionen war bereits als einer ihrer Hauptzwecke genannt. Aber nicht alle Definitionen folgen dem dihairetischen Schema.

Das Definieren muß in Platons Schule im Exzeß geübt worden sein. Nicht nur sind seine Dialoge voll von Beispielen, sondern es ist auch eine lange Liste von Definitionen unter dem Namen Platons überliefert worden. Worum geht es eigentlich beim Definieren? Nach dem Fünfer-Schema des *7. Briefes* geht es nicht um die direkte Erkenntnis des Seienden, der Ideen, sondern um deren Darstellung im λόγος. Der λόγος, der eine Definition ist, muß in Hinblick auf das in Rede stehende Etwas die Antwort auf die Frage τί ἐστι; (was ist es?) geben. Diese Antwort wird von Platon schematisch mit ὃ ποτὲ ὄν, *was es jeweils (eigentlich) ist*, umschrieben. Es heißt auch, die Definition sei der λόγος τῆς οὐσίας. Diese Formel wurde später, nachdem man Realdefinitionen und Nominaldefinitionen unterschied, als die Angabe des *Wesens* von etwas übersetzt und von der Namenserklärung abgesetzt. Die Formel wurde von Aristoteles zu τὸ τί ἦν εἶναι oder gar τὸ τι ἦν αὐτῷ εἶναι erweitert, d. h. übersetzt: was es für dieses (also z. B. für einen Menschen) ausmacht (ein Mensch) zu sein.

Durch diese Häufung von Termini des Seins in den formalen Bestimmungen von Definition erkennt man schon, daß es sich dabei nicht einfach um die Bestimmung oder Explikation von Prädikaten handeln kann, wie beispielsweise Ernst Kapp meinte.[1] Prädikate werden einem Seienden zugesprochen bzw. man kann sich von einem Seienden S und einem Prädikat P fragen, ob $S \in P$ gilt. Dagegen ist das *Sein* in dem, wonach gefragt wird, enthalten: es ist ein *Was-Sein*.

Entscheidend ist nun, daß die Frage, *was ist das?* nicht durch Angabe von Beispielen oder Fällen zu befriedigen ist. Das einzusehen ist die Grundübung, die Sokrates seinen Gesprächspartnern immer wieder abverlangt. Die Frage, was ist die Tugend, kann nicht durch Angabe der Tugend des Mannes, der Frau, des Kindes usw. beantwortet werden, die Frage, was ist Tapferkeit, nicht durch Beispiele oder situationsgebundene Typen von Tapferkeit. Daraus folgt umgekehrt: Die Definition als Antwort auf die Frage *was ist das?* muß allgemein gültig sein, sie muß ein Identisches für die Mannigfaltigkeit der Einzelfälle angeben. Das hat später zu der Auffassung geführt, daß es das Wesen oder das Wesentliche sei, worum es in der Definition gehe, daß die Definition für die in Frage stehende Sache etwas angibt, was für alle seine anderen Qualitäten grundlegend ist. So sagt Sokrates beispielsweise, daß man von der Tugend erst sagen kann, ob sie lehrbar sei, wenn zunächst gesagt hat, *was* sie ist. Schließlich wird von dem, was die

---

[1] Ernst Kapp, *Der Ursprung der Logik bei den Griechen*. Göttingen, Vandenhoeck & Ruprecht, 1965, 44 f.

Definition angibt, gefordert, daß es eine charakteristische Prägung (τι εἶδος, *Menon*, 72c6) habe. Diese Wendung ist außerordentlich wichtig. Sie bindet nämlich die Lehre der Definition von vornherein an die Ideenlehre. Weder ist es so, wie Stenzel[2] meinte, daß Platon von der Ideenlehre ausgegangen sei und auf dieser Basis um die Entwicklung des *Begriffs* gerungen habe, noch so wie Ernst Kapp in Anschluß an Aristoteles meint, daß Platon nach einer *vernünftigen*, der sokratischen Phase des Definierens von Prädikaten zu einer metaphysischen übergegangen sei, in der er die Prädikate zu Ideen hypostasiert habe. Vielmehr muß man das Verhältnis von Definition und Idee so darstellen: Von der Seite der Idee ist die Definition deren Darstellung im λόγος. Sie ist nach dem *7. Brief* notwendig beschränkt, veränderlich und vom Medium, nämlich dem λόγος selbst, mitbestimmt. Von Seiten des Definierens geht es im Hinblick auf viele Einzelfälle um die Angabe von etwas Allgemeinen, das es erlaubt alle Einzelfälle in einer bestimmten Hinsicht als ein identisches Etwas anzusprechen. Von diesem Allgemeinen wird verlangt, daß es allen Einzelfällen eine charakteristische Prägung, nämlich das εἶδος, verleiht.

Definiert wird also ein bestimmtes Seiendes in Hinblick auf das, was es als solches ist. Die Definition soll den Seinsbestand (οὐσία) erfassen, der sich in den mannigfaltigen Umständen, Veränderungen und Einzelfällen als derselbe (ταὐτόν) durchhält. Es wird von Platon unterstellt, daß dieser Seinsbestand eine charakteristische Prägung (εἶδος) hat. Diese Prägung soll nicht nur die Wiedererkennbarkeit garantieren, sondern für die mannigfaltigen Qualitäten dieses Seienden grundlegend (eine ἀρχή) sein. Zusammenfassend kann man also sagen, daß die Definition und das εἶδος verschiedenen Zugangsarten entsprechen. In der Definition wird ein Seiendes in seinem wesentlichen Bestand *diskursiv* begriffen, im εἶδος wird seine charakteristische Prägung *intuitiv* erfaßt.

Das bisher Gesagte soll nun an einer Stelle aus dem *Menon* prototypisch erläutert werden. Menon hat in diesem Dialog Sokrates gefragt, ob die Tugend lehrbar sei, worauf Sokrates in üblicher Weise die Frage zurückgegeben hat, indem er von Menon als Grundlage der weiteren Erörterung zunächst eine Definition

---

[2] Julius Stenzel, *Studien zur Entwicklung der platonischen Dialektik von Sokrates zu Aristoteles. Arete und Dihairesis*, Breslau 1917.

der Tugend verlangt. Menon hatte nun, wie Sokrates' Gesprächspartner häufig tun, diese Frage durch eine Angabe von Einzelfällen bzw. fallspezifischen Tugenden beantwortet: die Tugend des Mannes, des Weibes, des Kindes etc. Darauf SOKRATES:

> Ganz besonders glücklich, o Menon, scheine ich es getroffen zu haben, da ich nur eine Tugend suche und einen ganzen Schwarm von Tugenden finde, die sich bei dir niedergelassen. Allein, Menon, um bei diesem Bilde von dem Schwarm zu bleiben, wenn ich dich fragte nach der Natur einer Biene, was sie wohl ist, und du sagtest mir, es wären ihrer ganz viele und mancherlei: Was würdest du mir antworten, wenn ich dich fragte: Meinst du, insofern wären sie viele und vielerlei und voneinander unterschieden, als die Bienen sind? Oder sind sie hierin wohl nicht unterschieden, sondern nur in etwas anderem, wie in Schönheit, Größe oder sonst etwas dergleichen? Sage mir, was würdest du antworten auf diese Frage?
> MENON: Dieses, daß sie nicht verschieden sind, sofern sie Bienen sind, eine von der anderen.
> SOKRATES: Wenn ich nun hierauf weiter spräche: Sage mir denn eben dieses, worin sie nicht verschieden sind, sondern alle einerlei, was doch dieses ist nach deiner Meinung: So würdest du mir wohl etwas zu antworten wissen.
> MENON: Das würde ich.
> SOKRATES: So ist es auch mit den Tugenden, daß, wenn sie auch viele und mancherlei sind, sie doch sämtlich eine und dieselbe gewisse Gestalt haben, und derentwillen sie eben Tugenden sind, und eben hierauf wird derjenige hinzusehen haben, der in seiner Antwort auf jene Frage richtig eingehen will, was die Tugend eigentlich ist. Oder verstehst du nicht, was ich meine?
> (*Menon*, 72a7–d1)

Das Beispiel von dem Bienenschwarm erläutert sehr gut, worum es in einer Definition geht: nicht um die einzelne Biene und die vielfältige Weise, durch die sie sich von anderen unterscheiden mag. Die Frage richtet sich vielmehr auf das, worin sie sich nicht unterscheiden, worin sie identisch sind: ᾧ οὐδὲν διαφέρουσιν ἀλλὰ ταὐτόν εἰσιν (72c2). Schleiermacher bezeichnet dieses, worin sie identisch sind sehr richtig, aber doch ein bißchen vorschnell, als die *Natur der Biene*. Allerdings ist später φύσις auch in diesem Sinne verwandt worden. Hier aber steht οὐσία: Seinsbestand. »Wenn ich fragen würde nach dem Seinsbestand der Biene was er wohl ist« (εἴ μου ἐρομένου μελίττης περὶ οὐσίας ὅ τι ποτ' ἐστίν, 72a9–b1). Hier haben wir also die typische Formel: ὅ ποτ' ἐστίν und den Hinweis auf οὐσία. Οὐσία ist ja später mit der aristotelischen Kategorienlehre zur Bezeichnung des eigentlich Seienden, später zur Substanz aufgerückt. Hier taucht der Ausdruck zunächst noch unterminologisch auf. Er muß einerseits als eine partizipiale Substantivierung von Sein verstanden werden, andererseits von dem traditionellen, lebensweltlichen Gebrauch als Anwesen, Hab und Gut. Wir übersetzen deshalb am besten mit Seinsbestand. Die οὐσία ist alles das, was zum einzelnen Seienden gehört, um das zu sein, was es ist, also in diesem Fall *Biene*. Kennzeichnend für die platonische Auffassung des ganzen Problems ist nun die Unterstellung, daß dieses, was in einer ganzen Mannigfaltigkeit von Einzelfällen identisch ist, die man deshalb auch mit demselben Namen – also hier *Biene* – anspricht, ihnen eine charakteristische Prägung, oder wie Schleiermacher übersetzt *Gestalt*, verleiht. Diese läßt sich intuitiv erfassen und im Blick auf sie soll man dann die Frage, *was etwas ist*, beantworten.

Obgleich das εἶδος nicht als solches in die Definition eingehen kann, weil es nur anschauend erfaßt, nicht aber ausgesprochen werden kann, so ist es doch umgekehrt wichtig, εἶδος nicht einfach auf *Aussehen* zu reduzieren. Wenn ich εἶδος mit *charakteristische Prägung* übersetzte, so nicht nur in Hinblick auf Erkenntnis, sondern auch in Hinblick auf das, wodurch ein Seiendes als solches so geprägt ist, ist und etwas vermag. So sagt Sokrates im Dialog wenig später:

> Also auch wohl Größe und Stärke? Wenn eine Frau stark ist, wird sie vermöge derselben charakteristischen Prägung (τῷ αὐτῷ εἴδει) und derselben Stärke stark sein. Denn dieses *derselben* meine ich aber so, daß es der Stärke keinen Unterschied macht in dem Stärke-Sein, ob sie in einem Manne ist oder in einer Frau. (*Menon*, 72e4–6)

Wenn man diese hohen Anforderungen an eine Definition betrachtet – sie solle den wesentlichen Seinsbestand von etwas, der ausmacht, *was* es ist, und der ein Prinzip für seine weiteren Bestimmungen darstellt, angeben, – dann scheint allerdings Definieren ein endloses Unterfangen. Faktisch scheinen ja auch alle bei Platon angegebenen Definitionen unzureichend zu sein. Dabei darf man jedoch nicht vergessen, daß Definieren seinen Platz im Zusammenhang und in der Ordnung des λόγος hat, und daß deshalb eine Definition jeweils einen bestimmten Zweck erfüllen muß. Dieser kann beispielsweise darin liegen, ein Etwas von anderem verwandten abzugrenzen – und dazu können ja ganz wenige charakteristische *Merkmale* hinreichen – oder es könnte darum gehen, dieses Etwas in einer bestimmten Funktion zu begreifen oder aber überhaupt einen Gesichtspunkt herauszustellen, in dem dieses etwas überhaupt als bestimmtes im Diskurs angesprochen werden kann. Womöglich gibt es noch weitere Funktionen von Definitionen. Die zuerst genannte wird gut durch das dihairetische Verfahren und das sukzessive Aufzählen von Merkmalen erfüllt. Um auch für die anderen Funktionen Beispiele zu geben, sollen im folgenden von Platon selbst als Definitionsprototypen angegebene Fälle besprochen werden. Platon zeigt sich in seinem Werk an Definitionen aller Art interessiert. Die Beispiele jedoch, die jeweils zur Orientierung und als Vorbilder angegeben werden, sind durchweg nur aus dem Bereich der Mathematik oder stehen zumindest der Mathematik nahe. Man kann daraus schließen, daß das Definieren in der zeitgenössischen Mathematik bereits ein üblicher Brauch war. In den *Elementen* des Euklid werden dann auch alle relevanten Entitäten definiert. Unser erstes Beispiel, σχῆμα (Figur), hat eine Entsprechung in Euklid Buch I, Definition 14: »Eine Figur ist, was von einer oder mehreren Grenzen umfaßt wird« (σχῆμά ἐστι τὸ ὑπό τινος ἢ τινων ὅρων περιεχόμενον). Im Dialog *Menon*, in dem Menon von Sokrates aufgefordert wird zu definieren, was Tugend sei, gibt Sokrates selbst als Musterdefinition folgende Definition von Figur an: »Dasjenige nämlich soll uns Figur sein, was allein unter allen Dingen die Farbe begleitet« (*Menon*, 75b9 f.). Diese Definition ist so erstaunlich wie unbefriedigend. Sie wirkt eigentlich ganz unplatonisch. Figur, oder sagen wir jetzt besser: Gestalt, erscheint hier als etwas, das notwendig mit Farbe zusammen auftritt. Daß das überhaupt so ist, könnte man bezweifeln – es gibt ja atmosphärische Farben, und den Griechen dürften solche auch geläufig gewesen sein. Die Rosenfinger, mit denen bei Homer der Morgen sich zeigt, sind solche atmosphärischen Farben. Aber nehmen wir einmal an, daß Gestalt tatsächlich immer zusammen mit Farbe auftritt, so kann man – das sieht offenbar Platon auch – das nur zu einem Definitionskriterium für Gestalt machen, wenn dies die *einzige* Entität ist, für die das gilt. Auch das könnte bezweifelt werden. Das Eigentümliche an der Definition ist nun, daß sie eigentlich über das, was σχῆμα (also Figur) oder Gestalt ist, überhaupt nichts aussagt. Und war es nicht das, was von Sokrates gefordert wurde? Befremdlich ist außerdem, daß umgekehrt natürlich Gestalt auch ganz ohne Farbe vorkommt, und gerade Platon dürfte an der Gestalt als solcher, also dem mathematischen Gebilde, interessiert gewesen sein.

Dies alles sind Schwächen, die uns auffallen – Sokrates' Gesprächspartner ist aus einem ganz anderem Grunde unzufrieden: Er sagt nämlich, daß man mit der Definition nichts anfangen könne, weil sie ja voraussetze, daß man schon weiß, was Farbe ist. Das ist nun allerdings ein Einwand, der nicht spezifische Mängel dieser Definition bezeichnet, sondern ein Problem des Definierens überhaupt benennt: Man muß beim Definieren immer Gebrauch machen von Termini, die nun ihrerseits nicht definiert sind. Die Reaktion des Sokrates auf diesen Einwand ist lehrreich.

Sokrates stellt den Vorgang des Definierens in die Situation des διαλέγεσθαι (Sich-Unterredens) hinein. In einer solchen Situation ist es unproblematisch, daß man sich in einer Definition auch auf undefinierte Termini bezieht, solange nur der Gesprächspartner diese nicht in Frage stellt. *Dialektischer* sei es allerdings, fügt Sokrates hinzu, daß man sich beim Definieren von vornherein auf solche Termini bezieht, über die mit dem Gesprächspartner bereits ein Einverständnis erzielt sei. (*Menon*, 75d5, διαλεκτικώτερον). Er gibt dann selbst dafür ein Beispiel, indem er sich vor einer nächsten Definition mit Menon über den Ausdruck *begrenzen*, περαίνειν, verständigt. Gestalt sei, »was den Körper begrenzt«, besser vielleicht »worin der Körper sein Ende hat.« (*Menon*, 76a5 f.)

Diese Definition ist sicherlich in der Nähe von der Euklids, unterscheidet sich aber doch charakteristisch von ihr. Sehen wir einmal davon ab, daß Platon hier Gestalten nur im Rahmen der Stereometrie einführt, so unterscheidet er sich doch von Euklid, insofern er die Gestalten als Grenzen einführt, während Euklid als das Begrenzte. Natürlich kann man sagen, daß das im Prinzip auf dasselbe hinausläuft, insofern nämlich nach Platons Definition die

Gestalten Flächen sind, die nach der – allgemeineren – Definition des Euklid als das zu gelten hätten, was durch Linien als Grenzen eingeschlossen wird.[3]

Festzuhalten ist zunächst, daß Platon die Definitionen hier nicht als etwas für sich bestehendes, oder als ein Endprodukt einer Untersuchung darstellt, sondern als einen dialektischen Akt oder besser als einen Halteplatz innerhalb der Unterredung. Bei einem solchen pragmatischen Konzept von Definieren ist es nicht nötig, von der Definition eine beliebige Vollkommenheit zu verlangen, noch auch, daß sie ein für allemal feststehe. Von daher dürften sich schon die meisten Einwände, die man gegen den Inhalt der Definition anbringen könnte, erübrigen. Auffällig bleibt aber, daß in Platons Definitionen überhaupt nicht das definierende »ist« vorkommt. Vielmehr arbeiten beide Definitionen mit Verben: folgen bzw. begrenzen. Im ersten Fall könnte man sagen, daß Gestalt durch ihre Rolle in einem Sachverhalt definiert wird, im zweiten Fall – durch eine Leistung. Das heißt aber, daß hier für das jeweils zu Definierende gar nicht dessen wesentlicher Seinsbestand, soweit er für alle seine anderen möglichen Eigenschaften grundlegend ist, genannt wird. Aber es wäre wohl vorschnell zu sagen, daß Platon damit hinter seinen Forderungen zurückbleibe und die genannten Beispiele überhaupt nicht παραδείγματα seien, denen Menon hätte sinnvoll folgen können. Denn Platon *definiert* ja Sein oder besser gesagt Seiendes-sein (ὄν) selbst als das, was etwas vermag. So im *Sophistes:*

> Wir setzen das als eine hinreichende Definition des Seienden, wenn ihm im geringsten ein Vermögen beiwohnt zu leiden oder zu tun. (*Sophistes*, 248c4 f.)

Im übrigen zeigt sich bei näherer Betrachtung, daß die Untersuchungen des Sophisten und des Staatsmannes in den Dialogen *Sophistes* bzw. *Politikos*, die ja über das dihairetische Verfahren auf die schrittweise Bestimmung des Gesuchten aus sind, schließlich dazu

---

3 Zwischen den beiden besprochenen Definitionen – und vielleicht sie vermittelnd – steht die von Aristoteles als pythagoreisch übermittelte, nach der Farbe das sei, was den Körper begrenzt. *De sensu et sensibilibus* 3, 439a30 f.

führen, beide Menschentypen über Vermögen, nämlich zu täuschen bzw. Verfeindetes zu verbinden, zu definieren.⁴

War nun zumindest bei der einen Definition von σχῆμα fraglich, ob sie überhaupt etwas für die Gestalt Wesentliches trifft, so ist das in Bezug auf die nun anzuführende Definition von *Farbe* nicht der Fall. Diese Definition wird im *Menon* angeblich nur aus Gefälligkeit gegenüber dem Gesprächspartner Menon von Sokrates angegeben. Und zwar sagt er, daß sie in den Zusammenhang der Empedokleischen Naturphilosophie gehöre: »Nämlich Farbe ist der dem Gesicht angemessene und wahrnehmbare Ausfluß aus den Gestalten« (*Menon*, 76d6 f.)

In dieser Definition wird offenbar unter Gestalt die Oberfläche von Körpern verstanden – wie es ja auch der vorhergehenden Definition von Gestalt (σχῆμα) entsprechen würde. Als naturphilosophische Hypothese liegt der Definition die Lehre von Ausflüssen zugrunde. Farbesein wird dann als ein Ausfluß, der der Gesichtswahrnehmung spezifisch ist, oder besser gesagt der Gesichtswahrnehmung entspricht, definiert. Der Ausdruck σύμμετρος muß hier wohl wirklich einmal nicht terminologisch und im schwachen Sinne einfach als *entsprechend, angemessen* übersetzt werden. Denn von irgendeiner Mathematisierung des Sehvorganges und möglichen Kommensurabilitäten ist für diesen Fall bei Platon nichts bekannt. Gerade diese Definition aber, die nur so beiläufig hingeworfen wird und sich zudem auf die Naturphilosophie eines anderen Autors bezieht, scheint Platons Forderung, daß die Definition den wesentlichen Seinsbestand von etwas angeben soll, am nächsten zu kommen.⁵

Wie schon erwähnt, wird im *7. Brief* eine Definition des Kreises gegeben: Der Kreis ist nämlich »das, was von (seinen) Äußersten zur Mitte überall gleich entfernt ist« (*7. Brief*, 342b7 f.). Dies ist nun eine Definition, die tatsächlich die Ist-Form hat, und

---

4 In diesen Dialogen tritt dabei noch ein anderes Problem auf: Wenn man nämlich etwas über seine Leistung definiert, dann kann es sein, daß es diese Leistung gar nicht allein hervorbringt, sondern in ihr mit anderem zusammen wirkt. Damit wird fraglich, ob eine solche Leistung als *definiens* brauchbar ist.
5 Im übrigen ist Platons eigene Lehre von Gesichtswahrnehmung durchaus in der Nähe der hier erwähnten empedokleischen: Farbe ist etwas, was zwischen dem Gegenstand und dem Auge spielt. *Theaitetos*, 156a–158b; *Timaios*, 67c4–69d3. Siehe auch III.3.2.

ein Etwas über eine Eigenschaft bestimmt, die für alle anderen Eigenschaften, die dieses Etwas hat, grundlegend ist. Auch diese Definition ist ganz in der Nähe der entsprechenden bei Euklid, nämlich im ersten Buch der *Elemente* der Definition 15. Dort heißt es:

> Ein Kreis ist eine ebene, von einer einzigen Linie (die Peripherie heißt) umfaßte Figur mit der Eigenschaft, daß alle von *einem* der innerhalb der Figur gelegenen Punkte bis zu dieser Linie (bis zur Peripherie des Kreises) verlaufenden Strecken einander gleich sind.

Ganz entsprechend dem, was bereits über Gestalt gesagt wurde, gibt es hier einen Unterschied zwischen Euklid und Platon. Euklid definiert den Kreis als Fläche, Platon als Linie. Ferner führt Euklid Hilfslinien ein, nämlich die Radien, und präzisiert das, was Platon als *Gleich-entfernt-sein* bezeichnet, als Gleichheit bestimmter Strecken. Der entscheidende Unterschied besteht nun aber darin, daß bei Euklid die Definition im Grunde nur eine Namenserklärung ist, die für ihn nicht impliziert, daß es so etwas wie Kreise gibt. Die Existenz wird bei ihm erst in den Postulaten, genauer in Postulat 3 gefordert, nämlich, daß man »mit jedem Mittelpunkt und Abstand den Kreis zeichnen kann«. Bei Platon ist das Sein des Kreises dagegen quasi vorausgesetzt, denn nach dem *7. Brief* ist klar, daß sich die Definition auf ein Seiendes, nämlich die *Idee* des Kreises bezieht. Die Definition ist dagegen etwas, was der Seele als erkennender angehört, und es reicht deshalb, in der Definition das entsprechende Seiende, also hier den Kreis soweit zu charakterisieren, als es notwendig ist, um diese Figur von anderen unterscheiden zu können.

Wir wenden uns damit einem letzten mathematischen Definitonsbeispiel zu. Im Dialog *Theaitetos*, in dem Sokrates den Theaitetos nach der *Erkenntnis* fragt, geht es zunächst wiederum um eine Erläuterung der definitionsheischenden Frage *was ist x?* Sokrates gibt selbst eine Musterdefinition – hier einmal nicht aus dem mathematischen Bereich – nämlich eine Definition für Lehm: »Lehm sei Erde mit Feuchtigkeit gemischt« (*Theaitetos*, 147c5f.) Darauf gibt nun Theaitetos selbst eine Definition aus dem mathematischen Bereich an, um so zu zeigen, daß er Sokrates verstanden habe.

Theaitetos berichtet, daß sein Lehrer Theodoros ihm und seinem Freunde gezeigt habe, daß Quadrate mit dem Flächeninhalt 3, 5 und so fort bis 17 der Länge nach nicht kommensurabel (μήκει οὐ σύμμετροι, Theaitetos, 147d5) dem einfüßigen Quadrat seien.[6] Theaitetos und sein Freund haben diese Demonstrationen nun zum Anlaß genommen, alle Zahlen in zwei Klassen einzuteilen, nämlich solche, die als Quadrate aufgefaßt, der Länge nach dem einfüßigen Quadrat kommensurabel sind – das sind also die Quadratzahlen 1,4,9,16 usw. – und solche, die als Quadrate aufgefaßt, der Länge nach dem einfüßigen nicht kommensurabel sind. Die erste Klasse nannte er schlicht Längen, die zweiten δυνάμεις. Ich lasse diesen letzten Terminus unübersetzt. Am ehesten würde noch die Übersetzung Quadratwurzel treffen, wobei es aber gerade darauf ankommt nur an solche Quadratwurzeln zu denken, die sich rational nicht ausziehen lassen.[7]

Was Theaitetos hier macht, sieht zunächst sehr trivial aus: Er teilt die Zahlen (wohlgemerkt wieder die natürlichen Zahlen) in Quadratzahlen und Nicht-Quadratzahlen. Das wäre nun wirklich kaum erwähnenswert, aber es geht im Grunde um etwas anderes. Die Zahlen werden nämlich als Flächenzahlen aufgefaßt und in Hinblick auf die erzeugenden Strecken betrachtet, wenn man sie in Quadrate verwandelt hat.[8] Hierbei ergibt sich nun, daß die Längen der Nicht-Quadratzahlen nicht rational sind. Es sind natürlich keineswegs alle irrationalen Zahlen, die sich dabei ergeben, sondern nur ein ganz winzig kleiner Teil. Aber durch das Verfahren des Theaitetos ist doch in dem unendlichen Feld der irrationalen Zahlen ein ganz bestimmter Typ identifiziert worden, nämlich derjenige der quadriert kommensurabel ist. Wenn Theaitetos für diesen den Namen δύναμις verwendet, so wäre wohl die beste Übersetzung *quadriert kommensurabele* Strecke.

---

6 Gemeint ist sicher: Alle Quadrate mit den Maßzahlen 3, 5 usw. bis 17, *außer* den Quadraten mit den Maßzahlen 9 und 16.
7 Zu einer genaueren Analyse der Stelle und vor allem einer Kritik von Platons Terminologie siehe: Árpád Szabó, *Anfänge der griechischen Mathematik*, München: R. Oldenbourg, 1969, 79–87 und: derselbe, *Die Entfaltung der griechischen Mathematik,* Mannheim: B.I., 1994, 212–236.
8 Diese Verwandlung in Quadrate, der sog. τετραγωνισμός ist für Rechtecke, als welche man ja ganzzahlige Flächenzahlen mühelos darstellen kann, wie schon früher erwähnt, kein Problem (siehe II.3).

Árpád Szabó hat bezweifelt, daß an der Stelle im *Theaitetos* überhaupt ein gegenüber der vorhergehenden Geschichte der Mathematik neuer Schritt beschrieben würde und damit auch, daß ein solcher Schritt dem Theaitetos oder dem Theodoros zuzuschreiben sei. Ohne uns nun auf diese Debatte bezüglich der historischen Mathematiker Theaitetos oder Theodoros einlassen zu müssen, können wir nach der gegebenen Auslegung sagen, daß hier allerdings ein wichtiger mathematischer Schritt beschrieben wird, nämlich ein erster Schritt, in den diffusen Bereich des Irrationalen eine gewisse Ordnung zu bringen bzw. eine Schneise zu schlagen, durch die Teile des Irrationalen doch noch an den Bereich des *Sagbaren*, d. h. des Rationalen, angeschlossen werden. Weitere Schritte in dieser Richtung sind die Einführung der Begriffe Mediale, Binomiale und Apotome. Man findet die entsprechenden Untersuchungen in Euklids Buch X. Dort lauten die ersten beiden Definitionen:

> 1. Kommensurabel heißen Größen, die von demselben Maß gemessen werden, und inkommensurabel solche, für die es kein gemeinsames Maß gibt.
> 2. Strecken sind quadriert kommensurabel (δυνάμει σύμμετροι), wenn die Quadrate über ihnen von derselben Fläche[9] gemessen werden, und (quadriert) inkommensurabel, wenn es zu den Quadraten (τετράγωνα) über ihnen keine Fläche gibt, die gemeinsames Maß haben würde.

Hier haben wir also die Unterscheidung des Theaitetos aus Platons Dialog: Es wird einfach *kommensurabel* (d. h. der Länge nach) von *quadriert kommensurabel* unterschieden bzw. eben der zuletzt genannte Begriff *eingeführt*. Van der Waerden[10] schreibt deshalb das 10. Buch dem historischen Theaitetos zu.

Warum war es nun für die Griechen von einer solchen Bedeutung, noch unterschiedliche Typen der Irrationalität auszumachen? Diese Frage ist freilich noch nicht ganz der mathematikhistorischen Sachlage entsprechend formuliert. Vielmehr geht es ja darum, in dem ganz unübersichtlichen Bereich von irrationalen

---

9 *Von derselben Fläche*, d. h. wenn es eine Einheitsfläche gibt, die ihre Quadrate mißt, d. h. wenn beide ganzzahlige Vielfache dieser Einheitsfläche sind.
10 a.a.O., 271–282.

Größen solche Segmente von Größen herauszuschneiden, die eben doch noch in gewisser Weise rational sind, nämlich beispielsweise durch ihre Quadrate. Der Sinn dieses Unternehmens ergibt sich daraus, daß diese Größen dadurch im wörtlichen Sinne aussprechbar werden, d.h. verbal behandelt werden können. Denn die Handhabung irrationaler Größen war ja für die Griechen im Grunde kein Problem, nur mußten sie dabei geometrisch vorgehen. Diese Größen waren also nur als Strecken handhabbar. Aussagen über solche Größen ließen sich also nur über den Umweg von Konstruktionen gewinnen. Das läßt sich nur dann vermeiden, oder besser: soweit vermeiden, als man einige irrationale Größen doch λόγος-fähig macht. In diesen Fällen kann man also auch ohne Rückgriff auf die *geometrische Algebra* zu Aussagen kommen. Ein Beispiel dafür wäre der Satz:

Flächen aus quadriert kommensurablen Größen haben einen Flächeninhalt, der ebenfalls von quadriert kommensurablen Größen aufgespannt wird.

Damit hat sich gezeigt, daß die zunächst so trivial anmutende Definition des Theaitetos tatsächlich etwas leistet. Sie ist nicht bloß eine triviale Klassifikation, sondern tatsächlich die Identifizierung eines Gegenstandes, nämlich hier eines Typs von irrationalen Größen. Die Leistung der Definition besteht darin, diesen Gegenstand λόγος-fähig zu machen, d.h. seine weitere Behandlung in den Diskurs einzuführen, d.h. in das Erkenntnisverfahren, das Sokrates den δεύτερος πλοῦς genannt hat, die Erkenntnis auf dem Wege des λόγος. Diese Funktion sollten später Definitionen im Rahmen der Syllogistik im allgemeinen haben.

II.8. Die dialektische Begründung von Wissenschaft

II.8.1 Die Methode des Einen und Vielen: das Paradigma der Musiktheorie

Platon fordert am Ende des VI. Buches in der *Politeia* eine dialektische Begründung der mathematischen Wissenschaften. Gerade wegen ihrer Methode, nämlich wegen des hypothetischen Vorgehens, seien sie genau genommen nicht Wissenschaft (ἐπιστήμη) zu nennen, sondern nur διάνοια – reine Verstandeserkenntnis. Doch diesem Mangel wäre abzuhelfen:

> Weil sie aber ihre Betrachtung nicht so anstellen, daß sie bis an den Anfang zurückgehen, sondern nur von den Annahmen (ἐξ ὑποθέσεων) aus, so scheinen sie dir keine Vernunfterkenntnis davon zu haben, obgleich, ginge man vom Anfange aus, sie ebenfalls erkennbar wären. Verstand aber scheinst du mir die Fertigkeit der Geometer und was dem ähnlich ist zu nennen, jedoch nicht Vernunft, als etwas zwischen der bloßen Vorstellung und der Vernunfterkenntnis zwischeninne Liegendes. (*Politeia* VI, 511d1–7)

Wie aber hätte eine dialektische Begründung der Wissenschaften auszusehen?

Platon gibt auf diese Frage in der *Politeia* keine explizite Antwort, sondern weist nur in eine bestimmte Richtung: Man solle von den Hypothesen der mathematischen Wissenschaften aufsteigen zum hypothesenfreien Anfang und dann, von da aus absteigend, die Begründung durchführen – und das heißt wohl die Hypothesen der Einzelwissenschaften zu rechtfertigen. Hier noch einmal die entscheidende Stelle:

> So verstehe denn auch, daß ich unter dem anderen Teil des Denkbaren dasjenige meine, was die Vernunft unmittelbar ergreift, indem sie mittels des dialektischen Vermögens Voraussetzungen macht, nicht als Anfänge, sondern wahrhaft Voraussetzungen als Einschritt und Anlauf, damit sie, bis zum Aufhören aller Voraussetzung (μέχρι τοῦ ἀνυποθέτου ἐπὶ

τὴν τοῦ παντὸς ἀρχὴν ἰών) an den Anfang von allem gelangend, diesen ergreife und so wiederum, sich an alles haltend, was mit jenem zusammenhängt, zum Ende hinabsteige, ohne sich überhaupt irgendeines sinnlich Wahrnehmbaren zu bedienen, sondern nur der Ideen selbst an und für sich dazu zu bedienen, und so am Ende eben zu ihnen, den Ideen, gelange. (*Politeia* VI, 511b3–c2)

Wie nun der *Abstieg*, d. h. die Begründung der mathematischen Hypothesen von dem letzten voraussetzungslosen Anfang her zu erfolgen habe, darüber herrscht unter den Interpreten wenig Einigkeit, ja, man hat gelegentlich, wie beispielsweise Mittelstraß[1], sogar behauptet, Platon habe es selbst nicht gewußt. Eines scheint klar zu sein: Der letzte voraussetzungslose Anfang muß das Eine sein, und der Abstieg muß sich mit Hilfe der dihairetischen Methode vollziehen. Ferner ist die Frage der dialektischen Begründung von Wissenschaft mit der Dimmensionenfolge – Punkt, Linie, Fläche, Körper – und mit der Lehre von der Erzeugung der Ideenzahlen im Zusammenhang gebracht worden.[2] Alles ist mehr oder weniger richtig, hat aber gerade dort, wo Platon begründete Einsicht anstrebte eher Unverständnis und ein Gefühl des Ungenügens erzeugt. Der Grund dafür scheint mir vor allem darin zu bestehen, daß man einerseits das ἀνυπόθετον einfach schlicht mit der Idee des Guten identifiziert hat und sich damit die Last aufgebürdet hat, alle Wissenschaften aus einem einzigen letzten Prinzip herzuleiten und nicht nur jede Wissenschaft aus dem jeweils für sie maßgeblichen Einen. Ein weiterer Grund besteht darin, daß man die Hypothesen der Mathematiker nach Platon schlicht mit den Euklidischen Axiomen, d. h. Definitionen, Postulaten und Axiomen im engeren Sinne – identifiziert hat. Beides zusammengenommen hat dazu geführt, die dialektische Begründung von Wissenschaft als Deduktion von mathematischen Axiomen aus der Idee des Guten verstehen zu wollen. – Die so aufgebauten Vorurteile hatten zur Folge, daß man die einzige Stelle, in der Platon an einem Beispiel

---

1 Jürgen Mittelstraß, *Die Rettung der Phänomene. Ursprung und Geschichte eines antiken Forschungsprinzips*, Berlin: de Gruyter 1962, 48.
2 Konrad Gaiser, *Platons ungeschriebene Lehre. Studien zur systematischen und geschichtlichen Begründung der Wissenschaft in der Platonischen Schule*, Stuttgart: Klett, 2. Aufl. 1963.

einmal die dialektische Begründung von Wissenschaft vorführt, nämlich die Begründung der Musiktheorie im *Philebos*, gar nicht erst herangezogen hat. Im Vorgriff auf diese Stelle möchte ich behaupten:

– Das Voraussetzungslose für jede Wissenschaft ist die Idee seines Gegenstandes.
– Der Abstieg vom Voraussetzungslosen ist keine Deduktion, sondern die Explikation dieser Idee.
– Der Abstieg besteht in einer schrittweisen Differenzierung der grundlegenden Idee bis hin zur vollständigen Aufzählung aller zu dieser Wissenschaft gehörenden Gegenstandstypen und ihrer Darstellung als eines Systems.

Bevor wir uns nun dem Paradigma einer dialektischen Begründung von Wissenschaft im *Philebos* zuwenden wollen, soll zunächst noch darauf eingegangen werden, was im VI. Buch der *Politeia* an Beispielen für mathematische Hypothesen genannt wird. Es sind: »Das Gerade und Ungerade und die geometrischen Figuren und die drei Arten der Winkel.« (*Politeia* VI, 510c4 f.)

Das Gerade und Ungerade gehört offenbar zur Arithmetik, die σχήματα (hier mit *geometrische Figuren* übersetzt) und die drei Arten der Winkel zur Geometrie. Nun werden allerdings in Euklids Geometrie sowohl *Gerade* und *Ungerade* als auch die Winkeltypen und zahlreiche geometrische Figuren definiert. Als Axiome oder Hypothesen im Zusammenhang des euklidischen Systems sind diese Definitionen sehr wohl anzusehen, aber sie sind als solche *Sätze*. Platon macht, wie wir aus dem *7. Brief* wissen, sehr wohl einen Unterschied zwischen den Definitionen und den Sachen, auf die sich diese Definitionen beziehen. Und hier im VI. Buch nennt er nicht die Definitionen, sondern die jeweiligen Entitäten. Für die Arithmetik sind das: das Gerade und das Ungerade. Dieses Paar könnte man nun natürlich als eine Klasseneinteilung aller natürlichen Zahlen verstehen, und das ist es ja auch in der Tat. Nur hier, wo es um so etwas wie die Begründung der Arithmetik überhaupt gehen soll und damit um eine Explikation und Entwicklung der Gesamtheit ihrer Gegenstände – also wie man auch sagen könnte um die Erzeugung der Zahlen – kann man letztere ja nicht schon voraussetzen. Man muß also das Gerade und Ungerade als einen ersten Schritt in Richtung der Erzeugung der Zahlen verstehen,

d. h. als eine allererste Differenzierung, die in die grundlegende Idee, nämlich das Eine, hineingetragen wird. Das Eine, als Anfang der Arithmetik die Eins, ist nach platonischem und gemeingriechischem Verständnis noch keine Zahl und als solche noch undifferenziert sowohl gerade als ungerade.

Für die Geometrie nennt Platon die drei Arten der Winkel und die Figuren. Nun sind die Figuren allgemein die Gegenstände der Geometrie und es dürfte für die Geometrie wohl grundlegend sein zu wissen, welche Typen von Gestalten im Prinzip vorkommen können. Bei Euklid werden ja auch durch die Definitionen einige Gestalttypen als grundlegend herausgehoben, wie etwa Strecke, Dreieck und Kreis. Sicher wird Platon auch an diese gedacht haben, aber es läßt sich wohl wegen seiner Rede von den *schönsten Dreiecken* im *Timaios* (54a7) vermuten, daß er darüber hinausging und vor allem ein Prinzip verlangte, nach dem sich sagen ließe, welche Gestalten für die Geometrie vorauszusetzen sind. Wenn er nun auch die drei Arten der Winkel nennt, so liegt diese Hypothese aber offenbar auf der Ebene, auf der das Gerade und Ungerade für die Zahlen steht: Sie sind Differenzierungen, nach denen sich der Gegenstand der Geometrie, nämlich Gestalt überhaupt zu den einzelnen Gestalten ausdifferenziert. Gerade hier hat sich die Auffassung von mathematischen Hypothesen bei Platon als Hypothesen im euklidischen oder gar modernen Sinne als irreführend erwiesen. Insbesondere hat Vittorio Hösle geglaubt, in der hier angedeuteten Dreiheit von rechtem, spitzem und stumpfem Winkel axiomatische Alternativen erblicken zu können, die jeweils zur euklidischen, zur hyperbolischen und zur elliptischen Geometrie führen.[3]

---

[3] Vittorio Hösles Arbeit *Platons Grundlegung der Euklidizität der Geometrie*, in: Philologos 126 (1982), 180–197, ist angeregt durch eine Arbeit des Mathematikhistorikers Imre Toth, nämlich *Geometria more ethico. Die Alternative: Euklidische oder nichteuklidische Geometrie bei Aristoteles und die axiomatische Grundlegung der Euklidischen Geometrie*, in: Prismata: *Naturwissenschaftsgeschichtliche Studien*. Festschrift für W. Hartner (Hrsg. von Y. Maeyawa und W. Saltzer), Wiesbaden: Steiner, 1977, 395–415. Schon gegen Toth muß eingewandt werden, daß Aristoteles keineswegs sechzehnmal »geometrische Sätze, die diesem euklidischen Satz (nämlich, daß in allen Dreiecken die Summe der Innenwinkel gleich zwei rechte ist, G.B.) entgegengesetzt sind« »zitiert« (S. 395), sondern an all diesen Stellen lediglich andeutet , daß es auch anders sein könnte und deshalb die

Nun aber zum *Philebos* und dem Paradigma Musiktheorie. Im *Philebos* geht es auf der Oberfläche um das Gute bzw. um die Frage, ob die Lust oder die Erkenntnis mehr Anspruch auf diesen Titel erheben könne. Im Zuge der Verhandlungen darüber werden sehr wichtige Feststellungen gemacht, unter anderem über Typen der Lust. Von viel größerer Bedeutung sind aber die scheinbar nur hilfsweise unternommenen Exkurse, in denen es um das Problem des Einen und Vielen einerseits, und die Prinzipienlehre andererseits geht. Das Paradigma Musiktheorie erscheint nun im Zusammenhang der Darlegung einer Methode, durch die das Problem des Einen und Vielen durch die Vermittlung der Zahl gelöst werden soll.

Zunächst wird ein *landläufiges* und ein *ernstes* Problem des Einen und Vielen unterschieden (*Philebos*, 14c–15c). Das landläufige Problem des Einen und Vielen tritt im Bereich der sinnlich wahrnehmbaren Gegenstände auf. Hier kann Eines Vieles sein, entweder in dem Sinne, daß es aus Vielem zusammengesetzt ist, oder aber in dem Sinne, daß es relativ zu anderen vielfach und gegensätzlich bestimmt werden kann.[4] Dieses Problem wird hier nicht als ernst betrachtet. Ernst wird es vielmehr erst dann, wenn das Problem des

notwendige Gültigkeit des genannten Satzes ein Problem darstellt. Toth benutzt nun die Ausdrücke »die sogenannte Hypothese des stumpfen Winkels (heute ein Theorem der elliptischen Geometrie)« und » die Hypothese des spitzen Winkels (heute ein Satz der hyperbolischen Geometrie)« (S. 395). – Dies sind aber keine Ausdrücke antiker mathematischer Theorie. Toth kann auch keinen einzigen nichteuklidischen mathematischen Satz nachweisen, der etwa in der Antike mit *alternativen Axiomen* abgeleitet worden wäre. Er hütet sich auch in Bezug auf Aristoteles von nicht-euklidischer Geometrie zu reden, sondern benutzt vorsichtig den Ausdruck *anti-euklidisch*, wenn Alternativen zur Gültigkeit des oben genannten Satzes in Betracht gezogen werden. Gleichwohl hat Hösle sich durch die Rede von der Hypothese des stumpfen bzw. Hypothese des spitzen Winkels verführen lassen, in Platons Rede von den drei Winkelarten die Andeutung von drei Geometrietypen zu entdecken. Hinzuzufügen ist noch, daß mathematikhistorisch die Pointe von Toths Aufsatz gerade ist, daß es in den mathematischen Diskussionen des 4. Jahrhunderts nicht etwa um die Nichtbegründbarkeit des Parallelenaxioms gegangen sei, sondern um die Unbeweisbarkeit des Satzes, daß die Winkelsumme im Dreieck gleich zwei rechten ist, und daß das Parallelenaxiom bei Euklid (Postulat Nummer 5) gerade eingeführt worden sei, um diesen Satz beweisen zu können.

4 *Philebos*, 14d 1–3, vgl. dazu die schon besprochene Stelle in *Politeia* VII, 523a3–b2.

Einen und Vielen im Bereich des wahrhaft Seienden, d. h. der Ideen selbst, auftritt:

> Wenn aber jemand den Menschen als einen setzt und den Ochsen als einen, und das Schöne als eins, und das Gute als eins, über diese und derartige Einheiten wird die vielfache Bemühung bei der Dihairesis zu Streitigkeiten führen. (*Philebos*, 15a 4–8)

Hier geht es also um die Vervielfältigung von Ideen in Unterideen, wie sie in der Dihairesis vorgenommen wird. Es wird sich dann im folgenden zeigen, daß die empfohlene Methode eine modifizierte und im Ziel spezifizierte Dihairesis-Methode darstellt. Ferner aber geht es bei dem ernsten Problem des Einen und Vielen auch um die Vervielfältigung, die die Idee im Bereich des sinnlich Wahrnehmbaren erfährt, insofern es hier im Prinzip unbegrenzt viele Fälle geben kann, in denen etwas an der Idee teilhat. Die dabei auftretenden *Widersprüche* werden im Dialog *Parmenides* dargestellt. Damit hält sich Sokrates hier nicht auf, sondern stellt sogleich die Lösung vor, die er nicht als seine Erfindung, sondern als eine *Gabe der Götter* ausgibt:

> Eine Gabe von den Göttern an die Menschen, wofür ich es wenigstens erkenne, ist einmal von den Göttern herabgeworfen durch irgendeinen Prometheus, zugleich mit einem glanzvollsten Feuer, und die Alten, Besseren als wir und den Göttern Näherwohnenden haben uns diese (Gabe) als eine Sage übergeben: aus Einem und Vielem sei alles, wovon jedesmal gesagt wird, daß es ist und habe Grenze und Unbegrenztheit in sich verbunden. Deshalb müßten wir, da dies so geordnet ist, immer eine Idee von allem jedesmal annehmen und suchen; denn finden würden wir sie gewiß darin. Wenn wir sie nun ergriffen haben, dann müßten wir nächst der einen schauen, ob es etwa zwei gibt, wo aber nicht ob drei oder irgendeine andere Zahl, und mit jedem von jenen als einem in gleicher Weise, bis man von dem ursprünglichen Einen, nicht nur daß es eins und vieles und unendliches ist, sieht, sondern auch wie vieles. Des Unendlichen Begriff aber an die Menge nicht eher anlegen, bis einer die Zahl derselben ganz übersehen hat, die zwischen dem Unendlichen und dem Einen

liegt, und dann erst jedes Eine von allem in die Unendlichkeit freilassen und verabschieden. So nun haben, wie ich sagte, die Götter uns überliefert, zu untersuchen und zu lernen und einander zu lehren. Die jetzigen Weisen unter den Menschen hingegen setzen ein Eins wie sie es eben treffen (und vieles) schneller oder langsamer, als es sich gehörte, und nach dem Einen aber gleich Unendliches; das in der Mitte hingegen entgeht ihnen, wodurch doch unterschieden ist, ob wir in unseren Reden dialektisch oder nur streitsüchtig miteinander verfahren. (*Philebos*, 16c5–17a5)

Die hier mitgeteilte, göttliche Lehre geht davon aus, daß *alles* Seiende aus Einem und Vielem sei und in sich Grenze und Unbegrenztes enthalte. Letztere Aussage wird später im Zuge der Prinzipienlehre spezifiziert – wir werden darauf zurückkommen. Hier geht es um eine Methode, mit dieser verwirrenden Situation fertig zu werden. Es wird empfohlen in jedem Gebiet zunächst eine Idee aufzusuchen (ἀεὶ μίαν ἰδέαν περὶ παντὸς ἑκάστοτε, *Philebos*, 16d1 f.). Dann solle man zusehen, ob sie sich ausdifferenziert und eine Zweiheit oder Dreiheit oder sonst eine Zahl von Unterideen in sich enthält. Mit diesen Unterideen ist entsprechend zu verfahren, bis – ja, bis man eingesehen hat, daß die ursprünglich angesetzte Idee nicht nur Eins und Vieles ist, sondern wie Vieles. Dies Verfahren ist eine modifizierte Dihairesis-Methode. Es handelt sich nicht, wie auch sonst nicht bei der Dihairesis, um eine Klasseneinteilung, aber schärfer als sonst ist hier zu sehen, daß die Zuordnung von Klassen, d. h. von Mengen von Gegenständen, die an der Idee teilhaben, nur auf der untersten Stufe zugelassen und möglich ist. Wir hatten schon darauf hingewiesen, daß die Zerlegung des Einen in Gerades und Ungerades nicht als Klasseneinteilung der Zahlen gemeint ist, aber in diesem Beispiel wäre ein solches Verständnis durchaus noch möglich. Um so wichtiger ist, daß Sokrates hier als Maxime einschärft, »des Unendlichen Begriff an die Menge nicht eher anzulegen, bis einer die Zahl derselben ganz übersehen hat, die zwischen dem Unendlichen und dem Einen liegt.« (*Philebos*, 16d7–e1) Wie wichtig das ist, wird noch bei den Paradigma der Musiktheorie deutlich werden. Ein modifiziertes Dihairesis-Verfahren nenne ich die hier von Sokrates eingeführte Methode des Einen und Vielen nicht oder nicht nur, weil es sich hier im Allgemeinen gar nicht um eine Zweiteilung handelt. – Dafür gibt es bei den sonst vorgeführten Dihairesis-Verfahren auch Beispiele. – Viel wichtiger ist dagegen, daß hier nicht die Definition einer bestimmten Idee das Ziel ist, sondern vielmehr eine *vollständige* Ideenzerlegung. Diese Forderung der Vollständigkeit entnehme ich aus der von Sokrates ausgesprochenen Unterstellung, daß das Verfahren auf einer Ebene zum Stehen kommt, auf der man übersieht, *wieviele* die ursprüngliche Idee ist. Das heißt also, daß das Verfahren darin besteht, durch Aufsuchen der Differenzierungsmöglichkeiten eine endliche Anzahl von Unterideen zu finden, die das Potential, das in der ursprünglichen Idee enthalten war, vollständig erschöpfen. Daß dieses Verfahren in befriedigender Weise für jede Idee durchführbar ist, wird hier nicht behauptet. Da aber im weiteren Sokrates auch von einer Umkehrung des Verfahrens, d. h. einem Aufstieg vom Unendlichen zum Einen vermittelst der Zahl redet, wird sich zeigen, daß jedenfalls ein zunächst vage unter einer Idee zusammengefaßter Gegenstandsbereich nur dann eine ihm zugeordnete Wissenschaft zuläßt, wenn der Übergang von der Unendlichkeit der Gegenstände zu der einen Grundidee sich durch eine endliche Zahl von Unterideen vermitteln läßt. Das heißt nämlich, von dieser Seite her gesehen, soviel wie daß im Bereich der Gegenstände eines Gebietes überhaupt eine Klassenbildung und damit die Überwindung der diffusen Unendlichkeit möglich ist.

Die Rolle der Zahl ist nur diese systematische, nämlich die der Vermittlung zwischen der einen Idee und der potentiell unendlichen Menge von Gegenständen, die ihr zugeordnet sind. Ich sage hier vorsichtshalber *die ihr zugeordnet sind*, nicht die an ihr teilhaben, weil von Teilhabe zunächst nur in Bezug auf die Unterideen der untersten Ebene gesprochen werden kann, und dann in Bezug auf höhere Ideen nur vermitels dieser. Um im Beispiel zu sprechen: Nehmen wir an, daß die Idee Mensch durch die Differenzierung *männlich und weiblich* bereits vollständig zerlegt sei, dann heißt das, daß niemand unmittelbar an der Idee Mensch teilhat, sondern nur insofern er entweder Mann oder Frau ist.

Ich sagte, daß die systematische Funktion der Zahl nur in dieser Vermittlung zwischen dem Einen und dem Unendlichen besteht, weil nur allzu oft Interpreten versucht haben, durch die hier auftretenden Zahlen die Ideen selbst zu bestimmen, also gewissermaßen durch ihre Hausnummer im Verfahren.[5] Das wäre ein ganz unsinniger und abstrakter Pythagoräismus, der nur zu recht Aristoteles' Kritik – was denn nun die Zahl z.B. des Menschen sei[6] – auf sich gezogen hätte.

Als letzter Schritt in der Methode gilt dann der Übergang von der Reihe der Ideen, die die eine Grundidee vollständig zerlegen, in die Unendlichkeit – die Unendlichkeit der Gegenstände oder Einzelfälle, die an diesen Ideen teilhaben. Daß dieser letzte Schritt zur Methode gehört, ist außerordentlich wichtig, insofern damit die Möglichkeit gegeben ist, doch in gewisser Weise in Bezug auf sinnlich Gegebenes Wissenschaft zu treiben. Freilich gilt auch hier: Nicht von sinnlich Gegebenem als solchem, sondern vielmehr von Klassen sinnlicher Gegenstände oder genauer noch von den Ideen, in Bezug auf die sich im Bereich der sinnlichen Gegenstände Klassen bilden lassen.

Das Beispiel, an dem Platon, bzw. Sokrates nun seine Methode vorführt, ist das Beispiel φωνή (Ton). Genau genommen handelt es sich um zwei Beispiele, insofern der griechische Ausdruck φωνή den musikalischen Ton einerseits und den sprachlichen Laut andererseits bezeichnen kann. Sokrates führt am Beispiel *musikalischer Ton* das Verfahren in absteigender Linie, also vom Einen zum Unendlichen, und am Beispiel *sprachlicher Laut* das Verfahren in aufsteigender Linie, d.h. vom Unendlichen zum Einen vor. Im ersteren Fall führt es zur Musik als Wissenschaft (μουσική) in letzterem zur Sprachwissenschaft (γραμματική). Hier nun der Text zum Thema Musik:

SOKRATES: φωνή im Sinne jener Kunst (d.h. der Musik, also der Ton, G.B.) ist doch in ihr irgendwie eins.
PROTARCHOS: Wie sollte er nicht!
SOKRATES: Als zwei wollen wir aber das Tiefe und das Hohe und als drittes das Gleichtonige setzen. Oder wie?
PROTARCHOS: Allerdings so.
SOKRATES: Aber noch lange verständest du nichts von der Tonkunst, wenn du nur dieses wüßtest; wenn du dies aber

---

5 Julius Stenzel, *Zahl und Gestalt bei Platon und Aristoteles*, Darmstadt: WB, 3. durchgesehene Auflage 1955.
6 Aristoteles, *Metaphysik*, XIII,7, 1081a8f.

nicht weißt, bist du, um es gerade heraus zu sagen, gar nichts wehrt in dieser Sache.

PROTARCHOS: Freilich nicht.

SOKRATES: Aber Freund, wenn du die Intervalle der Töne aufgefaßt hast, wieviel deren sind der Zahl nach und welcherlei im Bereich von Höhe und Tiefe und die Grenzen der Intervalle und alle Tonsysteme, die (aus ihnen) entstehen, welche eben die Älteren erkannt und uns, ihren Nachfolgern, überliefert haben sie Stimmungen zu nennen. ... (*Philebos*, 17c1–d2)

Platon führt als erste Differenzierung der allgemeinen Idee *musikalischer Ton*, die beiden Relationen *hoch/tief* und *gleichtonig* ein. Daß *hoch/tief* hier als ein Paar, nicht als zwei getrennte Qualitäten zu verstehen sind, ergibt sich aus dem weiteren Verlauf des Dialogs (*Philebos*, 26af.), in dem sie als ein Beispiel unbestimmter, auseinanderlaufender Tendenzen behandelt werden, die durch das Prinzip Grenze in ein bestimmtes Verhältnis gebracht werden müssen (II.9). Es ist völlig verfehlt, wie es in einem Großteil der Literatur geschieht, die Differenz von *hoch/tief* als eine Klasseneinteilung des ganzen Tonbereichs zu verstehen – Einzeltöne sind, wie wir aus der allgemeinen Methode wissen, auf dieser Ebene überhaupt noch nicht gegeben. Ebenso wie *hoch/tief* ist auch *gleichtonig* als eine Beziehung zu verstehen. Sie wird sich auf der Ebene der Töne als die für die Bildung von Tonsystemen entscheidende Relation erweisen, durch die Töne verschiedener Tonhöhe der Art nach identifiziert werden können, nämlich solche, die eine Oktave trennt. Auch der Ausdruck ὁμότονον ist im Zusammenhang mit der falschen Interpretation von *hoch/tief* ganz irreführend ausgelegt worden, nämlich als ein Ton irgendeiner temperierten Mittellage.[7] Eine solche Interpretation von ὁμότονον im Sinne des Ange-

---

[7] So Lukas Richter, *Zur Wissenschaftstheorie und Musik bei Platon und Aristoteles*, Berlin: Akademie Verlag 1961, S. 90. Richter schreibt hier zudem, um Stenzels verfehlte Zuordnung von Zahlen zu Ideen zu retten, Platon die Musiktheorie des Aristoxenes zu. Siehe a.a.O., 91 f. Zu meiner Kritik der Philebos-Interpretationen von G. Löhr, *Das Problem des Einen und Vielen in Platons 'Philebos'*, Göttingen 1990, und: K.K. Sayre, *Plato's Late Ontology. A Riddle Resolved*, New Jersey, 1983, siehe mein Buch *Idee und Kosmos. Platons Zeitlehre – Eine Einführung in seine theoretische Philosophie*, Frankfurt/M.: Klostermann 1996, 13.

messenen, des μέτριον, verbietet sich, wenn man die zwei Typen der Meßkunst berücksichtigt, die Platon im Dialog *Politikos*, 283df. darstellt. Danach wird Größe und Kleinheit entweder im Verhältnis zueinander oder in Bezug auf »das notwendige Wesen des Werdens« (τῆς γενέσεως ἀναγκαίαν οὐσίαν) beurteilt. Dieser zuletzt genannte, etwas enigmatische Ausdruck wird dann im *Politikos* 283e3 als die »Natur des Angemessenen« erläutert. Diese beiden Möglichkeiten – Größe und Kleinheit entweder relativ zueinander oder am Standard eines für die jeweilige Gattung existierenden natürlichen Mittel- oder Normalmaßes zu beurteilen, findet sich später bei Aristoteles in der Kategorienschrift[8] bei der Diskussion der Beziehung von Quantität und Relation wieder. Hier im Rahmen der Musiktheorie, von der wir ja schon aus dem Dialog *Politeia* wissen, daß es die pythagoreische ist, ist klar, daß die letztere Möglichkeit ausfällt. *Hoch/tief* werden im Bereich der Töne relativ zueinander beurteilt und nicht an irgendeiner, wie immer zu bestimmenden natürlichen Mittellage. Damit entfällt eine Interpretation von ὁμότονον im Sinne des μέτριον, die sicher auch vom Terminus her in keiner Weise naheliegt. Es bleibt also dabei: im ersten Schritt differenziert Platon die grundlegende Idee des musikalischen Tones nach zwei Relationen, nämlich *hoch/tief* und Gleichtonigkeit.

Dann werden in rasanter Folge ab *Philebos* 17c11 die weiteren Schritte aufgezählt, die aber sehr wohl auseinanderzuhalten sind: Der zweite Schritt besteht in der Festlegung der Intervalle (διαστήματα) »wieviele deren sind der Zahl nach und welcherlei im Bereich von Höhe und Tiefe« (*Philebos*, 17c11 f.). Es ist dieser Schritt, durch den die Relationen des ersten Schrittes in bestimmte Verhältnisse gebracht werden. Es wird festgelegt, welche musikalischen Intervalle, d. h. welche bestimmten Verhältnisse des Höher und Tiefer es gibt, und damit auch ihre endliche Anzahl. Wir wissen aus dem, was in der pythagoreischen Musiktheorie überliefert ist, wie diese Festlegung geschieht. Sie findet sich in Euklids *sectio canonis*. Danach gelten als harmonische Intervalle erstens die, denen Zahlenverhältnisse der Form n:1 zugeordnet werden – also die Oktave mit dem Verhältnis 2:1 – und zweitens die Intervalle mit sogenannten überteiligen Verhältnissen, d. h. solche mit den Zah-

---

8 Aristoteles, *Kategorien* 6, 5b 16–20; 7, 6b9 f.

lenverhältnissen (n+1):n. Daraus ergeben sich die Intervalle: Oktave (2:1), Quinte (3:2), Quarte (4:3), Terz (6:5), Ganzton (9:8). Es dürfte im Rückblick auf Platons entsprechende Darlegungen in *Politeia* VII, in denen er ja verlangt hatte, man solle die wahrhaft harmonischen Verhältnisse in den Zahlen, nicht in den gehörten Tönen aufsuchen, wichtig sein, daß hier eine rein zahlentheoretische Ableitung der Intervalle angegeben wird. Eine Schwäche dieser pythagoreischen Erfüllung dessen, was Platon über die Entfaltung der Idee *musikalischer Ton* im *Philebos* sagt, besteht darin, daß durch die beiden angegebenen Prinzipien n:1 und (n+1):n noch kein Ende der zugelassenen harmonischen Intervalle bestimmt ist, daß heißt also nicht, wie gefordert, deren endliche Zahl. Immerhin: Man hat jetzt die musikalischen Intervalle, wenngleich vielleicht zu viele.

Der nächste Schritt besteht in der Festlegung der Grenzen der Intervalle (τούς ὅρους τῶν διαστημάτων, *Philebos*, 17d1). Dieser Schritt mag für den modernen Leser vielleicht der verblüffendste sein: Erst jetzt gelangt man zu einzelnen Tönen, genauer genommen, zu Arten gleichtoniger Töne – die einzelnen und unendlich viele *hörbaren* Töne werden ja erst zugelassen, wenn die Entfaltung der Grundidee *musikalischer Ton* in seine möglichen Unterideen abgeschlossen ist. Wir haben also die Intervalle vor den Tönen, die sie begrenzen! Hier wie an kaum einer anderen Stelle wird deutlich, daß die Dihairesis – jedenfalls in der modifizierten Form, wie sie im *Philebos* demonstriert wird – keine fortschreitende Klassenteilung ist. Es werden vielmehr Schritt für Schritt Differenzierungsprinzipien eingeführt, die die zugrunde gelegte Idee ausdifferenzieren. Und dieses Ausdifferenzieren heißt keineswegs bloß Unterideen voneinander zu unterscheiden, sondern sie auch in ein bestimmtes Verhältnis zu setzen. Erst dieses Verhältnis macht nämlich ihre Unterscheidung zu einer bestimmten. Wir haben also zuerst die Intervalle, und dann werden sie im nächsten Schritt durch Einzeltöne realisiert.[9]

---

[9] B. L. van der Waerden weist in seiner Arbeit *Die Harmonielehre der Pythagoreer*, in: Hermes 87, 1943, 163–199 darauf hin, daß diese Reihenfolge – also zuerst das Intervall, dann die Einzeltöne – sogar einen musikpraktischen Sinn hat. Ausgehend von einem Einzelton (einer Saite) hätten nämlich die Kitharöden nach Quinten und Quarten die anderen Saiten der Kithara gestimmt (a.a.O., 189).

Nachdem nun die Einzeltöne – genauer: die Ideen der Einzeltöne – festgelegt sind, werden im abschießenden Schritt Tonsysteme (συστήματα, *Philebos* 17d2) gebildet. Hier heißt es also nicht *das* System der Töne, sondern Tonsysteme, d. h. Tonleitern, weil es nämlich in der griechischen Musik unterschiedliche Stimmungen (ἁρμονίαι, *Philebos* 17d5) gab, nach denen die Mannigfaltigkeit der Töne gegliedert und die Intervalle zu einer Einheit zusammengefaßt wurden. Grundlegend waren immer zwei Tetrachorde mit einem Ganzton dazwischen[10], wodurch das Gerüst der vier Haupttöne (ὑπάτη, μέση, παραμέση und νήτη) festlag.[11] Die Zwischenräume zwischen diesen vier Haupttönen wurden je nach Stimmung mit anderen Intervallen, bzw. deren Grenzen als Zwischentönen ausgefüllt, wodurch sich dann die enharmonisch, die chromatisch und die diatonisch gestimmte Tonleiter ergab.[12] Damit ist die letzte Ebene erreicht, bevor »jedes Eine von allem in die Unendlichkeit freigelassen und verabschiedet« wird. (*Philebos*, 16e1 f.) Bis hierher also handelt es sich um reine Theorie, bis hierher kommen gehörte Töne noch nicht vor. Bis zu diesem Punkt ist das Ziel der Methode des Einen und Vielen, nämlich die systematische Entfaltung der einen Idee, erreicht. Wir sehen, daß das ganz wörtlich zu verstehen ist: Die eine Idee soll zu einem System von Unterideen entfaltet werden. Dieses System garantiert einerseits die Vollständigkeit dieser Unterideen, andererseits wird durch dieses System die Einheit der ursprünglichen Idee, hier des musikalischen Tons, gewahrt. Der nächste Schritt ist dann der Übergang in die unbestimmte bzw. unendliche Menge der hörbaren Töne. Es ist ein Schritt, der in dieser Unbestimmtheit Ordnung schafft und erlaubt in ihr gewisse Verhältnisse, nämlich die der unterschiedlichen Stimmungen entweder praktisch zu realisieren oder aber rezeptiv abzuheben und wiederzuerkennen.

Abschließend soll noch einmal bedacht werden, was durch diese dialektische Begründung einer Wissenschaft, hier der Musiktheorie, oder, besser gesagt, eines Teils der Musiktheorie, nämlich der Harmonik, geleistet wurde. Wer hier so etwas wie eine deduktive

---

10 Siehe das Schema in II.5 S. 84.
11 Zu diesen Ausdrücken siehe Árpád Szabó, *Die Entfaltung der griechischen Mathematik*, Mannheim: BI, 1994, das Kapitel: Die Tonleiter, 140–144.
12 Siehe B. L. van der Waerden, a.a.O., 184.

Ableitung von zunächst hypothetisch angenommenen Axiomen erwartet hatte, wird enttäuscht sein. Auch wird inhaltlich nichts Überraschendes abgeleitet, nichts, was der Eingeweihte, nämlich der jeweilige Fachmann, nicht schon wüßte. Vielmehr wird der höchste Grad der Sachkenntnis im jeweiligen Gebiet, der, wie es im 7. *Brief* heißt[13], nur durch sehr lange Beschäftigung mit dem entsprechenden Feld erreicht wird, vorausgesetzt, also die intuitive Kenntnis des Ganzen. Die dialektische Begründung besteht dagegen in der logischen Entfaltung dieses intuitiv erfaßten Ganzen, hier also des musikalischen Tons bzw. dessen, was Musik überhaupt ist, durch die differenzierenden Prinzipien und verbindenden Relationen zu einem systematisch zusammenhängenden Gegenstandsfeld. Platon identifiziert deshalb das so entfaltete Wissen auch mit der jeweiligen professionellen Kenntnis des Feldes, hier der μουσική τέχνη.

II.8.2 Die Sprachtheorie

Wenden wir uns dem zweiten Beispiel, nämlich dem Beispiel der Sprachlaute zu. Sokrates präsentiert dieses Beispiel als eine Anwendung der Methode des Einen und Vielen in umgekehrter Richtung, nämlich vom Unendlichen zum Einen.

> Nämlich wie, wenn jemand irgend ein Eines vorgenommen hat, dieser, wie wir sagen, dabei nicht gleich auf das Unendliche sehen muß, sondern auf irgendeine Zahl; so auch auf der anderen Seite, wenn jemand genötigt wäre, das Unendliche zuerst zu nehmen, muß er nicht gleich auf das Eine, sondern wiederum, auf eine Zahl, die doch jeweils eine bestimmte Menge enthält, blicken, und so von allen (herkommend) bei dem Einen endigen. Laßt uns aber wiederum das Gesagte an den Lautzeichen (ἐν τοῖς γράμμασι) betrachten. (*Philebos*, 18a7–b4)

Ich habe hier mit Bedacht γράμματα nicht mit Buchstaben, sondern mit Lautzeichen übersetzt. Man hat in Platons Text den Eindruck, als ob er φωνή und γράμμα allzuleicht terminologisch

---

13 Platon, *7. Brief*, 341c 7–d1, 344b4–c1.

austauschte, aber das ist nicht zutreffend. Wie wir gleich sehen werden, handelt es sich bei der in diesem Beispiel zu entwickelnden γραμματικὴ τέχνη um die Erfindung der Schrift. Die Schrift, nämlich die griechische, ist eine Lautschrift, und um sie zu erfinden, muß man die Sprachlaute unterscheiden und dann die gefundenen Unterschiede in einem Code festhalten, d.h. aber, daß die Lautzeichen selbst auf einer Ebene vor jeder Verlautbarung liegen. Sie sind nicht eine Sprachnotation, wie sie etwa in einer Tonbandaufnahme einer gesprochenen Sequenz vorliegen würde. Wir müssen uns daran erinnern, daß nach der Methode des Einen und Vielen zwischen der untersten Ebene der Differenzierung der Grundidee und dem Unendlichen der Schritt vom Denkbaren in den sinnlichen Bereich vollzogen wird. Den Lautzeichen entsprechen im Beispiel der Musiktheorie die Zahlen als Grenzen musikalischer Intervalle. Auch sie haben ja ihren Ort vor jeder Verlautbarung. Und wie die mathematische Harmonielehre die Theorie der Musik ist, so die professionelle Schreibkunst die Theorie der Sprache.

Auch in anderer Hinsicht ist es sinnvoll, sich des musikalischen Beispiels zu erinnern. Wenn man hört, daß beim Sprachlaut die Methode vom Unendlichen anfangend sich zu dem Einen hin bewegt, so könnte das leicht dahingehend mißverstanden werden, daß es sich hier um den Versuch, die Mannigfaltigkeit der Sprachlaute durch Klassifikation in eine Ordnung zu bringen, handele. Aber wenn man schon diesen Aufstieg vom Unendlichen zum Einen als einen Einsatz im Empirischen und deshalb als eine Art Induktion oder, besser gesagt, ἐπαγωγή versteht, dann sollte man auch berücksichtigen, daß Sprachlaute empirisch, d.h. in der Sprache überhaupt, nicht einzeln gegeben sind. Die Erkenntnis, die zur Erfindung der Schrift führt, kann also überhaupt nicht schon im ersten Schritt klassifikatorisch sein, sondern sie muß analytisch sein, d.h. die gegebenen Lauteinheiten, nämlich die Silben, auf ihre Struktur hin analysieren.[1] Deshalb kann der Anfang nicht bei den

---

[1] Die Notwendigkeit dieses analytischen Schritts wird von Platoninterpreten gewöhnlich nicht gesehen. Dagegen hat der Sprachhistoriker Steinthal diesen für die Lautschrift essentiellen Schritt erkannt, wenn auch nicht schlüssig rekonstruieren können: »In welcher Weise in Wirklichkeit jeder einzelne Consonant und Vocal abstrahiert, aus der syllabischen Verbindung losgelöst ward, ist nicht mehr nachzuweisen.« Heymann Steinthal, *Die Entwicklung der Schrift*,

Einzellauten gemacht werden, – ihre Differenzierung ist, wie wir gleich im Text sehen werden, auch hier Resultat, – sondern sie muß bei den Silben ansetzen und diese strukturell analysieren. Den Silben entsprechen im Beispiel der Musiktheorie die Intervalle. Aber lesen wir zunächst, wie Platon das Beispiel darstellt.

SOKRATES: Nachdem er nämlich zuerst den Laut als ein Unendliches aufgefaßt hatte, sei es nun ein Gott oder irgendein göttlicher Mensch, wie denn in Ägypten eine Sage geht, welche sagt, es sei dies ein gewisser Theuth gewesen, welcher zuerst im Unendlichen die tönenden (die Vokale) erkannte als nicht eins seiend, sondern viele, und dann wiederum andere, die zwar keinen Ton, aber ein gewisses Geräusch geben, und wie diese ebenfalls eine gewisse Zahl ausmachen, und er endlich noch eine dritte Art der Lautzeichen gesondert setzte, die dann heute die Tonlosen bei uns heißen. Nächstdem aber sonderte er sowohl die ton- und geräuschlosen bis hin zu jedem einzelnen und auf dieselbe Weise, die tönenden und die mittleren, bis er, ihre Zahl erfassend, jeden einzelnen und alle zusammen Buchstaben nannte. Und da er sah, daß niemand von uns auch nicht einen für sich allein ohne sie insgesamt verstehen kann, so erkannte er von diesem Band wiederum, daß es eines sei und alle diese vereinige, und benannte es daher als eine Kunst für diese, die Grammatik. (*Philebos*, 18b6–d3)

Zunächst muß festgestellt werden, daß Platon hier von einer Drei- und nicht Vierteilung, wie manche Autoren annehmen[2], spricht. Das geht klar aus den Parallelstellen *Theaitetos* 203a-b und *Kratylos* 424c hervor. Theuth unterscheidet nach heutiger Terminologie der griechischen Grammatik die Vokale von den *mutae* einerseits und den *continuae* oder *semivocales* andererseits. Hier könnte man sich wundern, daß in einer Klassifikation aller Sprachlaute eine Klasse vorkommen sollte, die eigentlich gar keine Laute sind, sondern explizit als ἄφωνα – ohne Laut – bezeichnet werden. Ferner, daß

Berlin: F. Dümmler 1852, 107. Leisegang scheint den Ausgangspunkt wiederum zu hoch zu hängen, indem er für *sprachlichen Laut* überhaupt den Logos aus ὄνομα und ῥῆμα nimmt. Hans Leisegang, *Die Platondeutung der Gegenwart*, Karlsruhe: G. Braun 1929, 104.

2 Siehe Dorothea Fredes *Kommentar zu Platons Philebos*, Göttingen: Vandenhoeck & Ruprecht 1997, 154.

eine weitere Klasse vorkommen soll, die auch keine Laute sind, sondern bloße Geräusche. Dazu muß noch einmal erinnert werden, daß es sich überhaupt nicht um eine Klassifikation existierender Sprachlaute handelt, sondern um das Herausfinden von Differenzen, die man an Sprachlauten ausmachen kann. Dabei muß, was die Geräusche angeht, es sich auch nicht um die unendliche Mannigfaltigkeit empirisch und isoliert vorkommender Geräusche handeln, sondern nur um die sehr kleine Anzahl von streng und strukturell in die sprachlichen Verlautbarungen eingebundenen.

So gesehen ist es verständlich, daß Theuth zunächst auf die Vokale, nämlich die Tönenden, kommt, weil sie die eigentlichen Träger des sprachlichen Lauts sind. Jedenfalls ist es in der griechischen Sprache so. An den gegebenen Lauten, nämlich den Silben, entdeckt Theuth die Differenz von eigentlichem Laut und seiner Intonation. Silben können sich bei gleicher Intonation in ihrem Lautwert unterscheiden wie etwa: τι, το, την, τα. Damit taucht zunächst die Mannigfaltigkeit der Vokale auf. Man kann aber auch den Lautwert, d. h. also den Vokal einer Silbe, festhalten und diesen Vokal dann unterschiedlich intonieren oder ansprechen. Und dabei taucht dann der Unterschied auf, daß dieses Ansprechen entweder nichts weiter als die Intonation des Vokals ist oder aber selbst schon ein gewisses Geräusch macht. Die erste Möglichkeit wird beispielsweise durch κα, βα, τα erfüllt, die zweite durch λα, μα, να. Also, es tauchen durch diese Silbenanalyse einerseits die *mutae* auf, die stummen *Laute*, und andererseits die *continuae* oder *semivocales*, die tönenden *Laute*.

Da Theuth nicht mit der Unendlichkeit isolierter Einzellaute, die ja als solche überhaupt keine Sprachlaute wären, begonnen haben kann, sondern mit den Silben angefangen haben muß, ergibt sich also, daß die erste Dreierdifferenzierung, die er durchführte, keine Klassifikation von Lauten ist, sondern eine Differenzierung von Funktionen, durch deren Zusammenspiel die konkreten einzelnen Sprachlaute, nämlich die Silben, zustande kommen. Daran sehen wir, daß die Methode des Einen und Vielen in ihrer Umkehrung nicht so gemeint sein kann, daß man vom Unendlichen im ersten Schritt die untersten Spezies von Sprachlauten gewinnt, um dann im dihairetischen Baum nach oben bis zum Sprachlaut überhaupt zu kommen. Vielmehr geht es darum, zwischen dem Einen und der Unendlichkeit eine Vermittlung durch eine Zahl, nämlich eine endliche Anzahl von Differenzierungen zu etablieren, und in der Aufsuchung dieser Vermittlungen geht Theuth nun in der Tat von unten aus, nämlich von der konkret gesprochenen Sprache.

Platon deutet nun an, daß mit der Angabe der Differenzierung zwischen Vokalen, *mutae* und Semivokalen die Arbeit der Vermittlung zwischen dem Einen und dem Unendlichen noch nicht geleistet ist. Zwar weiß er im ersten Schritt schon, daß die Vokale nicht nur einer, sondern viele sind, und ebenso bei den *mutae* und den Semivokalen, aber noch keineswegs wie viele. Deshalb gibt es einen nächsten Schritt, den Platon deutlich als einen besonderen markiert, indem er den nächsten Satz mit *Nächstdem*... einleitet. Und zwar besteht dieser Schritt darin, die drei gefundenen, also Vokale, *mutae* und Semivokale zu differenzieren, d. h. das dihairetische Verfahren jetzt in abwärts gerichteter Linie fortzusetzen, und zwar »bis hin zu jedem Einzelnen« (μέχρι ἑνὸς ἑκάστου, *Philebos*, 18c4). Damit deutet Platon an, daß die einzelnen Lautzeichen nicht im nächsten Dihairesis-Schritt etabliert werden können, sondern daß es eventuell noch zu Zwischenschritten kommen muß. Diese Zwischenschritte sind bei Platon nicht artikuliert, ihre Notwendigkeit für die Erfindung der Schrift ist aber sehr wahrscheinlich. Um nämlich die unterschiedlichen Intonationen von Vokalen unterscheiden zu können, wird man zunächst zu einer groben Differenzierung kommen, wie wir sie etwa zwischen den *tenues, mediae* und *aspiratae* kennen. So wird man beispielsweise die unterschiedlichen Möglichkeiten, einen Vokal durch Hauchen zu intonieren, also χα, φα, θα, erst finden, wenn man diese Form der Intonation überhaupt als solche identifiziert hat. Aber, wie gesagt, daß Zwischenschritte nötig sind, deutet Platon nur, wiewohl unübersehbar, an. Zeugnisse für diese Zwischenschritte finden sich weder bei ihm noch bei anderen Autoren.

Das bringt uns auf die Frage, ob Platon eigentlich selbst der Autor dieser erstaunlichen wissenschaftlichen Leistung, nämlich der Differenzierung der Lautfunktionen an den Sprachlauten ist, und ferner, ob man sie eigentlich als eine explizite wissenschaftliche Leistung betrachten soll oder als eine in der Schrift implizierte Sprachanalyse. Von Platons Text her kann man dazu folgendes sagen: Platon selbst präsentiert die Erfindung der Schrift als eine sprachwissenschaftliche Leistung, die er allerdings nicht auf einen

146 Die Wissenschaft und die Dialektik

Autor, sondern auf einen göttlichen Erfinder zurückführt. Ferner nennt Platon an mehreren Stellen den Sophisten Hippias als jemanden, der sich gerade in diesen Dingen, also Sprachzeichen und Silben, besonders gut auskennt (*Hippias Maior*, 285d, *Hippias Minor* 368d). Nun gehörten ja sprachwissenschaftliche Analysen bekanntlich zu den Vorhaben der Sophisten. Heymann Steinthal als Historiker der Sprachwissenschaft verweist außerdem auf Titel verlorengegangener Schriften des Demokrit, die auf ähnliche Beschäftigungen hinweisen.[3] Nur ist für die griechische Schrift ohnehin keine historische Person als Erfinder namhaft zu machen, insofern die Griechen von den Phöniziern das Alphabet übernommen haben. Allerdings halten es die Historiker der Schriftentwicklung durchaus für möglich, daß für diese Übernahme eine Einzelperson oder eine kleine Gruppe von Leuten verantwortlich ist.[4] Denn hier wurde allerdings eine bestimmte Erfindung gemacht. Die Schrift der Phönizier war als Schrift für eine semitische Sprache eine reine Konsonanten-Schrift. Als solche war sie für die griechische Sprache überhaupt nicht brauchbar. Denn das Griechische enthält eine große Zahl rein vokalischer Silben und Worte, z. B. αὖ, εὖ, ἦ, ὁ, οὐ. Die *Erfindung* besteht also in der Einführung von Zeichen für Vokale. Dafür wurden Zeichen von semitischen Konsonanten verwendet, die im Griechischen nicht vorkommen. Dabei kann man aber keineswegs davon ausgehen, daß in der Zeit der Übernahme des phönizischen Alphabets für die griechische Sprache – man setzt dafür heute die Zeit um 800 v. Chr. an, weil die ersten erhaltenen Schriftzeugnisse von 750 stammen –, bereits eine Liste der Laute der griechischen Sprache vorgelegen hätte. Vielmehr *ist* das Alphabet erst diese Liste, d. h. die Unterscheidung von Sprachlauten muß sich zugleich mit der Einführung eines Alphabets für die griechische Sprache etabliert haben. Das führt uns auf die oben beschriebene Analyse von Silben zurück. Es ist interessant, daß es offenbar eine Zwischenstufe zur Einführung von Zeichen für Vokale gegeben hat, nämlich in der altsyrischen

---

3 Heymann Steinthal, *Geschichte der Sprachwissenschaft bei den Griechen und Römern mit besonderer Rücksicht auf die Logik* (2. Aufl. 1890), Nachdruck Georg Olms. 1961, Bd. I, 128.

4 Siehe zu dem ganzen Komplex den Artikel *Alphabet* von Rudolf Wacker, in: *Der Neue Pauly. Enzyklopädie der Antike*, Stuttgart: Metzler, Bd. 1, 1996, Sp. 530–547.

Handelsstadt Ugarit. Im 13. Jahrhundert v. Chr. wurde dort und von dort ausstrahlend in den vorderasiatischen Raum einschließlich Zyperns eine Version der Keilschrift verwendet, die für einige Fälle von Silben gleicher Intonation und verschiedener Lautwerte verschiedene Zeichen enthielt.[5] Natürlich war das eine Sackgasse, denn es hätte, konsequent durchgeführt, nicht zu einer Lautschrift, sondern einer Silbenschrift mit einer übergroßen Anzahl von Zeichen geführt. Aber das Beispiel dieses Versuchs zeigt doch, worauf es bei der Einführung von Vokalzeichen im Zuge der *Übernahme* der phönizischen Schrift ankam: auf die Analyse der Silben. Daß diese Analyse quasi in einem Genie-Streich erfolgt sein soll, ist nun allerdings nicht sehr wahrscheinlich, denn sie verlangte doch eine breite Übersicht über das Sprach-Material. Das könnte bedeuten, daß der Prozeß der *Übernahme* des phönizischen Alphabets doch ein längerer Prozeß der empirischen Anpassung an die griechische Sprache gewesen ist – es sei denn, eine Person hätte sich die Notation eines bestimmten kanonisierten und damit endlichen Sprach-Materials, etwa der homerischen Gesänge vorgenommen. Doch wäre dann nicht sein Name als der eines Weisen überliefert worden? Hätte dann Platon einen sagenhaften Theuth erfinden müssen?

Die Analyse der Silben, wie immer sie sich historisch vollzogen haben mag, führt nun auf einen Gesichtspunkt, den wir oben bei der Interpretation des Platon-Textes schon hätten erwähnen sollen, nämlich den Zusammenhang von Bedeutungsdifferenzierung und Differenzierung der Lautzeichen.

Ob ein Unterschied in der Intonation eines Vokals überhaupt ein Unterschied ist, den man festhalten muß, oder aber bloß eine persönliche oder zufällige oder einfach irrelevante Variation darstellt, hängt davon ab, ob dieser Unterschied für die Silbe als Element der Bedeutungskonstitution im Wort sich auswirkt. Insofern kann die schrittweise Entwicklung der Schrift bzw. die Anpassung der phönizischen Schrift an das Griechische, durch die allmähliche Verbesserung der Eindeutigkeit der Bedeutungsfixie-

---

5 Oswald Lorentz, Die *prägriechische Vokalisation des Alphabets in Ugarit*, in: Verein zur Förderung und Aufarbeitung der Hellenischen Geschichte (Hrg.), *Die Geschichte der Hellenischen Sprache und Schrift vom 2. und 1. Jahrtausend u Chr.: Bruch oder Kontinuität?*, Altenburg: DZA Verlag für Kultur und Wissenschaft 1997, 387–401.

rung vorangetrieben worden sein. Wie auch immer, vorgängig oder nachträglich aus dem Faktum der Schrift entnommen: Die Lautanalyse der gesprochenen Sprache ist eine großartige und eine der frühesten wissenschaftlichen Leistungen überhaupt. Es ist kein Wunder, daß Platon sie als Beispiel der anderen großartigen und frühen wissenschaftlichen Leistung, nämlich der pythagoreischen Musiktheorie, parallelisierend an die Seite stellt. Und tatsächlich ist ja das Modell von den Silben und Buchstaben, ebenso wie das Modell der zahlenhaften Konstitution von Musik, zu einem der großen Modelle von Wissenschaftlichkeit überhaupt geworden. Freilich, wie bei den Buchstaben, häufig in einer trivialisierten Form, nämlich als das Modell elementaristischer Zusammensetzung des Komplexen, so wie es das pure Schrift*bild* geschriebener Sprache nahelegt. Aber das sollte unsere Analyse des platonischen Textes gezeigt haben: Die Silben sind keine Addition von Lauten, sondern das Produkt des Zusammenwirkens von Lautfunktionen. Allenfalls könnte man sagen: der Wirkung von Operatoren auf den Vokalen.

Damit kehren wir zu Platons Text zurück. Platon schließt seine Analyse mit der Feststellung: »Und da er sah, daß niemand von uns auch nicht einen für sich allein ohne sie insgesamt verstehen kann, so erkannte er von diesem Band wiederum, daß es eines sei, und alle diese vereinige, und benannte es daher als eine Kunst für diese die Grammatik« (*Philebos*, 18c7–d3). Der einzelne Sprachlaut, die einzelne Lautfunktion ist als solche unverständlich nicht nur in dem Sinn, daß sie noch keine Bedeutung produzieren, sondern auch in dem Sinn, daß ihre Besonderheit erst im Unterschied und im Zusammenwirken mit den anderen deutlich wird. Platon bezeichnet diesen Zusammenhang als ein Band (δεσμός), der sie alle zu Einem macht. Dieses Band entspricht hier dem, was in der Musik die συστήματα – die Tonleitern – waren. Es handelt sich um die vollständige Ausdifferenzierung von dem, was Sprachlaut ist, zu einem System, und dieses System nennt Platon, vom epistemischen Standpunkt her, Grammatik. Wir haben damit ein zweites Beispiel dafür, was Platon sich unter einer dialektischen Begründung einer Wissenschaft vorstellt: Die systematische Entfaltung der zu ihr gehörigen Differenzierungen, durch die die Mannigfaltigkeit ihrer Gegenstände in ihrer Einheit, d.h. als System, erkennbar wird.

II.9 Das System der »gegenstandsbezogenen« Wissenschaften

Die Synopsis der Wissenschaften ist nach dem *curriculum* der Philosophenerziehung eine Vorstufe zur Dialektik, und die Dialektik selbst ist ihre Begründung und damit allererst die Sicherung ihres Wissenschaftscharakters. Es ist demnach zu erwarten, daß unter der Perspektive ihrer dialektischen Begründung die Wissenschaften sich zu einer Einheit zusammenschließen, die über die bloße in der Zusammenschau entdeckte Methodenverwandtschaft hinausgeht. Tatsächlich zeichnet sich im zweiten logisch-ontologischen Exkurs des *Philebos* eine solche systematische Einheit der platonischen Wissenschaften ab. Sie ergibt sich aus den Differenzierungs- und Ordnungsprinzipien, nach denen die dialektische Begründung sich vollzieht. Es sind die Prinzipien, die aus den Berichten über Platons ungeschriebene Lehre als die Prinzipien des Einen und der unbestimmten Zweiheit bekannt sind und hier im *Philebos* unter dem Titel von Grenze und Unbegrenztem auftreten. Schon bei der Darlegung der Methode des Einen und Vielen wurden diese Prinzipien erwähnt: »... aus Einem und Vielem sei alles, wovon jedesmal gesagt wird, daß es ist, und es habe Grenze und Unbegrenztheit in sich verbunden« (*Philebos*, 16c9 f.). Hier nun, in dem zweiten Exkurs (*Philebos*, 23c–26d) erscheinen πέρας und ἄπειρον als die ersten in einer Vier- bzw. Fünfprinzipienlehre. Dieser Ausdruck *Prinzipienlehre* hat sich in der Platon-Forschung eingebürgert, obgleich terminologisch gesehen – also etwa durch des Auftreten des Ausdrucks ἀρχή – sich bei Platon eine solche Redeweise nicht findet. Sie läßt sich aber zumindest für die ersten beiden, nämlich πέρας und ἄπειρον, sehr wohl rechtfertigen, weil durch deren Fügung deutlich wird, daß sie im Verhältnis zu allem Seienden gewissermaßen auf einer Metaebene liegen, d. h. für Seiendes als solches konstitutiv sind.

SOKRATES: Gott, sagten wir ja wohl, habe von dem Seienden einiges als unbegrenzt gezeigt, anderes als Grenze (habend).[1]

---

1 Diese Ergänzung rechtfertigt sich aus 24a2: τὸ μὲν ἄπειρον, τὸ δὲ πέρας ἔχον

PROTARCHOS: Allerdings.
SOKRATES: Diese also setzen wir als zwei von diesen Arten; als dritte aber ein aus diesen beiden sich mischendes Eins. (*Philebos*, 23c9–d1)

Allerdings muß man feststellen, daß Platon *Grenze* und *Unbegrenztes* im Rahmen einer Teilung des Seienden einführt. Er beginnt die Passage mit dem Satz: »Laß uns alles, was jetzt in dem Ganzen ist, in zwei Teile teilen oder lieber, wenn du willst, in drei« (*Philebos*, 23c1 f.). Die ersten beiden Teile sind das Unbegrenzte und das Grenze habende, der dritte das aus beiden gemischte, der vierte die Ursache der Mischung, und dann deutet Platon an, daß man die Reihe fortsetzen könnte, indem man z. B. noch die Ursache der Trennung hinzufügte. Wenn man also nicht etwa von einer Klasseneinteilung des Seienden, sondern von einer Fünfprinzipienlehre redet, dann im Hinblick auf die – modern gesprochen – Intension, nach der die Klassen gebildet werden: Begrenzung, Unbegrenztheit, vernünftiges Zusammenspiel von beidem, dessen Ursache, Auflösung.

Betrachten wir nun die beiden Prinzipien πέρας und ἄπειρον im einzelnen und in ihrem Zusammenspiel. Es wird sich dabei zeigen, daß sie in der Tat eine Version der Prinzipien des Einen und der unbestimmten Zweiheit darstellen.

Zunächst das ἄπειρον. Platon charakterisiert die Unbegrenztheit als eine Natur, die das Mehr und Weniger annimmt (τῆς τὸ μᾶλλόν τε καὶ ἧττον δεχομένης, *Philebos*, 25c9 f.) Dieses μᾶλλόν τε καὶ ἧττον erscheint in den Berichten über die ungeschriebene Lehre häufig als Charakterisierung der unbestimmten Zweiheit, wie übrigens auch das Übertreffen und Zurückbleiben (ὑπεροχή καὶ ἔλλειψις). Als Beispiele dafür zählt Platon hier auf: wärmer/kälter, stärker/schwächer, trockner/feuchter, hoch/tief, schnell/langsam. Es hat hier manchen Interpreten befremdet, daß Platon bei einigen Beispielen die Komparative nennt, bei einigen bloß entgegengesetzte Prädikate. Aber da wir die Beispiele *hoch/tief* und *schnell/langsam* schon hinreichend besprochen haben (II.4, II.8.1), wird das nicht mehr befremden, denn auch in diesen Beispielen handelt es sich um qualitative Gegensätze, die relativ zueinander intensiver oder nachlassender[2] sein können,

---

2 Ich benutze diesen Ausdruck im Vorblick auf die mittelalterliche Lehre von intensio und remissio formarum.

und nur relativ aufeinander sind, was sie sind. Wir haben gehört, daß es in der Antike keinen Geschwindigkeitsbegriff gegeben hat, und Schnelligkeit und Langsamkeit als wechselseitiges Überholen und Zurückbleiben von Bewegtem verstanden wurde (II.4). Hoch und tief als Charakterisierung von Tönen sind im Griechischen keine Lagebezeichnungen.³ Vielmehr heißen ὀξύς und βαρύς *spitz, scharf* bzw. *schwer, breit gelagert*. Niemals kann man nach Platonischem und wohl auch gemeingriechischem Verständnis sagen, daß etwas für sich warm, stark, hoch oder schnell sei, sondern immer nur insofern – um hier die Verallgemeinerung nach Platons ungeschriebener Lehre zu verwenden – es sein Anderes übertrifft, oder das Andere ihm gegenüber zurückbleibt. Wir haben schon an anderer Stelle (II.2) darauf hingewiesen, daß die nicht relative Verwendung von Ausdrücken dieser Art einen impliziten Bezug auf eine Vorerwartung bzw. einen Durchschnitt enthält, daß also etwas als groß bezeichnen soviel wie *o wie groß!* bedeutet. Platon weist selbst darauf hin, indem er Sokrates sagen läßt:

> Sehr gut, lieber Protarchos, hast du dies aufgefaßt und mich erinnert, daß auch dieses *gar sehr*, was du jetzt ausgesprochen hast, und das *gar schwach* ganz dieselbe Bedeutung haben wie das Mehr und Weniger. (*Philebos*, 24b11–c3)

Das Entscheidende ist nun, daß Platon solche qualitativen Gegensätze als dynamisch und unbestimmt versteht, also als ein wechselseitiges unbestimmtes Übertreffen bzw. Zurückbleiben. Das sieht man an dem, was geschieht, wenn Grenze, nämlich Bestimmtheit, in diese Gegensätze hineingebracht wird. Platon betont dies gleich an drei Stellen, wobei von Stelle zu Stelle sich stärker artikuliert, worin das Prinzip *Grenze* und seine Funktion besteht.

Die erste Stelle ist die, an der er das Unbegrenzte überhaupt am Beispiel des Wärmeren und Kälteren einführt:

> Zuerst an dem Wärmeren und Kälteren sieh doch, ob du eine Grenze bemerken kannst, oder ob nicht das Mehr und Weniger, welches beides diesen Gattungen einwohnt, solange es ihnen einwohnt, gar keine Grenze entstehn läßt; denn sobald

---

3 Ganz zu unrecht geht Dorothea Frede, a.a.O., 160, innerhalb von vier Zeilen von hoch/tief zu obere/untere Töne über.

ein Ende entstände, wäre beides auch zu Ende. (*Philebos*, 24a6–b3)

Hier wird das Dynamische der Gegensatzbeziehung durch den Kontrast des zeitlichen *solange* (ἕωσπερ) und die Vorstellung von einem Ziel oder Ende (τέλος) artikuliert. Zugleich wird angedeutet, daß der Prozeß des Übertreffens und Zurückbleibens durch das Auftreten einer Grenze zu seinem Ende kommen könnte. Diese Wirkung des Prinzips Grenze wird an der nächsten Stelle als Hereinbringen bestimmter Größe präzisiert.

> Denn worin sich beide befinden (nämlich das Mehr oder Weniger, G.B.), das lassen sie nicht von bestimmter Größe sein; sondern indem sie in jegliche Handlung ein Stärkeres als das Schwächere und umgekehrt einzeichnen, bewirken sie ein Mehr und Minder und machen die bestimmte Größe verschwinden. Denn, wie wir eben sagten, wenn sie die bestimmte Größe nicht verschwinden machten, sondern diese und das Gemessene in die Stelle des Mehr und Minder und Stark und Schwach eintreten ließen, so müßten diese selbst aus ihrer Stelle verlorengehen, in der sie sich befanden. Denn sie wären nicht mehr Wärmeres und Kälteres, wenn sie bestimmte Größe annähmen. Denn immer vorwärts schreitet das Wärmere und bleibt nicht, und ebenso das Kältere. Die Quantität (τὸ ποσόν) aber steht still und hat aufgehört fortzuschreiten. (*Philebos*, 24c3–d7)

Diese Stelle ist besonders wichtig, weil sie den modernen Leser zwingt, sein Vorurteil, daß *Mehr* und *Weniger* primär und eigentlich ein Prädikat von Größen sei, als Hindernis für das Platon-Verständnis zu erkennen. *Mehr* und *Weniger* sind für Platon Termini der Unbestimmtheit, während Größe gerade ein Prädikat der Bestimmtheit ist. Dieses Verständnis findet sich auch in der aristotelischen Kategorienschrift[4] wieder, in der gerade die Frage, ob ein Prädikat, das *Mehr oder Weniger annehmen* kann, Qualitäten und Quantitäten scheidet. Warm, rot, schwer kann etwas mehr oder weniger sein, drei oder *zwei Ellen lang* dagegen nicht.

---

4 Aristoteles, *Kategorien* 6, 6a18–24; 8, 10b27–11a–14.

Man fragt sich, was sich wohl Platon für den konjunktivisch gedachten Fall, daß das Quantitative an die Stelle des Mehr und Weniger von Kälterem und Wärmerem treten würde, vorstellte. Wir können es heute rückblickend von der Entwicklung neuzeitlicher Wissenschaft her sagen: An die Stelle zweier als polarer oder antagonistisch erfahrener Intensitäten, nämlich des Wärmeren und Kälteren, würde die Temperatur treten. Aber das ist eine Entwicklung, die erst im 17. und 18. Jahrhundert stattgefunden hat, Platon hat diesen Fall wohl nur im Irrealis gedacht. Gleichwohl hat er deutlich formuliert, was wäre, wenn er wirklich eintreten würde: »Denn sie wären nicht mehr Wärmeres und Kälteres, wenn sie die bestimmte Größe aufnähmen« (*Philebos*, 24d2 f.). In der Tat haben das Paar der polaren Intensitäten warm/kalt und die intensive Größe Temperatur strukturell verschiedene Eigenschaften. Sie können deshalb nicht derselbe Begriff sein.[5]

Betrachtet man den Strukturunterschied zwischen Wärmer/Kälter und der Quantität (für unser Verständnis: der Temperatur) genauer, so tritt ins Bewußtsein, daß alle Beispiele, die Platon hier für das Unbegrenzte nennt, das Wärmere/Kältere, das Langsam/Schnelle, allgemein: das Mehr/Weniger, Paare sind. Es hat keinen Sinn, daß das Wärmere für sich und das Kältere für sich unbegrenzt seien, denn Wärmeres ist bloß in Bezug auf Kälteres wärmer und Kälteres nur in Bezug auf Wärmeres kälter. Platon schließt deshalb die eben zitierte Stelle mit dem Satz: »Dieser Überlegung zufolge also wären das Wärmere und sein Gegenteil miteinander (ἅμα) unbegrenzt.« (*Philebos*, 24d6–8)

Dieser Paarcharakter des Unbegrenzten (τὸ ἄπειρον) verbietet uns, es als Kontinuum oder unbestimmte Erstreckung zu denken. Die hier im *Philebos* eingeführten Paarbeispiele exemplifizieren deshalb auch am besten, was Platon nach der ungeschriebenen Lehre als Gegenprinzip zu dem Einen gedacht hat: nämlich die unbestimmte Zweiheit.

---

5 Siehe dazu G. Böhme, *Temperatur und Wärmemenge. Ein Fall alternativer Quantifizierungen eines lebensweltlich-technischen Begriffs*, in: P. Eisenhardt, F. Linhard, K. Petanides (Hrg.), *Der Weg der Wahrheit. Ansätze zur Einheit der Wissenschaftsgeschichte.* Festgabe zum 60. Geburtstag von Walter G. Saltzer, Hildesheim: Georg Olms Verlag 1999, 217–226.

Die dritte Stelle nun, an der der dynamische Charakter des Unbegrenzten deutlich wird, ist zugleich eine Stelle, an der durch eine charakteristische Leistung definiert wird, was das Prinzip *Grenze* ist. Es wird hier geradezu definiert durch die Funktion, die es im Zusammenspiel mit dem Prinzip der unbestimmten Zweiheit, also des Unbegrenzten, in der Hervorbringung des Gemischten, also der dritten Seinsgattung, hat:

> Ich meine die (Gattung) des Gleichen und des Doppelten, und alles, was sonst noch macht, daß das Entgegengesetzte aufhört, sich auseinanderlaufend zu verhalten, indem sie es durch Einbringung von Zahl kommensurabel (σύμμετρα) und harmonisch (σύμφωνα) macht. (*Philebos*, 25d11–e2)

In dieser Definition des Prinzips *Grenze* kommt noch einmal sehr deutlich der dynamische Charakter des Unbegrenzten heraus. Man muß die entgegengesetzten Qualitäten, die Platon als Beispiele anführt, als Tendenzen verstehen, oder kann sie auch, wenn man mit der Tradition in diesem Terminus das dynamische mithört, als Intensitäten bezeichnen. Wenn in der Übersetzung hier sogleich Kommensurabilität und Harmonie als Wirkung des Prinzips *Grenze*, durch dessen Zusammenspiel mit der unbegrenzten Zweiheit die Gattung des Gemischten zustande kommt, genannt werden, so handelt es sich nicht nur um die adäquate, wörtliche Übersetzung, sondern terminologisch darum, daß Platon hier auch auf die entsprechenden Wissenschaftstypen vorausweist, die dann sogleich genannt werden. Es zeigt sich nämlich, daß die Arten von Grenze Ordungstypen sind, durch die jeweils bestimmte Wissenschaften zu charakterisieren sind. Um das zu zeigen, gehen wir auf eine im *Philebos* etwas früher auftretende Definition des Prinzips *Grenze* zurück, in der es noch nicht einheitlich durch seine Funktion, sondern, wie es scheint, eher additiv durch seine unterschiedlichen Typen definiert wird:

> Also was diese (nämlich das Mehr und Weniger, G.B.) nicht annimmt, sondern alles Entgegengesetzte hiervon, zuerst das Gleiche und die Gleichheit, und nach dem Gleichen das Doppelte und alles, was immer Zahl zu Zahl oder Maß zu Maß ist, wenn wir dies alles unter Grenze rechneten, würden wir wohl ganz recht daran tun. (*Philebos*, 25a7–b8)

In dieser Definition von Grenze sind drei Ordungstypen enthalten, nach denen sich diejenigen mathematischen Wissenschaften zu einem System zusammenschließen, die *gegenstandsbezogen* sind. Diese drei Ordnungstypen sind erstens das Prinzip der Gleichheit, zweitens das Prinzip der Proportion, nämlich Zahl zu Zahl, und drittens das Prinzip der Kommensurabilität, nämlich Maß zu Maß. Hierbei ist dem Prinzip der Gleichheit vor den anderen, wie Platons Formulierung *(zuerst... danach)* anzeigt, ein gewisser Vorrang einzuräumen, obgleich es als Ordnungsprinzip sicher nicht *über*, sondern *neben* Proportionalität und Kommensurabilität steht. Man könnte sich fragen, ob man aus der Formulierung »das Doppelte« noch auf ein viertes Ordnungsprinzip, nämlich die einfache Maßgleichheit, schließen sollte.[6] Diesem Ordnungsprinzip wäre dann die Geometrie als *gegenstandbezogene* zuzuordnen. Es ist aber nicht zu sehen, inwiefern sie in gegenstrebige Tendenzen einen Halt hineinbringt. Wir verstehen deshalb Platons Ausdruck *das Doppelte* als Verhältnis 1:2, was dann sogleich unter der Verallgemeinerung *Zahl zu Zahl* subsumiert wird.

An dieser Stelle muß ein Interpretationsproblem des zweiten logisch-ontologischen Exkurses des *Philebos* erwähnt werden. Man hat sich viel Gedanken darüber gemacht, ob die dritte Gattung des Seienden, nämlich die des Zusammengemischten *eigentlich Seiendes* ist, nämlich zum Bereich der Ideen gehört, oder aber die Dinge in der sinnlichen Welt meint. Für das erstere spricht, daß nach der platonischen Prinzipienlehre, und insbesondere nach der ungeschriebenen Lehre, auch das eigentlich Seiende durch ein Zusammenspiel des Einen und der unbestimmten Zweiheit konstituiert ist. Für das letztere spricht, daß es auseinanderlaufende Tendenzen, wie etwa warm/kalt oder schnell/langsam nur im sinnlichen Bereich gibt, und daß nur deren Unbestimmtheit der Bändigung durch Ordnungsprinzipien bedarf. Daß Platon in der Tat an diesen sinnlichen Bereich denkt, folgt nicht nur aus dem Kontext des Dialogs, in dem es gerade darum geht, gegen die gefährlichen Tendenzen der Lust ein Prinzip der Bändigung zu empfehlen,

---

6 Kommensurabilität ist, wie wir schon gesehen haben, nicht dasselbe wie Maßgleichheit. Vielmehr sind die eigentlich interessanten Fälle von Kommensurabilität gerade die, wo zwei verschiedene Maße sich in einem Dritten treffen, das sie beide heraufmißt.

vielmehr zeigen das auch die einzelnen Beispiele im Exkurs selbst, insbesondere das Beispiel *Gesundheit*. Wir werden, um letzteres zu unterstreichen, gleich noch eine Parallelstelle aus dem *Symposion* heranziehen, in der, was hier als ontologisches Ordnungsprinzip bezeichnet wird, nämlich πέρας, als der Eros auftritt, dem der Arzt dient. Damit zeichnet sich eine Versöhnung der beiden Lesarten ab. Die Wissenschaften, die sich im *Philebos* jeweils aus einem Ordungsprinzip ergeben, sind zugleich Typen professionellen Wissens (τέχναι), durch die ein Gegenstandsbereich in der sinnlichen Welt beherrscht wird. Das sei mit dem eingeführten Ausdruck *gegenstandsbezogene Wissenschaften* gemeint. Sie sind aber – darin sind Platons verschiedene Äußerungen durchaus konsistent – in ihrer dialektischen Entwicklung, bis hin zu den untersten Ideen, d. h. den Grundtypen von Gegenständen des entsprechenden Bereichs, durchaus vom Empirischen unabhängig.

Zunächst die Stelle im *Philebos*, wo Platon die Wirkung von Ordnungsprinzipien in der Hervorbringung von Seiendem aus der Klasse des Gemischten darlegt:

> PROTARCHOS: Ich verstehe. Du willst nämlich offenbar sagen, daß, wenn man diese mischt, gewisse Erzeugnisse bei jedem derselben herauskommen.
> SOKRATES: Das will ich offenbar.
> PROTARCHOS: Sprich also weiter.
> SOKRATES: Pflegt also nicht bei Krankheiten die richtige Gemeinschaft beider das Wesen der Gesundheit zu erzeugen?
> PROTARCHOS: Allerdings.
> SOKRATES: Und wenn in Hohes und Tiefes und Schnelles und Langsames, die unbegrenzt sind, eben dieses selbige hineinkommt, wird so nicht ineins Grenze bewirkt und die ganze Tonkunst aufs vollkommenste konstituiert?
> PROTARCHOS: Allerdings.
> SOKRATES: Und wenn es in Kälte und Hitze hineinkommt, so wird das allzu Heftige und Unbegrenzte aufgehoben und darin das Kommensurable bewirkt.
> PROTARCHOS: Wie anders.
> SOKRATES: Hieraus also entstehen uns die Jahreszeiten und alles, was es Schönes für uns gibt, wenn das Unbegrenzte und das Grenze-habende vermischt werden.

PROTARCHOS: Wie anders!

SOKRATES: Und tausenderlei anderes übergehe ich auszuführen: wie zusammen mit der Gesundheit auch Schönheit und Stärke und in der Seele wiederum vielerlei Herrliches (entstehen). Denn Übermut und jegliche Schlechtigkeit aller Art sah diese Göttin wohl, schöner Philebos, daß keine Begrenzung weder der Lust noch der Sättigung in ihnen sei und hat daher Gesetz und Ordnung als Begrenzung in sich habend eingerichtet; und du zwar sagtest, sie zerstöre, ich aber behaupte, sie erhalte. (*Philebos*, 25e3–26c1)

Hier kommt die Gesundheit als ein geordnetes Verhältnis – wie man aus dem Vorhergehenden und der empedokleischen Tradition schließen darf – der divergierenden Tendenzen von warm/kalt und feucht/trocken vor; ferner die Tonkunst, also die Musik, als das geordnete Verhältnis von hoch/tief einerseits, und schnell/langsam andererseits. Diese beiden Möglichkeiten haben wir bereits als Harmonik und Rhythmik kennengelernt (II.4). Und als letztes werden die Jahreszeiten als geordnete Beziehung von heiß und kalt genannt, wobei hier, da es sich um Zeiten handelt, offenbar weniger auf klimatische Ausgeglichenheit, als auf geordneten Wechsel abgehoben wird.[7]

Nun zu der bemerkenswerten Parallele im Dialog *Symposion*.

Der Dialog *Symposion* schildert ein Trinkgelage, das zur Feier eines Sieges im Wettkampf der Tragödiendichter abgehalten wird. Die Teilnehmer des Gelages haben sich darauf verständigt, der Reihe nach Lobreden auf den Eros zu halten. Interessant für unseren Zusammenhang ist die Rede des Arztes Eryximachos. Er redet von zwei Arten des Eros, ähnlich wie im *Philebos*, wo von zwei Arten der Lust, nämlich einer ausschweifenden und einer gebändigten, die Rede ist. Hier wird der gute Eros allerdings als das Prinzip vorgestellt, das selbst den Ausgleich, die Verhältnismäßigkeit, zu Wege bringt, und er entspricht deshalb eher dem Prinzip Grenze bzw. Zahl im Dialog *Philebos*.

---

7 Die im vorhergehenden Exkurs erwähnte Sprachkunst oder Grammatik fügt sich nach Platon nicht so gut dem Schema des zweiten Exkurses, obgleich es sicherlich reizvoll wäre, artikulierte Sprachlaute als gebändigte Formen sonst divergierender Äußerungstendenzen zu beschreiben.

Denn die Heilkunde ist, um es im kurzen zu sagen, die Erkenntnis der Liebesregungen des Leibes in Bezug auf die Anfüllung und Ausleerung; und wer in diesen Dingen die schöne und die schlechte Liebe unterscheidet, der ist der heilkundigste, und wer zum Tauschen bewegt, daß man statt der einen Liebe die andere sich aneigne, und wer, denen keine Liebe innewohnt und doch innewohnen sollte, sie beizubringen versteht, oder eine innewohnende herauszunehmen, der wäre der treffliche Künstler. Denn dieser muß das Feindseligste im Leibe einander zu befreunden wissen, daß es sich liebe. (*Symposion*, 186c6–d6)

Hier tritt noch ein weiteres divergierendes bzw. konkurrierendes Paar von Tendenzen auf, nämlich Anfüllung und Ausleerung. Charakteristisch ist, daß Platon hier, wie im *Philebos* das Hervorbringen des Guten, als ein *ins Verhältnis setzen* dieser gegenstrebigen Tendenzen versteht. Eryximachos fährt fort:

Das Feindseligste aber ist das entgegengesetzteste, das Kalte dem Warmen, das Bittre dem Süßen, das Trockene dem Nassen und alles dergleichen. Daß diesen Liebe und Wohlwollen unser Ahnherr Asklepios einzuflößen verstand, dadurch hat er, wie die Dichter hier sagen und ich es glaube, unsere Kunst begründet.
Die Heilkunde also wird, wie gesagt, ganz von diesem Gott geleitet, ebenso auch die Gymnastik und der Landbau. Von der Tonkunst aber muß jedem offenbar sein, der nur ein wenig Nachdenken daran wendet, daß es sich mit ihr ebenso verhält wie mit jenen, was vielleicht auch Herakleitos sagen will, denn den Worten nach hat er es nicht richtig ausgedrückt. Er sagt nämlich, daß das Eins auseinanderlaufend mit sich selbst zusammengeführt werde, wie die Stimmung einer Lyra oder eines Bogens. Es ist aber ganz unsinnig, zu sagen, eine Harmonie sei auseinanderlaufend oder könne aus noch Auseinanderlaufendem bestehen. Vielleicht aber wollte er dieses sagen, daß sie aus dem vorher auseinanderlaufendem Höheren und Tieferen, hernach aber durch die Tonkunst einig gewordenen (ὁμολογησάντων) entstanden sei. Denn unmöglich kann aus auseinanderlaufenden Höheren und Tieferen eine Harmonie bestehen. Denn Harmonie ist Zusammenstim-

mung (συμφωνία), Zusammenstimmung aber ist eine Eintracht (ὁμολογία). Eintracht aber kann unter Auseinanderlaufendem solange es auseinander läuft, unmöglich sein; und das Auseinanderlaufende und nicht Einträchtige kann wiederum unmöglich zusammenstimmen. Wie auch der Rhythmus aus dem Schnellen und Langsamen, vorher freilich entzweiten, hernach aber einig gewordenen, entsteht. Eintracht nun weiß allem diesem, wie dort die Heilkunst, so hier die Tonkunst einzuflößen, indem sie gegenseitig jedem Liebe und Wohlwollen einbildet. Und so ist wiederum die Tonkunst eine Wissenschaft der Liebe in Bezug auf Harmonie und Zeitmaß (ἁρμονία καὶ ῥυθμός). Und in der Konstitution von Harmonie und Rhythmus selbst ist es wohl nicht schwer, die Liebesregungen zu erkennen, noch findet sich hierin jener zweifache Eros. Allein, wenn man gegen Menschen durch Rhythmus und Harmonie wirken will, sei es nun dichtend, was man das Tonsetzen nennt, oder bereits gedichtete Gesänge und Silbenmaße recht gebrauchend, was man Ausbildung nennt, alsdann ist es schwer und bedarf eines tüchtigen Meisters. (*Symposion*, 186d5–187d5)

Als neues Gegensatzpaar tritt hier noch bitter/süß auf. Wichtig und unsere bisherige Auslegung des *Philebos* bestätigend ist das große Gewicht, daß Platon auch hier auf das Dynamische legt. Er geht hier soweit, eine Formulierung des Heraklit zu kritisieren, in der dieser die Stimmung der Lyra als ein Modell der Einheit auseinanderstrebender Tendenzen aufgestellt hatte: Solange sie auseinanderstrebend seien, sagt Platon, könnten sie noch keine in sich stimmige Einheit sein. Man vergleiche die Bemerkung im *Philebos*, wo es heißt, daß das Auseinanderstrebende aus den Gegensätzen herausgetrieben werden müsse, um an deren Stelle Maß und Zahl zu setzen.

Als Oberbegriff für die Ordnungstypen, durch die auseinanderstrebende Tendenzen zur Einheit kommen, wird hier ὁμολογία genannt, welchen Ausdruck Schleiermacher mit *Eintracht* übersetzt. Als deren Unterarten treten ἁρμονία bzw. συμφωνία und ῥυθμός auf. Dies sind aber nur die immer wieder als Paradigmen genannten Ordnungsprinzipien, die zur Musik bzw. Astronomie gehören, mathematisch gesehen sind es die Prinzipien Proportion und Kommensurabilität. Für andere Bereiche werden die Ordnungsprinzipien hier nicht als solche genannt, sondern jeweils das Produkt der Ordnung bzw. die ihm zugeordnete professionelle Kompetenz (τέχνη). Es sind die Gesundheit bzw. die Heilkunde und die Gymnastik. Schließlich tritt im weiteren Verlauf der Rede auch noch die Astronomie auf als die Kompetenz, die die gleichen Verhältnisse im Ablauf der Jahreszeiten erkennt.

> Dann auch die Anordnung der Jahreszeiten und der Witterung ist voll von beiden. Wenn nämlich der sittliche Eros gegeneinander in dem schon Erwähnten waltet, dem Warmen und Kalten, Trocknen und Feuchten, und sie zu einer wohlgeordneten Stimmung und Mischung gelangen, dann bringen sie Gedeihen und Gesundheit den Menschen und den übrigen Tieren sowohl als Pflanzen und beschädigen nichts. Wenn aber der frevelhafte Eros die Oberhand gewinnt in den abwechselnden Zeiten des Jahres, so verdirbt und beschädigt er vieles. Die Seuchen nämlich pflegen aus dergleichen zu entstehen und vielerlei andere Krankheiten unter den Tieren und den Gewächsen. Denn auch Reif und Hagel und Mehltau entstehen aus Unmäßigkeit und Unordnung der Liebesregungen dieser Art, deren Erkenntnis im Lauf der Gestirne und im Wechsel der Jahreszeiten die Sternkunde heißt. (*Symposion*, 188a1–b7)

Faßt man nun die Aussagen des *Philebos* und der Eryximachos-Rede des *Symposion* zusammen, so ergeben sich folgende professionelle Kompetenzen: Die Musik mit ihren Zweigen der Harmonie und der Rhythmuslehre, die Sprachlehre, die Medizin und die Agrikultur verbunden mit der Astronomie als Lehre von den Jahreszeiten. All diese professionellen Kompetenzen (τέχναι) haben normativen Charakter. Sie sind ein Wissen davon, durch welche Ordnungsprinzipien auseinanderstrebende und insofern zerstörerische Tendenzen aufgehoben werden können, und wie durch Einführung *vernünftiger* Verhältnisse das jeweils Gute in einem Bereich zustande kommt.

Platon unterstellte, daß alle diese Kompetenzen wissenschaftlich begründet werden könnten, d. h. daß das Wissen um Ordnungen, von dem sie Gebrauch machen, mit Hilfe von Prinzipien expliziert werden könnte. Dadurch würden den einzelnen professionellen Kompetenzen Theorien zugeordnet, die in der systematischen Entwicklung aller Gegenstandstypen eines Bereiches bestünden. Die entsprechenden Wissenschaften lassen sich nach den Aussagen des *Philebos* und der Eryximachos-Rede des *Symposion* bestimmten Ordnungsprinzipien zuordnen. Da sie jeweils die Funktion haben, Einheit im Sinne von Eintracht in ein durch auseinanderstrebende Tendenzen bestimmtes Gebiet zu bringen, lassen sie sich alle unter den Obertitel ὁμολογία bringen. Nach dem zweiten logisch-ontologischen Exkurs des *Philebos* ergibt sich danach folgendes Schema:

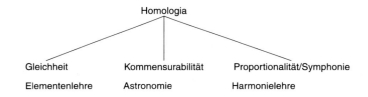

Dieses Schema dürfte kein vollständiges System der gegenstandsbezogenen Wissenschaften sein, da Platon selbst nach *Philebos* 25d,e die Aufzählung der Typen von πέρας als unabgeschlossen bezeichnet. Ferner kann in diesem Schema der Sprachlehre keine Stelle angewiesen werden, weil Platons Behandlung der Sprachlehre im ersten logisch-ontologischen Exkurs nicht erkennen läßt, ob er sprachliche Artikulation als Ordnung in einem Feld divergierender stimmlicher Äußerungen sieht. Andererseits aber ist in dem Schema eine Wissenschaft angegeben, die in den bisher behandelten Texten noch nicht vorkam, nämlich die Lehre von den vier Elementen. Die platonischen Körper, mit Hilfe deren Platon die vier Elemente begreift, lassen sich nämlich deuten als Ordnungen komplexer Gleichheit, durch die in die chaotischen Bewegungen der χώρα, der Amme des Werdens, Stabilität hineingetragen wird, aufgrund deren letztere in Form unterscheidbarer und benennbarer Materie erscheint. Darauf ist im Zusammenhang der Kosmologie (IV.2) zurückzukommen.

Fassen wir noch einmal die Ergebnisse dieses Abschnitts zusammen. Das für das Verständnis der Platonischen Philosophie wichtigste Resultat ist zweifellos die Einführung des Ausdrucks *gegenstandsbezogene Wissenschaften*. Es gibt ein weitverbreitetes Vorurteil, nach dem Platon für die Gegenstände der sinnlichen Welt wissenschaftliche Erkenntnis überhaupt für unmöglich gehalten habe. Auch, was er Astronomie nenne, oder Musiktheorie sei im Grunde Mathematik: Das stimmt. Nur ist es eben doch der Bezug auf Gegenstände der sinnlichen Welt, der aus der allgemeinen Mathematik spezifische Stücke herausschneidet, die dann entsprechend die Namen *Astronomie* oder *Musiktheorie* verdienen. Die Ordnung kommensurabler Bewegungen ist eben nur ein Teil der allgemeinen mathematischen Disziplin, die sich mit dem Herauf- oder Heruntermessen befaßt, und die sectio canonis nur ein Teil der allgemeinen Lehre von den Proportionen. Auf der anderen Seite ist in der Tat die Astronomie qua Wissenschaft nicht die Lehre von den sinnlich wahrnehmbaren Gestirnen bzw. ihren Bewegungen, sondern von den reinen mathematischen Verhältnissen, die sie darstellen. Ebenso ist die Musiktheorie nicht eine Wissenschaft von Tönen, die man hören kann, sondern nur der Zahlenverhältnisse, die in der hörbaren Musik zur Darstellung kommen. Insofern kann man auch nicht sagen, daß Galilei, der der Mathematik in der empirischen Naturwissenschaft zur Anwendung verhalf, Platoniker gewesen sei. Allerdings unterstellte er *ideale* Verhältnisse, aber er nahm im Gegensatz zu Platon an, daß sie im sinnlichen Bereich streng realisiert seien. Die Abweichungen von Ideal verstand er nicht wie Platon als die Unschärfe, die mit jeder Darstellung in einem Medium verbunden ist, sondern als Folge von Überlagerungseffekten.

Das System der gegenstandsbezogenen Wissenschaften umfaßt nicht alle Wissensbereiche, die Platon als Wissenschaften anerkannte. Die Arithmetik, die Geometrie und die Stereometrie sind diesen Systemen gewissermaßen vorgeordnet, insofern sie generell die Ordnungen als solche behandeln, die in der gegenstandsbezogenen Wissenschaft als Ordnungen für etwas, nämlich die gegenstrebigen Tendenzen, fungieren. Allerdings könnte man versuchen, das System unter den allgemeinen Gesichtspunkten einer dialektischen Begründung der Wissenschaften von den Prinzipien des Einen und der Unbestimmten Zweiheit her zu erweitern. Wird nicht berichtet, daß Platon die Erzeugung der Zahlen aus dem Einen und der Unbestimmten Zweiheit gelehrt habe? Und bietet sich für die Figuren nicht die Dreiheit von stumpfem, spitzem und rechtem Winkel als Analogie zur Dreiheit von hoch,

Das System der »gegenstandsbezogenen« Wissenschaften   163

tief und gleichtonig im musiktheoretischen Bereich an? Nur Gerade/Ungerade ist keine unbestimmte Zweiheit[8] und über die dialektische Erzeugung der Grundtypen von Figuren hören wir nichts. Jede weitere Systematisierung würde deshalb spekulativ sein.[9]

8 Zur Lehre von den Ideen-Zahlen vgl. III.1.
9 Wegen seiner zu weitgetriebenen Systematisierung muß man leider das sonst so verdienstvolle Buch von Konrad Gaiser *Platons unbeschriebene Lehre*, Stuttgart: Klett, 2. Aufl. 1968, in großen Teilen als spekulativ bezeichnen. Als Vehikel der Spekulation dienen Gaiser Überlegungen zu Schnittverhältnissen, so bei der Lehre von den Ideen-Zahlen und der Dihairesis (a.a.O.,115–136)

III. Erkenntnis und Rede

III.1 Das Liniengleichnis

Die Wissenschaft ist für Platon zwar die höchste, aber keineswegs die einzige Wissensform. Vielmehr kennt er ein ganzes Spektrum von Wissensformen unterschiedlicher Dignität und, was vielleicht noch wichtiger ist, unterschiedlicher Funktionalität. Einen Oberbegriff für die Wissensformen, wie beispielsweise Aristoteles mit seinem Begriff *der Weisen des Wahrmachens*[1], hat Platon nicht, statt dessen findet sich eine wohlausgearbeitete Ordnung der Wissensformen und ferner gibt es vielfältige Reflexionen auf ihre Beziehung zur Rede (λόγος). Die radikale Forderung des Sokrates, daß, wer etwas weiß, dies auch sagen können muß, gilt zwar für Platon nicht mehr. Aber gleichwohl hat die Rede für ihn in der Erkenntnisgewinnung wie auch -begründung eine bedeutende Rolle. So muß, wenn es um Erkenntnis geht, zugleich die innere Struktur der Rede aufgeklärt werden. Deshalb soll es in diesem Kapitel um Erkenntnis und Rede gehen.

Die Ordnung der Wissensformen wird bei Platon mit dem Liniengleichnis expliziert. Es bildet das mittlere der drei großen Gleichnisse, nämlich die Mitte zwischen Sonnengleichnis und Höhlengleichnis, die Platon im sechsten und siebten Buch der *Politeia* zur Erläuterung zentraler Fragen des Philosophen-Curriculums benutzt. Der Philosoph muß wissen, was das Gute ist: zur Bestimmung der Idee des Guten und seiner Funktion dient das Sonnengleichnis. Der Philosoph soll aufgrund seines Wissens im Staate herrschen: Deshalb wird im Höhlengleichnis die Lage des Menschen in der Welt dargestellt und die überlegene Position, die der Philosoph durch sein Wissen einnehmen kann, plausibel gemacht. Im Liniengleichnis geht es nun um die Wissensformen selbst. Ihre Ordnung erweist sich als der Ordnung des Seienden im ganzen

---

1 Aristoteles, *Nikomachische Ethik* Z 3, 1139b13–17.

korrespondierend. Jeder Seinsart – wenn man so sagen darf – korrespondiert eine Erkenntnisart.

Damit ist das Schema des Liniengleichnisses bereits ausgesprochen. Dieses Schema wird schon ein gutes Stück vor dem Liniengleichnis eingeführt, und zwar ziemlich bald nachdem das Postulat, daß die Philosophen in den Staaten herrschen sollten, aufgestellt worden ist. Es geht hier zunächst nur um den Unterschied von Wissen (γνώμη, ἐπιστήμη) und bloßer Meinung oder Auffassung (δόξα). Sie werden als Vermögen (δυνάμεις) voneinander unterschieden (*Politeia* V, 477b). Der entscheidende Mittelsatz, durch den Platon darauf schließt, daß diese beiden Erkenntnisvermögen sich auf Verschiedenes beziehen müssen, besteht nun darin, daß Vermögen überhaupt nur durch ihren Bezugspunkt, ihren *terminus ad quem* unterschieden werden: »Bei einem Vermögen aber sehe ich lediglich danach, worauf es sich bezieht und was es bewirkt, und danach pflege ich ein jedes Vermögen als ein einzelnes zu benennen, und was für dasselbe bestimmt ist und dasselbe bewirkt, nenne ich auch dasselbe, was aber für etwas anderes und etwas anderes bewirkt, nenne ich auch ein anderes« (*Politeia* V, 477c9–d5). Dieses Prinzip ist von außerordentlicher Tragweite. Es bedeutet, daß es niemals in Bezug auf ein und dieselbe Sache unterschiedliche Erkenntnisarten geben kann. Es ist also nicht möglich, daß ich eine und dieselbe Sache denke und wahrnehme. Zwar mag das, was ich denke, nämlich die Idee, mit dem Ding, das ich wahrnehme, irgend etwas zu tun zu haben – das muß weiter aufgeklärt werden – aber Idee und Ding sind eben in keiner Weise dieselbe Sache.

So mit einem platonischen Beispiel erläutert, mag das genannte Prinzip plausibel erscheinen, selbstverständlich ist es aber keineswegs. Wir kommen hier in die Probleme hinein, die später als solche der Relativbegriffe – aristotelisch des πρός τι – behandelt werden. Es handelt sich dabei um Prädikate, die einem etwas (A) nur im Hinblick auf ein anderes etwas (B) zugesprochen werden. Hier gilt aber nicht allgemein, daß zwei verschiedene Relativbegriffe jeweils zwei verschiedene Termini *ad quos* haben müssen. Beispielsweise ist Vater sein und Mutter sein durchaus verschieden, aber man kann von einem und demselben Kind je Vater oder Mutter sein. Anders wäre es natürlich, wenn der korrespondierende Relativbegriff gerade durch die Relation definiert würde. Also, wenn der Gegenstand des Denkens eben das Gedachte ist, der Gegenstand der Wahrnehmung das Wahrgenommene. Das will Platon offenbar, indem er zu *worauf es sich bezieht* hinzusetzt und *was es bewirkt* (*Politeia* V, 477d1 f.) Das Denken bewirkt an seinem Gegenstand natürlich, daß er gedacht wird, das Wahrnehmen, daß er wahrgenommen wird. Und wenn sich das Denken und das Wahrnehmen auf ihren Gegenstand nur beziehen, insofern sie gedacht oder wahrgenommen werden, dann gibt es kein Problem. Das Problem ergibt sich nur dann, wenn man die Seinsordnung als unabhängig von der Erkenntnisordnung voraussetzt. Wenn nicht, tritt der parmenideische Satz in Kraft: »denn *Vernehmen und Sein ist dasselbe*« (τὸ γὰρ αὐτὸ νοεῖν ἐστίν τε καὶ εἶναι)[2]. Will man das Prinzip der eindeutigen Korrespondenz von Erkenntnisvermögen und Erkenntnisgegenständen, das schließlich für das Liniengleichnis konstitutiv ist, aufrechterhalten, wird man also zeigen müssen, daß Platon in gewisser Weise dem Satz des Parmenides folgt. Dazu sei hier zunächst nur noch einmal darauf hingewiesen, daß Platons Terminus für das eigentlich Seiende, nämlich εἶδος, diesen ja tatsächlich auf eine Wissensform bezieht: Εἶδος ist das, was man gesehen hat. Ferner wird sich bei der Analyse von Platons Theorie der Wahrnehmung ergeben, daß die Wahrnehmungsprädikate, also insbesondere die Farben, den Sachen nur relativ zur Wahrnehmung zukommen. Zunächst aber das Liniengleichnis selbst.

> Wie nun, wenn du eine in ungleiche Teile geteilte Strecke nimmst, so teile jeden Abschnitt – die Gattung des Sichtbaren und die des Denkbaren – nach demselben Verhältnis. Dann erhältst du nach dem Verhältnis von Deutlichkeit und Undeutlichkeit im Sichtbaren als den einen Teil: die Bilder. Ich nenne aber Bilder zunächst die Schatten und dann die Erscheinungen, sowohl die, die auf Dichtem, Glattem und Glänzendem zustande kommen, als auch alles andere der Art, wenn du verstehst.
> Ja, ich verstehe.
> Als den anderen Abschnitt setze das, dem dieses gleichsieht, die Lebewesen in unserem Bereich und alles Gepflanzte und die ganze Gattung des Gemachten.

---

[2] Diels/Kranz, B3.

Das setze ich, sagte er.
Willst du auch dies behaupten, sagte ich, daß nach Wahrheit und Nicht-Wahrheit sich das Angeglichene zu dem, welchem es angeglichen ist, verhält, wie das, was man bloß auffassen kann, zu dem, was man erkennen kann?
Ja, allerdings.
So sieh nun auch zu, wie der Schnitt im Denkbaren vorgenommen werden muß.
Wie?
So. Im einen Teil ist die Seele gezwungen, sich der vorherigen Nachbildungen zu bedienen und von Hypothesen nicht zum Ursprung fortzugehen, sondern zum Schluß. Im anderen Teil dagegen geht sie auch von Hypothesen aus, aber auf den Ursprung als einen voraussetzungslosen und ohne Bilder wie dort, indem sie mit den Ideen selbst ihren Weg nimmt. (*Politeia* VI, 509d7–510b9)

Das Gleichnis gibt eine vierfache Einteilung des Seienden, das sich als geschichtet nach Graden der Erkennbarkeit erweist. Entscheidend ist dabei die Gleichheit der Verhältnisse zwischen den verschiedenen Abteilungen. Die Hauptteilung ist die schon erwähnte, nämlich nach dem, was man denken kann, und dem, was bloß durch Meinung aufgefaßt wird. Das Ganze wird von *unten* her erläutert. *Unten* bedeutet dabei soviel wie am *wenigsten erkennbar*.

Die unterste Schicht bilden die bloßen Bilder von Gegenständen, Spiegelbilder, Schatten aber sicherlich auch gemalte Bilder. Darüber die Schicht der konkreten Gegenstände, wobei hier explizit Natürliches und Menschengemachtes nebeneinander aufgeführt werden. Diese beiden Abteilungen zusammen machen dasjenige Feld aus, das durch δόξα erfaßt wird. Ihm übergeordnet ist der Bereich des Denkbaren. Er ist selbst zweigeteilt, und zwar umfaßt der untere Teil die mathematischen Gegenstände, der obere – die Ideen. Daß das so ist, können wir hier ohne weitere Erläuterung behaupten, da der Sinn der Schlußpassage sich aus unseren Ausführungen über Mathematik und Dialektik (II.7 u. 8) bereits ergibt. Sich in der Erkenntnis mit Nachbildungen zu helfen und von Hypothesen auszugehen: Das ist das Verfahren der Mathematiker. Von Hypothesen dagegen zu einem Voraussetzungslosen aufzusteigen, das ist die Arbeit des Dialektikers, der es nur mit den Ideen als solchen zu tun hat.

Das Schema des Liniengleichnisses

	Seinsordnung		Erkenntnisordnung
Denkbares	Ideen	a	νόησις Vernunft
	Mathematika	b	διάνοια Verstand
Sichtbares	Dinge unserer Welt	c	πίστις Glaube (belief)
	Schatten, Erscheinungen	d	εἰκασία Deutung, Vermutung

Die Teilungsverhältnisse der Linie:
(a + b) : (c + d) = a : b = c : d

Das wäre also die Ordnung des Seienden. Platon benennt wenig später die jeder Schicht des Seienden zugeordneten Erkenntnisvermögen. Auf die Ideen ist der νοῦς gerichtet, mit den mathematischen Gegenständen beschäftigt sich die διάνοια, mit den konkreten Dingen hat es die πίστις zu tun, und auf die bloßen Abbilder ist die εἰκασία gerichtet (*Politeia* VI, 511e1–3). Mit der Übersetzung dieser Ausdrücke gibt es einige Schwierigkeiten, zumal die von Platon hier gewählte Terminologie von ihm keineswegs überall durchgehalten wird. Am einfachsten ist es noch mit dem oberen Bereich. Νοῦς, das ist die Vernunft und wir wissen, daß Platon für den Bereich der Ideen und das, was sich dialektisch begründen läßt, auch den Ausdruck Wissenschaft (ἐπιστήμη) reserviert. Διάνοια wird gewöhnlich mit *Verstand* übersetzt, wobei sicherlich die von Kant her gewohnte Unterscheidung von Vernunft und Verstand leitend gewesen ist. Jedenfalls wird die mathematische Erkenntnis von Platon in gewisser Weise als unzulänglich charakterisiert, insofern sie von unbegründeten Hypothesen ausgeht und sich sogar anschaulicher Hilfsmittel bedienen muß. Andererseits wissen wir, daß Platon es für möglich hält, den Bereich der mathematischen Erkenntnis zur Wissenschaft zu erheben, indem die Hypothesen eine Begründung erfahren. Wirklich schwierig mit der Übersetzung der Wissenstermini bei Platon wird es nun in den beiden unteren Bereichen. Bemerkenswert ist, daß hier der Ausdruck αἴσθησις, Wahrnehmung, gar nicht auftaucht, obgleich Platon ja am Anfang des Liniengleichnisses an der von uns zitierten Stelle den ganzen unteren Bereich als den der Sichtbarkeit charakterisiert. Der übergeordnete Terminus für die Erkenntnis der Dinge und ihrer Bilder ist hier aber nicht αἴσθησις sondern δόξα. Schon dieser Ausdruck, den man gewöhnlich als *Meinung* übersetzt, der aber von derselben Wurzel wie δέχεσθαι, *annehmen*, sich ableitend, auch soviel bedeutet wie *etwas als etwas nehmen*[3], deutet darauf hin, daß Platon hier im Liniengleichnis von den auf das Sichtbare gerichteten Erkenntnisweisen mehr verlangt als dessen bloße Wahrnehmung. Wahrnehmung ist ja nur das Gewahren von etwas, und sie ist als solches weder wahr noch falsch. Eine Differenz tritt erst auf, wenn man etwas Wahrgenommenes *als* etwas betrachtet, beurteilt, sieht. Ebenso nun wie es wahre und falsche Meinung (δόξα) gibt, so deuten auch die Ausdrücke, die Platon für die beiden unteren Erkenntnisvermögen wählt, nämlich πίστις und εἰκασία, darauf hin, daß hier etwas als etwas genommen wird. Die Erkenntnisweise, die auf Abbilder gerichtet ist – die εἰκασία –, wird in der Schleiermacherischen Übersetzung mit *Wahrscheinlichkeit* wiedergegeben. Das trifft gut den Unsicherheitsgrad dieser Erkenntnis, obgleich der Ausdruck *Wahrscheinlichkeit* hier als Bezeichnung eines Erkenntnisvermögens ganz ungeeignet ist. Platon zeigt durch die Wahl seines Ausdruckes, daß er eine besondere auf Bilder gerichtete Erkenntnisweise im Auge hatte. Εἰκασία hängt mit εἰκών (*Bild*) und εἰκάζειν (*abbilden, nachbilden*) zusammen. Wie erfaßt man ein Spiegelbild, einen Schatten, ein Gemälde? Offenbar indem man, es wahrnehmend, nicht beim Wahrgenommenen verweilt, sondern letzteres in Hinblick auf das, was es darstellt überspringt. Es ist eine Erkenntnisweise, die den Abbildungsvorgang in umgekehrter Richtung durchläuft, also mehr oder weniger explizit vom Bild auf das Abgebildete schließt. Wir können deshalb diese Erkenntnisweise *Deutung* oder vielleicht auch *Vermutung* nennen. Diese Ausdrücke rechnen allerdings schon explizit mit der Differenz von Bild und

---

3 Zur ausführlichen Behandlung von δόξα siehe III.3.3.

Original. Vielleicht sollte man εἰκασία einfach schlicht mit *Bild-Wahrnehmung* übersetzen. Schließlich der Ausdruck πίστις: Schleiermacher übersetzt mit *Glauben*, einem Ausdruck, der nicht unpassend auf den Ausdruck *belief* im englischen Empirismus verweist. Welchen Ausdruck man auch wählt, in jedem Fall handelt es sich auch hier darum, daß etwas *als* etwas wahrgenommen wird. Dabei ist aber für die gewöhnliche Dingwahrnehmung charakteristisch, daß dieses *als* nicht thematisiert wird, d. h. die Dinge werden schlicht hingenommen als das, als was sie sich geben.

Das ganze Schema der Vierteilung des Seienden ist uns ja bereits aus dem Höhlengleichnis bekannt. Was dort aber eher anschaulich und zur Verdeutlichung der menschlichen Stellung in der Seinsordnung im ganzen dargestellt wurde, ist im Liniengleichnis durch strenge Analogien ausgedrückt: So wie sich das Denkbare zum Wahrnehmbaren verhält, so verhält sich auch die obere Abteilung im Denkbaren zur unteren, also die Ideen zu den mathematischen Gegenständen, und so verhalten sich auch im Sichtbaren die beiden Abteilungen zueinander, also die Dinge zu ihren Spiegelbildern und sonstigen Abbildern. Die entscheidende Frage ist nun, welche Beziehung ist es, nach der sich die einzelnen Abteilungen analog verhalten. Platon spricht im zitierten Text einmal von dem Verhältnis von Deutlichkeit und Undeutlichkeit und einmal von dem Verhältnis von Wahrheit und Nichtwahrheit. Ersteres könnte noch graduiert gedacht werden, letzteres aber enthält einen deutlichen Schnitt. Es handelt sich jeweils um das Verhältnis der Sache selbst zu dem, was bloß so aussieht wie sie: Die Grundbeziehung, die das ganze Schema beherrscht, ist die Beziehung von Urbild und Abbild, von der Sache selbst und ihrer Darstellung. Das scheint auch der Grund zu sein, weshalb Platon das ganze Schema von unten her erläutert, beginnend mit der Seinsschicht, die nur noch Bildcharakter hat: den Spiegelbildern und Schatten. Damit legt er offen, daß er die Metaphern für seine Ontologie aus diesem Bereich gewonnen hat. Er denkt die Ordnung des Seins im ganzen wesentlich gegliedert durch die Urbild-Abbild-Beziehung. Die Grundthese dieser Ontologie, die mit Platons Ideenlehre identisch ist, besagt, daß Seiendes in der sinnlichen Welt *ist* als Darstellung ewiger Gegenstände, nämlich der Ideen. Was das genau bedeutet, muß noch erläutert werden. Neu für uns ist aber die Konsequenz, die für die beiden oberen Partien im Seinsschema folgt, nämlich daß die mathematischen Gegenstände als Abbildungen gedacht werden sollen. Dies zwingt uns zu einer genaueren Betrachtung des Verhältnisses von Ideen und Mathematik, und insbesondere der sogenannten Ideenzahllehre.

Die Lehre von den Ideenzahlen ist in der Forschung umstritten, wobei der Streit bereits auf die Quelle selbst zurückgeht, durch die uns diese Lehre überliefert ist. Die Darstellung dort, nämlich in der *Metaphysik* des Aristoteles, ist durch und durch polemisch, so daß es schwerfällt zu sagen, was Platon eigentlich selbst gemeint hat. Nach dem Bericht des Aristoteles muß man jedenfalls unterscheiden zwischen erstens der Auffassung, daß die Ideen selber Zahlen sind, und zweitens der Auffassung, daß es von den Zahlen Ideen gibt. Die erste Auffassung würde der pythagoreischen entsprechen, nämlich daß alles eigentlich Zahl ist. Gegen diese Auffassung sagt Aristoteles: »Es ist nicht möglich, daß die Ideen Zahlen sind. Denn welche Zahl sollte denn Mensch-an-sich oder Tier-an-sich oder irgendeine andere der Ideen sein?« (*Metaphysik* XIII, 1081a8 f.). Aber daß dies nicht Platons Meinung war, gibt Aristoteles selbst zu, indem er dem Liniengleichnis entsprechend die Zwischenstellung der mathematischen Dinge, nämlich zwischen Ideen und sinnlichen Gegenständen feststellt: »Ferner erklärt er (Platon), daß außer dem Sinnlichen und den Ideen die mathematischen Dinge existieren, als zwischen inne liegend, unterschieden vom Sinnlichen durch ihre Ewigkeit und Unbeweglichkeit, von den Ideen dadurch, daß es der mathematischen Dinge viel gleichartige gibt, während jede Idee nur eine, sie selbst ist« (*Metaphysik* I, 987b14–18). Es bleibt also als diskutable Möglichkeit, daß es von den Zahlen Ideen gibt. Auch diese Möglichkeit meint Aristoteles in der *Metaphysik*, Buch XIII, Kap. 7 zu widerlegen. Sein Hauptargument ist dabei, daß die Einheiten (μονάδες), die in jeder Zahl enthalten sind, ununterscheidbar (ἀδιάφοραι) und operabel (συμβληταί) sein müssen. Dies ist ein Argument, das allerdings auf die Zahlen als Gegenstände der Mathematik zutrifft, und wie wir bereits gesehen haben (II.2), stellt Platon selbst in der *Politeia* bei der Behandlung der Arithmetik fest, daß es viele Einheiten geben muß, und »jede ganz jeder gleich« sein muß (*Politeia* VII, 726a). Für Aristoteles bedeutet dies Argument allerdings, daß die Zahlen auch auseinander, nämlich durch jeweiliges Hinzufügen einer Einheit (μονάς) hervorgehen, also durchs Zählen. Diese

Auffassung von Zahl hatte Platon nun definitiv nicht. Erstens teilte er die pythagoreische und überhaupt altgriechische Auffassung der Zahlen als gestalthaft geordneter Mengen, und er hätte gut gegen Aristoteles' Auffassung der Zahl als eines Produkts der Zähloperation einwenden können, daß das jeweilige Hinzufügen einer Einheit nur dann zu einer neuen Zahl führt, wenn diese Einheit mit dem Bisherigen wiederum ein Ganzes ausmache. Ohne eine einende Form würde nämlich die sukzessive Hinzufügung von Einheiten nur zu einer Menge, nicht aber zu einer Zahl führen. Zweitens ist durch Aristoteles an mehreren Stellen überliefert, daß Platon ein anderes Prinzip der Erzeugung der Zahlen hatte, nämlich durch die Prinzipien der Eins und der unbestimmten Zweiheit.[4] Dieses Prinzip der Zahlerzeugung solle mit der Zehn zur Abschluß kommen. Aus beidem zusammengenommen folgt, daß man bei Platon, wie Aristoteles in *Metaphysik* XIII, 1081a17–21 feststellt, zwischen mathematischer Zahl und Ideenzahl (τὸν τῶν εἰδῶν ἀριθμόν) unterscheiden muß.

Wir haben also unter den Ideen auch mit Ideen von Zahlen zu rechnen, und zwar nur der Zahlen 1 bis 10. Diese Zahlideen, wie man jetzt richtiger sagen muß, sind wie alle Ideen jeweils nur eine. Sie werden nach Platon erzeugt durch ein Zusammenspiel der Eins und der unbestimmten Zweiheit. Wie das zu geschehen hat, können wir uns nur ungefähr nach den Berichten über die Ungeschriebene Lehre vorstellen.

Für die Erzeugung der Zahlideen mit Hilfe der Prinzipien des Einen und der unbestimmten Zweiheit gibt es in den Quellen kaum genauere Hinweise. Wir wissen lediglich, daß der erste Schritt der Dihairesis zur Unterscheidung von *gerade* und *ungerade* führt. Nach dem, was aus dem ersten Exkurs im *Philebos* zu lernen war, ist zu erwarten, daß Zahlen erst auf der untersten Linie der Dihairesis auftauchen, und zwar sollten es dann die Zahlideen von der 1 bis zur 10 sein. Die Dihairesis mit der 1 anzufangen und im ersten dihairetischen Schritt die 2 und die 3, im zweiten die 4, die 5, die 6 und die 7 zu gewinnen, wie Stenzel seinerzeit vorgeschlagen hat, ist ganz unbegründet und verstößt insbesondere dagegen, daß Zahlen erst auf der Ebene des ἄτομον εἶδος auftauchen können.[5] Wie es

---

[4] z. B. *Metaphysik*, I, 987 b 20–22.
[5] Julius Stenzel, *Zahl und Gestalt bei Platon und Aristoteles*, Darmstadt: Wissenschaftliche Buchgesellschaft, 3. Auflage, 1959, S. 31.

aber weiter gehen soll und warum die Anzahl der Zahlideen auf zehn begrenzt ist, bleibt unklar. Natürlich ist bekannt, daß die Zehn von den Pythagoreern als die vollkommenste Zahl angesehen wurde, aber das ist nur eine historische, nicht eine rationale Begründung. Dagegen könnte man als Begründung anführen, daß in gewisser Weise das Zahlsystem der Griechen ein Zehner-System ist, obgleich sie nicht die 0 hatten. Dies zeigt sich daran, daß nach den vollen Zehnern, Hundertern und Tausendern der jeweilige Überschuß an die Zehner, Hunderter und Tausender usw. angehängt wird. Das wäre anders, wenn das Zahlsystem beispielsweise digital wäre oder auf der Grundzahl 60 ruhte. So gesehen könnte man mit Platon der Auffassung sein, daß man mit den Zahlen 1 bis 10 im Prinzip alle Zahltypen entwickelt habe. Nur fehlt uns eine Nachricht darüber, welche weiteren Differenzierungen außer der Differenzierung in *gerade* und *ungerade* vorgenommen werden müssen, um im Prinzip alle Zahlen dem εἶδος nach zu erzeugen.

Die mathematischen Zahlen nun haben nach dem Liniengleichnis mit allen mathematischen Dingen, d. h. also vor allem den geometrischen Figuren, ihren Platz im Seinsbereich unterhalb der Ideen. Inwiefern kann man nun sagen, daß die Ideen in diesem mathematischen Bereich abgebildet oder dargestellt werden? Das ist es doch, was die Analogie des Liniengleichnisses fordert. Nun meine ich, daß man, um diese Frage zu beantworten, nicht verlangen muß, daß jede Idee eine mathematische Darstellung findet. Für einige aber haben wir durch die Ausführung über die dialektische Begründung von Wissenschaft gesehen, was die mathematische Darstellung von Ideen bedeutet. Das Paradigma dafür ist wieder die Harmonielehre. Hier handelt es sich um die mathematische Darstellung der Idee *Ton* durch deren Entfaltung als mathematisches System von Proportionen. Entsprechendes ist für die Zeittheorie zu sagen, die die mathematische Darstellung der Idee der Bewegung durch Kommensurabilitäts-Beziehungen von langsameren und schnelleren Bewegungen ist. Schließlich werden wir sehen, daß Platon eine mathematische Darstellung der Idee von sinnlich wahrnehmbarer Materie leistet. Diese mathematischen Wissenschaften sind also in der Tat Darstellungen von gewissen Ideen, und sie vermitteln auf der anderen Seite den Übergang zu den sinnlichen Gegenständen. Denn die sinnlichen Gegenstände, also hier konkrete Töne, Bewegungen, konkrete Materie, haben an den Ideen nur teil in der durch die mathematische Theorie spezifizierten Form.

Um noch einmal zusammenzufassen: Das Liniengleichnis enthält eine Seinsordnung, hierarchisch geschichtet nach Abbildungsverhältnissen. Es ordnet jeder Seinsebene eine spezifische Erkenntnisform zu. Um diese Verhältnisse näher zu verstehen, gilt es als erstes die für diese Seinsordnung grundlegende Beziehung von Urbild und Abbild, von Idee und ihrer Darstellung, zu verstehen. Dafür wird es nötig sein, sich Platons Theorie des Bildes zuzuwenden.

III.2 Theorie des Bildes

Die Beziehung Urbild-Abbild ist, wie wir gesehen haben, die zentrale Relation, die nach Platon die Seinsordnung im ganzen bestimmt. Im Bereich der sinnlichen Welt haben wir mit Gegenständen und ihren Bildern in Spiegeln, Gemälden und Schattenwürfen zu tun. Die Dinge selbst aber werden wiederum als Bilder verstanden, nämlich der Ideen. Und diese wiederum haben im Bereich des Nicht-Sinnlichen, des Ewigen noch ihre eigenen Darstellungen in den mathematischen Gegenständen. Die Bildrelation ist also iterierbar. Es gibt Bilder von Bildern und was in der einen Relation der abgebildete Gegenstand ist, ist in der anderen selbst Bild. Entscheidend ist aber, daß irgendwo ein Anfang ist, daß es Originale gibt, die in keiner Weise Bilder sind, sondern die Sache selbst: Das sind die Ideen. Sie sind das eigentlich Seiende, während alles andere jeweils nur ist, insofern es das eigentlich Seiende zur Erscheinung bringt. Dadurch gibt es im Reich des Seienden im ganzen eine Abstufung nach Graden des Seins. Je weiter ein Etwas durch Abbildungsverhältnisse vom wahren Sein entfernt ist, desto geringer ist sein Rang in der Seinsordnung.

Diese Rangordnung nach Seinsgraden benutzt Platon nun im zehnten Buch der *Politeia,* um den Künstlern in seinem Idealstaat eine möglichst niedrige Rolle zuweisen zu können: Dichter sind nur Nachbildner von Nachbildern. Bei Gelegenheit dieser Darlegung gibt Platon zugleich eine wichtige Erläuterung der ontologischen Rolle des Bildbegriffs. Abbilden wird nämlich als Verfertigen nach einem Vorbild aufgefaßt, wie umgekehrt etwas Herstellen als Nachbilden, als Mimesis. Wegen der Wichtigkeit der Stelle sei sie hier im ganzen eingesetzt.

> Willst du also, daß wir die Betrachtung hierbei anfangen nach der gewohnten Weise? Nämlich eine Idee pflegen wir doch jedesmal aufzustellen für jegliches Viele, dem wir denselben Namen beilegen. Oder verstehst du mich nicht?
> Wohl verstehe ich dich.
> Nehmen wir also, was du willst von solchen Vielen! Wie, wenn es dir recht ist, gibt es doch viele Bettgestelle und Tische?

Wie sollte es nicht.
Aber Ideen gibt es doch nur zwei für diese Geräte, die eine das Bett, die andere der Tisch.
Ja.
Und pflegen wir nicht zu sagen, daß die Verfertiger jedes dieser Geräte auf die Idee sehen, so der eine die Bettgestelle macht, der andere die Tische, deren wir uns bedienen, und ebenso auch alles andere? Denn die Idee selbst verfertigt doch keiner von diesen Werkmeistern; wie sollte er auch?
Auf keine Weise.
Aber sieh einmal zu, nennst du auch diesen einen Werkmeister?
Welchen doch?
Der alles macht, was jeder von diesen Handwerkern?
Das ist ja ein außerordentlicher und wundervoller Mann!
Noch eben nicht; aber bald wirst du es wohl noch stärker ausdrücken. Denn dieser selbe Handwerker ist imstande, nicht nur alle Geräte zu machen, sondern auch alles insgesamt, was aus der Erde wächst, macht er, und alle Tiere verfertigt er, die anderen, wie auch dich selbst, und außerdem noch den Himmel und die Erde und die Götter und alles im Himmel und unter der Erde im Hades insgesamt verfertigt er.
Einen ganz wunderbaren Sophisten, sagte er, beschreibst du da.
Glaubst du es etwa nicht? sprach ich; und sage mir, dünkt es dich überhaupt keinen solchen Werkmeister zu geben, oder, daß einer nur auf gewisse Weise alle diese Dinge verfertigt, auf andere aber wieder nicht? Oder merkst du nicht, daß auch du selbst imstande bist, auf gewisse Weise alle diese Dinge zu machen?
Und, fragte er, was ist doch dies für eine Weise?
Gar keine schwere, sprach ich, sondern die vielfältig und schnell angewendet wird. Am schnellsten aber wirst du wohl, wenn du nur einen Spiegel nehmen und den überall umhertragen willst, bald die Sonne machen und was im Himmel ist, bald die Erde, bald auch dich selbst und die übrigen lebendigen Wesen und Geräte und Gewächse und alles, wovon nur so eben die Rede war.
Ja, in der Erscheinung, sagte er, jedoch nicht in Wahrheit seiend.

Schön, sprach ich, und wie es sich gebührt, triffst du die Rede. Nämlich einer von diesen Werkmeistern, meine ich, ist auch der Maler. Nicht wahr?
Wie sollte er nicht?
Aber du wirst sagen, meine ich, er mache nicht wahrhaft, was er macht. Wiewohl auf gewisser Weise macht auch der Maler ein Bettgestell. Oder nicht?
Ja, sagte er, als Erscheinung auch er.
Wie aber der Tischler? Sagtest du nicht doch eben, daß auch er ja die Idee nicht macht, die doch eigentlich, wie wir behaupten, das Bettgestell ist, sondern ein bestimmtes Bettgestell mache er?
Das sagte ich freilich!
Also, wenn er nicht macht, was ist, so macht er auch nicht das Seiende, sondern nur dergleichen etwas wie das Seiende, Seiendes aber nicht? Und wenn jemand behaupten wollte, das Werk des Tischlers oder sonst eines Werkmeisters sei in vollkommener Weise seiend, der schiene doch wohl nicht richtig zu reden?
Freilich nicht, sagte er, wie es wenigstens denen vorkommen würde, die sich mit dergleichen Reden beschäftigen.
So wollen wir uns demnach nicht wundern, wenn auch dieses (Bettgestell) etwas Trübes ist gegen Wahrheit.
Freilich nicht.
Willst du nun, daß wir eben hiervon auch den Nachbildner aufsuchen, wer er wohl ist?
Wenn du willst, sagte er.
Also dies sind drei Bettgestelle: das eine, das in der Natur seiende, von dem wir, denke ich, sagen würden, Gott habe es gemacht. Oder jemand anders?
Niemand, denke ich.
Eines aber der Tischler.
Ja, sagte er.
Und eines der Maler. Nicht wahr?
So sei es.
Maler also, Tischler, Gott, dieser drei sind Vorsteher der dreierlei Bettgestelle. (*Politeia* X, 596a–597b)

In diesem Text haben wir eine Dreigliederung des Seienden, nicht eine Viergliederung wie in *Politeia* VI. Das heißt, der Bereich der mathematischen Gegenstände wird hier nicht im besonderen berücksichtigt. Alles Herstellen im Bereich der sinnlich wahrnehmbaren Welt wird als Herstellen nach einem Vorbild dargestellt. Ein ursprüngliches Herstellen und damit auch ein Original, das nicht selbst wieder als Bild verstanden wird, gibt es nur im Bereich der Ideen.

Die Auffassung vom handwerklichen Herstellen qua Nachbilden hat zugleich etwas Plausibles und Unplausibles. Daß ein Handwerker sich in seinem Herstellungsprozeß an einer *Idee*, also einem gedachtem Vorbild orientiert – so zu denken ist man gewohnt. Aber Platon versteht diesen Prozeß als die Herstellung eines Bildes, weil im Herstellungsprozeß der hergestellte Gegenstand dem Vorbild ähnlich gemacht (εἰκάζειν) wird. Um es pointiert zu sagen: Das konkrete Bett, das der Tischler macht, ist eigentlich nur das Bild eines Bettes, während das, wonach er sich richtet – die Idee – das Bett selbst ist. Die entscheidende Differenz ist die zwischen *selbst sein* und *bloß so aussehen wie*. Gott macht das εἶδος, »von dem wir sagen, daß es sei, was *Bett* ist« (ὃ ἔστι κλίνη, *Politeia* X, 597a2). Der Tischler dagegen macht nicht »was ist, sondern etwas derartiges, wie das Seiende, Seiendes aber nicht« (*Politeia* X, 597a5 f.). Die Differenz von ὃ ἔστιν und τοιοῦτον ist die ontologische Formulierung für die Differenz von Original und Bild. Das Original ist die Sache selbst, das Bild ist nur ein *derartiges.* Diese Differenz wird wenig vorher, nämlich 596e4, auch als Unterschied von ὄντα und φαινόμενα, von Seiendem und Erscheinendem genannt. Dadurch wird dem Verständnis eine Brücke gebaut. Man muß nicht sagen, daß ein konkretes Bett nur so aussieht wie ein Bett, vielmehr bringt es, was Bett ist (ὃ ἔστι κλίνη, 597a2) zur Erscheinung. Das mag mehr oder weniger gut sein, und das, was das Original ist, zu einer bloßen Qualität herabwürdigen – in der Praxis ist man aber gerade darauf angewiesen, daß die Dinge, mit denen man zu tun hat, solche Qualitäten haben.

Eine Stufe weiter unten, nämlich dort, wo der Maler oder allgemeiner der Künstler Bilder herstellt, fungieren die Dinge als Originale. Dabei ist wichtig, daß diese Dinge nicht nur die Idee zur Darstellung bringen, daß vielmehr immer auch zugleich das Medium, in dem die Idee zur Darstellung gelangt, mit zum Erscheinen kommt. Darauf hat, wie wir gesehen haben, Platon im *siebten Brief* (343b–c) allgemein hingewiesen. Deshalb ist die mimetische Arbeit des Künstlers deutlich von der des Handwerkers abgesetzt. Denn er macht Bilder von Phänomenen, d. h. also, er muß versuchen, nicht bloß die Sache selbst, sondern auch ihre Erscheinung mit ins Bild zu bringen. Dadurch wird er zum sekundären Nachbildner. Platon unterschlägt hier, daß er als solcher auch Möglichkeiten der besonderen Abhebung der Idee in der Darstellung hat, und vor allem, daß er ja auch, wie der Handwerker, direkt auf die Ideen blicken könnte. Das kommt nur beiläufig herein als Platon den Künstler als eine Art Zauberer vorstellt, der auch mühelos die Götter und was unter der Erde ist, ins Bild bringt (*Politeia*, X, 596c11). Gerade diese Möglichkeit, auch Bilder von dem zu verfertigen, was unter den konkreten sinnlichen Dingen kein Original hat, rechtfertigt es, Mimesis als *zur Darstellung bringen* zu übersetzen.

Es ist paradox, wie Platon aufgrund seines Rigorismus in der Staatseinrichtung zu einer solchen Abwertung der bildenden Künstler kommt. Denn, wie schon im Liniengleichnis, ist auch im zehnten Buch der *Politeia* unverkennbar, daß er sich in seiner Auffassung von Mimesis und damit schließlich auch von dem, was ursprünglich zur Darstellung gelangt, nämlich dem εἶδος gerade an der untersten Stufe, nämlich der bildenden Kunst, orientiert. Denn sie ist es, in der nachahmende Darstellung im eigentlichen Sinne ein Bild zum Produkt hat, und sie ist es, die in ihren Darstellungen besonders auf den Anblick, nämlich das εἶδος, abhebt.

Um so notwendiger ist es, sich jetzt explizit Platons Theorie des Bildes zuzuwenden, wie sie sich im Dialog *Sophistes* findet. Wie schon im Liniengleichnis die Urbild-Abbild-Relation dazu dient, den Seinsstatus von all demjenigen zu bestimmen, das nicht im strengen und eigentlichen Sinne *ist*, so dient auch im *Sophistes* die Theorie des Bildes ontologischen Zwecken: Es geht um das Sein des Nichtseienden. Der äußere Kontext ist der Versuch, das Wesen des Sophisten zu bestimmen. Da der Sophist als Gaukler, Zauberer, Täuscher und im weiteren Sinne als Mime angesehen wird, ist sein eigentliches Reich das des Nichtseienden. Im Dialog wird nun angenommen, daß der Sophist sich gegen seine philosophischen Ankläger, die ihn so definieren wollen, verteidigt, indem er sich selbst auf den Standpunkt seiner Gegner stellt. Als deren Grundmaxime wird der Satz des Parmenides angesehen, daß das Seiende ist und das Nichtseiende nicht ist. Folglich gäbe es auch keine Falschheiten, nichts Trügerisches, keine Lüge und schließlich auch keine trugbildnerische Kunst. Damit sind wir schon im Text. Er versucht zu zeigen, daß auch Nicht-Seiendes in gewisser Weise sein kann, und das Bild ist das Paradigma dafür.

> FREMDER: Also wenn wir behaupten, der Sophist besitze eine trugbildnerische Kunst, so wird er uns gar leicht bei diesem Gebrauch der Worte fassen und die Rede zum Gegenteil herumdrehen, indem er uns fragt, wenn wir ihn einen Bildmacher nennen, was wir denn überhaupt unter einem Bilde verstehen. Wir müssen also zusehen, o Theaitetos, was man wohl dem jungen Manne auf die Frage antworten soll.
> THEAITETOS: Offenbar werden wir ihm anführen die Bilder im Wasser und in den Spiegeln, und dann die gemalten und die geformten und was für andere es noch gibt.
> FREMDER: Nun sieht man recht, Theaitetos, daß du noch keinen Sophisten gesehen hast.
> THEAITETOS: Wieso?
> FREMDER: Du wirst glauben, er verschlösse die Augen oder er habe gar keine.
> THEAITETOS: Wie das?
> FREMDER: Wenn du ihm eine solche Anwort gibst und ihm etwas von Spiegeln und Schnitzwerken erzählst, wird er dich auslachen mit seiner Rede, wenn du mit ihm redest, als sähe er, und er wird sich anstellen, als wisse er weder von Wasser noch Spiegeln etwas, noch überhaupt von der Gesichtswahrnehmung, und wird dich immer nur auf der Basis von Erklärungen befragen.
> THEAITETOS: Was nur?
> FREMDER: Das Allgemeine in dem allen, was du eben, da du von vielen sprachst, mit einem Namen bezeichnen wolltest, indem du den Ausdruck *Bild* gebrauchtest als der Einheit für alle. Erkläre (es) und verteidige dich ohne dem Manne irgend auszuweichen.
> THEAITETOS: Was sollten wir also anders sagen, daß ein Bild sei,

184 Erkenntnis und Rede

> o Fremdling, als das einem Wahren ähnlich gemachte andere derartige?
>
> FREMDER: Ein anderes derartiges Wahres, meinst du, oder worauf beziehst du das *derartige*?
>
> THEAITETOS: Keineswegs doch ein Wahres, sondern ein Anscheinendes gewiß.
>
> FREMDER: Verstehst du unter dem Wahren das wirklich Seiende?
>
> THEAITETOS: So verstehe ich es.
>
> FREMDER: Unter dem Nichtwahren also das Gegenteil des Wahren?
>
> THEAITETOS: Was sonst?
>
> FREMDER: Also für wirklich nicht seiend erklärst du das Anscheinende, wenn du es doch als das Nichtwahre beschreibst.
>
> THEAITETOS: Aber es ist ja doch irgendwie!
>
> FREMDER: Nicht jedoch wahrhaft, sagst du.
>
> THEAITETOS: Das freilich nicht. Aber Bild ist es doch wirklich.
>
> FREMDER: Ist es nun also nicht, wirklich nicht seiend, doch wirklich das, was wir Bild nennen? (*Sophistes*, 239c–240b)

Es ist schon vergnüglich zu lesen, wie Platon hier dem Sophisten gewissermaßen die sokratische Rolle zuspielt. Zunächst verlangt der Sophist eine Definition von *Bild*; darauf erhält er, wie sonst Sokrates immer, nicht eine Definition, sondern eine Aufzählung von Beispielen, und darauf reagiert er nun auch in sokratischer Manier, nämlich im Sinne des δεύτερος πλοῦς, in dem er sich als Dialektiker gebärdet und die Auseinandersetzung allein auf der Basis des λόγος geführt wissen will. Daraufhin betont er noch einmal, was er verlangt: Eine Definition als Angabe des Allgemeinen, das all das, was mit dem Ausdruck *Bild* bezeichnet wird, charakterisiert. Dann endlich erhält er von Theaitetos die erste Definition von Bild, die als solche schon ziemlich gut ist: »Das einem Wahren ähnlich gemachte andere derartige« (*Sophistes*, 240a8). Diese Definition stützt sich wesentlich auf den Wortsinn des griechischen Terminus *Bild* nämlich εἰκών. εἰκών ist verwandt mit dem Verb εἰκάζειν – vergleichen, ähnlich machen. Es ist schon hier wichtig festzustellen, daß dieser Ausdruck asymmetrisch zu verstehen ist. Es werden also nicht zwei Dinge miteinander verglichen, sondern es wird ein A einem B verglichen, bzw. ihm ähnlich gemacht. In diesem Sinne kann εἰκών auch *Gleichnis* heißen, im Sinne einer Veranschaulichung, einer Allegorie, einer Verdeutlichung durch Analogie. Ein Bild ist dann etwas, das einem anderen ähnlich gemacht wurde.

Damit wird ein Bild ein *Derartiges*. Es ist ein Etwas derart, wie ein anderes. Wir kennen diese Redeweise Platons schon und wissen, daß er das Derartige der Sache selbst entgegensetzt. Das wird auch hier sogleich geklärt, indem die Sache selbst als das *Wahre* bezeichnet wird. Dann wird darauf hingewiesen, daß der Ausdruck *ein Derartiges* nicht bedeuten kann, ein zweites Exemplar wie das Original zu machen, sondern nur etwas, das so aussieht wie das Original, ein Anscheinendes. Mit dem Ausdruck *anscheinend* habe ich hier den griechischen Ausdruck ἐοικός übersetzt, der zur selben Wortgruppe wie εἰκών und εἰκάζω gehört. Er fungiert hier als Gegenbegriff zu ἀληθινόν – *das Wahre* – und entspricht also dem, was im Text aus *Politeia* X, 596a–597b, das φαινόμενον war. Es wird in dem Ausdruck ἐοικός zugleich formuliert, daß das Bild so aussieht wie das Original und damit etwas Trügerisches hat. Es kann somit für das Original gehalten werden.[1]

Das sei sogleich am Beispiel erläutert: Nehmen wir ein Bild von Herrn Müller oder die Statue eines Pferdes. Wenn jemand gefragt würde *wer ist das?* oder *was ist das?* so wäre eine durchaus berechtigte Antwort: *Das ist Herr Müller* bzw. *Das ist ein Pferd.* Natürlich könnte man auch antworten: *Das ist ein Bild von Herrn Müller* oder: *Das ist eine Statue eines Pferdes.* Es ist aber sehr wichtig festzuhalten, daß das *Was* eines Bildes sehr wohl von dem her begriffen werden kann, was es zur Darstellung bringt. Das Bild ist in gewisser Weise, was Herr Müller selbst ist, aber es ist nicht selbst Herr Müller und deshalb ist das Bild kein zweites wahres (ἀληθινόν), sondern nur etwas was so scheint: ἐοικός.

Auch hier ist es wiederum wichtig, die Asymmetrie der Bildbeziehung festzustellen. Es wäre ja sehr wohl möglich, daß das Bild von Herrn Müller doch – zum Teil wenigstens – selbst ist, was Herr Müller ist. Das heißt, man könnte die Ähnlichkeit des Bildes

---

[1] ἔοικεν ist bei Platon ein häufig vorkommender Ausdruck schwacher Bejahung: so scheint es.

mit dem Original als partielle Identität verstehen. Wenn das so wäre, dann könnte man auch Herrn Müller als Bild seines Photos und ein Pferd als Bild der Pferdestatue bezeichnen. Es ist hier offenbar die Differenz von *Selbst-sein* und *Nur-so-sein-wie* verletzt.

Für Platons Ideenlehre würde das Verständnis des Bildseins durch partielle Identität mit dem Original zu dem sogenannten τρίτος-ἄνθρωπος-Argument führen. Es findet sich in Platons Dialog *Parmenides*. In diesem Dialog wird der jugendliche Sokrates im Gespräch mit dem schon sehr alten Parmenides dargestellt. Sokrates versucht sich gegenüber Parmenides in der Ideenlehre und muß sich gegen eine ganze Reihe von Einwänden verteidigen. Dabei geht es um die Frage, in welcher Beziehung die Ideen zu den konkreten sinnlichen Dingen stehen. Wir wollen uns hier nur auf das Argument konzentrieren, das Parmenides gegen die Vorstellung, die Dinge seien Nachbildungen der Ideen, vorbringt.

> Sondern, o Parmenides, (sagte Sokrates) eigentlich scheint es mir sich so zu verhalten, daß nämlich die Ideen gleichsam als Urbilder (παραδείγματα) dastehen, und daß die anderen (Dinge) ihnen gleichen und Nachbilder (ὁμοιώματα) sind, und daß die Teilhabe an den Ideen, die ihnen geschieht, nichts anderes ist, als ihnen nachgebildet zu sein.
> Wenn nun, sagte Parmenides, etwas der Idee nachgebildet worden ist, ist es möglich, daß die Idee dem Nachgebildeten nicht ähnlich ist, insofern dieses ihm ähnlich gemacht worden ist? Oder gibt es eine Möglichkeit, daß das Ähnliche einem Nichtähnlichen ähnlich ist?
> Die gibt es nicht.
> Und ist es nicht sehr notwendig, daß das Ähnliche mit dem Ähnlichen an demselben teilhat?
> Notwendig.
> Das aber, durch dessen Aufnahme in sich die ähnlichen Dinge ähnlich sind, ist nicht das eben die Idee?
> Auf alle Weise freilich.
> Es ist also nicht möglich, daß etwas einer Idee ähnlich ist, noch eine Idee etwas anderem; wo nicht, so erscheint immer eine andere Idee über jenen, und wenn jene wieder ähnlich ist, noch eine und niemals hört dieses Erscheinen einer neuen

Idee auf, wenn die Idee dem, was sie in sich aufgenommen hat, ähnlich sein soll.
Das ist sehr richtig.
Also nicht durch Ähnlichkeit haben die Dinge an den Ideen teil, sondern man muß eine andere Art suchen, wie sie sie aufnehmen.(*Parmenides*, 132d1–133a6)

Hier wird also ganz explizit die Beziehung zwischen Idee und Einzelding als Beziehung von Urbild und Abbild aufgefaßt – wie wir es aus dem Liniengleichnis und aus vielen anderen Stellen kennen. Das Argument, was dagegen vorgebracht wird, ist so stark, daß viele Interpreten glauben, Platon habe nach Auftreten des Arguments – es wird in der Regel Aristoteles zugeschrieben – die Ideenlehre aufgegeben. Uns scheint es dagegen, daß das Argument sich eigentlich dagegen richtet, die Beziehung von Urbild und Abbild als reziproke Beziehung zu verstehen. Denn darauf beruht ja das ganze Argument: Wenn das Ding der Idee ähnlich ist, dann müsse auch die Idee dem Ding ähnlich sein. Dann müsse es etwas drittes geben, worin sie übereinkommen – und dem seien sie dann jeweils wieder ähnlich, und so fort.

Es kommt also alles darauf an, die Beziehung von Urbild und Abbild, oder besser: von Original und Bild, als asymmetrisch zu verstehen. Wenn man diese Beziehung, wie Sokrates in der Diskussion mit Parmenides zunächst vorschlägt, so versteht, daß etwas einem Vorbild oder Original (παράδειγμα) nachgebildet wird, so ist diese Beziehung noch durchaus asymmetrisch. Die Frage ist nur: ob durch das Resultat, nämlich dadurch, daß auf diese Weise das Ding als Bild dem Original ähnlich wird (ein ὁμοίωμα), Original und Bild in eine reziproke Beziehung zueinander kommen. Man folgt Parmenides durchaus, wenn er die Ähnlichkeitsbeziehung logisch als eine reziproke versteht. Gleichwohl ist jedermann gerade in genetischen Zusammenhängen auch an eine asymmetrische Verwendung des Ausdrucks *ähnlich* gewöhnt. Man sagt von einer Tochter, daß sie der Mutter ähnlich ist, nicht daß die Mutter der Tochter ähnlich sei. In diesem Beispiel, wie in der Beziehung von Idee und Ding, wird eine Rangfolge in der Ähnlichkeitsbeziehung mitgedacht, nach der das Original der Ursprung ist, eine Rangfolge, aufgrund deren das andere, das Ding oder die Tochter, überhaupt nur zu etwas Ähnlichem werden kann. Platon wird nicht müde diese Beziehung immer wieder als die Beziehung von der *Sache selbst* (ὅ ἐστιν) und *Nur-so-Aussehen-wie,* als asymmetrische zu deklarieren. Es besteht ein Unterschied im Seinsrang zwischen Original und Bild und diesen gilt es zu begreifen. Durch eine reziproke Ähnlichkeitsbeziehung wird dieser Unterschied verwischt.

Kehren wir deshalb noch einmal zu unserem Text aus dem *Sophistes* zurück, um uns dort um die zweite Definition von Bild zu kümmern. Theaitetos hat durch den Satz »keineswegs doch ein Wahres, sondern nur ein Anscheinendes« (*Sophistes,* 240b2), darauf hingewiesen, daß das Bild-Sein das, was das Original selbst war, in einen anderen Seinsstatus bringt, nämlich den des Scheinens, des Nur-so-Aussehens-wie. Dieses *bloße Aussehen wie* wird dann vom Fremden festgehalten als eine Weise, in der das Nicht-Seiende wirklich ist: Das Bild ist nicht das Original (*Sophistes,* 240b7). Darauf erwidert THEAITETOS: »Aber es ist doch irgendwie« – und wir würden gerne ergänzen: nämlich qua Bild. Und das ist auch ganz richtig, nur ist die Frage, wie man in diesem Satz *Bild* versteht.

Im Griechischen stehen für das, was wir im Deutschen *Bild* nennen, im Prinzip drei Ausdrücke zur Verfügung: εἰκών, εἴδωλον und πίναξ. Εἰκών ist der in unserem Textabschnitt tragende Ausdruck und er bezeichnet, entsprechend dem Verb εἰκάζειν, das einem anderen ähnlich Gemachte. Εἴδωλον wird häufig mit εἰκών wechselweise verwendet und die Eingangsfrage nach der Definition des Bildes *Sophistes* 230d4 enthält diesen Ausdruck. Εἴδωλον hat aber einen anderen Stamm und kommt von εἴδω – sehen. Es ist das Gesehene. Gegenüber εἶδος, was dasselbe bedeuten kann, hat er aber eher einen pejorativen Sinn. Εἴδωλον ist *nur* das Gesehene, das Bildchen. Πίναξ schließlich heißt ursprünglich Brett, also das, worauf gemalt wird, und ist insofern geeignet, um das Bild qua Gegenstand zu bezeichnen, ähnlich wie im Französischen *tableau.* Es ist ganz wichtig, daß Platon in unserem Zusammenhang diesen Ausdruck überhaupt nicht verwendet. Man sollte deshalb den abschließenden Satz des Fremden, in dem er feststellt, daß das Nicht-Seiende qua Bild doch ist, nicht so verstehen, daß es wenigstens als Bildgegenstand, also als πίναξ, ein Sein habe. Vielmehr kommt es Platon gerade darauf an, die Seinsweise des Bildes, insofern ein Etwas das Original ins Bild bringt, zu bestimmen. Der Satz, in dem der Fremde das tut, lautet:

»Ist es nun also nicht, wirklich nichtseiend, doch wirklich das, was wir Bild nennen?« (*Sophistes*, 240b12 f.) Hier wird das Bild nicht noch einmal durch die Ähnlichkeitsbeziehung bestimmt, sondern durch den Seinsstatus, der ihm als Ähnlichgemachtem zukommt. Gerade, weil es so aussieht, wie das Original, ist es in einer solchen Weise das Original nicht, daß dieses Nichtsein selbst eine gewisse Weise zu sein ist. Jedes andere Ding ist natürlich auch nicht das Original, aber beim Bild ist dieses Nichtsein doch eine bestimmte Weise zu sein – zwar keine selbständige, aber doch wenigstens eine geliehene. Das Bild ist eben so wie (τοιοῦτον) das Original.

Diese Definition von Bild steht bei Platon völlig einzigartig da. Gewöhnlich werden die Fragen von der Art des τί ἐστι; beantwortet, indem ein Was-Sein, also eine Idee, angegeben wird. Das Bild kann aber nicht durch eine Idee definiert werden, weil es, was es zur Darstellung bringt, ja nicht selbst ist. Das Bild wird von Platon als eine Seinsweise bestimmt – und das ist ja auch im Rahmen des Dialogs *Sophistes* der Sinn des ganzen Unternehmens. Es soll eine Seinsweise aufgewiesen werden, in der Nichtseiendes in gewisser Weise ist. Sie ist die Seinsweise aller Dinge in der sinnlichen Welt und der Schatten und Spiegelbilder zumal.

Mit diesem sehr wichtigen Ergebnis ist aber das, was Platons Theorie des Bildes enthält, noch nicht ausgeschöpft. Zwar ist es Platons Hauptabsicht, am Beispiel *Bild* zu studieren, in welcher Weise Nichtseiendes sein kann, aber es ging ihm im Zusammenhang des Wesens der Sophistik auch um die Möglichkeit von Falschheit und Täuschung: »Denn dieses Erscheinen und Scheinen ohne zu sein und dieses Sagen zwar, aber nicht Wahres, alles dies ist immer voll Bedenklichkeit gewesen, schon ehedem und auch jetzt« (*Sophistes*, 236e1–3). Zwar folgt ganz unmittelbar aus der Definition des Bildes ein Grundtyp von Täuschung, nämlich, daß man das Bild für die Sache selbst nehmen kann. Man könnte dies die ontologische Täuschung nennen, weil dabei sich der Betrachter eines Bildes in der Seinsweise des Bildes täuscht. Aber es gibt noch viele andere Weisen der Täuschung, die nicht implizieren, daß man sich darüber täuscht, daß das Bild ein Bild ist. Ein Bild kann von dem, was es darstellt, einen falschen Eindruck erwecken; es kann so falsch oder so raffiniert sein, daß man sich darüber täuscht, was es darstellt; und schließlich kann es täuschen, indem es Nichtseiendes darstellt so, daß man es für Seiendes hält. Platon legt an der eben zitierten

Stelle von vornherein darauf Wert, die Theorie des Bildes mit der Theorie des Satzes, bzw. der Meinung (δόξα), in Verbindung zu bringen. Wir tun deshalb gut daran, Platon in der Aufklärung der Täuschungsmöglichkeiten bei der Bildproduktion weiter zu folgen. Das wird zugleich eine Vorbereitung auf seine Erkenntnistheorie sein, nämlich die Analyse der unterschiedlichen Erkenntnisformen, die nach dem Liniengleichnis den Seinsbereichen zugeordnet sind.

Die hier besprochene Definition des Bildes ist allgemein, obgleich Platon eingangs gesagt hatte, daß er eigentlich im Zusammenhang mit der Frage nach dem Sophisten vor allem an den Trugbildern interessiert sei. In der Art und Weise der Bildherstellung gibt es nämlich Unterschiede, denen unterschiedliche Bildtypen entsprechen. Einen dieser Unterschiede hat Platon schon vor der Definition des Bildes im *Sophistes* als den Unterschied zwischen einer ebenbildnerischen und einer trugbildnerischen Kunst apostrophiert. Hier die entsprechende Textstelle:

> FREMDER: Nach der bisherigen Weise der Einteilung glaube ich nun auch wieder zwei Arten der Nachahmungskunst (μιμητική) zu sehen; in welcher von beiden sich uns aber die gesuchte Gestalt (d. h. der Sophist, G.B.) befinde, das halte ich noch mich nicht imstande zu bestimmen.
> THEAITETOS: So sage nur zuvor und teile uns ab, welche zwei Teile du meinst.
> FREMDER: Die eine, welche ich in ihr sehe, ist die ebenbildnerische Kunst. Diese besteht eigentlich darin, wenn jemand nach des Urbildes Verhältnissen in Länge, Breite und Tiefe, dann auch jeglichem seine angemessene Farbe gebend, die Entstehung einer Nachahmung bewirkt. (*Sophistes*, 235c9–e2)

Platon beschreibt hier einen Teil der Mimetik als die Kunst, etwas einem Urbild (παράδειγμα) ähnlich zu machen. Er nennt diesen Teil der Mimetik εἰκαστική τέχνη, benutzt also eine Form, die sich von εἰκάζειν – *ähnlich machen* – ableitet. Dieses *ähnlich machen* wird hier etwas näher bestimmt, indem er sagt, daß das, was ein Bild werden soll, in den Maßverhältnissen (συμμετρίαι) dem Urbild folgen soll, und auch die ihm zukommenden Farben erhalten soll. Das ist zwar eine detaillierte und speziellere Beschreibung des *Ähnlichmachens*, aber man fragt sich doch, ob es nicht das

Verfahren ist, das genau der Definition des Bildes entsprechen würde, und aus welchem Grunde diese so beschriebene Kunst nur einen Teil der Mimesis ausmachen soll. Genau das fragt Theaitetos auch.

> THEAITETOS: Wie aber? Suchen nicht alle Nachahmenden eben dieses zu tun?
> FREMDER: Wenigstens diejenigen nicht, welche von jenen großen Werken eines bilden oder malen. Denn wenn diese die wahren Verhältnisse des Schönen wiedergeben wollten, so weißt du wohl, würde das obere kleiner als recht, und das untere größer erscheinen, weil das eine aus der Ferne, das andere aus der Nähe von uns gesehen würde.
> THEAITETOS: Allerdings.
> FREMDER: Lassen also nicht die Künstler das Wahre gut sein und suchen nicht die wirklich bestehenden Maßverhältnisse, sondern welche als schön erscheinen werden, in ihren Nachbildern hervorzubringen?
> THEAITETOS: Freilich wohl.
> FREMDER: Ist es also nicht billig, daß eine, da es noch ähnlich ist, ein Ebenbild (εἰκών) zu nennen?
> THEAITETOS: Ja.
> FREMDER: Und der hiermit beschäftigte Teil der nachahmenden Kunst ist, wie wir auch früher sagten, die ebenbildnerische (εἰκαστική) zu nennen.
> THEAITETOS: So ist er zu nennen.
> FREMDER: Wie aber? Was nur scheint, dem Schönen zu gleichen, weil es aus günstiger Perspektive betrachtet wird, wenn aber jemand in der Lage wäre, das Ganze in seiner Größe hinreichend zu betrachten, es gar nicht dem gleichen würde, dem es zu gleichen behauptet. – Wie wollen wir das nennen? Nicht eben, weil es zu gleichen scheint, und doch nicht gleicht, ein Trugbild (φάντασμα)?
> THEAITETOS: Unbedenklich.
> FREMDER: Und sehr bedeutend ist dieser Teil sowohl in der Malerei als auch in gesamten bildenden Kunst.
> THEAITETOS: Wie sollte er nicht?
> FREMDER: Und die ein Trugbild (φάντασμα), nicht ein Eben-

bild (εἰκων) hervorbringende Kunst, werden wir die nicht am richtigsten die trugbildnerische (φανταστική) nennen?
THEAITETOS: Bei weitem am richtigsten.
FREMDER: Diese beiden Arten nun, meine ich, gäbe es von der Bilder machenden Kunst: die ebenbildnerische und die trugbildnerische.(*Sophistes*, 235e3–236c7)

Dieser andere Teil der Mimetik ist nun äußerst interessant, so sehr, daß von ihm aus der Teil der Mimesis, den man zunächst für das Ganze gehalten hat, den Anschein bekommt, nur mit mathematischen Abbildungen zu tun zu haben. Die strenge Reproduktion der Maßverhältnisse und gegebenenfalls noch anderer Verhältnisse liefe ja auf eine Isomorphie hinaus. Dagegen hat Platon offenbar im zweiten Teil der Mimetik mit dem eigentlich künstlerischen Teil zu tun. In der Tat spielt Platon auch auf gewisse raffinierte Praktiken griechischer Bildhauer und Architekten an. So machte man die Köpfe von sehr großen Statuen relativ zu groß, damit sie von unten gesehen nicht als zu klein erschienen und bei langen Tempelfluchten wurden gerade Linien etwas nach außen gebogen, um gerade nicht den Eindruck einer Krümmung zu erwecken. Platon sieht dies, wie überhaupt die Künste, sehr kritisch – wir haben davon schon im X. Buch der *Politeia* gehört. Gleichwohl kann er nicht umhin zuzugeben, daß die genannten Praktiken eine sehr große Bedeutung haben. Wenn Schleiermacher den Ausdruck φανταστική mit *Trugbildnerei* übersetzt, so trifft er damit den durchaus pejorativen Sinn, den Platon diesem Ausdruck gibt. Auf der anderen Seite ist klar, daß die φανταστική keineswegs falsche Eindrücke erzeugt, sondern, wie wir gesehen haben und Platon ja auch betont, gerade *für den Anblick*, der dem Betrachter gewährt wird, die richtigen Verhältnisse zur Erscheinung bringt. Freilich, das betont Platon im Text, man muß dazu die vorgesehene Perspektive einnehmen. Aber immerhin gibt es diese – während es bei der sogenannten ebenbildnerischen Kunst eine solche Perspektive nicht gibt. Und das heißt, – weil man faktisch konkrete Bildwerke immer in einer bestimmten Perspektive ins Auge fassen muß –, daß diese also in jeder Perspektive *falsch,* also verzerrt, erscheinen. Damit wird der eigentliche Sinn von φανταστική deutlich. Das Besondere in der Darstellung dieses zweiten Teils der Mimetik besteht darin, daß sie Bilder erzeugt, nicht primär im Hinblick auf das Urbild, sondern im Blick auf die möglichen Perspektiven des vorgesehenen Betrachters. Die φανταστική produziert für die Vorstellungen des Betrachters, und das Produkt kann ja auch φάντασμα heißen, und wird es später bei Aristoteles auch vorwiegend heißen, nämlich: Vorstellung.

Betrachten wir beide Arten der Darstellung noch einmal etwas genauer, um abschätzen zu können, was ihre mögliche Übertragung auf das Verhältnis Idee-Einzelding bedeutet. Denn soviel ist klar: Alles, was Platon hier im *Sophistes* zur Theorie des Bildes sagt, ist an den Verhältnissen in der sinnlichen Welt orientiert.

Also zunächst noch einmal die εἰκαστικὴ τέχνη: Da das Bild in diesem Fall nicht auf den Betrachter hin produziert ist, kann er auch nicht durch bloßes Hinsehen herausfinden, was das Bild abbildet. Denn je nach Perspektive zeigt sich ja etwas anderes, und eine ausgezeichnete Perspektive gibt es nicht. Daraus folgt, daß das Wahre, also das Original in diesem Fall aus der Abbildung nur durch Denken gewonnen werden kann. Das Urbild muß also erschlossen werden. Dann erst kann die Qualität des Abbildes beurteilt werden, nämlich die Genauigkeit, in der sie das Urbild wiedergibt. Nach der Definition der εἰκαστικὴ τέχνη müssen sich am Bild Bestimmungen, also beispielsweise die Maßverhältnisse des Originals, finden. Andererseits brauchen diese Bestimmungen nicht solche des Bildes als Gegenstand sein.

Letzteres ist aber gerade zu fordern, wenn man sich das Verhältnis von Idee und Ding nach dem Vorbild der εἰκαστικὴ τέχνη denkt. Denn in diesem Fall ist ja der konkrete sinnliche Gegenstand selbst das Bild. Da aber die Darstellung der Idee qua Ding in einem Medium erfolgt, dürfen die Bestimmungen, die in der Idee enthalten sind, selbst nur *formaler* Art sein. Das ist der Ansatzpunkt der Interpretation der Ideen als Formen, wie sie mit Aristoteles einsetzt. Aristoteles ist auch derjenige, der dieses Argument umdreht und zu einem Argument gegen die Ideenlehre macht, indem er darauf hinweist, daß es Formen gibt, die bereits Materie implizieren. So benutzt er immer wieder das Beispiel der Krummnasigkeit (ῥὶς σιμή), weil, wie er meint, Krummnasigkeit nur im oder am Fleisch vorkommen kann. Es ist schwer zu sagen, wie Platon diesem Argument begegnet wäre. Aber Aristoteles' Interpretation der Idee als einem etwas, das die Materie organisiert (τὸ εἶδος ἔνυλον), läßt sich gerade mit Platons Begriff der

Darstellung in einem Medium denken: Es müssen ja nur Beziehungen, die in der Idee gedacht sind, in dem Medium realisiert werden. Dafür gibt es wenigstens im Bereich der Mathematik klare Beispiele. Die geometrischen Figuren etwa können als Konstruktionsanweisungen gedacht werden, durch deren Ausführung in einem Medium man ein anschauliches Gebilde erhält. Wenn Platon die Figur *Kreis* im 7. Brief etwa definiert als »das, was ... von seinen äußersten Punkten zur Mitte überall gleich entfernt ist« (*7. Brief*, 342b7 f.), dann läßt sich diese Definition natürlich auch als Konstruktionsanweisung lesen, von einem gegebenen Mittelpunkt aus, eine entsprechende Figur zu zeichnen. Wir sehen also: Um die εἰκαστικὴ τέχνη als Modell für die Beziehung von Idee und Ding zu nehmen, muß man ihre Technik der Mimesis als *Realisierung in einem Medium* verstehen. Wir werden später, im Zusammenhang der Kosmogonie, nämlich im *Timaios*, sehen, daß Platon sich die Analogie in der Tat so gedacht hat.

Nun zur φανταστικὴ τέχνη: Hier wird im Bild direkt das Original erblickt – zumindest aus einer bestimmten Perspektive. Dabei will ich zunächst davon absehen, daß diese Unmittelbarkeit auch höchst täuschend sein kann. Um zunächst das Augenmerk auf einen anderen Punkt zu richten: Platon sagt ausdrücklich, daß hier das Bild nicht dieselben Bestimmungen wie das Original haben muß, oder schärfer sogar noch, daß es sie gar nicht haben darf, soll es einen richtigen Eindruck vom Original vermitteln: »Denn, wenn diese die wahren Verhältnisse des Schönen wiedergeben wollten, so weißt du wohl, würde das obere kleiner als recht und das untere größer erscheinen...« (*Sophistes*, 235e6–8). Es muß vielmehr – um hier einen Ausdruck von Umberto Eco zu benutzen – *die Wahrnehmungsbedingungen* schaffen, damit für den Betrachter der Anblick oder das φάντασμα des Originals erscheint. Eco hat dafür ein extremes Beispiel gegeben, nämlich den durch eine Umrißlinie auf einem weißen Papier gegebenen Anblick eines Pferdes.[2] Diese Umrißlinie sei die einzige Bestimmung des Bildes, und genau diese teile es mit dem Original nicht, denn ein dreidimensionaler Gegenstand habe nicht eine solche Umrißlinie. Damit aber ist die Möglichkeit eröffnet, daß die Darstellungsweise im Modus der φανταστικὴ τέχνη sich überhaupt keiner Bestimmungen des Originals

---

2 Umberto Eco, *Einführung in die Semiotik*, München: Fink 1992, 199.

bedient, sondern konventioneller Zeichen, d. h. daß sie zur symbolischen Darstellung wird. Ich habe schon darauf hingewiesen, daß diese Darstellungsweise sogar unausweichlich ist, wenn es um die Darstellung von Sujets geht, die keine sinnlichen Gegenstände sind, also beispielsweise die Darstellung der Götter.

Von hier aus ergibt sich eine Brücke zum Dialog *Kratylos* (430a10 ff.), in dem die Frage diskutiert wird, inwiefern die Rede eine *natürliche* oder konventionelle Darstellung der Redegegenstände ist. (s.u.)

Bisher befinden wir uns mit der Diskussion der φανταστική τέχνη noch im sinnlichen Bereich, also den beiden unteren Abteilungen des Liniengleichnisses. Inwieweit kann man nun das Verhältnis von Idee und Ding nach dem Modell der φανταστική τέχνη denken? Mir scheint, daß das gerade wegen des Bezugs auf den Betrachter und des potentiell konventionellen Charakters der Darstellungsweise ausgeschlossen ist. Damit wäre man für die Frage von Idee und Einzelding auf die εἰκαστική zurückgewiesen und das hat eine weitreichende Konsequenz, denn dort hat sich ja gezeigt, daß man nicht durch einfache Betrachtung oder durch die Probe der Sinnfälligkeit des Gegenstandes sagen kann, welche Idee er zur Darstellung bringt. Man ist vielmehr auf Vermutungen angewiesen, und wenn man solche Vermutungen anstellt, kann man ihre Richtigkeit nicht strikt beweisen, weil dieser Beweis eine Zirkelstruktur enthält. Eine bestimmte Auffassung des Gegenstandes (δόξα) führt dazu, den Gegenstand als Darstellung einer Idee zu verstehen. Die Richtigkeit dieser Vermutung läßt sich aber nur zeigen, wenn der Gegenstand möglichst streng der erschlossenen Idee entspricht.

Rückblickend auf beide Arten der Darstellung kann man sagen, daß Bilder in jedem Falle täuschenden Charakter haben können. Aber bei den Produkten der εἰκαστική τέχνη kann man sich einfach in Bezug auf die Frage irren, was sie darstellen, während bei der φανταστική τέχνη der Betrachter ja dazu gebracht wird, bestimmte Vorstellungen zu empfangen. Und darin liegt nun die eigentliche Möglichkeit der Täuschung, denn gerade die Sinnfälligkeit der Bilder der φανταστική führt leicht dazu, daß der Betrachter glaubt, es mit Produkten der εἰκαστική zu tun zu haben, d. h. die Bestimmungen des Bildes für solche zu nehmen, die auch dem Original zukommen. Das ist um so gravierender als sie rein konventioneller Art sein können. So suggerieren beispielsweise die Darstellungen von Zeus, ihn sich als alten Mann mit einem Blitz in der Hand vorzustellen. Diese Täuschungsmöglichkeit ist zwar nicht in den Dingen der sinnlichen Welt, insofern sie Darstellungen der Ideen sind, gegeben, wohl aber in Bildern und Reden darüber. Deshalb soll zum Abschluß noch die schon erwähnte Stelle im Dialog *Kratylos* herangezogen werden.

Im *Kratylos* geht es im Gespräch zwischen Sokrates und Kratylos um die Frage der *Sprachrichtigkeit*, spezieller darum, ob man die Buchstabenfolge in einem Wort aus der damit bezeichneten Sache rechtfertigen kann. Dabei werden hauptsächlich zwei Hypothesen diskutiert, nämlich einerseits die Hypothese, daß es für die einzelnen Buchstaben eine *natürliche Richtigkeit* gibt – also etwa im Sinn von Lautmalerei – andererseits die Hypothese, daß die einzelnen Buchstaben bloß konventionell sind. Vorausgesetzt wird – wie im 7. *Brief* – daß die Rede eine Form der Darstellung der Sache ist.

> SOKRATES: Auch gestehst du, das Wort sei eine gewisse Nachahmung des Dinges (μίμημά τι τοῦ πράγματος)?
> KRATYLOS: Auf alle Weise dieses.
> SOKRATES: Aber auch die Gemälde (ζωγραφήματα), sagst du, sind auf andere Weise Nachahmungen gewisser Dinge.
> KRATYLOS: Ja. (*Kratylos*, 430a10–b5)

Die enge Analogie zwischen sprachlicher und bildlicher Darstellung sollte einen davor warnen, die Urbild-Abbild-Beziehung bei Platon allzusehr im Sinne visueller Darstellung zu verstehen, obgleich natürlich der Terminus εἶδος darauf hinweist, daß Platon sich selbst vornehmlich an visueller Darstellung orientierte. Die nun zu besprechende Kratylos-Stelle ist auch insofern in großer Nähe zu Platons Theorie des Bildes, wie sie im *Sophistes* vorgetragen wird, als Sokrates auch in diesem Dialog sich im Gespräch mit dem Sophisten Kratylos gegen die Behauptung wehren muß, es gäbe falsche Darstellungen überhaupt nicht. Kratylos vertritt in dieser Partie die Hypothese der natürlichen Sprachrichtigkeit von Worten. Danach könne an einem Wort nichts falsch sein. Wenn ein Buchstabe in einem Wort ausgetauscht würde, handele es sich nicht um Falschheit, sondern um ein anderes Wort mit einer anderen Bedeutung. Daraufhin sagt SOKRATES:

SOKRATES: Vielleicht stände um dasjenige, was notwendig nur vermöge einer Zahl ist oder nicht ist, so wie du sagt; wie zum Beispiel Zehn oder eine andere Zahl, welche du willst, freilich, wenn du etwas hinwegnimmst oder dazutust, sogleich eine andere geworden sein wird; von etwas So-Beschaffenem und auch allem, was Bild ist (τοῦ δε ποιοῦ τινος καὶ συμπάσης εἰκόνος), wäre das nicht die Richtigkeit, sondern ganz im Gegenteil: Es ist nicht nötig, daß es (das Bild) alles das wiedergibt von der Beschaffenheit (οἷον ἐστιν) dessen, was es abbildet, wenn es ein Bild sein soll. Sieh nur zu, ob ich recht habe. Wären dies wohl noch zwei verschiedene Dinge wie Kratylos und des Kratylos Bild, wenn einer von den Göttern nicht nur deine Farbe und Gestalt nachbildete, wie die Maler, sondern auch alles Innere ebenso machte wie das deinige, mit denselben Abstufungen der Weichheit und der Wärme, und dann auch Bewegung, Seele und Vernunft, wie alles bei dir ist, hineinlegte und mit einem Wort alles, wie du es hast, noch einmal neben dir aufstellte; wären dies denn Kratylos und ein Bild des Kratylos oder zwei Kratylos?

KRATYLOS: Das, dünkt mich, wären zwei Kratylos.

SOKRATES: Du siehst also nun, Lieber, daß wir für das Bild und das vorher erwähnte (die Benennungen) eine andere Richtigkeit aufsuchen müssen und daß wir nicht darauf bestehen dürfen, daß, sobald etwas fehle oder hinzukomme, es gleich nicht mehr ein Bild sei. Oder merkst du nicht, wieviel den Bildern daran fehlt, dasselbe zu haben wie das, dessen Bilder sie sind?

KRATYLOS: Das merke ich wohl. (*Kratylos*, 432a7–d4)

Die Unterscheidung, die Platon hier zwischen dem Zahlhaften und dem So-Beschaffenen vornimmt, hat sicher auch eine Beziehung zu den Seinsklassen des Begrenzten und des Unbegrenzten im *Sophistes*, und sie weist voraus auf die Kategorien Quantität und Qualität bei Aristoteles. Daß Bilder hier der Klasse des So-Beschaffenen zugeordnet werden, ist nach dem, was wir aus dem 7. *Brief* (342e4) gehört haben, nicht überraschend. Dort heißt es ja, daß in Darstellungen stets nicht nur das, was dargestellt wird, eine Rolle spielt, sondern auch das Wie. Sonst ist aber die Kratylos-Stelle nicht leicht auf das, was Platon an anderen Stellen über Bilder sagt, abzubilden. Deshalb ist es besser die Aussagen im Einzelnen durchzugehen.

Zunächst das, was Platon über Zahlhaftes sagt. Es ist äußerst wichtig, daß Platon hier eine Seinsgattung benennt, bei der die Änderung auch nur einer Bestimmung oder eines Elementes gleich zu einer anderen Sache führt. Das hat auch Konsequenzen für die Darstellung. Man ist gewohnt die Beziehung von Idee und Einzelding so zu denken, daß das Einzelding nur durch eine mehr oder weniger gute Darstellung der Idee ist, was es ist. Das trifft offenbar nicht in allen Fällen zu. Drei Äpfel, die ja nach Platon auch durch Teilhabe an der Idee der Drei drei sind, können nicht mehr oder weniger drei Äpfel sein. – Die Frage ist, wie weit dies auf Dinge, die Darstellung mathematischer Entitäten sind, auszudehnen ist, und ob diese hier im *Kratylos* von Platon benannte Seinsgattung eine besondere Beziehung zur εἰκαστικὴ τέχνη hat. Denn von dieser wurde ja gerade ein Typ von Richtigkeit erwartet, nach der das Bild die Verhältnisse des Originals (συμμετρίαι, *Sophistes* 235d9) an sich haben sollte. Mir scheint nun diese Beziehung nicht zu bestehen. Denn schon bei Zahlverhältnissen dürfte es eine mehr oder weniger gute Darstellung geben, etwa bei der Intonation harmonischer Intervalle. Ferner, gibt es im sinnlichen Bereich allerdings eine mehr oder weniger Darstellung von Geradheit, Kreis usw. Und schließlich ist daran zu erinnern, daß bei der εἰκαστικὴ τέχνη nicht nur mathematische Bestimmungen, sondern beispielsweise auch Farben erwähnt wurden. Daraus folgt, daß alles weitere, was Platon im Kratylos über Bild sagt, nicht nur auf die φανταστική, sondern auch auf die εἰκαστικὴ τέχνη zutrifft.

Was Platon nun im weiteren über die Klasse des So-Beschaffenen sagt, ist eine sehr wichtige, in dem, was bisher über Platons Theorie des Bildes ausgeführt wurde, noch nicht enthaltene Feststellung: Ein Bild muß nicht alles das, was im Original enthalten ist, zur Darstellung bringen, um ein Bild zu sein. Da Bild hier als So-Beschaffenes dem durch Zahl Bestimmten entgegengesetzt wird, heißt das zunächst so viel: Wie jede Qualität das, was sie ist, mehr oder weniger sein kann, so ist auch ein Bild immer mehr oder weniger ein Bild des Originals, nämlich offenbar ein mehr oder weniger gutes Bild.

Um Bild zu sein, braucht es nicht alles, was das Original enthält, zur Darstellung zu bringen – Schleiermacher übersetzt hier, was vom griechischen Text her durchaus möglichst ist: »Sondern es wird im Gegenteil ganz und gar nicht einmal alles einzelne so wiedergeben dürfen, wie das Abzubildende ist« (*Kratylos*, 432b3 f.) So wie der Text fortfährt, liegt diese Übersetzung auch nahe, denn Platon führt aus, daß eine vollständige Reproduktion des Kratylos kein Bild des Kratylos wäre, sondern ein zweiter Kratylos. Man wird Platon dies für den Bereich sinnlicher Gegenstände zugeben. Man müßte heute vielleicht sogar noch etwas schärfer sagen: Wie der Kratylos er selbst ist, so wäre auch der geklonte Kratylos er selbst, also ein zweites Original. Bei der Reproduktion von Kunstwerken würde man das allerdings nicht sagen, sondern würde, vor allem durch zeitliche Kriterien (Geschichte des Originals, Alter des Materials) daran festhalten, daß die Reproduktion eine Reproduktion ist. Nur bei der Reproduktion von industriellen Gegenständen würde man wohl den Begriff des Originals ganz aufgeben.

Für die Übertragung der Bildbeziehung auf die Beziehung von Idee und Einzelding darf man das hier formulierte Kriterium allerdings nicht in der starken (der Schleiermacherschen) Form anwenden. Denn, um in dieser Welt etwas als gerecht zu bezeichnen, kann man zwar zulassen, daß es mehr oder weniger gerecht ist, nicht aber, daß ihm ein wesentlicher Zug der Gerechtigkeit fehlt. Hier greifen nun die zwei anderen Kriterien für die Unterscheidung von Original und Bild, die wir schon kennengelernt haben: Das Original ist die Sache selbst, das Bild nur ein Derartiges; das Original ist das, was die Sache ist als solches, das Bild dessen Darstellung in einem Medium. Diesen zwei Kriterien ist aufgrund der Kratylos-Passage nun als drittes hinzuzufügen: Das Bild braucht nicht alles darzustellen, was im Original enthalten ist.

Platon schließt die Kratylos-Passage mit der Feststellung, daß »das Bild und das vorhererwähnte (die Benennung) eine andere Richtigkeit« haben als zahlhaft bestimmtes Seiendes. (*Kratylos*, 432c7 f.)

Es ist bedauerlich, daß Platon diesen Gedanken der *Bildrichtigkeit* nicht weiter ausführt. Ich habe vorgreifend diesen Ausdruck interpretiert, indem ich davon redete, ein Bild könne mehr oder weniger gut sein. Nach dem, was Platon über die εἰκαστικὴ τέχνη ausführt, kann man sagen, daß – entsprechend dieser Technik – ein Bild gut ist, wenn es möglichst genau den Vorgaben des Originals entspricht. Im Sinne der φανταστικὴ τέχνη kommt allerdings noch ein anderes Kriterium hinzu. Hier kommt es nämlich darauf an, daß das Bild für den Betrachter das Original möglichst erkennbar präsentiert. Dafür sind nun nicht nur die Bestimmungen des Originals, sondern auch die Konventionen der Darstellung zu beachten. Für den Fall der Darstellung einer Sache im Wort hat damit Platon die Möglichkeit eröffnet, die konventionellen Buchstaben im Wort auch als Darstellung der Sache zu werten. Abweichungen in diesem Sinne, d.h. ein Wort falsch zu schreiben, würde dann aber nicht, wie Kratylos meint, bedeuten, daß man gleich eine andere Sache darstellt, sondern eben nur, daß das betreffende Wort, das weiterhin eine Darstellung der Sache bleibt, *falsch* geschrieben ist.

Für die Übertragung der Original-Bild-Beziehung auf das Verhältnis von Idee und Einzelding habe ich schon gesagt, daß die εἰκαστικὴ τέχνη das entscheidende Modell liefert. Aber auch in diesem Fall kann man ein Ding daraufhin beurteilen, ob es für den Betrachter, also den Menschen, eine Idee gut erkennbar präsentiert. Es geht um die Frage, ob ein Einzelding nicht nur faktisch eine Darstellung einer Idee ist, sondern ob die Idee an ihm auch als solche hervortritt. Damit berühren wir das Thema der Schönheit. Schönheit wird von Platon im *Phaidros* (250d8) als das Hervorleuchtendste bezeichnet. Ein Ding ist in jedem Fall gut, wenn es einer Idee entspricht. Es ist aber schön, wenn die Idee an ihm auch sichtbar hervortritt.

III.3. Was ist Erkenntnis?

III.3.1. Kriterien und Modelle

Platon unterscheidet im Liniengleichnis vier Arten der Erkenntnis – man würde heute vielleicht besser sagen: der Kognition. Denn Erkenntnis im eigentlichen Sinne ist für ihn nur das Erfassen durch den Nous, die Dialektik und die dialektisch begründete Wissenschaft. Gleichwohl ist es nicht ganz unberechtigt als Oberbegriff der verschiedenen Arten der Kognition den Ausdruck *Erkenntnis* zu wählen, weil sie nämlich in einer Rangfolge geordnet sind, in der zwar nur dem obersten Rang der Titel Erkenntnis eigentlich zugesprochen wird, aber die anderen eben doch in gewisser Weise auch Erkenntnisse sind. Das zeigt sich nicht nur daran, daß sie gewisse Züge mit der eigentlichen Erkenntnis teilen, sondern auch – und vielleicht gerade daran – daß die niederen Formen der Kognition Modelle abgeben, nach denen die höheren verstanden werden. Auf diese wechselvolle Weise haben beispielsweise die αἴσθησις und der νοῦς einiges gemeinsam.

In seinem Dialog *Theaitetos* stellt Platon, oder besser, stellt Sokrates seinem Gesprächspartner explizit die Frage: Was ist Erkenntnis (ἐπιστήμη)? Diese Frage kann bei Platon nicht in einer Weise behandelt werden, wie wir sie später bei Kant finden. Bei Kant werden bestimmte Wissenschaften, insbesondere die Mathematik und die Newtonsche Mechanik, vorausgesetzt und in ihrem Status als Wissenschaften als vorbildlich akzeptiert. Von solchen Voraussetzungen ausgehend kann Kant dann die Frage, was ist Erkenntnis, in der Form der Frage nach den Bedingungen der Möglichkeit von Wissenschaft beantworten. Mit Platon befinden wir uns aber in einer Situation, in der solche Wissenschaften noch nicht existieren, allenfalls geben bestimmte Einzelfälle, wie die pythagoreische Musiktheorie, oder ein bestimmtes Vorgehen, wie das hypothetische Vorgehen der Mathematiker Hinweise. Aber es ist bei Platon immer wieder deutlich, daß er, was vorfindlich ist an Angeboten, noch nicht eigentlich als Wissenschaft anerkennt, so daß für ihn die Frage nach der Erkenntnis darin besteht, überhaupt erst die Kriterien zur Anerkennung eines Erkenntnisunternehmens herauszuarbeiten. Diese sind zwar schon irgendwie intuitiv vorhanden, aber erst von ihrer Explikation verspricht sich Platon die Begründung von Wissenschaften. Deshalb sind die Angebote, die von Theaitetos im gleichnamigen Dialog auf die Frage: *Was ist Erkenntnis?* gemacht werden – Wahrnehmung, richtige Vorstellung, richtige Vorstellung mit Erklärung – als Testfälle zu verstehen, an denen die Kriterien für Erkenntnis herausgearbeitet werden. Solche Kriterien sind: Erkenntnis soll wahr sein und unerschütterlich und sich auf das Sein beziehen. Sie soll ferner jemandes Erkenntnis sein und ihm Handlungskompetenzen verleihen. Der Sinn dieser Kriterien wird erst deutlich, indem man sieht, inwiefern einige *schwächere* Formen der Kognition ihnen nicht genügen.

Daß die Frage: *Was ist Erkenntnis?* im Dialog *Theaitetos* durch eine Reihe von *Angeboten* beantwortet wird, ist für jemanden, der mit Platons Forderungen an Definitionen vertraut ist – und solche werden gerade am Anfang des *Timaios* wieder diskutiert – etwas erstaunlich. Denn wenn man etwa sagt *Erkenntnis ist Wahrnehmung* so ist damit ja im Grunde noch nichts über die Erkenntnis gesagt, sondern sie wird vielmehr mit etwas identifiziert, von dem man annimmt, daß es dem Gesprächspartner vertrauter ist. Die eigentliche Antwort auf die Frage *was ist Erkenntnis?* müßte eigentlich darin bestehen zu sagen, was man unter Erkenntnis versteht, oder besser gesagt, worin sie besteht. Natürlich muß auch diese Antwort so gegeben werden, daß sie auf etwas dem Gesprächspartner Vertrauteres verweist. Sie wird deshalb durch Modelle gegeben. Diese Modelle sind auch insofern Erkenntnistheorie, als versucht wird in ihnen zu sagen, wie Erkenntnis *funktioniert*. Der *Theaitetos* ist wiederum reich an solchen Modellen. In der Sprache dieser Modelle kann man sagen, daß Erkenntnis als Teilhabe, Erkenntnis als Reflexion, Erkenntnis als Deutung und Erkenntnis als Berührung verstanden wird. Auch das wird erst deutlicher werden, wenn man die einzelnen Formen der Kognition durchgeht. Wir beginnen mit der αἴσθησις. Das rechtfertigt sich aus dem *Theaitetos*, in dem die αἴσθησις, die Wahrnehmung, das erste Angebot zur Beantwortung der Frage *was ist Erkenntnis?* ist. Nur muß man schon hier anmerken, daß in der Rangordnung der Kognitionen nach dem Liniengleichnis die αἴσθησις nicht vorkommt, weil dort alle Formen der Kognition schon so verstanden werden, daß daran etwas als etwas erkannt wird. Diese Als-Struktur hat offenbar die Wahrnehmung nicht, gleichwohl ist und bleibt sie grundlegend für alle anderen Formen der Kognition.

III.3.2 Wahrnehmung

Daß Wahrnehmung überhaupt als Erkenntnis vorgeschlagen werden kann, liegt daran, daß sie im besonderen Maße das Kriterium *Wahrheit* erfüllt. Wahrnehmung (αἴσθησις) ist immer wahr. Diese Behauptung ruht natürlich auf einer bestimmten, wir würden heute sagen: sensualistischen Auffassung von Wahrnehmung, aber läßt sich gerade deshalb gut nachvollziehen. Wenn mir der Kaffee bitter schmeckt, so kann ich mich darüber nicht täuschen. Platon expliziert diese Auffassung im *Theaitetos*, indem er sie mit Grundthesen des Protagoras und des Heraklit in Verbindung bringt, und schließlich selbst eine Wahrnehmungstheorie vorlegt.

Die Beziehung der These von der Unfehlbarkeit der Wahrnehmung zu Thesen des Protagoras und des Heraklit ergibt sich daraus, daß Platon die unterschiedlichen Weisen der Kognition unterschiedlichen Seinsarten zuordnet. Nach Heraklit ist die φύσις im ganzen im Fluß, es gibt eigentlich kein Sein, sondern nur ein Werden. Platon teilt zwar diese Meinung nicht, insofern es um das Seiende im ganzen geht, stimmt aber Heraklit zu für den Bereich der sinnlichen Welt: Sie ist der Bereich des Werdens und Vergehens. Hier, für diesen Seinsbereich, könnte die Wahrnehmung die angemessene, vielleicht sogar die einzige Form der Kognition sein. Im Sinne der These des Protagoras bringt Platon nun dieses Werden und Vergehen in eine intrinsische Beziehung zur Wahrnehmung durch den Menschen. Protagoras' These, wie sie uns gerade durch Platons Dialog *Theaitet* überliefert ist, lautet: »Der Mensch ist das Maß aller Dinge, der Seienden, daß sie sind, der Nichtseienden, daß sie nicht sind« (*Theaitetos*, 152a3–4)[1]. Protagoras mag diesen Satz zwar radikal gemeint haben, Platon bezieht ihn aber von vornherein auf den Seinsbereich, für den er zumindest plausibel ist, nämlich für den Bereich, in dem Sein soviel wie Zur-Erscheinung-kommen ist. Ich zitiere die unmittelbar an den Satz des Protagoras im *Theaitetos* anschließende Passage:

1 Vgl. Diels/Kranz B1.

SOKRATES: Nicht wahr, er meint dies so, daß, wie ein jedes Ding mir scheint, ein solches ist es auch mir, und wie es dir erscheint, ein solches ist es wiederum dir. Ein Mensch aber bist du sowohl als ich.
THEAITETOS: So meint er es unstreitig.
SOKRATES: Wahrscheinlich doch wird ein so weiser Mann nicht Torheiten reden. Laß uns ihm also nachgehen. Wird nicht bisweilen, indem derselbe Wind weht, den einen von uns frieren, den anderen nicht? Oder den einen ein wenig, den anderen sehr stark.
THEAITETOS: Jawohl.
SOKRATES: Sollen wir nun in diesem Falle sagen, daß der Wind an und für sich kalt ist oder nicht kalt? Oder sollen wir dem Protagoras glauben, daß er dem Frierenden ein kalter ist, dem Nichtfrierenden nicht?
THEAITETOS: So wird es wohl sein müssen.
SOKRATES: Und so erscheint er doch jedem von beiden?
THEAITETOS: Freilich.
SOKRATES: Dieses *Erscheint* aber ist eben das Wahrnehmen?
THEAITETOS: So ist es.
SOKRATES: Erscheinung also und Wahrnehmung ist dasselbe in Absicht auf das Warme und alles, was dem ähnlich ist? Denn wie ein jeder es wahrnimmt, so scheint es für ihn auch zu sein.
THEAITETOS: Das leuchtet ein.
SOKRATES: Wahrnehmung ist also immer des Seienden und untrüglich, wenn sie ja Erkenntnis ist.
THEAITETOS: So scheint es. (*Theaitetos*, 152a7–c4)

Man spürt hier natürlich schon – auch für den Bereich der sinnlichen Gegenstände –, daß das nicht das letzte Wort sein kann. Sollte sich solchen Formulierungen wie *derselbe Wind* (αὐτὸ ἐφ' ἑαυτοῦ τὸ πνεῦμα, 152b5) ein Sinn geben lassen, dann kann zumindest die αἴσθησις im Bereich der sinnlich wahrnehmbaren Gegenstände als Kognition nicht allein zuständig sein. Aber gerade für solche Erscheinungen wie Warm-Sein oder Kalt-Sein könnte sich der Satz des Protagoras rechtfertigen lassen. Und das ist es, was Platon tatsächlich durch seine Theorie der Wahrnehmung leistet.

Platons Theorie der Wahrnehmung ist von einem übergreifenden Interesse, weil sie den Satz des Parmenides, von dem wir gesagt haben, er könne im Hintergrund von Platons Zuordnung von Seinsformen und Kognitionsformen im Liniengleichnis stehen, erfüllt: »Dasselbe ist nämlich Sein und Vernehmen« (τὸ γὰρ αὐτὸ νοεῖν ἐστίν τε καὶ εἶναι)[2]. Diese Wahrnehmungstheorie findet sich an zwei Stellen, nämlich im *Theaitetos* und im *Timaios*. An beiden Stellen handelt es sich spezieller um eine Theorie des Sehens.

Im *Theaitetos* bettet Platon, wie gesagt, seine Theorie des Sehens in einen heraklitischen Zusammenhang ein:

> Der Anfang aber, an welchem auch, was wir vorher sagten, alles hängt, ist bei ihnen der, daß alles Bewegung ist, und anderes außerdem nichts, von der Bewegung aber zwei Arten, beide der Zahl nach unendlich, deren eine ihr Wesen hat im Wirken (ποιεῖν), die andere aber im Leiden (πάσχειν), und aus dem Begegnen und der Reibung dieser beiden gegeneinander entstehen Erzeugnisse, der Anzahl nach unendliche, je zwei aber immer Zwillinge zugleich, das Wahrnehmbare und die Wahrnehmung, die immer zugleich hervortritt und erzeugt wird mit dem Wahrnehmbaren. Die Wahrnehmungen nun führen uns Namen wie diese, Gesicht, Gehör, Geruch, Erwärmung und Erkältung, auch Lust und Unlust werden sie genannt, Begierde und Abscheu, und andere gibt es noch, unbenannte unzählbare, sehr viele aber noch benannte. Die Arten des Wahrnehmbaren aber sind je eine einer von jenen an- und miterzeugt, dem mancherlei Sehen Farben, dem Hören gleichermaßen die Töne, und so den übrigen Wahrnehmungen das übrige ihnen verwandte Wahrnehmbare. (*Theaitetos*, 156a3–c2)

Interessant ist hier, daß Platon neben die bekannten Gattungen der Sinneswahrnehmung auch Lust und Unlust, Begierde und Abscheu stellt, d.h. diese Formen des *affektiven Betroffenseins* (H. Schmitz) als Wahrnehmungsarten wertet. Ferner ist wichtig zu notieren, daß Platon Tun und Erleiden als zwei Typen von Bewegung versteht, d.h. umgekehrt Bewegung, κίνησις, hier weder als Ortsbewegung

---

[2] Diels/Kranz, B3.

noch als Veränderung, oder dergleichen verstehen kann. Vielmehr muß κίνησς an dieser Stelle eher so etwas wie Bewegtheit oder Angeregtheit bedeuten. Wahrnehmung als Anregung einer Beziehung, nämlich zwischen dem Wahrnehmbaren auf der einen Seite und dem Sinnesvermögen auf der anderen Seite, hat zwei Seiten, eine aktive und eine passive. Die aktive sieht Platon hier offenbar auf Seiten des Gegenstands, die passive auf Seiten des Sinnesorgans. Durch deren Zusammenspiel ereignet sich (ἐγένετο, *Theaitetos*, 156d5), z. B. Weiß-Sein auf der einen Seite und Weiß-Sehen auf der anderen Seite:

> Wenn nun ein Auge und ein solches anderes ihm Angemessenes zusammentreffen und das Weiße erzeugen nebst der ihr mitgeborenen Wahrnehmung, was beides nicht wäre erzeugt worden, wenn eines von jenen beiden auf ein anderes getroffen hätte: Dann wird zwischen den sich Bewegenden, nämlich das Sehen auf Seiten der Augen, das Weiße aber auf Seiten des die Farbe miterzeugenden Gegenstandes, auf der einen Seite das Auge erfüllt mit der Gesichtswahrnehmung, und sieht alsdann, und ist geworden nicht eine Gesichtswahrnehmung, sondern ein sehendes Auge; auf der anderen Seite wird das die Farbe Miterzeugende erfüllt mit der Weiße und ist geworden auch wiederum nicht das Weiße, sondern ein Weißes, sei es nun Holz oder Stein, oder wessen Oberfläche sonst begegnet mit dieser Farbe gefärbt zu sein. (*Theaitetos*, 156d3–e7)

Wahrnehmung wird hier also als das Ereignis des Zusammenspiels eines aktiven und eines passiven Pols verstanden. Platon hat hier zwar nicht einen allgemeinen Begriff des Wahrnehmungsgegenstands, wie die deutsche Übersetzung suggeriert, aber immerhin bezeichnet er die beiden Wahrnehmungspole doch konkret als Holz oder Stein bzw. als Auge. Aber die Art und Weise, in der beide Seiten im Wahrnehmungsvorgang hervortreten, nämlich als Weiß-Sein auf der einen Seite und Weiß-Sehen auf der anderen Seite, ist doch von ihrem bloß aktuellen Zusammenspiel abhängig. Und Stein und Holz sind in der visuellen Wahrnehmung nicht anders präsent als durch ihre Farbe und ihre Form. Freilich durch ihre Form auch. Daran sieht man wieder, daß diese Art der Kognition noch nicht das Ganze sein kann.

Die Wahrnehmungstheorie im *Timaios,* der ja Platons Naturphilosophie enthält, ist wesentlich konkreter, um nicht zu sagen: physiologisch. Hier ist nicht mehr von einer aktiven und einer passiven κίνησις die Rede, sondern von zwei Feuerströmen, die einerseits vom Körper (σῶμα) und andererseits vom Auge ausgehen. Durch ihr Zusammentreffen kommt Wahrnehmung zustande. Ferner ist noch wichtig, daß Platon hier die Rolle des Lichts berücksichtigt. Licht ist auch eine Art Feuer, die dem Feuer, das unseren Augen entströmt, verwandt ist (συγγενής) und es daher unterstützt und durch den Raum trägt (*Timaios,* 45b–46c). An späterer Stelle (*Timaios,* 76cf.) wird das Zusammenspiel der beiden Feuerstrahlen noch detaillierter, um nicht zu sagen: geradezu mechanistisch, beschrieben. Dabei fällt nebenher noch eine Theorie des Sehens im Spiegel ab.

Wenn man die beiden Versionen von Platons Wahrnehmungstheorie miteinander vergleicht, dann kann man die eine, nämlich die des *Theaitetos,* wohl als phänomenologisch, die andere, nämlich des *Timaios* als physiologisch bezeichnen. Die eine beschreibt nur, was geschieht, die andere arbeitet mit der Unterstellung von Entitäten, deren Annahme sich nur im weiteren, nämlich im Zusammenhang naturphilosophischer Fragen rechtfertigen läßt. Für beide aber gilt, daß Wahrnehmung Ereignischarakter hat, und Wahrnehmungsprädikate mit aktuellen Zuständen des wahrnehmenden Menschen korreliert sind. Das heißt aber, Wahrnehmung ist gerade nur für die Seinsart zuständig, für die Sein gleich Hervortreten oder Erscheinen ist. Und für die gilt dann auch der Satz des Protagoras, daß der Mensch das Maß aller Dinge sei, der Seienden, daß sie sind, und der Nicht-Seienden, daß sie nicht sind.

Man kann sagen, daß Wahrnehmung (αἴσθησις) nach Platons Theorie durchaus ein sehr guter Kandidat für Erkenntnis ist, insofern man Erkenntnis nach dem Modell der Teilnahme-Relation versteht. Im Wahrnehmungsvorgang ist der Mensch tatsächlich in einer Teilnahmebeziehung zum Wahrgenommenen und wird selbst durch diese Teilnahmebeziehung modifiziert: »Denn eine andere Wahrnehmung von etwas anderem macht den Wahrnehmenden zu einem veränderten und anderen« (*Theaitetos,* 159e 8f.). Damit ist sicher ein grundlegender Zug von Erkenntnis im platonischen Sinne bezeichnet. Aber Wahrnehmung ist eben doch nicht eigentlich Erkenntnis und deshalb wird dieser Vorschlag des Theaitetos im gleichnamigen Dialog abgewiesen. Die entscheidenden Kriterien, die dabei wirksam werden, zeichnen sich unterschwellig selbst bei der Darstellung der Wahrnehmungstheorie immer wieder ab. Daß man das Wahrgenommene auch als Eines, als dasselbe, und im Verhältnis zum anderen als gleich oder verschieden ansprechen kann, kann sich offenbar nicht auf die Wahrnehmung allein stützen. »Du meinst ihr Sein und Nichtsein, ihre Ähnlichkeit und Unähnlichkeit, Einerleiheit und Verschiedenheit, ferner, ob sie Eins sind oder eine andere Zahl« (*Theaitetos*, 185c8–d1). Diese Bestimmungen, die den Wahrnehmungsgegenständen gemeinschaftlich (τὰ κοινά) zukommen, sind etwas, das schon als solches außerhalb der Reichweite der Wahrnehmungssinne liegt, weil diese ihr spezifisches Feld haben: »Wirst du auch wohl zugeben wollen, daß du dasjenige, was du vermittelst des einen Vermögens wahrnimmst, unmöglich vermittelst eines anderen wahrnehmen könntest«, fragt Sokrates (*Theaitetos*, 184e7–185a1). Deshalb schließt Platon, daß für diese κοινά ein anderes Erkenntnisvermögen zuständig sein muß.[3] Auffällig ist dabei, daß in dieser Liste der κοινά auch Sein und Nichtsein auftreten. Das kann man nur so deuten, daß an dieser Stelle *Sein* gerade nicht soviel wie *In-Erscheinung-treten* bedeutet.

Ein weiteres Kriterium für Erkenntnis, an dem die Hypothese, Erkenntnis sei Wahrnehmung, scheitert, ist die Forderung, daß Erkenntnis Handlungskompetenz verleihen solle. In dieser Hinsicht – darüber sind sich die Gesprächspartner im *Theaitetos* einig – gibt es aber Unterschiede zwischen den Menschen, insbesondere gibt es ja erlernbare Handlungskompetenzen, auf die sich die einzelnen Professionen stützen. Also die sogenannten Künste oder τέχναι. Wenn Erkenntnis schlechthin Wahrnehmung wäre, dann gäbe es, wie ja auch der Satz des Protagoras unterstellt, zwischen den Menschen keine Unterschiede, denn alles wäre ja nur so, wie es jeweils jemandem erscheint. Schließlich unterstellt Platon im *Theaitetos* auch, daß sich die Erkenntnis auch auf Zukünftiges beziehen müsse. Dieses Argument enthält offenbar das Kriterium, daß Erkenntnis Erkenntnis des Seins und damit des Bleibenden ist, und gerade das kann man von Wahrnehmung, die sich spezifisch

---

3 Diese Verhältnisse sieht Aristoteles offenbar anders, insofern er von einer κοινὴ αἴσθησις redet.

auf Aktuelles bezieht, nicht sagen. All diese Argumente führen im *Theaitetos* zu der weiteren Hypothese, daß Erkenntnis wahre Vorstellung (ἀληθὴς δόξα) sei. Deshalb wollen auch wir hier die Untersuchung der δόξα als weiterer Kognitionsform anschließen.

III.3.3 Doxa

Der Kognitionstyp, den Platon δόξα nennt, spielt im seinem Werk hauptsächlich deshalb eine Rolle, weil er in der Regel als Absprungsbasis dafür dient, die Besonderheit des eigentlichen Wissens – der ἐπιστήμη – herauszuarbeiten. Das heißt aber, δόξα erscheint meistens pejorativ, was dazu geführt hat, ihr in der Platon-Literatur auch kaum einen Platz einzuräumen. δόξα ist eben das bloße Meinen, von dem sich das wahre Wissen zu unterscheiden hat. Diese Auffassung nährt sich außer von den unzähligen Stellen, in denen Platon, wie schon Sokrates, gegen das bloße Meinen polemisiert, vor allem von der Darstellung im Dialog *Theaitetos*. Hier wird die Behauptung, ἀληθὴς δόξα, *wahre Meinung,* oder ἀληθὴς δόξα μετὰ λόγου, *wahre Meinung mit Erklärung* sei Wissen, widerlegt. Da die Ausleger in der Regel Platons manifester Intention, nämlich der Frage nach dem wahren Wissen, folgen, übersehen sie über dem aporetischen Ergebnis des Dialogs, daß er positiv eine Theorie der δόξα oder besser gesagt Modelle der δόξα enthält. Denn wenn auch ἀληθὴς δόξα nicht das wahre Wissen ist, so ist sie eben doch ἀληθὴς δόξα, und als solche ein ausgesprochen wichtiger Kognitionstyp. Die positive Wertung der δόξα folgt aus vielen Einzelfeststellungen Platons, etwa der im *Menon*, wo es heißt, daß die wahre Meinung bezüglich des Weges nach Larissa genauso sicher zur Wegorientierung diene, wie das Wissen darüber. Am wichtigsten ist aber, daß Platon im Liniengleichnis alle unteren Kognitionstypen, und d.h. eben alle auf den Bereich des Werdens und Vergehens gerichteten Erkenntnisweisen, unter dem Titel δόξα zusammenfaßt. δόξα ist deshalb die Erkenntnisweise, mit der wir uns im sinnlichen Bereich orientieren. Zu ihr gehört auch die naturphilosophische oder kosmologische Erkenntnis, die Platon im *Timaios* εἰκὼς λόγος nennt. Nimmt man das alles zusammen, so stellt sich die dringende Aufgabe, δόξα besser zu verstehen.

Deshalb müssen die Definitionsversuche im *Theaitetos*, die eigentlich auf die wahre Erkenntnis, auf die ἐπιστήμη, zielen, auch neu gelesen werden. Zwar sollte man nicht vergessen, am Scheitern dieser Definitionsversuche abzulesen, welches die Kriterien für wahre Erkenntnis bei Platon sind. Aber die Darlegungen über δόξα sollten doch in ihrem Eigenwert gewürdigt werden, nämlich eben als deren Theorie.

Soweit haben wir uns des Terminus δόξα bedient, um damit eine spezifisch im platonischen Werk auftretende Kognitionsform zu bezeichnen. Man kann der Meinung sein, daß man diesen Terminus unübersetzt stehen lassen sollte, weil jede Übersetzung eine unangemessene Einordnung in eine andere, jedenfalls nicht platonische Erkenntnistheorie enthielte. Die wohl am häufigsten verwendete Übersetzung *Meinung* gibt zwar die für δόξα charakteristische Ungefestigtheit dieses Kognitionstyps richtig wieder, wird aber dem positiven Sinn von δόξα, nämlich als der für das Werden und Vergehen angemessenen Erkenntnisweise, nicht gerecht. Häufig wird auch die Übersetzung *Vorstellung* verwendet. Wir werden noch auf Zusammenhänge kommen, wo sich diese Übersetzung kaum vermeiden läßt. Nur ist der deutsche Ausdruck *Vorstellung* so stark mit einem Repräsentationsmodell der Erkenntnis – wonach im Erkenntnisprozeß innerpsychische Repräsentanten des Erkenntnisgegenstandes eine Rolle spielen – verbunden, daß sich diese Übersetzung nicht empfiehlt. δόξα ist ein transzendierendes Vermögen, wie wir noch sehen werden, ein Ausgreifen auf den Gegenstand. Schließlich hat man δόξα auch mit *Urteil* übersetzt, so insbesondere Jan Szaif in seinem Buch *Platons Begriff der Wahrheit*[1]. Diese Übersetzung rechtfertigt sich aus der Analogie, die Platon immer wieder zwischen wahrer und falscher δόξα und wahrer und falscher Aussage herstellt. Nun liegt es nur allzu nahe, diese Analogie als Gleichheit zu lesen. Bei Kant etwa ist ein Urteil nichts anderes als eine konstatierende Aussage. Platon vollzieht diese Gleichsetzung von δόξα mit *Aussage* an jener berühmten Stelle, an der er sagt, daß das Denken ein Selbstgespräch der Seele sei (*Theaitetos*, 189e6 f.): »Darum sage ich, das Vorstellen (δοξάζειν) ist ein Reden (λέγειν), und die Vorstellung (δόξα) ist eine gesprochene Rede, nicht zu einem anderen und mit der Stimme, sondern

---

[1] Freiburg-München: Karl Alber, 2. durchgesehene Auflage, 1998.

stillschweigend und zu sich selbst« (*Theaitetos*, 190a4–6).² Was die δόξα mit der Aussage teilt, ist sicher die Als-Struktur, nämlich daß etwas als etwas erkannt bzw. ausgesagt wird. Das rechtfertigt aber nicht δόξα mit Rede, oder spezieller *Urteil* allgemein gleichzusetzen. Dagegen sprechen Beispiele, wie etwa das schon angeführte aus dem *Menon*, nämlich von der richtigen Vorstellung (δόξα) des Weges nach Larissa. Diese richtige Vorstellung kann durchaus ein Plan sein oder eine innere Anschauung, eine Intuition, jedenfalls braucht sie nicht den Charakter einer Rede zu haben.

Ich werde für δόξα die Übersetzung *Auffassung* verwenden. Diese Übersetzung hat den Vorteil, daß sie im Deutschen ungezwungen ist und einen Ausdruck verwendet, der nicht durch andere philosophische Erkenntnistheorien besetzt ist. Was aber vor allem für diesen Ausdruck spricht, ist die Nähe zum griechischen Ausdruck δόξα selbst. δόξα hängt mit dem Verb δέχομαι zusammen, das *aufnehmen, annehmen, erwarten* und ähnliches bedeutet. In der δόξα fasse ich etwas als etwas auf. Dieses Aufnehmen ist durchaus aktiv, bleibt aber unkritisch. Es antwortet gewissermaßen spontan auf das, was sich mir als Eindruck gibt. Auch hier haben wir die parmenideische Entsprechung von Sein und Erkennen, die wir bereits in der Wahrnehmungstheorie Platons gefunden haben. Sie findet sich im Ausdruck δόξα selbst. δόξα, das auf der einen Seite *Auffassung, Bedeutung, Erwartung* und *Vermutung* bedeutet, nennt auf der anderen Seite auch den *Ruf*, die *Ehre* und *den Anschein, den etwas hat*. Dasselbe auf der Ebene des Verbs: δοκέω heißt *meinen* und *glauben*, aber auch – intransitiv verwendet – *scheinen, den Anschein haben*. Was δόξα (*Auffassung*) von αἴσθησις (*Wahrnehmung*) trennt, ist die Als-Struktur: etwas erscheint als etwas, und: etwas wird als etwas aufgefaßt.

Platon entwickelt im Dialog *Theaitetos* zwei Modelle für *Auffassung*. Es sind die Modelle des Wachsblocks und des Taubenschlages. Beide Modelle sind in der Gesprächsführung des *Theaitetos* Exkurse, obgleich sie einen großen Teil des Dialogs umfassen. Ihre Entwicklung wird nämlich nicht durch die Frage, was Erkenntnis überhaupt, oder auch nur durch die Frage, was Auffassung sei, ausgelöst, sondern vielmehr durch die Frage, wie falsche Auffassung

---

2 Auf diese Stelle bezieht sich Szaif zur Rechtfertigung seiner Übersetzung von δόξα als Urteil, a.a.O., 356.

(ψευδὴς δόξα) möglich sei. Daß das überhaupt als Problem empfunden wurde, liegt an dem parmenideischen Hintergrund, von dem her man sophistisch die Möglichkeit von Falschheit überhaupt bestreiten kann. Wir kennen dieses Argument bereits aus der Diskussion des Themas *Bild* im *Sophistes*. Hier im *Theaitetos* (188c–189b) wird das Argument für das Thema *Auffassung*, und in späteren Partien des *Sophistes* noch einmal für das Thema *Aussage* durchgespielt. Wir wollen es deshalb hier nicht explizit entfalten. Es läuft darauf hinaus, daß etwas falsch aufzufassen überhaupt nicht auffassen hieße, – wenn man die falsche Auffassung mit der Auffassung des Nichtseienden identifizierte. Um diese Konsequenz zu vermeiden, entwickelt dann Sokrates im *Theaitetos* Modelle von Auffassung, nach denen Auffassung nicht einfach das Erfassen von etwas ist, sondern vielmehr jeweils eine Zweiheit enthält, nämlich als Erfassen von *etwas als etwas*. Es ist also die Möglichkeit der Falschheit einer Auffassung, die dazu zwingt, ein komplexes Modell von Auffassung zu entwerfen. Diese komplexe Struktur dürfte nicht bloß für *Auffassung* von Bedeutung sein, sondern für Kognition überhaupt, weil sie jedenfalls immer dann erscheint, wenn Kognition in Rede gefaßt wird. Dies wäre nicht entdeckt worden, wenn Platon stets nur direkt, was er eigentlich Erkenntnis nennt (ἐπιστήμη), thematisiert hätte. Denn Erkenntnis als solche kann nicht falsch sein. Insofern rechtfertigt sich nachträglich der Umweg der Untersuchung von Erkenntnis über die Hypothese: Erkenntnis sei Auffassung (δόξα), eine Hypothese, die vom Standpunkt des Dialogs *Politeia* gesehen von vornherein als verfehlt zu bezeichnen gewesen wäre.

Das erste Modell für Auffassung ist das Modell des Wachsblocks. Sokrates unterstellt in der Seele eine Art Wachsblock, in dem alle möglichen Gestalten, Spuren früherer Erkenntnisereignisse abgedruckt sind. Diese Abdrücke sind gewissermaßen der Wissensbestand der Person. Auffassung besteht nach diesem Modell darin, daß man Wahrnehmungen mit den Einprägungen in der Seele in Beziehung setzt. Das Beispiel, das dieses Modell dominiert, ist das Erkennen einer Person, die man sieht. Auffassung (δόξα) heißt danach ein in der Wahrnehmung gegebenes Etwas als etwas Bestimmtes, das man kennt, dessen Abdruck man in der Seele besitzt, identifizieren. Erkenntnis ist also nach diesem Modell Wiedererkennen (ἀναγνώρισις, Theaitetos 193c4).

Dieses Modell ist nun allerdings für Platons Philosophie von allergrößter Bedeutung, um nicht zu sagen: Es ist für ihn das Modell von Erkenntnis überhaupt. Es handelt sich nämlich bei Erkennen qua Wiedererkennen darum, daß in dem, was erkannt wird, eine Idee identifiziert wird – so schlecht sie auch im Erkannten realisiert sein mag. Dieses Modell der Erkenntnis setzt nun allerdings voraus, daß die Ideen in gewisser Weise schon in der Seele sind, bzw. daß es eine ursprüngliche Erwerbung der Ideen gibt. Ersteres wird mit der Lehre von der Anamnesis (der Wiedererinnerung) im Platons *Menon* (84b–86c) eingeführt, letzteres mit dem Mythos vom Seelenwagen, mit dem die Seele auf ihrer Reise durch die oberen Gefilde einen mehr oder weniger großen Schatz von Ideen erwirbt (*Phaidros*, bes. 248a–249d). Nüchtern gesprochen setzt Erkenntnis als Auffassung von etwas als etwas noch einen anderen, fundamentaleren Erkenntnistyp voraus, in dem die Ideen oder, im Bild gesprochen, die Einprägungen im Wachsblock erworben werden.

Falschheit der Auffassung kann nach diesem Modell nun durch zweierlei zustande kommen. Entweder die Wahrnehmung ist undeutlich oder aber die Ausprägung der Form in der Seele ist mangelhaft (*Theaitetos*, 193c1 f., 194e6). So können falsche Zuordnungen zustande kommen. Das Modell setzt also – das muß betont werden – nicht ein in der Wahrnehmung Gegebenes direkt mit einer Idee in Beziehung, sondern vielmehr mit deren Abdruck in der Seele. Genau das erlaubt überhaupt von Richtigkeit und Falschheit zu sprechen, weil nämlich unterstellt wird, daß im Wahrnehmungsgegenstand, wie in der Ausprägung in der Seele, *dieselbe* Idee zur Darstellung kommt. Auffassung heißt also zwei verschiedene Darstellungen derselben Idee miteinander in Beziehung zu setzen. Dies ist wohl der Grund, weshalb Platon sagt, daß man von Auffassung spreche »wenn die Seele sich mit sich selbst im Bezug auf das Seiende beschäftigt« (ἡ ψυχή, ὅταν αὐτὴ καθ' αὑτὴν πραγματεύεται περὶ τὰ ὄντα, *Theaitetos*, 187a5 f.). Aufgrund der Beziehung, die in der Seele zwischen Wahrnehmung und Erinnerungsbild zustande kommt, wird der Wahrnehmungsgegenstand *als* Darstellung einer bestimmten Idee aufgefaßt.

Dieses Modell für *Auffassung* ist sicher schon ziemlich gut, gleichwohl erfaßt es wohl nicht alle Fälle. Sokrates zwingt zur Einführung eines weiteren Modells für *Auffassung* durch den Hinweis, daß es auch richtige und falsche Auffassung gibt in Fällen, in denen keine Wahrnehmung eine Rolle spielt. Sein Beispiel ist hier, daß sich jemand in Hinblick auf die Frage, ob fünf plus sieben elf oder zwölf sei, irren könne. Dieses Beispiel ist zwar nicht als Beispiel für einen Fall für Erkenntnis überhaupt problematisch, wohl aber als Beispiel in einer Theorie der Auffassung (δόξα). Denn es handelt sich ja um ein mathematisches Beispiel, also um einen Gegenstand aus dem Bereich des ewig Seienden, von dem es also Erkenntnis im eigentlichen Sinne gibt. Hier aber behandelt Platon das Beispiel so, daß es unter Auffassung fällt, also in dem Sinne, wie jemand der Meinung sein kann, fünf plus sieben sei elf. Aber in dem Fall, in dem das vorkommen kann, wäre auch *fünf plus sieben gleich zwölf* nichts als Meinung, nur eben die *richtige* Auffassung. Aber wie stellt sich Platon den Erkenntnisvorgang vor, in dem überhaupt das Erkenntnisereignis *fünf plus sieben gleich elf*, also die falsche Auffassung vorkommen kann? Er stellt es sich mit Hilfe des Modells vom Taubenschlag vor.

Wie im Modell des Wachsblocks wird hier die Seele mit einem gewissen Wissensbestand ausgerüstet vorgestellt, nämlich als ein Taubenhaus, in dem die Wissensbestände in Form von Tauben herumfliegen. Zu einer richtigen Auffassung (ὀρθὴ δόξα) zu gelangen heißt in diesem Beispiel die *richtige* Taube zu erwischen. Die Taube *zwölf* zu erwischen, wird die Person durch die Aufgabe *fünf plus sieben* angeleitet.

Auch hier nun haben wir es mit zweierlei zu tun, das die Seele in Beziehung setzen muß, nämlich, wie wir sagen würden, einerseits mit der Aufgabe *fünf plus sieben*, und andererseits mit dem Resultat *zwölf*. Freilich ist diese Redeweise Platon nicht ganz angemessen, weil er ja die zwölf nicht als ein Produkt einer Operation versteht. Vielmehr müßte man sagen, das, was der Rechenkünstler leistet, ist, die Zwölf in *fünf plus sieben* zu erkennen, oder umgekehrt *fünf plus sieben* als eine andere Darstellung von zwölf. Damit wären wir allerdings zurück beim ersten Modell, nur daß wir dann eine intellektuelle Anschauung, durch die nämlich *fünf plus sieben* gegeben wäre, annehmen müßten. Eine reine Anschauung ist bei Platon nicht ganz ausgeschlossen – sie fiele unter νοῦς, also Vernunft – aber auf die beruft sich Platon hier nicht. Vielmehr versteht er offenbar unter der Aufgabe *fünf plus sieben* eine *Greifintention, die* einem mehr oder weniger sicher eine bestimmte Zahl aus dem

Zahlenvorrat fassen läßt. Platon erläutert dieses Fassen, indem er die Differenz zwischen *haben* und *besitzen* einführt. Man kann bestimmte Kenntnisse – hier Zahlen – besitzen, ohne sie jeweils zu haben. Er erläutert diesen Unterschied durch das Beispiel, daß man zwar ein Kleid erworben hat, aber aktuell nicht trägt.[3] Danach wird Auffassung als eine Aktualisierung einer Erkenntnis, die man schon zuvor hat, interpretiert. Im Beispiel: Die Aufgabe *fünf plus sieben* aktualisiert die Kenntnis der Zwölf. Die Aufgabe *fünf plus sieben* ruft in mir die Vorstellung der Zwölf hervor. Die Aufgabe fünf plus sieben wird also nicht eigentlich als Aufgabe, sondern eher als eine Anregung verstanden, aufgrund deren sich die Zwölf oder gegebenenfalls auch eine andere Zahl einstellt. Aufgrund dieses Ereignisses kann ich dann sagen, daß ich mit der Zwölf *fünf plus sieben* erfasse, oder umgekehrt *fünf plus sieben als* Zwölf.

Rechnen wird nach diesem Modell offenbar als eine mehr oder weniger gut gelingende Intuition verstanden. Der gute Rechner ist derjenige, der mit seiner Intuition das Richtige trifft. Eine Erkenntnis, daß fünf plus sieben gleich zwölf ist, liegt aber in keinem Fall vor. Daß man aber überhaupt in diesem Fall richtige und falsche Auffassung unterscheiden kann, unterstellt, daß es eine solche Erkenntnis jedenfalls gibt. Wir würden sagen, daß sie außer der Intuition noch einen Beweis dafür, daß fünf und sieben zwölf ist, verlangte. In dieser Richtung bewegt sich ja auch der Dialog im *Theaitetos* weiter, indem nämlich als nächste Hypothese für Erkenntnis richtige Vorstellung mit Erklärung (ὀρθὴ δόξα μετὰ λόγου) vorgeschlagen wird. Wir bleiben jedoch vorerst im Modell für Auffassung überhaupt. Im Dialog *Theaitetos* scheitert das Modell des Taubenschlages daran, daß Platon nicht, wie wir hier, von einer Greifintention spricht oder sprechen kann. Er scheint die Aufgabe *fünf plus sieben* auch nicht anders behandeln zu können, als seine Tauben im Taubenschlag, so daß der Irrtum doch bloß auf das Verwechseln zweier Zahlen hinausliefe. An anderen Stellen[4] hat Platon aber eine viel bessere Vorstellung vom Bearbeiten mathematischer Probleme. Er weist nämlich darauf hin, daß die Mathematiker sich sinnlicher Darstellungen bedienen, obgleich sie

---

3 *Theaitetos* 197b. Hier dürfte der Ursprung zu Aristoteles' Unterscheidung von δύναμις und ἐνέργεια liegen.
4 z. B. *Politeia* VI, 510d.

wissen, daß sie nichts als Darstellungen sind, und nicht die Sache selbst. Das gilt sicher nicht nur für geometrische Zeichnungen. Auch arithmetische Probleme, also etwa *fünf plus sieben*, kann man ja dadurch lösen, daß man Arrangements von sieben und fünf Steinchen zusammenfügt und dann erkennt, daß sie zwölf ausmachen. Allerdings führt diese Beschreibung mathematischen Vorgehens auf das erste, also das Wachsblockmodell, zurück.

In beiden Modellen für *Auffassung* beschäftigt sich die Seele mit sich selbst, es werden zwei Instanzen miteinander in Beziehung gesetzt: Einmal Wahrnehmung und Erinnerung, und einmal Intention oder Aufgabenstellung und Wissensbestand. Nach diesen Modellen hat die Auffassung die Struktur, die wir Als-Struktur genannt haben: Etwas wird als etwas aufgefaßt. Es ist gerade diese Struktur, die dafür verantwortlich ist, daß *Auffassung* richtig und falsch sein kann. Wie verhalten sich nun zu diesen Modellen jene Stellen bei Platon, von denen wir gesagt haben, daß an ihnen δόξα ganz plausibel durch *Vorstellung* übersetzt werden könne. Es handelt sich dabei keineswegs um bloß gelegentliche, unterminologische Formulierungen, sondern um so zentrale Stellen, daß man sie nicht übergehen kann. Die eine findet sich im Argumentationsgang des *Theaitetos* selbst, und zwar am Ende der Vorführung der beiden Modelle für *Auffassung*. Da sie ja primär entwickelt worden waren, um die Rede von der Falschheit einer Auffassung (ψευδὴς δόξα) plausibel zu machen, wird am Ende noch einmal die eigentlich diskutierte These, nämlich, daß richtige Vorstellung Erkenntnis sei, aufgegriffen. Diese These erfährt dann eine relativ kurze Abweisung durch den Hinweis auf jene Künste und professionellen Praktiken, durch die jemandem eine richtige Vorstellung vermittelt werden kann von etwas, das er gerade nicht weiß. Es geht um die Praxis von Rhetoren und Anwälten (*Theaitetos*, 200e–201c). Die Richter beispielsweise urteilen dann gegebenenfalls zwar aufgrund richtiger Vorstellung (ἀληθὴς δόξα) aber ohne Erkenntnis (ἐπιστήμη).

> Wenn also Richter so, wie es sich gehört, überredet worden sind in Bezug auf etwas, das nur, wer es selbst gesehen hat, wissen kann, sonst aber keiner, so haben sie dieses, nach dem bloßen Gehör urteilend, vermöge einer richtigen Vorstellung, aber ohne Erkenntnis abgeurteilt, so jedoch, daß die Über-

redung richtig gewesen, wenn sie nämlich als Richter gut geurteilt haben? (*Theaitetos*, 201b7–c2)

Diese Stelle ist nicht nur auffällig, weil sich die Rede von der richtigen Vorstellung nicht den zuvor entwickelten Modellen fügt – jedenfalls nicht ohne weiteres – sondern auch, weil aus ihr zu folgen scheint, daß richtige Vorstellung *mit Wahrnehmung* Erkenntnis sei. Eben dies legt auch die andere wichtige Stelle nahe, nämlich die schon erwähnte im *Menon*, wo es um den Weg nach Larissa geht. Dort heißt es:

> SOKRATES: Wie aber? Wenn einer nur eine richtige Vorstellung davon hätte, welches der Weg wäre, ohne ihn jedoch gegangen zu sein und ihn eigentlich zu wissen (ἐπιστάμενος), wird nicht dennoch auch der richtig führen?
> MENON: Allerdings.
> SOKRATES: Und solange er nur richtige Vorstellung hat (ὀρθὴν δόξαν) von dem, wovon der andere Erkenntnis (ἐπιστήμην), so wird er kein schlechterer Führer sein, er, der nur richtig vorstellt, aber nicht weiß, als jener Wissende? (*Menon*, 97b1–7)

Wir wollen jetzt nicht darauf eingehen, was es bedeutet, daß hier gerade das Moment der Wahrnehmung dasjenige ist, was Erkenntnis gegenüber bloßer Vorstellung auszeichnet. Es wird hier sicherlich mit einem eher landläufigen und lebensweltlichen Begriff von Erkenntnis gespielt, der nach Platons schärferen Anforderungen an Erkenntnis doch letztlich nicht eigentlich als Erkenntnis anerkannt werden kann. So heißt es ja auch im *Menon* gleich darauf, daß Erkenntnis sich von richtiger Vorstellung, sei sie nun mit oder ohne Wahrnehmung, durch das Moment der Beständigkeit unterscheide. Erkenntnis sei bleibend, während Vorstellungen wechseln. Man müsse die richtigen Vorstellungen durch Angabe von Gründen binden (δήσῃ αἰτίας λογισμῷ, *Menon* 98a4). »Nachdem sie aber gebunden werden, werden sie zuerst Erkenntnisse und dann auch bleiben« (*Menon*, 98a7–9). Auch diese Formulierung weist auf den letzten Vorschlag zur Erklärung von Erkenntnis im *Theaitetos* voraus, nach dem Erkenntnis richtige Vorstellung mit Begründung sei. Würde man dagegen den beiden Stellen, an denen Wahrnehmung zum wesentlichen Kriterium für Erkenntnis gemacht wird, folgen, dann würde man auf das erste Modell für Auffassung im *Theaitetos* zurückgeworfen, das ja schließlich das Moment der Wahrnehmung wesentlich enthielt. Festzuhalten bleibt aber aus dem lebensweltlichen Begriff von Erkenntnis, daß Erkenntnis eine unmittelbare Beziehung zum Gegenstand enthalten muß, wie sie unter anderem durch die Wahrnehmung gegeben sein kann.

Die beiden Stellen aus *Menon* und *Theaitetos* beziehen sich nun auf Situationen, in denen jemand eine richtige Vorstellung von etwas – dem Weg nach Larissa im einen Fall, einem Sachverhalt im Zusammenhang einer Straftat im anderen Fall – durch verbale Vermittlung erlangt. Können wir darin die Als-Struktur wiederfinden, also sagen, daß auch hier etwas als etwas aufgefaßt wird? Oder müssen wir sagen, daß es sich hier um ein einfaches Erfassen oder eine Repräsentation eines Sachverhaltes handelt? Wenn das der Fall wäre, dann wäre die entsprechende Vorstellung nicht als richtig zu qualifizieren, denn weder kann man eine Sache falsch erfassen, noch falsch repräsentieren. Wie also soll man für diese Fälle die charakteristische Zweiheit, die Beschäftigung der Seele mit sich im Bezug auf das Seiende (*Theaitetos*, 187a) wiederfinden? Mir scheint, daß die Zweiheit hier dadurch gegeben ist, daß der entsprechende Sachverhalt jeweils noch entweder durch seinen Namen oder durch eine Aufgabe gegeben ist. Eine richtige Vorstellung vom Weg nach Larissa zu haben, heißt eben den Weg nach Larissa durch ein bestimmtes Bild oder eine Wegbeschreibung aufzufassen. Entsprechend kann man eine richtige Vorstellung von einer Straftat haben, indem man sich ein Bild von den Umständen und dem Verlauf macht. Auch hier also, wie in den Modellen *Taubenschlag* und *Wachsblock*, gibt es bei der Auffassung einen doppelten Bezug auf den Gegenstand der Auffassung: etwas wird als etwas aufgefaßt.

Man könnte glauben, daß damit bereits alles mitgeteilt sei, was Platon zu Theorie der δόξα zu sagen hat. Die ausführlichen Untersuchungen des letzten Vorschlages zur Definition von Erkenntnis, nämlich sie sei *Auffassung mit Erklärung*, setzten das Verständnis von δόξα jeweils schon voraus, weil sie nämlich durch den Zusatz *mit Erklärung* sichtlich über den Status bloßen Auffassens hinausgingen. Tatsächlich werden sie ja auch mit dieser Intention vorgebracht. Und nach dem, was im *Menon* steht, müßte man allerdings erwarten, daß eine Auffassung mit Erklärung Erkenntnis sei, insofern sie eben durch Verknüpfung mit Gründen *festgebunden* ist. Aber alle drei Versuche im *Theaitetos*, den Zusatz *mit Erklärung* zu erläutern, scheitern dann gerade insofern, als gezeigt wird, daß sie *nicht* über *Auffassung* hinaus führen. Deshalb sind sie als weitere Bestandsstücke der Theorie der Auffassung (δόξα) zu verstehen. Welches sind die drei Möglichkeiten, den Zusatz μετὰ λόγου (mit Erklärung) zu verstehen? Platon faßt sie selbst im Wechselgespräch von Theaitetos und Sokrates zusammen:

> THEAITETOS: ... Die erste war gleichsam ein Bildnis des Gedankens durch die Stimme (1); das eben Durchgegangene war der Weg zum Ganzen durch die Bestandteile (2). Was meinst du aber mit der dritten?
> SOKRATES: Was die meisten sagen würden, daß man könne ein Merkmal angeben, wodurch sich das Gefragte von allen übrigen Dingen unterscheide? (3)(*Theaitetos*, 208c5–8)

Diese drei Möglichkeiten, die also zunächst eingeführt wurden, um Zusätze zur Auffassung von etwas als etwas einzuführen, erweisen sich bei genauerer Betrachtung als mögliche Präzisierung der Struktur von Auffassung. Auch sie sind Modelle von Erkenntnis, oder, um es vorsichtiger auszudrücken, von Kognition – denn Auffassung ist ja für Platon nicht Erkenntnis im strengen Sinne. Aber als solche sind sie geradezu von welthistorischer Bedeutung, d. h. sie kehren immer wieder, wo immer man versucht sich über das, was man unter Erkenntnis versteht, Rechenschaft zu geben. Während aber die ersten beiden Modelle (Wachsblock, Taubenschlag) quasi mechanistische Veranschaulichungen des Kognitionsvorgangs, also von *Auffassung* in ihrem Zustandekommen sind, so sind die drei jetzt vorzustellenden Modelle alternative Präzisierungen der inneren Struktur von *Auffassung* als solcher.

Ich folge in der Darstellung der Reihenfolge, in der diese drei Möglichkeiten im eben genannten Zitat aufgezählt werden. Im Text des *Theaitetos* dagegen werden die grundsätzlichen Möglichkeiten von Erklärung nach dem Muster von Silben und Buchstaben bereits an der Stelle 202e–206b diskutiert, um dann noch einmal 206e–208b aufgenommen zu werden.

Die erste Möglichkeit ist also »gleichsam ein Bildnis des Gedankens durch Stimme« zu geben (*Theaitetos*, 208c5 f.) Platon diskutiert hier bereits die Struktur des Satzes als einer Verbindung von ὄνομα und ῥῆμα, von Nomen und Verb, die er dann im

Sophistes noch genauer in Hinblick auf die Frage von Wahrheit und Falschheit von Aussagen diskutiert. Platon nennt den Satz gleichsam eine Verbildlichung der Auffassung. Dabei darf man Bild hier in keiner Weise wörtlich nehmen, insofern es sich ja genau genommen vielmehr um eine sprachliche Explikation von Auffassung handelt, die ihrerseits auch intuitiven Charakter haben kann. Verbildlichung heißt also eigentlich nur Darstellung in einem anderen Medium, nämlich im Medium der Rede (λόγος). Platon meint, daß diese Art von Hinzufügung eines λόγος zur Auffassung deshalb nicht Erkenntnis im eigentlichen Sinne sei, weil sie eben nichts anderes sei als die bloße Explikation dessen, was in der Auffassung als solcher schon enthalten ist. Die Struktur des Satzes sollte sich also auffassen lassen als Explikation der Als-Struktur von Auffassung. Und in der Tat ist das möglich. Freilich muß man dabei, was hier als ῥῆμα bezeichnet wird, als Prädikation auffassen. In einem Satz wie *Sokrates ist ein Mensch* wäre *ist ein Mensch* das ῥῆμα. So gesehen sind dann Sätze die Verlautbarung von Auffassungen. Wenn man, im Beispiel gesprochen, in der Wahrnehmung ein Etwas gegeben hat, das man als Sokrates erkennt, dann wird diese Auffassung artikuliert als *das ist Sokrates*. Wenn ein Etwas, also beispielsweise Sokrates, durch seinen Namen gegeben ist und man dieses Etwas in bestimmter Weise auffaßt, d. h. Sokrates als Menschen, so wird diese Auffassung artikuliert als: *Sokrates ist ein Mensch*. Wenn ein Etwas als Aufgabe gegeben ist, beispielsweise *fünf plus sieben*, und man ihre Lösung intuitiv erfaßt, dann wird man seine Auffassung äußern als: *fünf plus sieben ist zwölf*. Das wäre also die erste Möglichkeit: der Satz als Explikation der Als-Struktur von Auffassung.

Die zweite Möglichkeit wird in unserem Zitat als »der Weg zum Ganzen durch die Bestandteile« (*Theaitetos*, 208c6) bezeichnet. Auch hier meint Platon, daß dieses Modell nur Modell von *Auffassung* ist, nicht aber über sie hinausführt, sie nämlich zur Erkenntnis macht. Man könne nämlich sehr wohl alle Bestandteile und auch in der richtigen Ordnung, d. h. in ihrer Zusammensetzung zum Ganzen benennen, ohne von diesem Ganzen wirklich Erkenntnis zu haben (*Theaitetos*, 208a8–b1). Dies ist nun allerdings ein sehr hartes Verdikt angesichts der Tatsache, daß Analyse-Synthese über weite Strecken der europäischen Geschichte als das entscheidende Erkenntnis-Modell gegolten hat und bis heute noch die

Naturwissenschaft beherrscht: Man solle die zu erkennende Sache zunächst in ihre Bestandteile auflösen und dann durch deren Zusammensetzung das ursprüngliche Ganze rekonstruieren. Inwiefern führt nach Platon auch dieses Modell nicht über *Auffassung* hinaus?

Schon in der ersten Partie hat Platon dem Modell systematische Schwächen nachgewiesen. Wenn man unter Erkenntnis die Einsicht in die Zusammensetzung von etwas aus Elementen versteht, dann setzt man offenbar die Elemente als bekannter oder auch als einfacher zu erkennen voraus. Man bleibt damit aber nicht mit sich selbst konsistent, weil man die Erkenntnis gerade nicht in die Erkenntnis des Einfachen, sondern in die von Zusammensetzung gelegt hatte (*Theaitetos*, 202e–206b). Der Nachweis, daß *Synthese aus Elementen* als Erkenntnisbegriff in sich inkonsistent ist, läßt aber durchaus zu, dieses Modell doch als Erläuterung von *Auffassung* zu verstehen. Daß es nichts weiter ist, ist eben Platons Resultat an der zweiten Stelle, wo er sich mit diesem Modell beschäftigt (206e–208b). So kann etwa jemand seine Auffassung von *Wagen* dadurch explizieren, daß er alle Bestandteile eines Wagens aufzählt und ihre Zusammensetzung zum Wagen angibt. Die Als-Struktur wird also hier als Synthese einer Mannigfaltigkeit interpretiert. Die vielen Teile (Rad, Nabe etc.) werden als das Ganze – nämlich Wagen – aufgefaßt. Man sieht, daß hier der Als-Struktur tatsächlich ein anderer Sinn gegeben wird als im ersten Modell. Die Beispiele sind dann allerdings durchaus anders zu lesen. So ist beispielsweise die Erkenntnis eines in der Wahrnehmung Gegebenen als Sokrates im zweiten Modell gedeutet als ein Durchbuchstabieren des in der Wahrnehmung gegebenen, und dessen Zusammensetzung durch die bekannte Gestalt des Sokrates. Das Beispiel vom Weg nach Larissa dürfte sich recht gut dem zweiten Modell fügen, wenn man die richtige Vorstellung des Weges nach Larissa als die Zusammenfügung einzelner Hinweise und Anweisungen zu gehen versteht. Bei den mathematischen Beispielen allenfalls könnte man Zweifel haben, ob hier das Modell nicht doch zur Erkenntnis im eigentlichen Sinne führt, insofern der Weg durch die Elemente und deren Zusammenfügung auch die *Herstellung* des Resultats sein könnte.

Das dritte Modell für *Auffassung* bezeichnet Platon an unserer Stelle als Angabe eines Merkmals, »wodurch sich das Gefragte von allen übrigen Dingen unterscheide« (*Theaitetos*, 208c7 f.). Auch hier handelt es sich um ein Modell von größter Tragweite, denn es ist ja einerseits das Modell, nach dem dihairetisch Definitionen zustande kommen, und andererseits das Modell der Erkenntnis von etwas qua Identifizierung mit Hilfe von Kriterien. Diesem Modell folgt etwa die botanische Pflanzen-Bestimmung. Platon lehnt das Modell als Beschreibung von Erkenntnissen im eigentlichen Sinne ab, weil er meint, daß die *richtige Auffassung* auch gerade das unterscheidende Merkmal immer schon mitenthalten müsse – sonst würde ja das Aufgefaßte nicht als dieses besondere, das es ist, aufgefaßt, sondern als ein Allgemeines (*Theaitetos*, 208d5–209d10).

Das spezifische Merkmal von etwas muß sicherlich in dessen Auffassung schon enthalten sein, wenn es überhaupt erfaßt ist. Deshalb muß die Angabe des Merkmals als eine spezifische Auffassung des fraglichen Etwas so interpretiert werden können: Das fragliche Etwas wird als *dieses besondere* aufgefaßt. Auch hier handelt es sich also um ein Modell für die Als-Struktur der Auffassung. Freilich wiederum um ein durchaus anderes, anders als in den beiden schon behandelten Fällen. Es wird ein Etwas als von anderem unterschieden aufgefaßt. In der Auffassung des in der Wahrnehmung gegebenen Sokrates ginge es hier also nicht darum, Sokrates im ganzen zu erfassen, sondern lediglich ihn aufgrund eines Merkmals zu identifizieren, das ihn von anderen unterscheidet. Diesem Modell fügen sich nicht alle genannten Beispiele, insbesondere das mathematische nicht. Die Auffassung von etwas als von anderem unterschieden eignet sich sehr gut zur Identifizierung dieses etwas, nicht aber zur Bestimmung davon, was es an ihm selbst ist.

Wir hätten also nach dieser Erläuterung die drei folgenden Modelle von Auffassung: Nach dem ersten wird etwas als etwas aufgefaßt, indem es durch eine Idee erkannt wird bzw. unter den ihr zugeordneten Begriff subsumiert wird. Nach dem zweiten Modell wird etwas als etwas aufgefaßt, indem es aus einer Mannigfaltigkeit zu einem Ganzen synthetisiert wird. Nach dem dritten Modell wird etwas als etwas aufgefaßt, indem es als besonderes, von anderem Unterschiedenes identifiziert wird.

III.3.4 Die Erkenntnis der Natur

δόξα ist die Erkenntnisweise, mit der wir der sinnlichen Welt begegnen, dem, was wir *Natur* nennen. Auch Platon verwendet den Begriff φύσις gelegentlich so, obgleich er bei ihm in der Regel noch die vorsokratische, umfassende Bedeutung hat, nach der φύσις alles Seiende im ganzen ist. Was wir Natur nennen, ist bei Platon der Bereich des Werdens und Vergehens. Von ihm gibt es kein strenges Wissen, keine Wissenschaft, aber eben doch *richtige Auffassung*. Wo sich diese auf die Dinge richtet, also nicht auf deren Abbilder, Schatten und Spiegelbilder, da redet Platon von πίστις – *Glauben*. Es handelt sich um ein schlichtes Hinnehmen von etwas so, wie es sich gibt, und das heißt nach Platon: als die Sache selbst. Der Philosoph erkennt allerdings, daß auch die Dinge nur Abbildungen sind, und damit auch, daß das Vertrauen, das wir den Dingen entgegenbringen, getäuscht werden kann. Die δόξα ist eben das Auffassen von etwas unbestimmt Gegebenem als etwas Bestimmtes. In dieser Differenz liegt die Möglichkeit der Täuschung. In der δόξα fassen wir etwas Gegebenes als Darstellung einer Idee auf. Platon deutet damit die alltägliche Dingerkenntnis als Wiedererkennen der Idee *im* Ding.

Nun ist δόξα nicht nur im engeren Sinn von πίστις die gewöhnliche Auffassung von Dingen, vielmehr fällt unter diesen Titel auch die Erkenntnisunternehmung, die sich auf die sinnliche Welt, also den Bereich des Werdens und Vergehens im ganzen richtet. Platon versichert immer wieder, daß es von dieser Welt Erkenntnis im strengen Sinne, also Wissenschaft, nicht gebe. Das strenge Curriculum, durch das die Seele des Philosophen *nach oben* geführt werden soll, legt zudem die Auffassung nahe, daß Platons Erkenntnisinteresse sich gar nicht auf den Bereich der sinnlichen Welt gerichtet habe. Wissenschaft von der Natur gäbe es dementsprechend erst in der Neuzeit nach Galilei.[1] Diese Auffassung ist allerdings in verschiedener Hinsicht irreführend. Denn einerseits könnte es sein, daß die neuzeitliche Wissenschaft von Platon her auch als δόξα bezeichnet werden müßte, und andererseits findet sich im *Timaios* eine ausgebreitete Kenntnis der physischen Welt, die

---

1 So besonders J. Mittelstraß, *Die Rettung der Phänomene. Ursprung und Geschichte eines antiken Forschungsprinzips*, Berlin: de Gruyter 1962.

systematisch und mit Erklärungsansprüchen vorgetragen wird. Schließlich stellt sich die Frage, wie die von Platon im Prinzip als wissenschaftsfähig anerkannten Unternehmungen der Astronomie und der Musiktheorie sich zu dem jeweiligen Phänomen-Feld verhalten, von dem sie abzutrennen Platon sich im VII. Buch der *Politeia* so viel Mühe gegeben hat. Wir nannten diese Wissenschaften *gegenstandsbezogen*, insofern sie sich nicht in reine Zahltheorie oder Proportionslehre auflösen. Diese Fragen legen die Vermutung nahe, daß es bei Platon doch eine systematische Bemühung um Zusammenhänge in der physischen Welt gegeben hat. Platon hat dieser Bemühung den Namen εἰκὼς λόγος gegeben. Der Ausdruck εἰκὼς λόγος ist schwierig zu übersetzen. Am besten ist es, sich der Stelle zuzuwenden, an der er im *Timaios* eingeführt wird. Um das Ergebnis aber vorweg zu sagen: Der εἰκὼς λόγος ist die Explikation einer nicht mehr naiven δόξα, d. h. einer Auffassung der sinnlichen Welt, die sich ihrer Revisionsbedürftigkeit bewußt bleibt und vor allem explizit die sinnliche Welt als Darstellung von etwas zu verstehen sucht.[2]

Der Dialog *Timaios*, in dem Platon seine Kenntnis der physischen Welt systematisch darstellt, macht denn auch den philosophischen Standpunkt zur Voraussetzung, also die Unterscheidung eines Bereichs des ewig Seienden von einem Bereich des Werdens und Vergehens, und die Grundauffassung der Welt als einer Darstellung der Ideen.

> Das aber zugrunde gelegt, ist es ferner durchaus notwendig, daß diese Welt ein Abbild sei. Das Wichtigste aber ist, bei allem von einem naturgemäßen Anfang auszugehen. In Hinsicht auf das Abbild (εἰκών) und auf sein Vorbild (παράδειγμα) muß man folgende Unterscheidung treffen: daß die Reden dem, dessen Exegeten sie sind, auch verwandt sind und daß die, die sich also mit dem Beharrlichen, Dauerhaften, auf dem Wege der Vernunft Erkundbaren befassen, beharrlich und unveränderlich sind – soweit es möglich ist und es Reden zukommt, unwiderlegbar und unbesiegbar zu sein, so darf man daran nichts fehlen lassen –, daß aber die Reden, die sich mit dem

---

[2] Ausführlich behandele ich den εἰκὼς λόγος in *Idee und Kosmos, Platons Zeitlehre – Eine Einführung in seine theoretische Philosophie*, Frankfurt/M.: Klostermann 1996, Kap. 1.

befassen, was nach jenem gebildet ist und, da es ein Bild ist, nach der Analogie mit jenem bildartig sind. Wie das Sein zum Werden, so verhält sich die Wahrheit zum Glauben (πίστις). Wenn es uns also, Sokrates, in vielen Dingen über vieles – wie die Götter und die Entstehung des Weltalls – nicht gelingt, durchaus und durchgängig mit sich selbst übereinstimmende und genau bestimmte Aussagen aufzustellen, so wundere dich nicht. Man muß vielmehr zufrieden sein, wenn wir sie nicht schlechter als irgendeiner bildhaft mitteilen, wohl eingedenk, daß mir, dem Aussagenden, und euch, meinen Richtern, eine menschliche Natur zuteil ward, so daß es uns geziemt, indem wir die bildartige Rede über diese Gegenstände annehmen, nicht mehr über dies hinaus zu suchen. (*Timaios*, 29a8–d5)

Ich habe in der Übersetzung versucht, Platon in der Analogie zwischen Seinsart und Redeart zu folgen. Da sich die Rede über den Bereich des Werdens und Vergehens auf etwas bezieht, das selbst Bild ist, nämlich Bild des ewig Seienden, müßten diese Reden selbst Bildcharakter haben. Nun wissen wir, daß nach Platon ohnehin jeder λόγος in irgendeiner Weise eine Darstellung des Seienden ist – darauf kann sich Platon hier also nicht beziehen, wenn er den spezifischen Terminus eines εἰκὼς λόγος einführt. Wir haben vielmehr danach zu fragen, welche besondere Redeart dem Reden über Seiendes qua Bild angemessen ist. Platon sagt ja: »daß die Reden dem, dessen Exegeten sie sind, auch verwandt sind« (*Timaios*, 29b4 f.). Also sollten die Reden über Seiendes qua Bild auch bildgemäß sein. Dem ist weiter nachzugehen. Man kann die Analogie allerdings auch so deuten, daß zwischen der Rede über das wahrhaft Seiende und der Rede über das Werdende und Vergehende eine Bildbeziehung besteht. Danach wäre der εἰκὼς λόγος etwas der wahren Rede ähnlich Gemachtes: veri similis. Das liefe aber auf dieselbe Aufgabe hinaus, nämlich zu sagen, wie solche Wahrheitsähnlichkeit in der Rede über Seiendes qua Bild zu erreichen ist.

Diese letztere Auffassung könnte auch die bisher übliche Übersetzung von εἰκὼς λόγος als *wahrscheinliche Rede* rechtfertigen. Keineswegs darf man aber darin *wahrscheinlich* als bloß plausibel oder *mehr oder weniger sicher* verstehen. Ein solches Verständnis setzt hier nämlich voraus, daß man ein unsicheres Wissen in einem Bereich bezeichnen wolle, in dem an sich sicheres Wissen möglich wäre. Das ist aber nicht der Fall. Vielmehr hängt der Vermutungscharakter der bildmäßigen Rede daran, daß sie eben Rede über Bilder ist. Es sind deshalb an sie auch nicht so strenge Anforderungen zu stellen, wie bei der Rede über das ewig Seiende. Von den entsprechenden Reden sagt Platon, daß man sie, soweit es überhaupt möglich ist, unwiderlegbar und unbeweglich machen solle (*Timaios*, 29b8). Dagegen könne man von bildgemäßen Reden nicht verlangen, daß sie durchweg mit sich übereinstimmend und streng seien. Es fällt auf, daß diese Qualifizierungen der Reden keine strikten Entgegensetzungen darstellen. Zwar sind Reden, die mit sich selbst nicht übereinstimmen, widerlegbar und, wollte man das Kriterium der inneren Konsistenz anlegen, immer schon widerlegt. Aber Platon will hier offenbar die bildmäßige Rede so konzipieren, daß sie durch innere Inkonsistenzen nicht bereits disqualifiziert ist. Ferner sollen die Reden über das ewig Seiende unbeweglich sein und man würde als Gegensatz dazu erwarten, daß die bildmäßigen Reden beweglich sind. Nun sind sie dies auch, insofern ihre Revidierbarkeit essentiell zu ihnen gehört – wir werden das noch weiter erläutern. Aber hier wird gesagt, daß sie nicht genau bzw. streng sind (*Timaios*, 29c6). Der λόγος ἀκριβής, die strenge Redeweise, ist bei Platon sonst die Redeweise, in der ein Etwas strikt als das genommen wird, was es ist: Also beispielsweise ein Arzt nicht als Erwerbstätiger, sondern eben als Arzt. Solche Redeweise ist im Bezug auf ein Bild in der Tat nicht möglich, denn das Bild wird ja im gewissen Sinn niemals als es selbst, sondern immer im Hinblick auf das, was es zur Darstellung bringt, angesprochen. Soweit also zur Analogie: Da alles im Bereich des Werdens und Vergehens den Charakter eines Bildes hat, soll die darauf bezogene Rede eine bildmäßige Rede sein.

Am Ende unseres Textstückes kommt nun noch eine Bestimmung hinzu, die von der genannten Analogie unabhängig ist und die Notwendigkeit, über den Bereich des Werdens und Vergehens bildmäßig zu sprechen, darauf bezieht, daß wir es sind, wir Menschen, die diese Reden formulieren. Auch an einer Stelle im *Theaitetos* (149c), an der Platon sich auf die menschliche Natur bezieht, geschieht es, um darauf aufmerksam zu machen, daß in Erkenntnisdingen wir Menschen auf Erfahrung, auf Empirie angewiesen sind. Zwar faßt Platon durchaus auch ins Auge, daß unter Umständen, und zwar am Ende eines langen philosophischen Weges, auch der direkte Zugriff auf das Seiende gelingen könnte, – dann wäre der Mensch selbst göttlich. Jedoch, das Normale ist, daß der Aufbruch zum Seienden im Bereich des sinnlich Wahrnehmbaren, also bei der Erfahrung, anfangen muß. Aus diesem Grunde ist der Bezug Platons auf die menschliche Natur am Ende unseres Textausschnittes von außerordentlicher Bedeutung. Er sagt nämlich, daß, was im folgenden vorgetragen wird, also Platons Kosmologie, nicht als Deduktion aus obersten Prinzipien zu verstehen ist, sondern seinen Anfang bei der Betrachtung der sinnlichen Welt zu nehmen hat. Das Ziel ist dann freilich die Auffassung dieser sinnlichen Welt als einer Darstellung des Ewigen.

Das soll nun sogleich an einem Beispiel demonstriert werden. Es handelt sich um die Stelle, an der Timaios in seiner Rede herauszufinden trachtet, nach welchem Vorbild der Demiurg, der Weltenbauer, die Welt eingerichtet hat:

> Folgendes aber müssen wir ferner hinsichtlich desselben (nämlich des Ganzen, G.B.) erwägen, nach welchem der Vorbilder sein Werkmeister es auferbaute, ob nach dem stets ebenso und in gleicher Weise Beschaffenen oder nach dem Gewordenen. Ist aber diese Welt schön und ihr Werkmeister gut, dann war offenbar sein Blick auf das Unvergängliche gerichtet; ist sie aber – was auch nur auszusprechen frevelhaft wäre, dann war sein Blick auf das Gewordene gerichtet. Jedem aber ist doch deutlich, das er auf das Unvergängliche gerichtet war, denn sie (die Welt) ist das Schönste unter dem Gewordenen, er der Beste unter den Ursachen.(*Timaios*, 28c5–29a6)

Das heißt also: Aus einer Qualität der Welt, nämlich aus ihrer Schönheit, wird auf das Urbild geschlossen – um dann nachher die Welt als Darstellung dieses Urbilds zu begreifen. Der εἰκὼς λόγος, die bildmäßige Rede oder, wie wir jetzt besser sagen, die bildgemäße Rede, erweist sich damit als hermeneutisch. Naturerkenntnis ist nach Platon der Versuch, das Gegebene der φύσις als Darstellung des Ewigen zu begreifen. Dazu ist als erstes eine ausgedehnte empirische Kenntnis der φύσις notwendig. Aus dieser wird auf ein Vorbild im Bereich der Ideen geschlossen, um von da her die sinnliche Welt als dessen Darstellung zu begreifen.

Es geht in dieser Hermeneutik nicht um Text, sondern vielmehr um Bilder. Aber, wie in der Texthermeneutik, ist die Erkenntnisstruktur zirkelhaft. Der Text oder das Bild gibt Anlaß, auf einen Sinn oder auf eine Vorlage zu schließen, und von da her wird wiederum das Gegebene, der Text oder das Bild, in neuer Weise durchsichtig gemacht. Das könnte zu einer Revision der ursprünglichen Auffassung des Gegebenen führen, so daß der Zirkel gegebenenfalls mehrfach durchlaufen werden muß: Die bildgemäße Rede kann gegebenenfalls Inkonsistenzen enthalten, die zu ihrer Revision Anlaß geben. Wir werden in der Behandlung der Kosmologie noch weitere Beispiele für diese Struktur der bildgemäßen Rede betrachten. Von besonderer Wichtigkeit wird die Deutung der vier Elemente als Darstellungen der platonischen Körper sein (IV.2). So viel aber läßt sich hier schon sagen: der εἰκὼς λόγος vermittelt eine Beziehung zwischen der empirischen Kenntnis der Natur und den mathematischen Disziplinen, die auf bestimmte Phänomenbereiche bezogen sind, und die wir deshalb als *gegenstandsbezogene* bezeichnet haben. Auch die pythagoreische Harmonielehre oder die allgemeine Zeit- und Rhythmustheorie sind natürlich nicht ohne empirische Kenntnisse entwickelt worden. Wenn Platon im Durchgang der mathematischen Wissenschaften im VII. Buch der *Politeia* darauf besteht, daß sie nicht den Phänomenen abgelauscht oder am Himmel erblickt werden können, so heißt das nicht, daß sie keine Beziehung zu den empirischen Phänomenen haben. Sie müssen jedoch durch ein Losreißen von diesen, durch einen Absprung, erschlossen werden, um im zweiten Schritt sich dann als die Paradigmen zu erweisen, die in den empirischen Phänomenbereichen zur Darstellung kommen.

Damit hat sich gezeigt, daß die von Platon in seiner Bemühung um Wissenschaft so häufig abqualifizierte δόξα eine äußerst wichtige Erkenntnisweise ist. Ihre Grundstruktur ist das *Als:* etwas wird *als* etwas aufgefaßt. Bei den Gegenständen des alltäglichen Lebens geschieht das naiv, das Auffassen hat hier die Form des Wiedererkennens: Ich erkenne Gegebenes als etwas, indem ich darin die Idee wiedererkenne. Naiv ist diese Auffassung, weil sie in der Regel das Gegebene für die Sache selbst nimmt und nicht als bloße Darstellung der Idee. Wird diese Naivität erschüttert, dann wird fraglich, als wessen Darstellung das Gegebene zu verstehen ist. Damit ergibt sich der Weg des εἰκὼς λόγος, der bildgemäßen

Rede. In ihr wird vom empirisch Gegebenen ausgehend explizit die Vorlage aufgesucht, als deren Darstellung das Gegebene dann interpretiert werden soll. Dies ist nach Platon die Weise der Naturerkenntnis.

An den Rändern und aus den Defizienzen der δόξα zeichnet sich jeweils ab, was Platon im eigentlichen Sinne als Erkenntnis anerkennt. Auf der einen Seite kann der δόξα das fehlen, wofür die αἴσθησις das Paradigma abgibt, nämlich die Unmittelbarkeit der Teilnahme am Erkenntnisgegenstand. Deshalb wurde im alltäglichen Sinn zu Platons Zeit offenbar unter eigentlichem Wissen häufig δόξα mit αἴσθησις, d. h. eine Auffassung von etwas als etwas, die auf Wahrnehmung gründet, verstanden.[3] Da Platon aber wahre Erkenntnis als die Erkenntnisweise des ewig Seienden konzipiert, steht für dieses Moment der unmittelbaren, persönlichen Teilnahme der νοῦς. Auf der anderen Seite mangelt es der δόξα gegenüber der Wissenschaft offenbar an Festigkeit und Begründung. Das führt im Dialog *Theaitetos* zu elaborierten Formen der Auffassung von etwas als etwas, elaboriert nach sprachlicher Explikation, nach Analysis und Synthesis und schließlich der Spezifikation von Merkmalen. Diese Vorschläge zu einer Ergänzung der Auffassung durch Erklärung, Formen von δόξα μετὰ λόγου erweisen sich aber letztlich doch nicht als Modelle eigentlicher Erkenntnis, denn die δόξα bezieht sich wesentlich auf den Bereich des Werdenden und Vergehenden, nicht auf das wahrhaft Seiende. Deshalb muß sie notwendig revidierbar bleiben und ihr eine Unerschütterlichkeit wie der strengen und wahren Rede über das Seiende zu verleihen, hieße sie zu dogmatisieren.

---

3 *Menon* 97a10–b3, *Theaitetos* 201b7–c2.

III.4 Die Lehre vom Satz

λόγος bedeutet allgemein *Rede*, kann aber auch *Sinn, Erklärung, Begründung, Verhältnis* bedeuten. Diese anderen Bedeutungen spielen immer in die Bedeutung *Rede* hinein, so daß λόγος auch als *vernünftige Rede* übersetzt werden kann. Sinnloses Reden, Stammeln wird kaum je λέγειν sein, sondern durch andere Ausdrücke wie φθόγγος genannt werden. Um den λόγος qua Rede geht es an einer zentralen Partie des Dialogs *Sophistes*, genauer um den kürzesten λόγος, den Satz.

Der λόγος hat in der platonischen Philosophie eine außerordentliche Bedeutung, man könnte fast den Eindruck haben, diese Philosophie sei selbst die Entfaltung des λόγος. Dieser Eindruck wird freilich dadurch erzeugt, daß, was wir von dieser Philosophie vor Augen haben, selbst λόγοι , nämlich Dialoge, sind, und daß es eben Reden sind, durch die Philosophie allenfalls über die Zeit vermittelt werden kann. Doch in Platons Philosophie gebührt der Rede in Wahrheit nur der zweite Rang. Diese Philosophie trifft in ihr Ziel nicht durch Reden, sondern eher durch Schauen oder Berühren des Wahren. Wir erinnern uns, daß in Sokrates' intellektueller Biographie der Erkenntnisweg über die Reden als δεύτερος πλοῦς, als zweitbester Weg bezeichnet wurde. Wir erinnern uns der Schriftkritik, die allerdings in erster Näherung nur eine Kritik der geschriebenen Rede ist, aber in zweiter Näherung auch die der gesprochenen, weil sie – etwa in den Formulierungen des siebten Briefes – der Schau im Umgang mit der Sache selbst den absoluten Vorrang einräumt. Der λόγος spielt als Definition, als ὁρισμός zwar eine bedeutende Rolle in der sokratisch-platonischen Philosophie, aber auch er ist eben *nicht* die Sache selbst. Auch wird, wie wir gesehen haben, von der Definition nicht generell verlangt, daß sie die Sache selbst in ihrem Wesentlichen erfasse, sondern in der Regel wird nur verlangt, daß sie sie griffig und eindeutig im Dialog repräsentiere (II.7.3). Schließlich ist die Dialektik, sowohl aufsteigend wie absteigend, analytisch wie synthetisch, allerdings eine Methode der Philosophie, die sich in der Sprache vollzieht, aber doch immer in Hinblick auf die Sache selbst. Die einzelnen Schritte der Dialektik sind bei Platon nicht sprachanalytisch, sondern sprachliche Verständigung über die Ideen. Um die Ideen geht es Platon, um das eigentlich Seiende und dessen Erkenntnis. Man muß nach alldem zwar Platons Analyse des λόγος, speziell seiner Lehre vom Satz eine große Bedeutung zuweisen, sie kommt ihr allerdings vor allem deshalb zu, weil sie für die folgende Philosophiegeschichte so konsequenzenreich gewesen ist. Aus ihr entwickelte sich die Vorstellung einer logischen Ordnung von Erkenntnis und Sein. Über Aristoteles' Schrift *Über den Satz* und die *Analytiken* erhielt Erkenntnis und insbesondere Wissenschaft durch die Regeln sprachlicher Formulierung von Argumentation und Begründung eine logische Form. Für die Stoa und den Neuplatonismus wurde der λόγος schließlich zur Ordnung des Seins selbst und ist damit gleichzusetzen mit Vernunft.

Auch im Dialog *Sophistes* ist die Untersuchung des λόγος untergeordnet, sie erscheint im Zusammenhang der beiden Fragen nach der Erkenntnis und nach dem Sein. Im Kontext des vorliegenden Buches bietet es sich an, vor allem der Funktion von Rede und Satz in der Erkenntnis weiter nachzugehen. Im Dialog *Theaitetos* war der letzte Ansatz für Erkenntnis *richtige Auffassung mit Erklärung* (ὀρθὴ δόξα μετὰ λόγου), wobei eine Version von λόγος bereits zur Analyse des Satzes in Nomen und Verb geführt hatte. Genau diese Analyse wird im *Sophistes* wieder aufgenommen und als Definition von Aussage festgeschrieben. Im *Theaitetos* führte freilich die Aussage nie über die Auffassung (δόξα) hinaus, vielmehr erwies sie sich als eine Explikation der letzteren. Auch im *Sophistes* wird – obgleich es hier um den λόγος geht – ständig an der Analogie, wenn nicht gar Identität, von Auffassung und Satz festgehalten: »Also Gedanken und Rede sind dasselbe, nur daß das innere Gespräch der Seele mit sich selbst, was ohne Stimme vor sich geht, von uns ist Gedanke genannt worden« (*Sophistes*, 263e3–5). Um so notwendiger ist es aber danach zu fragen, was die sprachliche Explikation von Auffassung für diese selbst leistet.

Der nähere Kontext der Untersuchung des *Satzes* im Dialog *Sophistes* ist nun freilich ein ontologischer. Es geht im Grunde um eine Wiederaufnahme des Problems, das in der Gestalt des Sophisten selbst liegt. Wenn er mit Lug, Trug und Täuschung arbeitet, dann muß das Nicht-Seiende in gewisser Weise sein. Das ist beim Thema *Bild* bereits behandelt worden. Für Platon handelt es sich dabei immer zugleich um eine Auseinandersetzung mit Parmenides und seiner Warnung, sich irgend auf das Nichtseiende einzulassen. Die entscheidende Stelle aus dem Lehrgedicht des Parmenides ist uns gerade durch Platons *Sophistes* überliefert:

> Denn es ist unmöglich, daß dies zwingend erwiesen wird: es sei Nichtseiendes; vielmehr halte du von diesem Wege der Forschung den Gedanken fern. (*Sophistes*, 237a8 f.)[1]

Platons Ziel ist gerade das zu zeigen, was Parmenides für unmöglich hält, um dadurch die mittleren Kognitionsformen, also insbesondere *Auffassung* und *Satz* zu etablieren. Denn in ihnen kommt Irrtum, Täuschung und Falschheit vor. Das wird deutlich an der Stelle im *Sophistes* konstatiert, an der Platon in die Analyse des *Satzes* eintritt:

> Verbindet es (das Nichtseiende) sich mit diesem nicht, so ist notwendig alles wahr; verbindet es sich, so entsteht ja falsche Vorstellung und Rede. Denn Nichtseiendes vorstellen oder reden, das ist doch das Falsche, was in Gedanken und Reden vorkommen kann. (*Sophistes*, 260b13–c3)

Man mag sich nun wundern, warum für die Analyse des Satzes – wie übrigens auch für die Analyse der δόξα[2] – gerade der Fall der Falschheit so entscheidend ist, ja geradezu den Schlüssel zur Auffindung des Wesens des Satzes darstellt. Würde es nicht viel mehr *platonischem Geist* entsprechen, zuerst zu sagen, was ein *Satz* ist, um dann anschließend zu klären, warum ein Satz falsch sein kann? In Beantwortung dieser Frage stößt man auf eine Auffassung von *Satz* oder allgemeiner von Rede, die implizit gewissermaßen dem Parmenides Recht gibt und auch auf Platons Seinsverständnis ein besonderes Licht wirft. Diese Auffassung lautet, kurz zusammengefaßt: Wer überhaupt etwas sagt, der sagt Seiendes. Gerade diese Grundauffassung von Rede erlaubt es ja dem Sophisten bei Platon sich des Satzes des Parmenides zu seiner Verteidigung zu bedienen. Hier die entsprechende Stelle:

> FREMDER: Das ist uns doch auch deutlich, daß wir dieses Wort *Etwas* jedesmal von einem Seiendem sagen. Denn allein es zu

---

1 Übersetzung nach Diels Kranz, *Fragmente der Vorsokratiker*, 28 B7.
2 Siehe *Theaitetos*, 187 d ff.

sagen, gleichsam nackt und von allem Seiendem entblößt, ist unmöglich. Nicht wahr?
THEAITETOS: Unmöglich.
FREMDER: Und gibt du wohl mit Hinsicht hierauf zu, daß, wer etwas sagt, wenigstens ein Etwas sagt?
THEAITETOS: Gewiß.
FREMDER: Denn das *etwas*, wirst du sagen ist das Zeichen für eines, das *etwelche* oder *einige* dagegen für viele.
THEAITETOS: So ist es.
FREMDER: Wer aber nicht einmal etwas sagt, muß ganz notwendig, wie es scheint, ganz und gar nichts sagen.
THEAITETOS: Ganz notwendig freilich.
FREMDER: Dürfen wir nun etwa auch das nicht einmal zugeben, daß ein solcher zwar rede, er sage aber eben nichts, sondern müßten sogar leugnen, daß er rede, der sich unterfängt, das Nichtseiende auszusprechen? (*Sophistes*, 237d1–e1)[3]

Es ist klar, daß diese Auffassung, wenn man schlicht an ihr festhielte, die Möglichkeit von Falschheit ausschlösse, wenn anders ein falscher Satz, wie zitiert, darin besteht, daß in ihm Nichtseidendes gesagt wird. Um die Möglichkeit die Falschheit in Sätzen zu erweisen, ist man, ist Platon also gezwungen die Struktur des Satzes gewissermaßen aufzuschließen, zu differenzieren. Die Lösung des Problems wird aber nicht nur von dieser Seite her vorbereitet, sondern auch von der anderen Seite, von der Seite des Seins. Auf der Seite des Satzes zeigt Platon, daß in ihm nicht nur schlicht etwas gesagt wird, sondern etwas als etwas – d.h. die Differenzierung besteht hier im Aufweis der für die δόξα schon erwiesenen Als-Struktur. Von der Seite des Seins zeigt Platon, daß, wenn immer man vom Nicht-Seienden redet, nicht das schlechthin nicht Seiende gemeint sein kann, sondern das Andere eines Etwas bzw. etwas von einem bestimmten Etwas Verschiedenes. Nicht-Seiendes ist jeweils ein Etwas, das *in Hinblick auf ein anderes* so genannt wird. Dies letztere müssen wir hier als Resultat voraussetzen, obgleich es im Dialog *Sophistes* vor der Analyse des Satzes erarbeitet wird. Es gehört aber systematisch in den Kontext der Ursprünge von Kategorien, den wir in Kapitel III.5 behandeln.

---

3 Vgl. die entsprechende Partie zu δόξα im *Theaitetos*, 188c–189b.

Es gilt nun in der folgenden Darstellung von Platons Analyse des Satzes vor allem darauf zu achten, was der Satz leistet. Für Platon ist der Satz eine Einheit von zwei unterschiedlichen Ausdrücken, die bei ihm ὄνομα und ῥῆμα heißen und heute in der Regel als Nomen und Verb bezeichnet werden. Diese Einheit selbst wird gelegentlich Verflechtung (συμπλοκή), Mischung (σύμμειξις), oder auch Zusammenhang (συνέχεια) genannt. Hier der Text:

> THEAITETOS: Worauf wollen wir eigentlich bei den Worten acht haben?
> FREMDER: Ob alle sich miteinander zusammenfügen oder keines, oder ob einige wollen, andere aber nicht.
> THEAITETOS: Offenbar wollen doch einige, andere aber nicht.
> FREMDER: Du meinst es vielleicht so, daß die, welche miteinander ausgesprochen auch etwas kund machen (δηλοῦντά τι), sich zusammenfügen, die aber in ihrer Zusammenstellung nichts bedeuten (τὰ δὲ τῇ συνεχείᾳ μηδὲν σημαίνοντα), sich nicht fügen.
> THEAITETOS: Wie meinst du dies eigentlich?
> FREMDER: So wie ich glaube, du hättest es dir auch gedacht, als du mir beistimmtest. Es gibt nämlich für uns eine zwiefache Art von Kundmachung bezüglich des Seins (περὶ τὴν οὐσίαν) durch die Stimme.
> THEAITETOS: Wie das?
> FREMDER: Die eine Art wird Nomina (ὀνόματα) die andere Verben (ῥήματα) genannt.
> THEAITETOS: Beschreibe mir beide.
> FREMDER: Die Kundmachungen, welche auf Handlungen gehen, nennen wir Verben.
> THEAITETOS: Ja.
> FREMDER: Die Zeichen aber, die dem, was eine Handlung verrichtet, durch die Stimme beigelegt werden, sind die Nomina.
> THEAITETOS: Offenbar freilich.
> FREMDER: Und nicht wahr, aus Nomina allein, hintereinander ausgesprochen, entsteht niemals eine Rede oder ein Satz, und ebenso wenig aus Verben, die ohne Nomina ausgesprochen werden.

THEAITETOS: Das habe ich nicht verstanden.
FREMDER: Offenbar hast du etwas anderes in Gedanken gehabt, als du mir eben beistimmtest. Denn eben dies wollte ich sagen, daß aus diesen so hintereinander ausgesprochenen keine Rede wird.
THEAITETOS: Wieso?
FREMDER: Wie etwa *geht, läuft, schläft* und so auch die anderen Verben, welche Handlungen bedeuten, und wenn man sie auch alle hintereinander hersagte, man brächte doch keine Rede zustande.
THEAITETOS: Wie sollte man auch!
FREMDER: Und ebenso wiederum, wenn gesagt wird, *Löwe, Hirsch, Pferd* und mit was für Benennungen sonst was Handlungen verrichtet, pflegt benannt zu werden, auch aus dieser Folge kann sich nie eine Rede bilden. Denn weder auf diese noch auf jene Weise kann das Ausgesprochene weder eine Handlung noch eine Nichthandlung noch ein Sein eines Seienden oder Nichtseienden darstellen, bis jemand mit den Nomina die Verben vermischt. Dann aber fügen sie sich, und gleich ihre erste Verknüpfung wird eine Rede oder ein Satz, wohl der erste und kleinste von allen.
THEAITETOS: Wie meinst du nur dieses?
FREMDER: Wenn jemand sagt, *der Mensch lernt:* so nennst du das wohl den kürzesten und einfachsten Satz.
THEAITETOS: Das tue ich.
FREMDER: Denn hierdurch macht er schon etwas kund im Bezug auf das Seiende, daß es wird, oder geworden ist, oder sein wird und benennt nicht nur, sondern begrenzt etwas (τι περαίνει), indem er die Nomina mit den Verben verbindet. Darum können wir auch sagen, daß er redet und nicht nur nennt, und wir haben ja auch dieser Verknüpfung eben den Namen *Rede* beigelegt.
THEAITETOS: Richtig.
FREMDER: Wie also die Dinge sich teils ineinander fügen, teils auch nicht, so auch die Zeichen vermittels der Stimme fügen sich zum Teil nicht, die sich aber fügen, bilden eine Rede.
THEAITETOS: So ist es auf alle Weise.
FREMDER: Nur noch dieses Wenige.
THEAITETOS: Welches?

FREMDER: Daß eine Rede, wenn sie ist, notwendig eine Rede von etwas sein muß, von nichts aber unmöglich.
THEAITETOS: So ist es.
FREMDER: Und auch eine wie-beschaffene muß sie selbst sein?
THEAITETOS: Was sonst? (*Sophistes*, 261d4–262e10)

Mit dem letzten Satz weist der Fremde darauf hin, daß die Rede selbst etwas ist und Qualitäten hat, und diese Qualitäten sind, wahr oder falsch zu sein. Damit wird hier etwas Wichtiges angedeutet, nämlich eine gewisse Verselbständigung der Rede gegenüber dem Seienden, über das sie redet. Das ist um so wichtiger, als zugleich in der vorletzten Feststellung des Fremden die Grundanschauung von Rede, daß Rede nämlich immer Rede von etwas ist, noch einmal unterstrichen wird.

Was liegt nun in der Zusammensetzung der Rede aus Nomina und Verben? Man muß hier im Verständnis sehr vorsichtig sein. Keineswegs geht es an, sogleich in die Analyse des Satzes als ὄνομα plus ῥῆμα die Struktur der Prädikation hineinzulesen, – wenngleich nicht bestritten werden soll, daß sich langfristig die Struktur der Prädikation aus der platonischen Analyse entwickelt hat. Entscheidend ist, daß hier nicht von einem Bindemittel zwischen ὄνομα und ῥῆμα die Rede ist: Eine Kopula kommt nicht vor. Deshalb kann der *Satz* nach Platon auch nicht die Struktur einer Prädikation haben. Nach dieser wären zwei Termini vorauszusetzen, nämlich ein Subjektbegriff und ein Prädikatsbegriff, die durch ein *ist* dann in der Prädikation zu verbinden wären. Platon bringt den Satz auch nicht auf die Normalform, um diese Struktur zu erreichen. Also der Satz: *Theaitetos fliegt* wird nicht transformiert in: *Theaitetos ist fliegend*. Die Auffassung des Satzes als Prädikation bildet sich erst bei Aristoteles heraus.[4,5] Ganz im Gegensatz zu der

---

4 Für die prädikative Normalform siehe Aristoteles, *Metaphysik*, Δ 7; 1017 a24 ff.
5 Die Auffassung des Satzes als Prädikation bestimmt Wolfgang Detels Interpretation des *Theaitetos* und *Sophistes*. Siehe Wolfgang Detel, *Platons Beschreibung des falschen Satzes im Theaitet und Sophistes*, Göttingen: Vandenhoeck & Ruprecht 1972. Mir scheint die von der analytischen Philosophie inspirierte Lesart klassischer Autoren überhaupt verfehlt. Was werden diese Autoren uns noch lehren können, wenn wir bei ihnen nur suchen, was wir ohnehin aus der Philosophie des 20. Jahrhunderts wissen?

prädikativen Normalform muß man vielmehr die Verbindung von ὄνομα und ῥῆμα so verstehen, daß das *ist* gewissermaßen im ῥῆμα mitenthalten ist, bzw. daß durch das ῥῆμα eine bestimmte Weise zu sein artikuliert wird. Reine Existenzsätze, wie beispielsweise *Sokrates ist,* werden von Platon praktisch nicht ins Auge gefaßt, sie würden wohl auch als elliptisch verstanden, d. h. als unvollständig. Durch diesen Satz würde von Sokrates gesagt, daß er ist, aber nicht recht wie.[6]

Die Leistung der einzelnen Termini im Satz wie auch des Satzes selbst, werden nun als Kundmachen (δηλοῦν) oder Bezeichnen (σημαίνειν) charakterisiert. Dabei muß man sich hüten σημαίνειν etwa in dem Sinne als Bedeuten zu verstehen, daß sprachliche Termini als solche eine Bedeutung hätten. Platon denkt nicht von der Sprache her, sondern vom Sein her. Zwar können sprachliche Ausdrücke auf die Ideen verweisen in dem Sinne, daß sie deren Darstellung sind, aber die Ideen sind nicht etwas, das dem sprachlichen Ausdruck in irgendeiner Weise anhinge – das wäre ein nominalistischer Standpunkt. σημαίνειν ist hier vielmehr in dem Sinne zu verstehen, wie auch im *Sophistes* die Angabe eines σημεῖον, eines charakteristischen Zeichens als mögliche Leistung eines λόγος genannt wurde. Kundmachen, Erhellen, Bezeichnen sind immer Leistungen, die die sprachlichen Ausdrücke am Objekt, über das geredet wird, vollbringen. Dieses Objekt kann nun selbst ein sinnliches Einzelding wie Theaitetos sein, oder ein idealer Gegenstand wie die Drei, oder eine Fiktion wie ein Kentaur. Bezeichnen können nun die verschiedenen Worttypen durchaus auch einzeln. Die Verben bezeichnen Handlungen zunächst im engeren Sinne, also im Sinne von Tätigkeiten, aber darüber hinaus im weiteren Sinne von Vollzügen, Seinsweisen. Die Nomina bezeichnen dasjenige, das diese Handlungen vollzieht. Das Wort *kundmachen,* oder *erhellen* bezieht Platon jedoch nur auf den Satz im ganzen. Da nun die Funktion der Nomina im Satz keine andere ist als die der Nomina, wenn man sie einzeln verwendet, nämlich ein Seiendes zu bezeichnen, so kommt den Verben *im* Satz die eigentlich kundmachende oder erhellende Funktion zu: Sie machen kund, sie sagen in welcher Weise das jeweils genannte Seiende ist. Platon

---

6 Die Hypothese, *wenn eins ist, Parmenides,* 137 c4, entwickelt sich denn auch sehr schnell im Sinne der Frage, wie das Sein des Einen zu verstehen ist.

bezeichnet die Leistung des Satzes im ganzen auch als begrenzen (περαίνειν), und zwar da, wo er spezifisch darauf hinweist, daß – durch die Konjugation des Verbs – der Satz das Seiende auch in seinen Zeitmodi bestimmt. (*Sophistes*, 262d2–d5)

Um noch mal zusammenzufassen: Der Satz benennt ein Seiendes und läßt es in einem bestimmten Wie seines Seins sehen. Wir haben damit die Als-Struktur, die wir bei der δόξα bereits behandelten, auf der Ebene des Satzes wiedergefunden. Der Satz macht etwas als etwas kund.

Hinzuzufügen ist, daß der Satz für Platon hier immer die Verlautbarung ist. Deshalb hat der Satz auch eine Mitteilungsfunktion: Das Kundmachen bezieht sich auf einen potentiellen Adressaten. Da Platon allerdings das Denken selber als Gespräch der Seele mit sich bezeichnet, kann ein einzelner Mensch diese Funktion auch sich selbst gegenüber ausüben. In jedem Fall ist der Satz die Artikulation einer Auffassung.

Da wir nun aus anderen Dialogen, insbesondere dem *Kratylos*, aber auch dem *7. Brief* wissen, daß Platon der Rede auch die Leistung der Darstellung des Seienden zuweist, so können wir aus der Analogie zur Rolle des Bildes noch folgendes hinzufügen. Wie das Bild läßt die Rede das Seiende nicht einfach als solches sehen, sondern präsentiert es in bestimmter Weise. Dieses *in bestimmter Weise* heißt sicher immer auch: *in eingeschränkter Weise* aber es hat doch eine positive Bedeutung. Wie das Bild, kann die Rede das Seiende einfacher, klarer, artikulierter, handhabbarer präsentieren, als man es erfahren würde, wenn man sich mit dem Seienden direkt konfrontierte – das war ja auch der Grund, weshalb sich Sokrates ursprünglich den λόγοι zugewandt hatte. So gesehen hat der λόγος, die Rede, auch eine positive Erkenntnisfunktion. Sie expliziert nicht nur, sie stellt nicht nur dar, was auch ohne sie erkannt wäre, sie ist vielmehr selbst ein Mittel der Erkenntnis.

Als zweites ergibt sich durch die Analogie zum Bild, daß die Rede auch täuschen kann. Wie das Bild kann sie Seiendes anders sehen lassen, als es ist, oder gar Seiendes, das überhaupt nicht ist, so als sei es. Diese Analogie gilt es streng zu bewahren, wenn wir uns nun dem Problem des falschen Satzes zuwenden. Falsch, ψευδής, kann niemals bloß *unrichtig* heißen, sondern bedeutet immer zugleich auch *täuschend*.

FREMDER: Nun laß uns recht aufmerken bei uns selbst.
THEAITETOS: Das wollen wir.
FREMDER: Ich will dir also eine Rede vortragen, indem ich eine Sache mit einer Handlung durch Nomen und Verb verbinde, wovon aber die Rede ist, sollst du mir sagen.
THEAITETOS: Das soll geschehen nach Vermögen.
FREMDER: *Theaitetos sitzt.* Das ist doch nicht eine lange Rede.
THEAITETOS: Nein, sondern sehr mäßig.
FREMDER: Deine Sache ist nun zu sagen, worüber (diese Rede) ist, und wovon.
THEAITETOS: Offenbar über mich und von mir.
FREMDER: Was aber diese wiederum?
THEAITETOS: Was für eine?
FREMDER: *Der Theaitetos,* mit dem ich jetzt rede, *fliegt.*
THEAITETOS: Auch von dieser würde wohl niemand etwas anderes sagen, als daß sie mich meine und über mich rede.
FREMDER: Und eine gewisse Beschaffenheit, sagen wir, habe notwendig jede Rede?
THEAITETOS: Ja.
FREMDER: Wie sollen wir also sagen, daß jede von diesen beschaffen sei?
THEAITETOS: Die eine doch falsch, die andere wahr.
FREMDER: Und die wahre sagt doch das Seiende wie es ist, im Bezug auf dich?
THEAITETOS: Ja.
FREMDER: Und die falsche sagt etwas anderes als das Seiende?
THEAITETOS: Ja.
FREMDER: Also das Nichtseiende sagt sie aus als Seiendes.
THEAITETOS: Beinahe.
FREMDER: Anderes Seiendes (sagt sie also) vom Seienden in Bezug auf dich, denn in Bezug auf jedes sagten wir doch, gebe es viel Seiendes und viel Nichtseiendes.
THEAITETOS: Offenbar freilich.
FREMDER: Die letzte Rede nun, welche ich von dir ausgesagt, war nach unserer vorigen Bestimmung darüber, was eine Rede ist, zuförderst ganz notwendig eine der kürzesten.
THEAITETOS: So waren wir wenigstens darüber einig geworden.

FREMDER: Dann redete sie doch von etwas.
THEAITETOS: Gewiß.
FREMDER: Und wenn nicht von dir, dann gewiß von niemand anderem?
THEAITETOS: Freilich nicht.
FREMDER: Und redete die von nichts, so wäre sie ganz und gar keine Rede. Denn wir haben gezeigt, es sei ganz unmöglich, daß, was eine Rede ist, sollte eine Rede von nichts sein.
THEAITETOS: Vollkommen richtig.
FREMDER: Wird also von dir Anderes als die Sache selbst (ist) und Nichtseiendes wie seiend ausgesagt, so wird eine solche aus Verben und Nomina entstehende Zusammenstellung wirklich wahrhaftig eine falsche Rede (λόγος ψευδής). (*Sophistes*, 262e12–263d4)

Die Darlegung enthält in der Formulierung des letzten, resümierenden Satzes soviel Schwierigkeiten, daß es wohl kaum eine Interpretation gibt, die dem Text nicht in der einen oder anderen Weise Gewalt antut.[7] Die Schwierigkeiten rühren daher, daß Platon in dieser Formulierung versucht, das Sagen des Nichtseienden im Sinne seiner Widerlegung des Parmenides als Sagen des Anderen des Seienden oder als Sagen eines vom Seienden Verschiedenen zu formulieren. Zugleich muß er aber im Sinne der Grundanschauung von Aussage daran festhalten, daß auch in der falschen Aussage etwas, also Seiendes, gesagt wird. Zusammengenommen bedeutet das, daß Nichtseiendes als Seiendes ausgesagt wird. Wenn man nun für das Nichtseiende τὸ ἕτερον (das Andere, das Verschiedene) einsetzt und für das Seiende ταὐτόν (die Sache selbst), so kommt die zitierte Formulierung heraus. Doch was ist jeweils das Seiende und das Nichtseiende, von dem hier die Rede ist, und die Sache selbst, und das von ihr Verschiedene?

Auch hier scheidet die Interpretation des Satzes als Prädikation wohl aus. Denn in ihr kommt Nichtseiendes genaugenommen gar nicht vor: Sowohl das Subjekt als auch das Prädikat sind Seiendes, im übrigen läßt sich in der Auffassung von Aussage als Prädikation die Analogie zum Bild nicht wahren: Eine falsche

---

[7] F.M. Cornford redet in seinem Buch *Platos Theory of Knowledge*, London, Routledge & Keagan Paul 1960, 317, in Bezug auf diesen Satz von einer »rather obscure expression«.

Aussage ist einfach falsch und man weiß nicht, warum sie täuschen sollte.[8] Was ist also das Nichtseiende in dem Satz *Theaitetos fliegt*? Das Nichtseiende ist ein Theaitetos, der fliegt – nicht etwa das Fliegen selbst, denn Fliegen als Idee verstanden, ist natürlich ein Seiendes. Also: Im falschen Satz wird ein Nichtseiendes ausgesprochen und zwar so, als ob es ein Seiendes sei. Daß *Theaitetos, der fliegt* ein Nichtseiendes ist, liegt daran, daß es vom Theaitetos, der Sache selbst, der nämlich sitzt, verschieden ist.

Fassen wir noch einmal zusammen: Der λόγος ist eine Darstellung des Seienden im Medium der Sprache. Diese Darstellung ist unvollständig, eingeschränkt und unter Umständen täuschend. Sie hat aber den Vorzug, daß sie ein Seiendes in einer bestimmten Weise sehen lassen kann, nämlich etwas als etwas und insofern eine kognitive Leistung erbringt. Dieses Sehen-lassen kann das Seiende aber anders, als es selbst ist, zur Erscheinung bringen und es hat dann als solches täuschenden Charakter. Der Satz, mit dem das geschieht, ist falsch, weil er Seiendes aussagt, das man als Nichtseiendes bezeichnen muß, denn es ist von der Sache selbst verschieden.

Mit seiner Untersuchung der Struktur des Satzes hat Platon zweifellos einen Anfang mit der Logik gemacht. Dieser Anfang konnte dann bei Aristoteles seine Fortsetzung finden. Dabei sollte man sich allerdings nicht über die Unterschiede täuschen. Platons Analyse des Satzes findet bei Aristoteles in der kleinen Schrift Περὶ ἑρμηνείας (*Über den Satz*) seine Fortsetzung – *nicht* in der *Topik* und in den *Analytiken*.[9] Die Lehre von den Syllogismen bei Aristoteles und die von der wissenschaftlichen Begründung, wie sie sich in *Topik* und *Analytiken* findet, macht für die Struktur des Satzes nicht mehr von dem Unterschied zwischen Nomen und Verb Gebrauch. Man mag das als eine heilsame Differenzierung von

---

8 Das betrifft vor allem die Arbeit von Wolfgang Detel, a. a. O., der sich um diese Analogie überhaupt nicht kümmert. Er transformiert die falsche Aussage, indem er ὡς mit *daß* übersetzt, ohnehin in eine Behauptung, nämlich die Behauptung, daß das mit dem Nomen genannte Seiende an der im Verbum genannten Idee teilhabe. Danach ist dann der falsche Satz die Behauptung, daß das im Nomen genannte Seiende an einer Idee teilhabe, die von allen Ideen verschieden ist, an denen es wirklich teilhat.
9 Zu dieser Differenz siehe Ernst Kapp, *Der Ursprung der Logik bei den Griechen*, Göttingen: Vandenhoeck & Ruprecht, 1965, besonders Kapitel III.

Logik und Grammatik ansehen. Entscheidend ist aber, daß erstens die Strukturelemente im Satz ontologisch nicht mehr unterschieden werden – sie sind einfach ὅροι, Termini – und daß zweitens das *ist*, die Kopula als besonderes Element auftritt: erst durch die Verbindung zweier Termini mittels des *ist* entsteht ein Satz. Das sieht man klar an Aristoteles' Definition von Terminus: »Ich nenne Terminus das, woraus sich die Prämisse zusammensetzt, nämlich Prädikat und Satzsubjekt, wobei das *sein* oder *nicht-sein* entweder hinzugefügt wird oder abgetrennt wird« (*Analytica priora*, 24b16). Weil Aristoteles den Satz als die Verbindung zweier Termini mittels der Kopula sieht, muß ja auch, wie schon erwähnt, nach ihm der Satz *Theaitetos fliegt* auf die Normalform: *Theaitetos ist fliegend* gebracht werden. Die Falschheit und Richtigkeit eines Satzes wird auf diese Weise bei Aristoteles etwas, was sich eigentlich im Satz selbst abspielt. Bei Platon handelt es sich darum, daß der Satz gewissermaßen am Seienden selbst etwas tut, nämlich es wahrhaft oder täuschend zur Darstellung bringt. Auch bei Aristoteles ist Wahrheit und Falschheit nicht ohne Beziehung zu den Dingen, also dem Seienden. Aristoteles vertritt – würde man heute sagen – eine Korrespondenztheorie der Wahrheit, aber sie besteht eben wesentlich darin, daß man im Satz – im Fall der Wahrheit – Termini verbindet, die auch in der Sache selbst verbunden sind, oder – im Fall der Falschheit – Termini verbindet, die in der Sache nicht verbunden sind.[10]

Es gibt nun eine weitere Fortsetzung der platonischen Analysen, von der sich freilich schwer sagen läßt, ob es sich um eine Fortsetzung in Richtung Logik oder in Richtung Ontologie handelt. Gemeint ist die Lehre von den Kategorien. Die aristotelische Kategorienschrift läßt es unentschieden, ob die Kategorien Prädikationsformen oder Gattungen des Seienden sind. Wegen dieser Unentschiedenheit ist man sich über die Stellung der Kategorienschrift zwischen Platon und Aristoteles nicht einig. Wenn man die Lehre von den σχήματα τῆς κατηγορίας, den Prädikationsformen, als die eigentlich aristotelische Leistung, wie sie sich in der Topik findet, ansieht, dann gibt es entweder die Möglichkeit, die

---

10 Entsprechend: Daß man im Satz Termini durch *ist nicht* abtrennt, die – im Falle der Wahrheit – auch in der Sache getrennt sind oder – im Falle der Falschheit – in der Sache verbunden sind.

Kategorien als eine mehr oder weniger reife Vorarbeit des Aristoteles oder eines anderen Mitglieds der Akademie anzusehen auf dem Wege *zu* der eigentlichen aristotelischen Kategorienlehre, oder aber man nimmt an, daß Aristoteles, nachdem er seine Lehre von den σχήματα τῆς κατηγορίας aufgestellt hatte, nachträglich das Bedürfnis hatte, sie in Verbindung zu bestimmten Debatten der Akademie zu setzen. In diesen Debatten ging es offenbar darum, Seinsgattungen zu identifizieren nach Unterschieden, die sich gegebenenfalls in einer sprachlichen Artikulation wiederfinden. Dieser Frage ist im weiteren nachzugehen, sie ist zugleich die Frage nach Ursprüngen der aristotelischen Kategorien: Substanz, Relation, Quantität, Qualität, Tun und Erleiden.

III.5 Auf dem Wege zu Kategorien

III.5.1 Ideen, Prinzipien und die obersten Gattungen

Idee ist der Name für das eigentlich Seiende bei Platon. Eine Idee gibt es für alles, was ein bestimmtes Was-Sein hat. Die Idee ist dieses, was es ist, selbst und anderes kann nach der Idee genannt werden, insofern es an ihr teilhat. Mit den Ideen ist der ganze Bereich des Seienden beschrieben. Gleichwohl gibt es in der platonischen Philosophie neben den Ideen Ausdrücke für etwas, was gewissermaßen von höherem Rang ist, und man hat dieses mit Recht *Prinzipien* genannt. Die Prinzipien sind dasjenige, was gewissermaßen den Raum der Ideen aufspannt und durchherrscht. Nach Platons ungeschriebener Lehre sind die obersten Prinzipien das Eine und die unbestimmte Zweiheit. Daneben gibt es aber für die Konstitution des Einzelnen noch Prinzipien, die im *Philebos* genannt werden, nämlich das Begrenzte und das Unbegrenzte. Sie sind gewissermaßen die Abkömmlinge des Einen und der unbestimmten Zweiheit, nämlich insofern sie deren Wirksamkeit quasi im kleinen ausmachen.

Neben Ideen und Prinzipien gibt es aber noch die sogenannten obersten oder bedeutendsten Gattungen, die μέγιστα γένη. Sie sind sehr leicht aufgezählt – das Seiende, Bewegung und Ruhe, Selbigkeit und Verschiedenheit –, was sie eigentlich sind und welchen Status sie haben, ist jedoch schwer zu sagen. Als oberste Gattungen könnten sie so etwas wie Oberideen sein, aber dazu gibt der Text, in dem sie auftauchen, nämlich der Dialog *Sophistes*, keinerlei Anhalt. Ein solches Verständnis nährt sich besonders von ihrer Bezeichnung als Gattungen: Da man gewohnt ist, Gattungen als dasjenige anzusehen, was viele Arten umfaßt, so könnten die obersten Gattungen Ideen sein, die in sich die Mannigfaltigkeit der anderen Ideen enthalten. Danach wären sie dann so etwas, wie die Spitze von Dihairesis-Stammbäumen. Aber wie gesagt, es gibt keine Stelle, wo Platon sie auf diese Weise benutzt. Es sei denn man wolle die Aufteilung der Bewegungsarten im X. Buch der *Nomoi* für die Gattung *Bewegung* anführen.

Die Art und Weise der Einführung der obersten Gattungen deutet nun eher darauf hin, daß sie Bestimmungen darstellen, deren man sich bedienen muß, wenn man über das Seiende bzw. das Nichtseiende reden will. Sie hätten damit gegenüber dem Feld der Ideen ebenso wie die Prinzipien einen Metastatus, freilich einen, der sie in besonderer Weise mit dem λόγος verbindet. Damit wären sie so etwas wie Vorläufer der Kategorien, die sich aus Diskussionen der Akademie und schließlich bei Aristoteles herausbilden. Wir werden deshalb vor der Behandlung der μέγιστα γένη über diese Diskussionen berichten, um von daher einen neuen Blick auf die platonischen Texte zu gewinnen. Freilich muß gesagt werden, daß diese Lesart der μέγιστα γένη als logischer Meta-Ideen sich zwar aus dem Anfang der Sophistes-Partien, in denen sie eingeführt werden, rechtfertigt, wohingegen sie dann im Fortgang praktisch nur als die bedeutendsten Prototypen von Ideen überhaupt behandelt werden.

In welchem Kontext werden also die obersten Gattungen eingeführt? Man muß wohl sagen, es ist ein ontologischer Kontext. Es geht im Zusammenhang der Suche nach dem Sophisten darum, eine vertretbare Weise der Rede vom Nicht-Seienden zu finden. Als Begründung für die Untersuchung der obersten Gattungen führt der Fremde in *Sophistes* an:

> Damit, wenn wir auch das Seiende und Nicht-Seiende nicht mit völliger Deutlichkeit aufzufassen vermögen, wir wenigstens nicht ohne λόγος (d.h. eine mögliche Redeweise) in Bezug auf sie sein werden, soweit es die Art der jetzigen Untersuchung zuläßt, es uns also möglich wäre, indem wir von dem Nicht-Seienden sagen, es sei wirklich nicht seiend, unbeschädigt davonzukommen. (*Sophistes*, 254c5–d2)

Um dieses Ziel zu erreichen, ist Platon zunächst mehr oder weniger summarisch die ontologischen Thesen seiner Vorgänger durchgegangen, um schließlich eine *Gigantomachie* zwischen Materialisten und Idealisten bezüglich ontologischer Fragen zu konstatieren. Auf diesem Wege hat er alle möglichen dialektischen Schwierigkeiten ontologischer Rede aufgewiesen, – wie sie dann später sehr ausführlich im *Parmenides* diskutiert werden, – um dann die Dialektik in seinem Sinne auf den Plan zu rufen, die in diesem Bereich ein vernünftiges Reden ermöglichen soll. Gerade hier, in der Beschreibung des Geschäfts der Dialektik treten zwei der obersten Gattungen auf, nämlich Selbigkeit und Verschiedenheit:

> Das Trennen nach Gattungen, daß man weder denselben Begriff für einen andern, noch einen anderen (ἕτερον) für denselben (ταὐτόν) halte, wollen wir nicht sagen, dies sei das Geschäft der dialektischen Wissenschaft? (*Sophistes*, 253d1–3)

Dialektik ist der diskursive Umgang mit dem Seienden und es ist ihre Leistung, Selbigkeit und Verschiedenheit an ihm zu bestimmen.

Ebenso wie Selbigkeit und Verschiedenheit, werden auch Bewegung und Ruhe als Metabestimmungen des Seienden eingeführt. Seiendes wird nämlich qua Erkanntes als bewegt bezeichnet:

> Dieses nämlich, daß, wenn das Erkennen ein Tun ist, so folgt notwendig, daß das Erkannte leidet, und daß also nach dieser Erklärung das Sein, welches von der Erkenntnis erkannt wird, wiefern erkannt, insofern auch bewegt wird. (*Sophistes*, 248d9–e4)[1]

Ebenso wird Ruhe als eine Bestimmung eingeführt, die dem Seienden zugesprochen werden muß, insofern man es als Selbiges anspricht:

> Das *auf gleiche Weise* und *ebenso* und *in derselben Beziehung*, dünkt dich denn das ohne Ruhe stattfinden zu können? (*Sophistes*, 249b12–c1)

Die fünf obersten Gattungen sind somit als Redeweisen bezüglich des Seienden bereits eingeführt, bevor überhaupt die explizite Liste der obersten fünf Gattungen gegeben wird, um an ihnen die Frage durchzuexerzieren, ob Ideen überhaupt aneinander teilhaben können, verflochten sind oder sonstige Beziehungen haben. Das möge zur Einführung zunächst einmal genügen. Die obersten Gattungen sollen ja dann im einzelnen besprochen werden, nachdem zunächst der Blick durch den Bericht über die akademischen Diskussionen erweitert worden ist.

---

[1] Auf die Stelle wird zurückzukommen sein, wenn wir danach fragen, was bei Platon κίνησις als oberste Gattung ist – Bewegung im gewöhnlichen Sinne kann es offenbar nicht sein.

III.5.2 Der Ursprung der aristotelischen Kategorien in akademischen Diskussionen

Es sind vor allem zwei Dinge in der aristotelischen Kategorienlehre, die Anlaß dazu gegeben haben, nach Diskussionen in der Akademie zu fragen, die sie mit der platonischen Lehre verbinden. Unbestritten ist, daß die Aufstellung der Kategorien als Prädikationsformen eine genuin aristotelische Leistung ist. Aber schon diese Leistung als solche, nämlich als logische festzuhalten, fällt schwer. Es ist zwar überzeugend, die Unterscheidung der Kategorien aus dem Versuch herzuleiten, sophistische Trugschlüsse zu vermeiden.[1] Aber die kategorial unterschiedlichen Prädikationen prägen sich in der Form der Aussage keineswegs aus. Gerade, wenn man die Prädikation auf die Normalform $S \varepsilon P$ bringt, wie es dann für die Syllogistik notwendig ist, wird es unsinnig, die Kategorien, wie es bei Kurt von Fritz geschieht, als unterschiedliche Bedeutungen der Kopula zu bezeichnen.[2] Um Arten der Prädikation zu unterscheiden, muß man deshalb, gerade wenn man sich auf den logischen Standpunkt gestellt hat, auf eine Klassifikation der Prädikate zurückgreifen, also auf Unterschiede dessen, *was* prädiziert wird. Das führt auf eine Klassifikation des Seienden, d. h. also auf Kategorien im ontologischen Sinne. Paradoxerweise läge von Platons Analyse des Satzes, wie wir sie im Sophistes gefunden haben, eine Unterscheidung vom Prädikationsformen viel näher als vom logisch-aristotelischen Standpunkt her. Denn Platon hatte ja das, was prädiziert wird, nicht von der Kopula getrennt, und die Aussage erwies sich als ein Sagen, in welcher Weise ein Seiendes ist.

Das Gesagte soll noch an einem klassischen Beispiel erläutert werden. Wenn man den klassischen Syllogismus: *Sokrates ist ein Mensch, alle Menschen sind sterblich, also ist Sokrates sterblich* zugrunde legt, so könnte auf folgende Weise ein sophistischer Trugschluß zustande kommen: *Sokrates ist weiß, Weiß ist eine Farbe, also ist Sokrates*

---

1 Dazu Ernst Kapp, *Der Ursprung der Logik bei den Griechen,* a.a.O., und ferner: *Die Kategorienlehre in der aristotelischen Topik* in: Ernst Kapp, *Ausgewählte Schriften,* Berlin: de Gruyter 1968, 215–253.
2 Kurt von Fritz, *Der Ursprung der aristotelischen Kategorienlehre,* in: Archiv für die Geschichte der Philosophie 40 (1931), 449–496, besonders 452 und 458.

eine Farbe. Diesen Trugschluß kann man sicherlich vermeiden, wenn man Mensch und Weiß als Kategorien unterscheidet, nämlich als zweite οὐσία und als Qualität, – an der Kopula dagegen ist kein Unterschied zu bemerken.[3] Auch wenn man die Kategorien als Prädikationsformen zur Vermeidung von sophistischen Trugschlüssen eingeführt hat, wird man also zurückgeführt auf eine Klassifikation von Prädikaten und damit auf ontologische Fragen.

Der zweite Anlaß, den die aristotelische Kategorienlehre bietet, in akademische Diskussionen zurückzugehen und schließlich nach Anfängen bei Platon selbst zu fragen, liegt in der Kategorienschrift selbst. Ihr unklarer Status zwischen Logik und Ontologie hat bis heute verhindert, sie entweder zwischen Platon und Aristoteles bei einem dritten Autor oder aber im aristotelischen Werk chronologisch zu verorten. Darüber hinaus aber enthält die Schrift bestimmte Merkwürdigkeiten, die die Frage nach einem diskursiven Kontext erzwingen. Und zwar werden an alle Kategorien als Meßlatte oder Untersuchungsinstrument gewisse Unterscheidungen angelegt, deren Sinn aus der Schrift selbst überhaupt nicht verständlich ist. So wird bei allen Kategorien gefragt, ob sie das Mehr oder Weniger annehmen bzw. einen Gegensatz zulassen. Die Existenz dieser Instrumente zur Charakterisierung von Kategorien legt die Vermutung nahe, daß sie ursprünglich benutzt worden sein könnten, um überhaupt Kategorien zu unterscheiden. Diesem Weg ist Philipp Merlan in seiner Untersuchung der Anfänge der Kategorienlehre gefolgt.[4] Ich nehme die von Kurt von Fritz und Philipp Merlan gebahnten Spuren auf, nicht allerdings um aus akademischen Diskussionen zu Aristoteles hinzuführen, sondern um aus ihnen zurückkehrend bei Platon Anfänge der Kategorienlehre aufzuspüren.

Diese Spuren lassen sich insbesondere für die Kategorien der Substanz (οὐσία), des Relats (πρός τι) und der Qualität (ποιότης) aufweisen. Es fehlt hier nur die vierte Hauptkategorie, nämlich die der Quantität, die gesondert zu behandeln sein wird. Die genann-

---

3 Kurt von Fritz meint, a.a.O., daß Aristoteles in dieser Weise in dem Versuch, seine Kategorien, die er als logische gefunden und aufgestellt habe, zu begründen, auf ontologische Fragen geführt wurde.
4 Philipp Merlan, *Beiträge zur Geschichte des antiken Platonismus 1. Zur Erklärung der dem Aristoteles zugeschriebenen Kategorienschrift*, in: Philologos, 89 (1934), 35–53.

ten drei Hauptkategorien haben nun in den Diskussionen der Akademie Entsprechungen in einer Dreierklassifikation des Seienden. Zunächst möchte ich auf eine Stelle bei Simplicius eingehen, in der er von einer kategorialen Einteilung des Seienden berichtet, die er auf den sizilianischen Platon-Schüler Hermodoros zurückführt, und die jetzt als Zeugnis für Platons ungeschriebene Lehre anerkannt wird.[5] Dort heißt es:

»Er sagt, daß vom Seienden die einen an und für sich (καθ' αὐτά) seien, wie z.B. Mensch und Pferd, die anderen in Bezug auf anderes (πρὸς ἕτερα), und von diesen die einen in Bezug auf Entgegengesetztes (πρὸς ἐναντία), wie z.B. das Gute dem Schlechten, die anderen in Bezug auf etwas (πρός τι) und von diesen (wiederum) führt er die einen als bestimmt die anderen als unbestimmt auf.«[6]

Wir haben also zunächst eine Einteilung des Seienden in solches, das in Bezug auf sich selbst ist – das sind die Substanzen, wie Mensch und Pferd – und solches, das in Bezug auf anderes ist. Letzteres ergibt wieder zwei Klassen: Die erste ist solches Seiende, das sich in Gegensatzpaare gliedert, wie gut und schlecht. Die zweite ist solches Seiende, das sich in Relate gliedert und dafür werden im folgenden die Beispiele weiter/enger, schwerer/leichter angeführt. Wir können in der zweiten Klasse die Qualitäten und in der dritten Klasse die Relativa erkennen.

Von den Relativa und jeweils einem Pol der Gegensätze gleich/ungleich und ruhend/bewegt wird dann im folgenden gesagt, daß sie das Mehr und Weniger an sich hätten. Damit zeigt sich, daß *einen Gegensatz* haben und *das Mehr und Weniger* annehmen, Kriterien, die in der Kategorienschrift vorkommen, bereits unter Platons Schülern wie Hermodor der Einteilung von Klassen des Seienden dienten.

Ganz verwandt dieser Simplicius-Stelle ist nun eine Stelle bei Sextus Empiricus, die sich auf die Pythagoreer bezieht, aber heute

---

[5] Simplicius, in: Aristot. Phys. (I.9, 192a³) p. 247³⁰ –248¹⁵ Diels; jetzt Konrad Gaiser, *Platons ungeschriebene Lehre*, a.a.O., Testimonia Platonica Nr. 31.
[6] Es sei hier nur darauf hingewiesen, daß die letzte Wendung in diesem Zitat eine Beziehung zum Dialog *Philebos* 24a–25a hat. Es findet sich in der Fortsetzung der Stelle bei Simplicius auch ein Beleg für den dynamischen Charakter des Mehr und Weniger: ἔστι γὰρ μᾶλλον εἶναι μεῖζον καὶ ἔλαττον εἰς ἄπειρον φερόμενα)

ebenfalls als Zeugnis zu Platons ungeschriebener Lehre anerkannt ist.[7]

> Von den Seienden sagen sie (die Pythagoreer), daß ein Teil nach Unterscheidung (κατὰ διαφοράν) aufgefaßt werde, ein anderer nach Entgegensetzung (κατ' ἐναντίωσιν), und ein dritter in Bezug auf etwas (πρός τι). Nach *Unterscheidung* nun sei dasjenige, was in Bezug auf sich und nach eigener Beschreibung vorliege, wie z. B. Mensch, Pferd, Pflanze, Erde, Wasser, Luft, Feuer. Jedes von diesen werde nämlich abgetrennt erkannt und nicht etwa nach dem Verhalten in Bezug auf anderes. Nach Entgegensetzung dagegen läge vor, was aus der Entgegensetzung von einem gegen das andere erkannt werde, wie z. B. das Gute und das Schlechte, das Gerechte und Ungerechte, das Nützliche und das Schädliche, das Heilige und das Unheilige, das Fromme und das Unfromme, das Bewegte und das Ruhende und alles, was diesen gleichkommt. In Bezug auf etwas aber sei, was nach dem Verhalten zu etwas anderem erfaßt werde, wie z. B. rechts und links, oben und unten, doppelt und halb: Rechts nämlich wird verstanden nach dem Verhalten in Bezug auf das Linke, und das Linke nach dem Verhalten in Bezug auf das Rechte, das Oben in Bezug auf seine Stellung zum Unten, und das Unten in Bezug auf seine Stellung zum Oben – und bei dem Übrigen ähnlich.

Hier ist die Dreierordnung, die wir schon kennen, direkt eine Dreiteilung des Seienden in drei Klassen. Sie wird dann im folgenden ganz ähnlich wie bei Simplicius/Hermodor über das Merkmal des Mehr und Weniger, des Übertreffens und Zurückbleibens auf die Prinzipien des Einen und der unbestimmten Zweiheit zurückgeführt. Interessant und weiterführend ist aber zweierlei. Das erste ist folgendes: Was bei Simplicius/Hermodor nur als an und für sich (καθ' αὐτά) Seiendes bestimmt wird, erweist sich hier als durch Unterschiede bestimmt und durch Eigentümlichkeiten beschreibbar, während die beiden anderen Klassen von Seienden in dem, was sie sind, immer nur im Gegensatz oder in Bezug auf jeweils anderes

---

7 Sextus Empiricus, Adv. math.. X 261–270, jetzt Konrad Gaiser, *Platons ungeschriebene Lehre*, a.a.O., Testimonia Platonica Nr. 32.

Seiendes beschrieben werden können. Freilich könnte man einwenden, daß der Begriff des Unterschieds (διαφορά) auch einen Bezug zum anderen impliziert, nämlich als Unterschied von etwas. Gemeint ist hier aber offenbar, daß diese charakterisierende Bestimmung selbst nicht Bezug nehmen muß auf anderes Seiendes. So ist beispielsweise das Viereckige durchaus vom Runden unterschieden, die Viereckigkeit ist aber anzugeben ohne Bezug auf Rundheit. Darin zeigt sich etwas, was in der Kategorienlehre dann als Selbständigkeit der Substanz erscheint. Das zweite Bemerkenswerte an der Formulierung des Sextus Empiricus ist, daß er in seiner Klassifizierung des Seienden jeweils immer Bezug auf Erkenntnis nimmt. In der erklärenden Begründung für seine Einteilung heißt es jeweils, daß die entsprechende Seinsklasse so und so erkannt (θεωρεῖται) oder erfaßt (νοεῖται) werde. Nun sind uns von Platon her die Korrespondenzen zwischen Seinsarten und Erkenntnisarten durchaus vertraut. Hier aber sollte betont werden, daß durch die Formulierung des Sextus Empiricus nicht etwa Seinsarten auf Erkenntnisarten zurückgeführt werden, vielmehr treten die Unterschiede der Seinsarten in den Unterschieden, wie das jeweilige Seiende erfaßt wird, nur heraus. Das mag gegenüber dem Bericht des Simplicius nur eine minimale Nuance sein, nur ein Unterschied des Vortrags. Aber es könnte ja sein, daß man gezwungen ist, auf Unterschiede des Seienden gerade dann zu achten, wenn man es in der Erkenntnis erfaßt, – und ferner insbesondere wenn man das Erkannte ausspricht.

Damit sind wir zurück bei unserer Vermutung, daß die obersten Gattungen des Seienden, die Platon im Sophistes einführt, eigentlich Metaideen sind, nämlich solche, die man benötigt, wenn man Ideen charakterisieren und über sie sprechen will. Als solche sollen nun die obersten Gattungen im einzelnen vorgestellt werden.

III.5.3 Selbigkeit

Dasselbe ist eine Bestimmung, die in der platonischen Philosophie von außerordentlicher Bedeutung ist, ja, man muß sogar sagen, daß sie eine größere Rolle als *Seiendes* spielt. Damit soll keineswegs gesagt werden, Platon habe eine Identitätsphilosophie, im Gegenteil muß davor gewarnt werden ταὐτόν mit *Identität* zu übersetzen. Zwar hat sich der Begriff der *Identität* philosophiegeschichtlich aus dem ταὐτόν entwickelt, aber man kann den Anfang dieser Geschichte bei Platon nur richtig verstehen, wenn man Selbigkeit bei Platon nicht als eine Relation sieht. Von Selbigkeit ist nach Platon zu reden, wenn man ein Seiendes als solches und nicht in Bezug auf ein anderes charakterisiert. Das kommt sehr deutlich heraus an der Stelle, an der Platon im Sophistes das ἕτερον, das *Andere* oder das *Verschiedene*, einführt. Das geschieht unmittelbar nach und in Absetzung von der Einführung des Selbigen:

> FREMDER: Als eine vierte Idee zu den dreien[1] müssen wir also das Selbige setzen.
> THEAITETOS: Allerdings.
> FREMDER: Und wie? Sollen wir das Verschiedene als eine fünfte setzen? Oder soll man etwa dieses und das Seiende als zwei Namen für eine Gattung denken?
> THEAITETOS: Das mag wohl sein.
> FREMDER: Allein ich glaube, du wirst zugeben, daß von dem Seienden einiges an und für sich (τὰ μὲν αὐτὰ καθ' αὐτά), einiges aber stets in Beziehung auf ein anderes (πρὸς ἄλλα) so genannt werde.
> THEAITETOS: Wie sollte ich nicht!
> FREMDER: Und das Verschiedene (τὸ ἕτερον) immer in Beziehung auf ein anderes. Nicht wahr? (*Sophistes*, 255c5–d1)

Wir finden hier im *Sophistes* bereits die Klassifikation des Seienden, die dann, wie wir gehört haben, in der Akademie zu ersten Ansätzen einer Kategorienlehre geführt hat: Seiendes wird eingeteilt in solches, das an und für sich Seiendes (ὄντα καθ' αὐτά) genannt wird, und solches, das nur immer in Bezug auf anderes Seiendes genannt wird. Im Griechischen steht streng genommen nur da: Einiges vom Seienden wird gesagt (τὰ τῶν ὄντων λέγεται). Aber wie sagt man Seiendes? Man benennt es oder sagt, was es ist. Und da kann man eben den Unterschied machen, daß man einiges als es selbst, ohne auf anderes zu blicken, nennen und charakterisieren kann, anderes aber nicht. Ein Mensch ist, was er

---

[1] Nämlich zu Sein, Bewegung und Ruhe.

ist, an und für sich, aber ein Knecht ist nur Knecht in Bezug auf den Herrn, wie der Herr Herr ist in Bezug auf den Knecht.

Die zitierte Stelle im Sophistes, dient dazu zu zeigen, daß das Anders- bzw. Verschiedensein nur einen Teil des Seienden charakterisiert. Indirekt aber wird zugleich gesagt, daß ein anderer Teil gerade durch Selbstsein charakterisiert ist. Und Selbstsein, um das noch mal zu wiederholen, wird dabei nicht als eine besondere Weise relativer Bestimmtheit, sondern gerade im Gegensatz zu relativer Bestimmtheit verstanden.

Der Unterschied von Selbstsein und In-Bezug-auf-anderes-Sein kann nun durchaus im Reich der Ideen selbst stattfinden. Es ist zwar versucht worden, relative Bestimmung, also die wechselseitige Bestimmtheit von Herr und Knecht, als einen Einwand gegen die Ideenlehre vorzubringen.[2] Aber Platon hat von Anfang an in seiner Ideenlehre auch Paar-Ideen eingeführt, so beispielsweise *die Gleichen* im *Phaidon* (74b8). Aber die Bestimmung des Selbstseins kann auch zu einer Hierarchisierung im Reich des Seienden führen, genauer gesagt zu einer Bestimmung des eigentlichen Seienden, nämlich der Ideen. Wenn Platon die Ideen als solche benennen und von ihren sinnlichen Abbildern unterscheiden will, setzt er immer das αὐτό, *selbst*, hinzu: der Mensch selbst, das Tier selbst, der Tisch selbst usw. Das Selbstsein nimmt hier die Bedeutung von Original, von Vorbild und Urbild an, denn von der Sache selbst wird dasjenige abgegrenzt, was sie nur darstellt, und was nur nach ihr benannt wird. Wir haben diese Verhältnisse genauer an Platons Theorie des Bildes studiert. Auch hier wird das Bild im Unterschied zum Original durch die Bestimmung der Andersheit, des ἕτερον, charakterisiert. Das Bild ist nur *ein anderes derartiges*, wie das Original es selbst ist. In Analogie zur Beziehung von Original und Bild denkt nun aber Platon das Verhältnis von Idee und sinnlichem Einzelding. Gerade deshalb wird Selbigkeit zu dem entscheidenden Charakteristikum der Ideen. Sie sind die Sache selbst, während was sich in der sinnlichen Welt findet und mit dem gleichen Namen wie die Ideen bezeichnet wird, nur Bilder, nur etwas Derartiges ist. So redet Platon beispielsweise im dritten Buch der *Politeia* von den Ideen der Tapferkeit und der Großmut und daß man »sie selbst und

---

[2] Siehe dazu: Platons *Parmenides*, 133c ff.

ihre Bilder« (αὐτὰ καὶ εἰκόνας αὐτῶν, *Politeia* III, 402c6) nicht gering achten solle.

Selbigkeit im Sinne von Selbstsein hat seit Platon auch im Bereich der praktischen Philosophie eine Bedeutung. Diese kann hier nicht ausführlich dargelegt werden[3], soll aber doch kurz skizziert werden, weil sich nämlich in der praktischen Philosophie ein Verständnis von Selbstsein quasi von innen her ergibt. So wie ontologisch das Selbstsein von einem Sein abgegrenzt wird, das nur geliehen ist – ein Tisch ist nach Platon nur Tisch durch Teilhabe an der Idee des Tisches –, so wird in der Ethik Selbstsein abgegrenzt gegenüber einer Existenzweise, in der man, was man ist, nur durch Anmutungen und Zumutungen erfährt, oder wie es im Dialog *Protagoras* heißt, *den Lüsten unterworfen* (*Protagoras*, 352e). Diese Konstellation von Selbstsein und nicht Selbstsein als ethische Differenz erscheint im unseren Jahrhundert charakteristisch bei Heidegger als der Unterschied zwischen der Eigentlichkeit des Daseins und dem Man. Diese Differenz hat ihren Ursprung im Platons Dialog *Alkibiades* I, aus dem hier wenigstens die wichtigste Stelle hergesetzt sein soll. Es geht dort im Gespräch zwischen Sokrates und Alkibiades um die Selbstsorge (ἐπιμέλεια ἑαυτοῦ), die Sokrates dem Alkibiades anrät, um ein guter Mensch bzw. ein guter Bürger zu sein:

> SOKRATES: Wohlan denn, auf welche Weise könnte man wohl das Selbst selbst (αὐτὸ ταὐτό) finden? Denn dann könnten wir wohl auch finden, was wir selbst sind, ist aber jenes noch unbekannt, dann wohl unmöglich.
> ALKIBIADES: Du hast recht.
> SOKRATES: So komm denn, beim Zeus. Mit wem redest du jetzt? Nicht wahr, doch mit mir?
> ALKIBIADES: Ja.
> SOKRATES: Und ich mit dir?
> ALKIBIADES: Ja.
> SOKRATES: Sokrates ist also der Redende?

---

3 Siehe aber dazu meinen Artikel *Identität*, in: Christoph Wulf (Hrsg.). *Vom Menschen. Handbuch historische Anthropologie*, Weinheim 1997, bzw. den Aufsatz: *Selbstsein und derselbe sein. Über ethische und sozialtheoretische Voraussetzung von Identität* in: A. Barkhaus u.a. (Hrsg.), *Identität, Leiblichkeit, Normativität. Neue Horizonte anthropologischen Denkens*, Frankfurt/Main: Suhrkamp 1996, 322–340.

ALKIBIADES: Freilich.
SOKRATES: Und Alkibiades der Hörende?
ALKIBIADES: Ja.
SOKRATES: Und nicht wahr, mit der Sprache redet Sokrates?
ALKIBIADES: Womit sonst?
SOKRATES: Und reden und sich der Sprache bedienen nennst du doch einerlei?
ALKIBIADES: Freilich.
SOKRATES: Und der Gebrauchende aber und was er gebraucht, sind die nicht verschieden? (*Alkibiades* I, 129b1–c5)

Das Selbst wird hier als die gebrauchende Instanz gegenüber dem, was sie gebraucht, eingeführt, und das heißt gegenüber allem, was sonst noch zum Menschsein gehört, also Sprache, Leib, soziale Stellung und dergleichen. Das ist aber keineswegs eine deskriptive Unterscheidung, vielmehr wird damit eine Existenzweise gefordert, die durch die Differenz eines aktiven Selbst gegenüber allem anderen, was zum Menschsein gehört und das dadurch zum bloßen Mittel degradiert wird, charakterisiert ist. Diese Existenzform ist nicht natürlicherweise gegeben, sondern soll vielmehr durch die Selbstsorge eingeübt werden. Es geht also um das Ideal der Selbstbeherrschung, und schon bei Sokrates wird dadurch das eigentliche Menschsein bestimmt. Wie im ontologischen Bereich wird dieses Selbstsein kontrastiert mit einer Seinsform, in der das Seiende sein Sein einem anderen verdankt, sei es nun durch Teilhabe oder durch Affektion von diesen mitgerissen. Von daher erhält die Bestimmung der Selbigkeit als Selbstsein auch die Bedeutung von Unabhängigkeit und Autarkie, wie wir noch sehen werden.

Wir haben gehört, daß s*elbst,* zum Namen einer Sache hinzugesetzt, die Idee dieser Sache bezeichnet. Als Selbstseiendes ist die Idee dasjenige, was das konkrete Einzelding nur zur Darstellung bringt, selbst. Das heißt aber, daß das Sein der Idee in dem Was-Gehalt besteht, den man auch im Einzelding auffindet, insofern man es als ein Derartiges (τοιοῦτον) ansprechen kann. Diese Differenz bezeichnet Platon gewöhnlich terminologisch durch die Differenz von *was es ist* (ὃ ἔστιν...) und *derartiges* (τοιοῦτον). Mit der Idee wird dasjenige genannt, *was* ein konkretes Einzelding ist, während das Einzelding nur nach der Idee als ein derartiges bezeichnet wird. Als charakteristische Stelle für diese Differenz zitiere ich hier die Unterscheidung des Bettgestells selbst, das Gott macht, vom einzelnen Bettgestell, das der Tischler herstellt, wie sie sich im X. Buch der *Politeia* findet:

> Wie aber der Tischler? Sagtest du nicht doch eben, daß auch er ja die Idee nicht macht, die doch, wie wir sagen, ist, was *Bettgestell* ist (ὃ ἔστιν κλίνη), sondern ein bestimmtes Bettgestell mache er?
> Das sagte ich freilich.
> Also wenn er nicht macht, was ist (ὃ ἔστιν) so macht er auch nicht das Seiende, sondern nur ein Derartiges wie das Seiende (τοιοῦτον οἷον τὸ ὄν), Seiendes aber nicht? Und wenn jemand behaupten wollte, das Werk des Tischlers oder sonst eines Handwerkers sei im eigentlichsten Sinne seiend, der schiene doch wohl nicht richtig zu reden? (*Politeia* X, 597a1–a8)

Man sieht an dieser und vielen anderen verwandten Stellen, daß das *selbst* als Epitheton der Ideen (die Gerechtigkeit selbst, der Mensch selbst, das Bettgestell selbst) die Funktion hat, den jeweiligen Sachgehalt oder Was-Gehalt zu bezeichnen. War in Selbigkeit im Sinne von Selbstsein der Blick vom Original auf dessen Darstellung gerichtet, so bei dieser Heraushebung des Waseins durch das Epitheton αὐτό von den konkreten Einzeldingen auf die Idee. Es wird dadurch deutlich, daß die Ideen sind, was sich an den konkreten, sinnlich gegebenen Dingen an inhaltlicher Bestimmung aufweisen läßt.

Selbigkeit als Seinsbestimmung der Ideen wird nun im Unterschied zum Bereich des Werdenden und Vergehenden zur Bezeichnung des Bleibenden. Das wird an allen Stellen deutlich, an denen die ewigen Ideen dem Bereich des Werdenden und des Vergehenden entgegengesetzt werden, also beispielsweise am Anfang des *Timaios*. Wurden dort die Seinsbereiche zunächst durch die Formel »was ist das stets Seiende und kein Entstehen Habende und was ist das stets Werdende aber nimmerdar Seiende« (*Timaios*, 27d5 f.) eingeführt, so heißt es dann ein wenig später:

> Folgendes aber müssen wir ferner hinsichtlich (des Weltalls) erwägen, nach welchem der Vorbilder sein Weltmeister es

auferbaute, ob nach dem stets ebenso und in gleicher Weise Beschaffenen (πρὸς τὸ κατὰ ταὐτὰ καὶ ὡσαύτως ἔχον) oder nach dem Gewordenen. (*Timaios*, 28c5–29a2)

Diese Formeln, *gemäß dem Selben* und *in gleicher Weise, im Umkreis des Selben* begegnen überall dort, wo es gilt, das Beständige gegenüber dem Veränderlichen, dem Hervortretenden und Verschwindenden zu bezeichnen. Die Mannigfaltigkeit der Möglichkeiten, sich Nicht-Beständiges vorzustellen, also etwa in Hinblick auf Bewegung, Veränderung, Perspektivwechsel, Erscheinen und Verschwinden, führt gelegentlich in der Formel zu einer Häufung von Ausdrücken der Selbigkeit. So heißt es etwa im Zusammenhang der Einführung der obersten Gattungen, daß es ohne Beständigkeit (χωρὶς στάσεως) auch keine Erkenntnis gäbe. Das wird auf folgende Weise formuliert:

> FREMDER: Daß auf gleiche Weise und ebenso und in derselben Beziehung (τὸ κατὰ ταὐτὰ καὶ ὡσαύτως καὶ περὶ τὸ αὐτο), düngt dich denn das ohne Ruhe stattfinden zu können?
> THEAITETOS: Keineswegs.
> FREMDER: Und siehst du etwa, daß ohne dieses von irgend etwas eine Erkenntnis sein oder entstehen kann? (*Sophistes*, 249b12–c1)

Wichtig ist nun, daß von hier aus Selbigkeit auch zur Charakterisierung des Bleibenden *im* Wechsel, nicht, wie die bei den Ideen, des Bleibenden *im Gegensatz* zum Wechsel wird. So heißt es beispielsweise in den *Nomoi*, daß im Staat auch die Spiele fest und unveränderlich geregelt sein müssen, damit die Gesetze dauerhaft (μόνιμοι) sind. Sie müßten nach dem Prinzip geregelt werden »daß dieselben Leute nach denselben Regeln und in derselben Weise stets dieselben Spiele treiben (τὰ αὐτὰ κατὰ τὰ αὐτὰ καὶ ὡσαύτως ἀεὶ τοὺς αὐτοὺς παίζειν, *Nomoi* VII, 797b1 f).

Freilich wird Platon, hierin ganz Herakliteer, nie müde zu versichern, daß im Bereich dieser unserer sinnlichen Welt solche Selbigkeit genaugenommen nicht zu erreichen ist. Am eindrucksvollsten ist hier die Rede der Diotima im *Symposion*, in der sie die Liebe als ein Streben, an der Unsterblichkeit teilzuhaben, beschreibt. Unsterblichkeit hieße aber immer derselbe zu sein. Den

Sterblichen ist das im Prinzip unmöglich und sie können nur durch ständige Reproduktion in der Zeit die Unsterblichkeit nachahmen, oder anders ausgedrückt, an der Selbigkeit teilhaben. Das gilt sowohl für den Einzelnen in seiner Biographie, in der er, vor allem durch die Arbeit der Erinnerung, versucht, durch sein Leben hindurch derselbe zu bleiben, als auch für die Reproduktion der Gattung durch Erzeugung von Kindern.

> Denn ganz ebenso wie dort sucht auch hier die sterbliche Natur nach Vermögen, immer zu sein und unsterblich. Sie vermag es aber nur auf diese Art durch die Erzeugung, daß immer ein anderes Junges statt des Alten zurückbleibt. Denn auch von jedem einzelnen Lebenden sagt man ja, daß es lebe und dasselbe (τὸ αὐτό) sei, wie einer von Kindesbeinen an immer derselbe (ὁ αὐτός) genannt wird, wenn er auch ein Greis geworden ist: und heißt doch immer derselbe (ὁ αὐτός), ungeachtet er nie dasselbe (τὰ αὐτά) an sich behält, sondern immer ein neuer wird und altes verliert an Haaren, Fleisch, Knochen, Blut und dem ganzen Leibe. (*Symposion*, 207d1–e1)

Platon weist hier durch die Formulierung »wie einer von Kindesbeinen an immer derselbe genannt wird, wenn er auch ein Greis geworden ist«, implizit auch auf die moralische Seite des Problems der Selbigkeit. Man könnte sich ja auch mit dem Schicksal, daß wir als Menschen Tageswesen sind, zufrieden geben und sich dem ständigen Wandel überlassen. Das läßt jedoch die Gesellschaft nicht zu, vielmehr werden wir durch unser Leben hindurch als dieselben angesprochen, und d. h. daß wir für die Taten, die wir in der Vergangenheit getan haben, verantwortlich sind, und die Versprechen, die wir für die Zukunft geben, einhalten müssen. Derselbe zu sein, das müssen wir uns deshalb gegenüber der natürlichen Tendenz zu ständiger Veränderung abringen:

> »Und nicht nur an dem Leibe allein, sondern auch an der Seele, die Gewohnheiten, Sitten, Meinungen, Begierden, Lust, Unlust, Furcht, hiervon behält nie jeder dasselbe (τὰ αὐτά) an sich, sondern eins entsteht und das andere vergeht.« (*Symposion*, 207e2–4)

Als das Bleibende im Wandel wird *Dasselbe* von Aristoteles an dann durch die ganze Philosophiegeschichte eine Grundbestimmung der

Substanz. Umgekehrt wird *bleibende Substanz* und *wechselnde Akzidenzien* zum führenden Modell, nach dem Bewegung gedacht wird.[4] Wir kommen damit zu einer letzten Bedeutung von Selbigkeit bei Platon, die im besonderem Maße zur Herausbildung der Kategorie der οὐσία, später der Substanz Anlaß gegeben hat, nämlich Selbigkeit jetzt nicht als Beständigkeit, sondern als Selbständigkeit verstanden.

Wir knüpfen dazu noch einmal an jene Formulierung im Sophistes an, von der wir schon sagten, daß sich in ihr jene Kategorisierung des Seienden ankündigt, die über die akademischen Diskussionen zu Aristoteles' Kategorienlehre führt:

> Du wirst zugeben, daß von dem Seienden einiges an und für sich und einiges nur in Beziehung auf anderes immer so genannt werde. (*Sophistes*, 255c12f.)

Dieser Formulierung steht insbesondere jene Kategorisierung des Seienden nahe, die nach dem Bericht des Simplicius von Hermodor vorgenommen wurde. Aber was bedeutet in dieser Formulierung eigentlich dieses αὐτὰ καθ' αὐτά, das sich in Schleiermacherscher, früh an Hegel anschließender Formulierung, so glatt als *an und für sich* liest? Man kann ja wohl hier kaum – die Prädikatsform unterstellend – annehmen, daß es sich dabei um Seiendes, das von sich selbst prädiziert wird, handelt. Freilich gibt es dafür Beispiele bei Platon – etwa *die Schönheit ist schön*[5] – aber Platon ist sich der Problematik der Selbsprädikation wohl bewußt[6] – wir werden darauf im Zusammenhang der Seelenlehre noch einmal zurückkommen müssen (IV.3.3). Nach dem, was wir über Selbstheit als Anzeige des Was-Gehaltes gesagt haben, müßte es im Gegenteil vielmehr heißen, daß man nicht etwa von den Ideen ihren eigenen

---

4 An der eben besprochenen Stelle im Symposion herrscht allerdings noch ein anderes Modell, nämlich nicht, daß ein zugrunde Liegendes gegenüber wechselnden Bestimmungen bleibt, sondern umgekehrt beim Wechsel des Zugrundeliegenden das Darüberliegende – das superject würde Whitehead sagen – nämlich die Idee durch Reproduktion erhalten bleibt.
5 *Phaidon,* 100c4f.
6 *Charmides*, 167cff. »Du siehst also, o Kritias, was wir nur durchgegangen sind, so zeigte es sich uns teils gänzlich unmöglich, teils gar sehr unglaublich, daß jemals etwas seine Eigenschaft (δύναμις) in Beziehung auf sich selbst haben könnte.«

Was-Gehalt prädizieren kann, sondern daß sie dieser Was-Gehalt selbst sind. Aber gehen wir dem αὐτὸ καθ' αὐτό oder αὐτὰ καθ' αὐτά weiter nach:

Schon das Zitat aus dem Sophistes hatte nahegelegt, die Formel *an und für sich* (αὐτὸ καθ' αὐτό) als Anzeige der Unbezüglichkeit zu lesen. Man kann solches Seiende charakterisieren, ohne dabei Bezug auf anderes Seiendes zu nehmen. Diese Unbezüglichkeit kann durchaus als eine Sache der Betrachtungsweise vorkommen. So heißt es beispielsweise in *Lysis*, 220c4 f., daß Leib und Seele an und für sich weder schlecht noch gut seien – während sie doch im Hinblick auf etwas durchaus so genannt werden können. Entscheidend ist nun aber, daß die Formel *an und für sich* sich nicht bloß auf die Rede oder die Betrachtungsweisen, sondern auf das Sein selbst beziehen kann. Dann zeigt die Formel ein unbezügliches, nämlich selbständiges Sein an. Eine Brücke dazu scheint mir die vom Platon sogenannte akribische Rede (ὁ λόγος ἀκριβής) zu sein. Sie bezieht sich jeweils auf die beredete Sache als solche. So heißt es etwa in der *Politeia* I, daß ein Meister, nämlich insofern er Meister ist, niemals fehlt. (*Politeia* I, 340e2 f.)[7]

Die entscheidenden Stellen, nach denen die Formel *an und für sich* (αὐτὸ καθ' αὐτό) ein selbständiges Sein anzeigt, finden sich im *Phaidon* und *Parmenides*. Im *Phaidon* wird bekanntlich von Sokrates dargelegt, daß der Tod nichts Schlechtes sei, weil er nämlich durch die Trennung von Leib und Seele es der Seele ermögliche, das Seiende an und für sich zu betrachten. Schon der Zustand der Trennung von Leib und Seele wird mit der Formel *an und für sich* beschrieben: »Und das heiße tot sein, wenn abgesondert von der Seele der Leib für sich allein (αὐτὸ καθ' αὐτὸ τὸ σῶμα) ist und auch die Seele abgesondert vom Leibe für sich allein ist (αὐτὴν καθ' αὐτὴν εἶναι)«(*Phaidon*, 64c5–7). In diesem Zustande nun sei die Seele in der Lage »sich des reinen Gedankens allein bedienend, auch jegliches vom Seienden an und für sich (αὐτὸ καθ' αὐτό) rein zu fassen.« (*Phaidon*, 66a2 f.) Dieses reine Erfassen des Seienden, ungetrübt durch die Mitwirkung des Körpers und der Sinne, ist natürlich ein Erfassen des Seienden als solchen, insofern es von seinen Darstellungen, sei es nun in sinnlichen Gegenständen oder

---

7 Zum λόγος ἀκριβής siehe meine Ausführungen in: *Idee und Kosmos,* a.a.O., 62–67.

in Bildern, nicht Gebrauch machen kann. Dieser Auffassung wahrer, ungetrübter Erkenntnis entspricht die sogenannte Ideenhypothese, nämlich, daß die Ideen an und für sich, und d. h. abgetrennt vom Bereich der sinnlich wahrnehmbaren Gegenstände *sind*. Diese Hypothese impliziert einen χωρισμός, eine Trennung – der Terminus war auch in der eben zitierten Stelle aus dem *Phaidon* enthalten – zwischen Ideen und Gegenständen der sinnlichen Welt. Diese These von der selbständigen Existenz der Ideen wird nun wieder mit der Formel *an und für sich* formuliert. Sie besagt, Ideen seien »Seiendes an und für sich« (ὄντα αὐτὰ καθ' αὑτά, *Parmenides*, 133a9).

Man sieht, wie sich von hier aus die Kategorie der οὐσία, und später der Substanz, als des selbständig Seienden hat herausbilden können. Sie ist dasjenige Seiende, das für sich besteht, während anderes Seiendes nur ist in Bezug auf die οὐσία bzw. die Substanz. Ein wichtiger Zwischenschritt für diesen Übergang ist der Bericht des Simplicius, nach dem Xenokrates den Unterschied von καθ' αὑτό und πρὸς ἕτερον, den wir aus dem Sophistes kennengelernt haben, später mit dem Unterschied von καθ' αὑτὸ und κατὰ συμβεβηκός identifiziert habe. Das heißt aber, daß Platons im *Sophistes* angegebene Klasse des Seienden, das in Bezug auf etwas anderes ist, zwei verschiedene Auslegungen erfahren hat. Nämlich einerseits im Sinne der Kategorie des Relats (πρός τι) und andererseits im Sinne prädikativen Seins (ὂν κατὰ συμβεβηκός). Dem soll im nächsten Abschnitt nachgegangen werden.

III.5.4 Andersheit, Verschiedenheit

In diesem Abschnitt soll diejenige unter den obersten Gattungen behandelt werden, die den Titel τὸ ἕτερον trägt. Mit der Übersetzung dieses Titels gibt es Probleme. Fast durchweg wird τὸ ἕτερον in deutschen Platon-Übersetzungen mit *das Verschiedene* wiedergegeben, so auch in der Schleiermacher Übersetzung des *Sophistes*. Das ist nicht ganz falsch, ist aber für viele Verwendungsformen von τὸ ἕτερον unangemessen, ja, verzerrend. τὸ ἕτερον kann auch einfach das Andere sein, das Andere zu einem Etwas, wobei es nicht notwendig ist, daß das Andere von dem Etwas verschieden ist, oder daß auf einen Unterschied des Anderen vom

Etwas abgehoben werde. Wir haben eine solche Verwendungsform von τὸ ἕτερον bei der Behandlung des Themas *Bild* kennengelernt. Und das ist kein beiläufiges Thema, sondern wegen des Modellcharakters der Beziehung von Original und Bild für die ganze platonische Philosophie entscheidend. Das Bild ist ein anderes Derartiges – wie nämlich das Original ist – und in dieser Beziehung wird gerade nicht auf den Unterschied dieses Anderen zum Original abgehoben, sondern im Gegenteil, gerade darauf, daß es, um Bild zu sein, gerade in gewisser Weise so sein muß *wie* das Original.

Wie kommt es dann zu der Standard-Übersetzung von τὸ ἕτερον als *das Verschiedene?* Der Grund ist – zumindest, was Schleiermacher angeht – darin zu sehen, daß man in dem Paar ταὐτόν und τὸ ἕτερον das moderne Paar Identität und Differenz glaubte wiedererkennen zu können. Und so hat dann τὸ ἕτερον von Hegel bis zu Derrida als Unterschied, Differenz und differance seinen Siegeszug ins gegenwärtige Denken angetreten.[1]

Die Einführung von τὸ ἕτερον erfolgt allerdings im *Sophistes* gemeinsam mit dem ταὐτόν, und zwar so, daß diese als Gegensätze zu verstehen sind. Aber bei Platon ist Selbigkeit kein Relationsbegriff, wohl aber τὸ ἕτερον. Was diese beiden Gattungen trennt, ist gerade dieses: τὸ ἕτερον ist der Prototyp eines Relatbegriffs, eines πρός τι. Die These dieses Abschnitts wird deshalb sein, daß, wie wir im ταὐτόν einen platonischen Ursprung der späteren οὐσία und der noch späteren Substanz erkennen, so im τὸ ἕτερον einen Ursprung der Kategorie des πρός τι, des Relats.

Das heißt nicht, daß τό ἕτερον nicht auch immer wieder das Verschiedene heißen kann. Aber Verschiedenheit *qua* Unterschied ist griechisch nicht ἑτερότης, sondern διαφορά, und, wie wir im Abschnitt III.5.2 gesehen haben, gehört Unterschied (διαφορά) zu den Charakteristika der Klasse der Substanzen, nicht der Relate.

Die Gattung τὸ ἕτερον wird im Dialog *Sophistes* explizit so eingeführt, wie wir es für alle obersten Gattungen behauptet haben, nämlich als eine Idee, die auftaucht, wenn man versucht, über Ideen

---

1 Siehe meinen Protest dagegen: *Die Schwierigkeit, das Andere zu denken – oder das Problem des Irrationalen*, in: H. Kimmerle (Hrg.), *Das Andere und das Denken der Verschiedenheit*, Amsterdam: B.R. Grüner 1987.

zu sprechen. Speziell treten ταὐτόν und τὸ ἕτερον gemeinsam auf in dem Moment, in dem der Fremde und Theaitetos sich darüber verständigen, daß die bereits eingeführten obersten Gattungen, nämlich das Seiende, Bewegung und Ruhe in der Tat drei Gattungen sind, nicht etwa nur zwei oder eine, die man jeweils mit anderen Namen nennte.

> FREMDER: Das wären also drei.
> THEAITETOS: Freilich.
> FREMDER: Deren doch jedes verschieden (ἕτερον) ist von den anderen beiden, mit sich selbst aber dasselbige (ἑαυτῷ ταὐτόν).
> THEAITETOS: So ist es.
> FREMDER: Was haben wir nun aber jetzt wieder gesagt, das Selbige und das Verschiedene (τό τε ταὐτὸν καὶ θάτερον)?
> (*Sophistes*, 256d12–e3)

Diese Reflexion, die hier zur Feststellung der Dreiheit von Seiendes, Ruhe und Bewegung durchgeführt wird, kann und muß natürlich bei allen Ideen durchgeführt werden. Wir haben ja bereits gehört, daß es eines der Grundgeschäfte der Dialektik ist, Selbstsein und Anderssein — verschärft: Identität und Verschiedenheit — im Reich der Ideen festzustellen (*Sophistes*, 253d). Die Durchführung dieser Operation in Bezug auf die Gattung τὸ ἕτερον selbst, nämlich speziell der Nachweis, daß τὸ ἕτερον nicht dasselbe ist wie τὸ ὄν, erweist nun die Gattung τὸ ἕτερον im eminenten Maße als logisch-ontologische Idee und zugleich als Vorläufer der Kategorie des πρός τι. Ich zitiere die Stelle im *Sophistes* ausführlich:

> FREMDER: Und wie? Sollen wir das Verschiedene (τὸ ἕτερον) als eine fünfte setzen oder sollen wir etwa dieses und das Seiende als zwei Namen für eine Gattung denken?
> THEAITETOS: Das mag wohl sein.
> FREMDER: Nein, ich glaube, du wirst zugeben, daß von den Seienden einiges an und für sich (τὰ μὲν αὐτὰ καθ' αὑτά) und einiges nur in Beziehung auf anderes (τὰ δὲ πρὸς ἄλλα) immer so genannt werden.
> THEAITETOS: Wie sollte ich nicht!
> FREMDER: Und das Verschiedene (das Andere, τὸ ἕτερον) immer in Beziehung auf ein anderes (τὸ δὲ γ' ἕτερον ἀεὶ πρὸς ἕτερον). Nicht wahr?

THEAITETOS: So ist es.

FREMDER: Nicht aber könnte dies so sein, wenn nicht das Seiende und das Verschiedene (das Andere, τὸ ἕτερον) sich sehr weit voneinander entfernten; sondern wenn das Verschiedene ebenfalls an jenen beiden Arten teilhätte wie das Seiende, so gäbe es auch Verschiedenes (τι τῶν ἑτέρων), was nicht in Beziehung auf ein anderes verschieden wäre (ἕτερον οὐ πρὸς ἕτερον). Nun aber ergibt sich doch offenbar, daß was verschieden ist (anders ist, ἕτερον ᾗ), dies, was es ist, notwendig in Beziehung auf ein anderes (ἑτέρου) ist.

THEAITETOS: Es verhält sich, wie du sagst.

FREMDER: Als den fünften müssen wir also die Natur des Verschiedenen (des Anderen, θατέρου) angeben unter den Ideen, die wir gewählt haben. (*Sophistes*, 255c9–e1)

Wir haben hier, um dem Verständnis von ἑτερότης als Verschiedenheit gegenzusteuern, immer *das Andere* in Klammern hinzugesetzt. Man sieht aber, daß Schleiermacher selbst nicht umhin konnte, an vielen Stellen ἕτερον als *anderes* zu übersetzen.[2]

Um zu zeigen, daß Seiendes und Anderes bzw. Verschiedenes nicht in eins gesetzt werden dürfen, nimmt Platon hier eine Einteilung alles Seienden vor. Diese Einteilung dürfte der Ursprung aller Einteilungen sein, wie sie dann in der Akademie diskutiert wurden. Mit dem Ausdruck *Einteilung* sollte man bereits hier, aber insbesondere in Vorblick auf Aristoteles, vorsichtig sein. Die Kategorien sind bei ihm nicht Unterarten von *Seiendes*, in ihnen wird *Sein* nur in analoger Weise ausgesagt. Auch hier im *Sophistes* können die beiden *Klassen* nicht Teilklassen der einen Klasse *Seiendes* sein, weil die eine von ihnen ja als Elemente Paare enthält, nämlich Paare von Relaten. *Seiendes* werden die Elemente der beiden Klassen jeweils in unterschiedlicher Weise genannt.

Der Gesichtspunkt der Einteilung ist die Frage, ob ein Seiendes an und für sich oder in Bezug auf ein anderes *so genannt* wird. Wichtig ist für unsere Interpretation der obersten Gattung, daß hier wiederum die Unterscheidungen, die man mit Hilfe der obersten Gattungen artikuliert, notwendig werden, wenn man über

---

2 Die Übersetzung des obigen Zitats ist durchweg die Schleiermacherische, bis auf die Tatsache, daß wir, wo Schleiermacher von Begriffen spricht, aus den in Abschnitt II.7.2 angegebenen Gründen bei Idee oder Gattung bleiben.

Seiendes spricht. Freilich könnte man hier noch einmal fragen, woran Platon genau denkt, wenn er den Ausdruck λέγεσθαι verwendet. Handelt es sich um bloße Benennung des Seienden, handelt es sich um das Aussprechen des Seienden als das, was es ist, handelt es sich um das Ansprechen eines Seienden als Seienden, d. h. die Artikulation seiner bestimmten Seinsart? Mir scheint, daß sich diese Alternativen genaugenommen in dieser Phase der Entwicklung von Ontologie noch nicht stellen. Vielmehr steht sicherlich im Zentrum, daß es um das Aussprechen von etwas als das, was es ist, geht, und daß dies in dem einen Fall ohne Rücksicht auf ein anderes Seiendes gelingt, im anderen Fall aber nur, indem man explizit Bezug auf ein anderes Seiendes nimmt – und zwar, weil in dem einen Falle das Seiende selbständig ist (die späteren Substanzen), im anderen Falle das in Frage stehende Etwas nur ist, was es ist, in Bezug auf ein anderes Etwas. Für letzteres gibt es Beispiele, die bereits bei Platon auftauchen, dann aber offenbar *klassisch* geworden sind, und in der akademischen Diskussion immer wieder behandelt werden.

Bevor ich auf diese Beispiele eingehen werde, noch ein Wort über die Beziehung der hier im *Sophistes* vorgenommenen Einteilung des Seienden zu den Einteilungen, die wir im Abschnitt III.5.2 aus der akademischen Diskussion kennengelernt haben. Letztere waren ja jeweils nicht Zwei-, sondern Dreiteilungen. Neben die Klasse der Relate trat in beiden Einteilungen noch die Klasse der Gegensatzpaare, die wir als Vorläufer der Kategorie der Qualität vorgestellt haben. Bei der Einteilung nach Hermodor, von der Simplicius berichtet, war der erste Schritt allerdings eine Zweiteilung, wobei »vom Seienden die einen an und für sich seien, wie z. B. Mensch und Pferd, die anderen in Bezug auf anderes.«[3] Nach dieser Einteilung sind auch die Gegensatzpaare, die dann erst im zweiten Schritt der Einteilung erscheinen, Seiendes, das *relativ* zu anderem ist. Worin besteht der Unterschied zu den Relaten im engeren Sinne? Das ist nun allerdings eine Frage, die hier nicht hinreichend beantwortet werden kann, zumal sie auch offenbar in der Akademie bis hin zu Aristoteles diskutiert wurde. Aber es soll doch wenigstens gesagt werden, inwiefern es überhaupt eine weitere Klasse von Seiendem gibt, das in Bezug auf anderes ist bzw.

---

3 L.c. Anmerkung 5 des Anschnitts III.5.2.

angesprochen wird, eine weitere Klasse als die der Relate im engeren Sinne. Relate im engeren Sinne sind nun erstens solches Seiendes wie *Herr und Knecht*, zweitens *transitives* Seiendes, wie etwa *die Erkenntnis* und *die Wahrheit*, und drittens Komparativa wie *schneller* und *langsamer*. Die ersten beiden genannten Beispiele sind die, die als Prototypen von Relaten im platonischen Dialog *Parmenides* (133d–134c) eingeführt werden. Sie haben dort die Funktion, einen Einwand gegen die Ideenlehre zu formulieren, oder besser gesagt, gegen eine Version der Ideenlehre, die einen radikalen χωρισμός, eine Trennung zwischen Ideen und sinnlicher Welt behauptet.

Der Herr ist, was er ist, immer nur als Herr eines Knechtes und ebenso umgekehrt: Der Knecht ist, was er ist, immer nur in Bezug auf einen Herrn. Entsprechend, so das Argument an dieser Stelle, ist Erkenntnis immer nur Erkenntnis einer Wahrheit, und Wahrheit immer nur die Wahrheit einer Erkenntnis. Letzteres Beispiel dürfte voraussetzungsreich sein und deshalb nicht unmittelbar plausibel. Es enthält aber offenbar eine Auffassung von Erkenntnis, die wir durchaus als platonische kennengelernt haben, nach der nämlich die Erkenntnisarten strikt Gegenstandstypen zugeordnet sind und deshalb auch in dem, was sie als Erkenntnisse sind, jeweils durch den Gegenstandstyp, auf den sie sich beziehen, mitbestimmt sind. Freilich tritt hier auch noch der schwierige Begriff der Wahrheit auf und man kann, um die Diskussion über dieses Beispiel nicht unnütz auszuweiten, Wahrheit hier nur als den Gegenstand, insofern er erkannt ist, verstehen. Zum Einwand gegen die Ideenlehre werden diese Beispiele nun, weil die Beziehung jeweils nur zwischen den Relaten im Ideenreich bzw. den Relaten in der sinnlichen Welt stattfinden kann. Folglich kann auch die Erkenntnis keine Brücke zwischen dem Ideenreich und der sinnlichen Welt sein, d. h. weder kann Gott etwas in der sinnlichen Welt erkennen, noch wir, als Mitglieder der sinnlichen Welt, die Ideen.

> Weil, sagte Parmenides, unter uns ausgemacht ist, o Sokrates, daß weder jene Begriffe in Beziehung auf das bei uns Befindliche dasjenige Vermögen haben, welches sie haben, noch auch das bei uns Befindliche in Beziehung auf jene; sondern abgesondert jedes von beiden für sich.
> Das ist freilich ausgemacht.

Wenn sich also jene Herrschaft im ganz strengen Sinne bei Gott befindet und jene Erkenntnis im ganz strengen Sinne, so wird diese Herrschaft über jenes niemals uns beherrschen, noch auch diese Erkenntnis uns erkennen oder irgend etwas bei uns. Sondern ganz auf gleiche Weise herrschen wir nicht über jene mit unserer Herrschaft, noch erkennen wir irgend etwas von dem Göttlichen mit unserer Erkenntnis; und auch sie sind aus demselben Grunde nicht unsere Herren, noch erkennen sie die menschlichen Dinge als Götter. (*Parmenides*, 134d2–e7)

Das ist ein Einwand, der die platonische Ideenlehre zwar in einer bestimmten Version in Frage stellt aber nicht prinzipiell zu Fall bringt. Vielmehr wurde er ja von Platon selbst vorgeführt, um auf das Problem der Vermittlung, auf das μεταξύ zwischen der Ideenwelt und der sinnlichen Welt, an deren Trennung er durchaus festhält, hinzuweisen. Platons eigentliche ontologische Arbeit besteht ja gerade darin – insbesondere in der Auseinandersetzung mit Parmenides – diese Vermittlung zu leisten. Diesem Ziel dient seine Theorie des Bildes, seine Theorie des Satzes, seine Rechtfertigung der Rede vom Nichtseienden und eben auch und gerade die Einführung der Gattung des ἕτερον. Die Antwort auf den im *Parmenides* geäußerten Einwand gegen die Ideenlehre, muß deshalb lauten: Es gibt Ideen, die gerade dann am Seienden hervortreten, wenn man über Seiendes spricht bzw. wenn es erscheint. Die μέγιστα γένη sind solche Ideen. So spielt die Gattung des ἕτερον insbesondere dann eine Rolle, wenn es um die Darstellung von Ideen in einem Medium geht – deshalb ihr Auftauchen in der Bildtheorie und der Theorie des Satzes – und die Gattung der κίνησις (Bewegtheit), wenn es darum geht, daß Ideen erkannt werden – das werden wir noch sehen (III.5.6).

Soweit zu den Relatpaaren der ersten und zweiten Beispielgruppe. Die dritte Gruppe wird gebildet durch die Komparativa und sie treten bei Platon insbesondere an den schon besprochenen Stellen im *Philebos* auf (24a ff.). Es gilt gerade diese zu betrachten, um den Unterschied gegenüber den qualitativen Gegensatzpaaren zu verstehen. Für unser Verständnis sind ja *heiß, leicht, schwer, schnell* auch Qualitäten. In der Akademie, und dann später bei Aristoteles in der Kategorienlehre, treten sie aber unter der Kategorie des πρός τι, d.h. als Relatpaare auf.⁴ Der Grund liegt darin, daß man etwas als heiß, schwer, schnell etc. anspricht, weil es heißer, schwerer, schneller ist als ein anderes. D.h. – jetzt von der Kategorienlehre her gesprochen – man kann die Prädikate heiß, schnell, schwer etc. nur unter Bezugnahme auf ein anderes, das kalt, langsam, leicht ist, einem Etwas zusprechen. Bei Bestimmungen, die in Gegensätze auseinandertreten und die dann bei Aristoteles die eigentlichen Qualitäten werden, ist das anders. Bei Gegensätzen wird der eine Pol des Gegensatzes zwar sehr wohl durch Absetzung vom anderen erkannt, er ist aber in dem, was er ist, nicht abhängig von seinem Gegensatz. So ist das Gute gut in sich, wird aber in Absetzung vom Gegenteil verstanden.

Es fragt sich nun, in welcher Weise man bei entgegengesetzten Bestimmungen auf die jeweils entgegengesetzte Bezug nimmt. Man ist geneigt, zu sagen, daß dieser Bezug ein *rein logischer* sei. Dazu wird man verführt dadurch, daß bei vielen Beispielen das Gegenteil von etwas häufig durch eine Negation angegeben wird – zur Gerechtigkeit gehört die Ungerechtigkeit, zum Wissen das Unwissen, – aber dem wäre mit Hegel entgegenzuhalten, daß es sich gerade nicht um eine abstrakte Negation, sondern um eine bestimmte handeln müsse. Gerade bei Gegensätzen kann ja noch eine Menge zwischen den Gegensätzen liegen, und Ungerechtigkeit ist ja nicht an und für sich dasselbe wie Nicht-gerecht-sein. Das führt auf einen paradoxen Sachverhalt. Es zeigt sich nämlich, daß im Reden, bei der Artikulation des einen Pols der Gegensätze, man keineswegs auf den anderen Pol Bezug nehmen muß, während er ihm ontisch entgegensetzt ist: Gerechtigkeit vertreibt Ungerechtigkeit, Helligkeit Dunkelheit und umgekehrt.⁵ Bei den Relaten dagegen muß man, wenn man das eine Relatum ausspricht, sehr wohl Bezug auf das andere nehmen. Das Doppelte ist immer das Doppelte der Hälfte.⁶ Der Herr ist Herr des Knechtes und nicht

---

4 Kategorien-Schrift, Kap. 7.
5 Platon behandelt das Thema *Gegensätze* auch nicht logisch, sondern dynamisch, siehe *Phaidon,* 70e–71d; Lysis, 215c–216e.
6 Die eigentümliche Sprechweise kommt dadurch zustande, daß die Griechen ja nicht die Relation als solche, sondern immer nur Relatpaare ausdrücken können. Siehe dazu meine Arbeiten *Whiteheads Abkehr von der Substanzmetaphysik. Substanz und Relation,* in: E. Wolf-Gazo (Hrg.), *Whitehead,* Freiburg: Alber 1980,

Herr überhaupt, und Wissen ist Wissen von etwas und nicht Wissen schlechthin. Es fällt uns nachträglich auf, daß bei Hermodor, der die weitere Klasse der πρὸς ἕτερα kennt, auch nur vom Sein, nicht vom Reden, gesprochen wird. Von der Stelle bei Simplicius zum Dialog *Sophistes* zurückblickend gewinnt man den Eindruck, daß Platon bei seiner Zweiteilung des Seienden bei der Klasse dessen, was in Bezug auf etwas anderes *so genannt* wird, nicht die Hermodorsche Klasse, sondern bereits die engere Klasse der Relata im Auge hatte. Wir haben in dieser Platon-Stelle den Ursprungsort der Kategorie des πρός τι zu sehen. Es ist also anzunehmen, daß in der weiteren akademischen Diskussion weitere Seinsarten bzw. Arten, Sein sprachlich zu bestimmen, hinzugefügt wurden, wobei sich dann das Problem der Zuordnung dieser Hinzufügungen zu der ersten Dichotomie ergab. Ein Zeugnis davon sind die unterschiedlichen und doch verwandten Berichte des Simplicius und des Sextus Empriricus.

Kehren wir zur *Sophistes*-Stelle zurück. Die Gattung des ἕτερον, des Anderen oder Verschiedenen, wird uns als Fall von solchem Seienden vorgeführt, das in Bezug auf anderes *so genannt* wird: Das Andere wird anders immer in Bezug auf ein Anderes so genannt und das Verschiedene jeweils verschieden in Bezug auf ein von ihm Verschiedenes. Aber ist das Anderssein wirklich nur ein Fall von Relatsein, ein Fall, neben dem andere stehen können? Oder ist es vielleicht der allgemeine Fall? Mir scheint letzteres der Fall zu sein. Auch der Knecht ist das Andere des Herrn, das Erkannte das Andere der Erkenntnis, und das Langsame das Andere des Schnellen. Das Anders- oder Verschieden-sein ist die abstrakte oder, besser gesagt, unbestimmte Zuordnung als Relat. Wenn man von einem anderen redet, dann bezieht man sich in allgemeiner Weise auf ein Etwas und artikuliert damit, daß dieses Andere von dem Etwas in gewisser Weise abhängig ist. Die Weise wird nicht spezifiziert.

Gerade letzteres gibt dem τὸ ἕτερον im platonischen Denken eine so zentrale systematische Funktion. Sie besteht darin, daß durch das τὸ ἕτερον das Nicht-Sein denkbar wird. Es wird

---

und *Brief an einen japanischen Freund über das Zwischen*, in: T. Ogawa u.a. (Hrg.), *Intellektuelle Philosophie und Phänomenologie in Japan*, München: iudicium verlag 1998.

denkbar als das Andere des Seienden und bleibt als solches von ihm abhängig. Das Nicht-Seiende hat ein relatives Sein. Die zentralen, im *Philebos* diskutierten Beispiele sind das Bild, – das nicht das Seiende selbst ist, wohl aber ein anderes Derartiges, – und das Täuschende in der falschen Aussage, das zwar nicht, was ist, wohl aber ein anderes als seiend ausspricht.

Wir haben uns in diesem Abschnitt der Leitfrage nach Ursprüngen der Kategorien im Platonischen Denken folgend auf die logisch-ontologische Rolle des ἕτερον konzentriert. Es gibt aber auch noch eine kosmologische, die das ἕτερον in großer Nähe zum Prinzip der unbestimmten Zweiheit sehen läßt. Sie wird in Abschnitt IV.3.1 behandelt.

III.5.5 Quantität/Qualität

Es mag befremden, innerhalb eines Kapitels über die μέγιστα γένη des *Sophistes* in einem besonderen Abschnitt die Kategorien der Quantität und Qualität behandelt zu sehen. Gegenüber solchem Befremden sei aber daran erinnert, daß Platon – wie übrigens auch bei der Prinzipienlehre des *Philebos* – im *Sophistes* mit der Aufzählung der fünf μέγιστα γένη keineswegs eine Vollständigkeit beansprucht. Es kommt hinzu, daß in diesem Kapitel ein besonderes Licht auf die Lehre von den obersten Gattungen von der Frage nach dem Ursprung der Kategorienlehre her fallen soll. Von der aristotelischen Kategorienlehre rückblickend müssen nun in der Tat einige Partien im platonischen Werk als Ursprünge, nicht nur jeweils der Kategorien der Quantität und Qualität, sondern auch ihrer Unterscheidung, angesehen werden.

Die strikte Unterscheidung von Qualität und Quantität ist nach heutigem Verständnis nicht leicht nachzuvollziehen. Auf der einen Seite hat man sich zu sehr daran gewöhnt, auch Qualitäten quantitativ zu denken und hat dabei die unter Umständen Jahrhunderte währende Bemühung um ihre Quantifizierung vergessen. Auf der anderen Seite ist ein Begriff von Qualität landläufig, nach dem *Qualität* ungefähr so viel bedeutet wie *Eigenschaft* oder *Bestimmung* – und dann ist natürlich die Quantität von etwas auch nichts anderes als eine besondere Qualität. Demgegenüber tritt uns bei Aristoteles bzw. in der aristotelischen Kategorienschrift eine strikte

Unterscheidung von Qualität und Quantität entgegen. Das Kriterium ihrer Unterscheidung ist einer von den Gesichtspunkten, die in der Lektüre der Kategorienschrift als äußerlich und anachronistisch empfunden werden, und die, wie wir schon sagten, auf einen akademischen Hintergrund hinweisen, bzw. noch weiter zurück auf Platons ungeschriebene Lehre. Es ist die Frage, ob die jeweilige Kategorie ein *mehr oder weniger* zuläßt. Die Antwort auf diese Frage ist ebenfalls befremdlich, sie lautet nämlich: Die Qualitäten lassen das *mehr oder weniger* zu, die Quantitäten nicht. Ist das *mehr und weniger* nicht geradezu ein Charakteristikum des Quantitativen? – könnte der moderne Leser fragen. Auf solche Zweifel sind wir freilich durch die Behandlung des zweiten Exkurses im *Philebos* schon vorbereitet (II.9). Dort hatte Platon den Unterschied des Grenzartigen und des Unbegrenzten (πέρας, ἄπειρον) eingeführt. Und in der Klasse des Grenzartigen waren Zahlen und Zahlenverhältnisse zu finden – also das Quantitative, und in der Klasse des Unbegrenzten dasjenige, das *mehr oder weniger* zuläßt, nämlich die jeweiligen Paare von Qualitäten, die sich durch Übertreffen und Zurückbleiben gegeneinander bestimmen, wie schwer/leicht, heiß/kalt, langsam/schnell und so weiter. Vom *Philebos* her läßt sich also ohne weiteres verstehen, wie die Frage, ob eine Bestimmung das *mehr oder weniger* zuläßt, in die Diskussion der Kategorien hineingeraten ist. Ja, man könnte bereits vermuten, daß der *Philebos*-Text ein Ursprung der Kategorien Qualität und Quantität ist.[1] Dazu müßte allerdings noch genauer bestimmt werden, worin die Kategorien jeweils eigentlich bestehen. Das um so mehr, als sie bei Aristoteles sichtlich nicht aus der Frage, ob eine Bestimmung das *mehr oder weniger* zuläßt, entspringen. Vielmehr bleibt die Unterscheidung von Qualität und Quantität mittels der Frage, ob die jeweilige Kategorie das *mehr und weniger* zuläßt, in der Kategorienschrift unzureichend, d. h. sie gilt nur mit Kautelen und Ausnahmen.

Gehen wir kurz darauf ein: Daß Größen das *mehr oder weniger* nicht zulassen, gilt offenbar nur, wenn als Quantität die möglichen Antworten auf die Frage, wie groß etwas sei, angesehen werden.

---

[1] Gegen die Vermutung spricht, daß die hier genannten Standard-Beispiele bei Aristoteles unter der Kategorie Relata auftreten. Ich werde deshalb im folgenden auch andere Stellen bei Platon als Quelle der Kategorie Qualität benennen.

Das Zwei-Ellen-Lange kann nicht mehr oder weniger zwei Ellen lang sein, ebenso wenig wie Dreie mehr oder weniger drei sein können. Ließe man unbestimmte Größen, wie *lang, kurz, viel* und *wenig* zu, dann würde das Kriterium nicht mehr gelten. Etwas kann natürlich mehr oder weniger lang sein. Diese unbestimmten Größen[2] werden freilich später in der Kategorienschrift dem πρός τι zugerechnet. Nach diesen Bereinigungen gilt also dann strikt, daß Größen das *mehr oder weniger* nicht zulassen.

Bei den Qualitäten stellen sich die Verhältnisse etwas komplizierter dar. Sie können aber bei genauerer Analyse auch befriedigend aufgelöst werden. Auf die Frage, ob Qualitäten ein *mehr oder weniger* zulassen, erhält man in der Kategorienschrift die Antwort: ja, die meisten, nur die Figuren nicht.[3] Nach der Kategorienschrift gibt es vier Typen von Qualitäten, nämlich erstens: Habitus und Zustände, zweitens: Fähigkeiten und Unfähigkeiten, drittens: sinnliche Qualitäten und viertens: Gestalten (σχήματα). Die ersten drei Typen: Im Besitz der Gesundheit kann man mehr oder weniger sein (1), zu rechnen mehr oder weniger fähig sein (2), und weiß kann etwas mehr oder weniger sein (3) – aber nichts kann mehr oder weniger dreieckig oder ein Kreis sein. Nach dieser Übersicht der Kategorienschrift diskriminiert also die Frage, ob die jeweilige Kategorie das *mehr oder weniger* zuläßt, nicht strikt. Wenn man aber die Einteilung der Qualitäten nach *Metaphysik* Δ 14 vornimmt, stellt sich die Situation etwas anders dar. Dort werden nämlich Qualitäten im Bereich des Unveränderlichen und Qualitäten im Bereich des Veränderlichen unterschieden. Zu den Qualitäten im Bereich des Unveränderlichen gehören, außer den Gestalten, auch noch die spezifischen Differenzen. Nach dieser Unterscheidung kann man dann sagen, daß die Qualitäten im Bereich des Veränderlichen das *mehr oder weniger* zulassen, nicht aber im Bereich des Unveränderlichen. Denn, ebenso wie etwas nicht mehr oder weniger dreieckig sein kann, so kann einem Etwas auch eine spezifische Differenz nicht mehr oder weniger zukommen, weil sie ja gerade das Wesen der Sache charakterisiert. Schränkt man also den Einzugsbereich der Kategorie Qualität auf die sinnlichen Qualitäten ein, wie das dann historisch auch geschehen ist, so diskriminiert die

---

2 *Kategorien* 5, 3b32.
3 *Kategorien* 8, 10b26 ff.

Frage, ob die jeweilige Kategorie das *mehr oder weniger* zuläßt, tatsächlich zwischen der Kategorie der Quantität und der der Qualität. Quantität und Qualität lassen sich also nur nach gewissen *Bereinigungen* durch das Kriterium, ob sie das *mehr und weniger* annehmen, unterscheiden, aber immerhin erkennt man doch durch dieses Kriterium den platonischen Hintergrund, aus dem sich diese Kategorien entwickelt haben. Deutlicher wird diese Herkunft aber, wenn man die beiden Kategorien, Quantität und Qualität, nach den jeweils in der aristotelischen Kategorienschrift angegebenen *propria* betrachtet. »Am meisten eigentümlich aber ist dem Quantum, daß es gleich und ungleich genannt wird« (*Kategorien* 6, 6a24). »Von den Genannten[4] ist zwar nichts der Qualität eigentümlich, ähnlich jedoch, und unähnlich, wird (etwas) nur nach der Qualität genannt: Ähnlich ist nämlich etwas einem anderen durch nichts anderes als wonach es ein Quale ist, so daß es wohl eine Eigentümlichkeit der Qualität ist, daß etwas in Hinblick auf sie ähnlich oder unähnlich genannt wird« (*Kategorien* 8, 11a15–19). Gleichheit ist demnach der Quantität, Ähnlichkeit der Qualität eigentümlich. Diese Angabe der *propria* von Quantität und Qualität bietet nun in der Tat die Möglichkeit genauer zu sagen, was Quantitäten und Qualitäten als Kategorien sind, und auch ihre Unterscheidung besser zu verstehen. Die Formulierungen weisen zugleich deutlich wieder auf Ursprünge dieser Kategorien im platonischen Werk zurück. Freilich muß man für die folgende Interpretation zweierlei beachten.

Erstens ist es in der Regel durchaus nicht möglich, aus der Angabe von *propria* auf das Wesen einer Sache zu schließen. *propria* sind zwar entscheidende Erkenntnisse, Merkmale, eben Eigentümlichkeiten, durch die die fragliche Sache gegenüber allem anderen vergleichbaren sich unterscheidet, aber sie haben gewöhnlich nicht den Rang von Wesensbestimmungen, nicht einmal den von spezifischen Differenzen. Freilich ist ihnen im vorliegenden Fall ein größeres Gewicht beizumessen. Denn bei den Kategorien handelt es sich ja nicht um Unterarten des Seienden – nach Aristoteles wird Seiendes nach den Kategorien ja nur *analog* Seiendes genannt. Die *propria* könnten also durchaus mit der Weise, in

---

4 Das war: das *mehr und weniger* annehmen, und das: *den Gegensatz annehmen*.

der jeweils Seiendes im Sinne der Kategorie Seiendes genannt wird, zu tun haben.

Zweitens wird man mit der Differenz von Gleichheit und Ähnlichkeit nicht sehr weit kommen, wenn man diese Differenz selbst verwischt. So ist es durchaus üblich, Ähnlichkeit als Identität in bestimmter Hinsicht anzusehen, also etwa zwei Dinge als ähnlich zu bezeichnen, wenn sie dieselbe Form haben. Dann könnte man Ähnlichkeit auch als Gleichheit in Bezug auf die Form definieren. Umgekehrt könnte man aber Gleichheit auch als eine besondere Ähnlichkeit darstellen, nämlich als Identität des Maßes. Es gilt also, sehr vorsichtig Gleichheit und Ähnlichkeit auseinander zu halten, und nicht etwa, wie Platon selbst einmal im *Parmenides* 139e8f., zu sagen: »Daß dasjenige, dem irgendwie einerlei (ταὐτόν) zukommt, ähnlich (ὅμοιον) ist«. Wir hatten schon gesehen, daß, wenn man so die Beziehung von Idee und sinnlichem Einzelding versteht, das Argument des dritten Menschen droht. Das weist schon in die Richtung, in der das gesuchte Verständnis von Ähnlichkeit zu suchen ist: Ähnlichkeit ist als asymmetrische Relation zu sehen. Etwas ist einem Original ähnlich, wenn es ein anderes Derartiges ist wie das Original.

Es gibt mehrere Stellen, an denen Platon Beschaffenheit als *Sein-Wie*, als Ähnlichkeit im genannten Sinne einführt. Wir beginnen mit jener Stelle, an der Platon zugleich signalisiert, daß er mit dem Ausdruck Qualität (ποιότης) eine terminologische Innovation einführt.

Im *Theaitetos* entwickelt Sokrates eine Wahrnehmungstheorie, nach der dem Gegenstand seine Beschaffenheit erst im Zusammenspiel mit dem Wahrnehmenden zukommt.[5] Dies sei aber so zu verstehen, daß der Gegenstand bei diesem Vorgang nicht eine Beschaffenheit (ποιότης, Qualität) werde, sondern ein so und so Beschaffenes (ποιόν τι, Quale oder *Wie-Beschaffenes*, wie Schleiermacher treffend übersetzt) – ebenso wie ja auch das Wahrnehmende wahrnehmend und nicht eine Wahrnehmung werde. Der bei dieser Erklärung auftretende Terminus Beschaffenheit (ποιότης) ist nun offenbar eine Neubildung: »Doch ποιότης ist dir vielleicht ein wunderliches Wort, und du verstehst es nicht so ganz im allgemeinen ausgedrückt« sagt Sokrates zu Theodoros. (*Theaitetos*,

---

5 Vgl. III.3.2.

182a9 f.) Es wird dann erklärt, daß Beschaffenheit vom so und so Beschaffenen allgemein sich so unterscheiden solle, wie sich im einzelnen Wärme vom Warmen (θερμότης von τὸ θερμόν), Weiße von dem Weißen (λευκότης von τὸ λευκόν) unterscheide. Diese Differenzierung ist, wie wir noch sehen werden, von außerordentlicher Bedeutung. Sie finden sich in der aristotelischen Kategorienschrift wieder, insofern der Autor dort Qualität und Quale (ποιότης und ποιόν) unterscheidet und feststellt, daß etwas ein so Beschaffenes (ποιόν) genannt wird *nach* einer Beschaffenheit (κατὰ ποιότητος).[6] Das bedeutet für die Kategorienschrift, daß die Qualitäten (ποιότητες) zu demjenigen gehören, das nicht etwa *von* etwas Zugrundeliegendem ausgesagt wird, sondern *an* einem Zugrundeliegenden ist. Anders ausgedrückt, Qualitäten werden nicht synonym, sondern nur paronym prädiziert: Man sagt nicht *Das Haus ist das Rot,* sondern *Das Haus ist rot.*

Wir erwähnen nur nebenher zwei wichtige Stellen, an denen Platon davon redet, daß etwas in gewisser Weise qualifiziert, ein Quale ist. Auf beide Stellen sind wir schon in anderem Zusammenhang eingegangen. So sagt er im *Sophistes,* daß jede Rede qualifiziert sei, nämlich wahr oder falsch (*Sophistes,* 263b). Ferner sagt er, bei der Erläuterung der fünf Stufen der Erkenntnis im *7. Brief,* daß vier davon, nämlich Name, Begriff, sinnliche Darstellung und die Erkenntnis, die Sache, um die es geht, nicht einfach als das, was sie ist, präsentierten, sondern als etwas so und so Beschaffenes (*7. Brief,* 343b-c).

Wir gehen nun auf eine Stelle im Kratylos ein, die im Zusammenhang des Themas Bild auch schon besprochen wurde, weil sich an ihr bereits eine Unterscheidung von Qualität und Quantität abzeichnet. Zur Erinnerung: Es geht an der Stelle um die Hypothese, daß Worte in gewisser Weise Abbildungen der Sachen sind, die sie bezeichnen. Dagegen hatte Kratylos eingewandt, daß es dann kein Falsch-schreiben gäbe, denn nach dieser Hypothese würde ja das *falsch* geschriebene Wort bereits anderes darstellen. Sokrates antwortet:

> Vielleicht stände es um dasjenige, was notwendig nur vermöge einer Zahl ist oder nicht ist, so wie du sagst; wie z. B. Zehn

---

6 *Kategorien* 8, 8b25: »Qualität nenne ich das, nach dem gewisse (Entitäten) Sobeschaffenes genannt werden.«

oder jede andere Zahl, welche du willst, freilich, wenn du etwas hinwegnimmst oder dazutust, sogleich eine andere geworden sein wird; diese Art Richtigkeit mag aber nicht die von etwas So-Beschaffenem (τοῦ ποιοῦ τινος) und allgemein eines Bildes sein, sondern es wird im Gegenteil ganz und gar nicht einmal alles einzelne so wiedergeben dürfen, wie das Abzubildende ist, wenn es ein Bild sein soll. (*Kratylos*, 432a7–b4)

Diese Stelle war uns schon wichtig geworden[7], weil sie zeigt, daß, wenn man das Verhältnis von Idee und sinnlichem Ding nach dem Modell vom Original und Bild denkt, diese Beziehung nicht durch eine Identität vermittelt werden muß. Ferner zeigte diese Stelle – und das wird jetzt für uns wichtig –, daß es einen Unterschied gibt zwischen der zahlenhaften Bestimmtheit von etwas und der qualitativen Bestimmtheit. Platon drückt diesen Unterschied hier so aus, daß es verschiedene *Richtigkeiten* für diese jeweiligen Verhältnisse gibt. Wenn etwas zahlenhaft bestimmt ist, also etwa drei Menschen durch die Drei, dann müssen sie strikt drei sein und nicht mehr oder weniger drei. Wenn etwas qualitativ bestimmt ist, etwa durch Gerechtigkeit, so muß es so *sein wie* die Gerechtigkeit, etwas Derartiges, nämlich gerecht. Zahlenhaft Bestimmtes muß strikt das sein, wodurch es bestimmt ist, qualitativ Bestimmtes muß nur mehr oder weniger so sein, wie die Qualität, durch die es bestimmt ist.

Soweit Platon. Man sieht, daß es nur ein Schritt ist, um zu Aristoteles überzugehen. Qualität und Quantität sind die Titel verschiedener Prädikationsformen (σχήματα τῆς κατηγορίας). Man meint in der Tat etwas anderes, wenn man sagt, daß etwas so und so groß ist, als wenn man sagt, daß es so und so beschaffen ist. Im ersten Fall nämlich sagt man, daß es einer bestimmten Anzahl gleich ist oder einem bestimmten Maß, im zweiten Fall, daß es so aussieht wie..., einer Beschaffenheit ähnlich ist. Etwas als Quantum ansprechen heißt, eine Gleichheit aussagen, etwas als Quale ansprechen heißt, eine Ähnlichkeit aussagen. Aus diesem Grunde macht Aristoteles auch nicht die Unterscheidung zwischen Quantität und Quantum, wohl aber die Unterscheidung zwischen Qualität und Quale. Ein Quantum ist einer Zahl oder einem Maß gleich,

---

7 Vgl. III.2.

während an einem Quale eine Qualität lediglich vorliegt, die deshalb nur paronym von ihm prädiziert werden kann.

Unser Ergebnis zeigt nicht nur, in wie hohem Maß tatsächlich in Platons Schriften die Kategorien der Qualität und Quantität vorbereitet sind, es zeigt auch erneut, daß der Unterscheidung von Prädikationsformen Platons Analyse des Satzes näher steht als der des Aristoteles. Weil Platon Kopula und Prädikat nicht voneinander trennt, ist nach seiner Analyse des Satzes damit zu rechnen, daß es unterschiedliche Form von Prädikation gibt, nämlich unterschieden durch die Seinsweisen – hier Gleichheit und Ähnlichkeit. Aristoteles' Analyse des Satzes, die Prädikat und Kopula trennt, läßt im Grunde unterschiedliche Prädikationen nicht mehr zu, sondern nur noch unterschiedliche Prädikate.

III.5.6 Seiendes, Bewegung/Ruhe

Nicht zu Unrecht hat man den *Sophistes* als ein Stück Metaphysik im aristotelischen Sinne, also einen Text über das Sein als solches bezeichnet.[1] Man könnte sogar von Ontologie reden, insofern hier nach dem Seienden in der Perspektive der Rede (λόγος) gefragt wird. Das heißt aber nicht, daß alles, was die platonische Philosophie zur Seinsfrage enthält, im *Sophistes* zu suchen ist. Sehr wichtig ist daneben die Korrespondenz von Sein und Erkenntnis, wie wir sie im Anschluß an das Liniengleichnis untersucht haben (III.1). Zwar kann man nicht mit Parmenides sagen, daß Sein und Erkennen dasselbe sind, wohl aber behauptet Platon eine strenge Korrelation zwischen Seinsarten und Erkenntnisarten. Den Grund dafür werden wir in diesem Abschnitt noch besser verstehen. Nach dem bisherigen liegt er darin, daß Erkenntnis als Vermögen sich nach dem, was es vermag, also dem Gegenstand als Erkanntem, spezifiziert.

Ferner ist ein wichtiges Lehrstück innerhalb von Platons Seinsphilosophie die Beziehung zwischen dem Sein und dem Guten. Diesem Lehrstück werden wir uns erst am Ende des

---

1 Michael Frede, *Die Frage nach dem Seienden: Sophistes*, in: Th. Kobusch, B. Mojsisch (Hrg). *Platon. Seine Dialoge in der Sicht neuerer Forschung*, Darmstadt WB, 1993, 180–199.

Buches in der Analyse des Sonnengleichnisses zuwenden (IV.4). Hier im *Sophistes* spielt es keine Rolle, wohl aber ein anderes Stück der platonischen Ontologie, nämlich die Dialektik des Seins, wie sie im Dialog *Parmenides* entfaltet wird. Diese Dialektik hat nun allerdings mit der Beziehung von Sein und Rede zu tun, ja, man könnte sogar sagen, sie entfaltet sich genau dann, wenn man anfängt über das Seiende zu reden. Eine kürzere Fassung dieser Dialektik des Seins findet sich im *Sophistes* (243c–245c). Sie hat ihren Grund im Identifizieren der Rede, bzw. der Auffassung, daß die Aussage eine identifizierende Rede sei. Bei dieser Auffassung von Rede kann sich dann ergeben, daß das Seiende, das man *eines* nennt und *etwas*, auf diese Weise als zwei erscheint (*Sophistes* 244b-c), oder wenn man das Seiende als vieles zu denken versucht, etwa als Warmes und Kaltes, es dann qua Seiendes sich doch als eines erweist (*Sophistes*, 243d–244a). Gegen diese heillose Dialektik empfiehlt Platon nun im *Sophistes* eine Auffassung von Rede (λόγος) als Verknüpfung von Ideen. Danach wird in einer Aussage ein Etwas jeweils in einer bestimmten Weise artikuliert. Aus diesem Zusammenhang sollte sich im Laufe der Diskussion in der Akademie bis zu Aristoteles hin die Korrespondenz von Seinsarten und Aussageformen ergeben. Wir hatten gesehen, daß es bei Platon gerade in der Diskussion der obersten Gattungen Ansätze zu einer Kategorienlehre gibt. In der Form des πρός τι wird ein Seiendes in dem, was es *relativ zu etwas anderem* ist, angesprochen, in der Form des ποσόν wird ein Seiendes als einem anderen in Hinblick auf Maß oder Zahl *gleich* ausgesagt, in der Form des ποιόν wird ein Seiendes als einem anderen *ähnlich* ausgesagt. Damit sind drei der vier Hauptkategorien des Aristoteles genannt. Wie ist es mit der οὐσία? Wir kennen aus den genannten Zeugnissen bei Simplicius und Sextus Empiricus die Kategorie der οὐσία als der Seinsart, die καθ' αὐτά, an sich, ist oder ausgesagt wird. In dem entscheidenden Satz im *Sophistes*, auf den diese Bestimmung zurückgeht, heißt es genauer:

> FREMDER: Allein ich glaube, du wirst zugeben, daß von dem Seiendem einiges an und für sich (τὰ μὲν αὐτὰ καθ' αὐτά) und einiges nur in Beziehung auf anderes immer so genannt werde. (*Sophistes*, 255c12 f.)

Was sind das für Aussagen, in denen etwas an und für sich, d. h. es selbst auf es selbst hin, ausgesagt wird? Wir könnten wohl sagen, es sind die einzigen Beispiele identifizierender Rede. Freilich müssen wir hier vorsichtig sein und die schon mehrfach ausgesprochene Warnung beachten: τὸ αὐτόν ist nicht dasselbe wie Identität. Also sagen wir besser, es sind Aussagen, in denen ein Seiendes in seinem Selbstsein, also in dem, was es von sich aus ist, artikuliert wird. Platon verwendet dafür auch die Formel κατὰ τὴν αὐτοῦ φύσιν (*Sophistes*, 250c5): nach seiner eigenen Natur. Im Blick auf Aristoteles können wir damit sagen, was die οὐσία als Kategorie ist: Sie ist die Aussageform, in der ein Seiendes als das, was es von sich aus, also seiner Natur nach ist, angesprochen wird. Das geschieht, kann man dann rückblickend sagen, durch Zusprechen der zweiten οὐσία und allenfalls noch der spezifischen Differenz. Sein in solchen Sätzen heißt also soviel wie Selbstsein.

Die oberste Gattung *Seiendes* wird aber im *Sophistes* mit zwei anderen obersten Gattungen, nämlich *Bewegung*, bzw. *Tun und Erleiden* und *Ruhe* in Verbindung gebracht, die alle in der einen oder anderen Aufzählung auch bei Aristoteles als Kategorien auftauchen.[2] Wir wollen der Frage nachgehen, welches Licht auf die jeweiligen obersten Gattungen durch ihre wechselseitige Beziehung fällt. Die Behandlung der fünf obersten Gattungen wird durch die Feststellung eingeleitet, daß dem Seienden auch Bewegung und Ruhe zuzuschreiben sei. Diese Feststellung ist für das heutige durchschnittliche Platon-Verständnis, wie wohl auch für die damaligen Leser, überraschend. Ist das eigentlich Seiende, nämlich die Ideen, nicht etwas Ewiges und werden die Ideen nicht wie unveränderliche Anblicke konzipiert, so daß die Differenz von Ruhe und Bewegung auf sie überhaupt keine Anwendung findet? Sind nicht Ruhe und Bewegung Charakteristika des Bereichs des Werdens und nicht des Seins? Man wird gegenüber einem solchen Vorverständnis sicherlich zwei Korrekturen vornehmen müssen. Auf der einen Seite kann man Bewegung als oberste Gattung und damit als etwas, was auch dem Seienden als solchem zukommt, sicher nicht als Veränderung verstehen. Auf der anderen Seite muß es, wenn Ruhe und Bewegung Charakteristika der sinnlichen Welt sein sollen, also

---

[2] Tun und Erleiden gehören zu den zehn Kategorien. κίνησις taucht als Kategorie in der *Metaphysik* Z4, 1029b25, κινεῖν und κινεῖσθαι, in der *Eudemischen Ethik* I,8, 1217b29 auf.

etwas Strukturelles, auch von ihnen Ideen geben, die dann in der sinnlichen Welt ihre Darstellung finden.

Der Feststellung, daß Bewegung und Ruhe auch dem Seiendem zuzuschreiben sind, geht eine *Definition* von seiend voraus, die Platon einführt um die Hauptparteien in der Gigantomachie um das Seiende, nämlich die Materialisten und Idealisten, zu einem Minimalkonsens zu bringen.

> FREMDER: Ich sage also, was nur irgendein Vermögen (δύναμις) besitzt, sei es nun auf irgendein anderes einzuwirken, oder auch nur das mindeste von dem allergeringsten zu leiden, und wäre es auch nur einmal, das alles sei wirklich (πᾶν τοῦτο ὄντως εἶναι). Ich setze nämlich als Definition fest, um das Seiende zu bestimmen, daß es nichts anders ist als Vermögen. (τίθεμαι γὰρ ὅρον ὁρίζειν τὰ ὄντα ὡς ἔστιν οὐκ ἄλλο τι πλὴν δύναμις, *Sophistes*, 247d8–e4)

Dies ist die einzige Stelle, an der Platon einmal versucht, eine inhaltliche Bestimmung von Seiend-Sein zu geben. Er unterstreicht die an sich schon starke Formulierung dadurch, daß es wenig später (*Sophistes*, 248c4) heißt, es sei eine hinreichende Erklärung (ἱκανὸς ὅρος). Gleichwohl schwächt Platon die Formulierung in gewohnter Weise ab, indem er sagt, daß die Gesprächspartner diese Definition des Seienden vorläufig annehmen, weil sie nichts besseres zur Hand haben, und im übrigen damit rechnen, daß es sich in der Folge auch anders zeigen kann (*Sophistes*, 247e–248a). Im Übrigen ist daran zu erinnern, daß die Definitionen, mit denen Platon in seinen Gesprächen arbeitet, sehr häufig keine vollständigen Definitionen des Wesens von etwas sind, sondern nur hinreichende Kriterien zur Erkenntnis bzw. weiteren Behandlung des Gegenstandes angeben sollen. Aber selbst wenn man annimmt, daß Platon hier nicht sein Grundverständnis von *Seiend-Sein* äußert, sondern lediglich ein Kriterium angibt, nach dem etwas als Seiendes anzusprechen ist, so ist das schon viel: Als Seiendes soll gelten, was immer das Vermögen etwas zu tun und oder zu leiden hat.

Auf dieser Basis argumentiert nun der Fremde im *Sophistes* weiter: *Ein* Vermögen wird man dem Seienden in jedem Fall zusprechen müssen, nämlich erkannt zu werden.

FREMDER: Wir setzten also als eine hinreichende Erklärung des Seienden, wenn einem auch nur im geringsten ein Vermögen beiwohnte, zu leiden oder zu tun?
THEAITETOS: Ja.
FREMDER: Hierauf wohl erwidern sie (nämlich die Ideenfreunde als fiktive Gesprächspartner, G.B.) dieses, daß dem Werden allerdings das Vermögen zu leiden und zu tun eigne, dem Sein aber, behaupten sie, sei keines von diesen beiden Vermögen angemessen.
THEAITETOS: Da sagen sie wohl etwas.
FREMDER: Worauf wir jedoch entgegnen müssen, daß wir noch bestimmter von ihnen zu erfahren wünschen, ob sie darüber mit uns einig sind, daß die Seele erkenne und das Sein erkannt werde.
THEAITETOS: Das bejahen sie doch gewiß.
FREMDER: Und wie das Erkennen oder Erkanntwerden, nennt ihr das ein Tun oder ein Leiden oder beides? Oder das eine ein Tun und das andere ein Leiden? Oder meint ihr, keines habe mit keinem von beiden irgend etwas zu schaffen?
THEAITETOS: Gewiß doch keines mit keinem; denn sonst widersprechen sie dem Vorigen.
FREMDER: Ich verstehe. Dieses nämlich, daß, wenn das Erkennen ein Tun ist, so folgt notwendig, daß das Erkannte leidet, daß also nach dieser Erklärung das Sein, welches von der Erkenntnis erkannt wird, inwiefern erkannt, insofern auch bewegt wird, vermöge des Leidens, welches doch, wie wir sagen, dem Ruhenden nicht begegnen kann. (*Sophistes*, 248c4–e5)

Daß das Seiende das Vermögen, erkannt zu werden, hat, war zugestanden. Es wird hieraus unmittelbar geschlossen, daß es dann als bewegt zu bezeichnen ist, wenn es wirklich erkannt wird. Diese Schlußweise scheint nun von allergrößter Bedeutung. Sie enthält offenbar eine Auffassung von κίνησις als Aktualität eines Vermögens. κίνησις sollte deshalb hier besser mit Bewegtheit als mit Bewegung übersetzt werden: Durch das Erkanntwerden wird das Seiende nicht verändert, es wird aber in gewisser Weise aktualisiert, nämlich in seinem Vermögen, erkannt werden zu können.

Wir erkennen an dieser Stelle die Wurzel der aristotelischen

Differenzierung von δύναμις und ἐνέργεια, wie auch seiner späteren Definition von Bewegung. Was hier noch κίνησις heißt, ist der Anregungszustand eines Vermögens und erhält später bei Aristoteles den Titel ἐνέργεια, für den man im Deutschen wohl am besten *Wirklichkeit* setzt. Bewegung definiert Aristoteles dann als eine besondere Form von Wirklichkeit nämlich die *Wirklichkeit des Möglichen als solchen*.[3] Die aristotelische Definition von Bewegung soll damit Bewegung als Prozeß erfassen, nämlich als etwas zeitlich erstrecktes, in dem zwar jeweils im Augenblick eine Möglichkeit aktualisiert ist, aber jeweils nur unvollständig, so daß die vollständige Wirklichkeit der Möglichkeit erst mit dem gesamten Prozeß erfolgt. Das ist im Verhältnis von Erkanntwerdenkönnen und Erkanntwerden anders. In der Wirklichkeit des Erkennens ist das Erkanntwerdenkönnen schlagartig aktuell. Platon versteht hier unter κίνησις diese Aktualität eines Vermögens.

Es scheint also, daß die obersten Gattungen *Bewegung* und *Ruhe* der aristotelischen Unterscheidung von ἐνέργεια und δύναμις näher stehen als dessen Kategorien Tun, Erleiden oder Bewegung. Doch wie ist es mit der Ruhe (στάσις) im *Sophistes*? Entspricht diese Gattung etwa einer Charakterisierung des Seins als möglichem? Κίνησις und στάσις werden doch als ganz und gar entgegengesetzt (ἐναντιώτατα, *Sophistes*, 250a7) bezeichnet. Gleichwohl wird Ruhe als eine Charakterisierung des Seienden ganz unabhängig von der soeben geschilderten Charakterisierung durch κίνησις, Wirklichkeit, eingeführt.

> FREMDER: Das auf gleiche Weise und ebenso und in derselben Beziehung, dünkt denn dich das ohne Ruhe stattfinden zu können?
> THEAITETOS: Keineswegs.
> FREMDER: Und siehst du etwa, daß ohne dieses von irgend etwas eine Erkenntnis sein und entstehen kann?
> THEAITETOS: Nichts weniger.
> (*Sophistes*, 249b12–c2)

στάσις, Ruhe charakterisiert nach dieser Passage das Seiende in seinem Selbstsein und seiner Beständigkeit, also, würde man meinen, im Unterschied zu möglicher Veränderung. Wenn diese Lesart

---

3 ἡ τοῦ δυνάμει ὄντος ἐντελέχεια ᾗ τοιοῦτον, Arist., Physik Γ1, 201a11.

richtig wäre, würde κίνησις als Gegensatz von στάσις dann doch wieder Veränderung bedeuten. Es hatte sich aber gezeigt, daß κίνησις soviel heißt wie Bewegtheit ohne Veränderung, speziell die Wirklichkeit des Erkanntwerdens. Umgekehrt sieht man, daß hier στάσις, formal gesehen, nichts weiter ist als die Charakterisierung des Seienden als etwas, das erkannt werden kann, und dies gründet in einem Grundzug des Seienden, den man allerdings auch Beständigkeit nennen kann, nämlich, daß es, wie man es auch nimmt, es selbst bleibt. Στάσις bedeutet insofern weniger ein Bleiben gegenüber Veränderung als die Selbigkeit, die sich relativ zu unterschiedlichen Perspektiven erweist. Nur etwas, das in diesem Sinne es selbst bleibt, kann erkannt werden. Bewegung und Ruhe, κίνησις und στάσις, sind als oberste Gattungen verstanden also primär Charakterisierungen des Seienden in Hinblick auf mögliche und wirkliche Erkenntnis. Es soll damit nicht geleugnet werden, daß sie auch eine Beziehung zu Bewegung und Ruhe im landläufigen Sinne haben. Aber, wie sich schon an der erwähnten Definition von Bewegung des Aristoteles zeigt, ist die Differenz von Möglichkeit und Wirklichkeit auch für das Verständnis von Ruhe und Bewegung in gewöhnlichem Sinne grundlegend. Das wird sich auch als für Platon gültig erweisen. Wir kommen darauf in dem Kapitel über die Kosmologie (IV) zurück.

Damit ist die Besprechung der obersten Gattungen, die Platon im Dialog Sophistes einführt, abgeschlossen. Es hat sich gezeigt, daß sie Meta-Ideen sind, die ins Spiel kommen, wenn es um die Erkenntnis des Seienden bzw. die Rede über das Seiende geht. Diese Lesart erschloß sich gewissermaßen von hinten her, nämlich insofern die Ausführungen Platons im Dialog *Sophistes* als Quellen für Diskussionen der Akademie zu betrachten sind, die schließlich zur aristotelischen Kategorienlehre bzw. zur Unterscheidung von Möglichkeit und Wirklichkeit bei Aristoteles führen.

IV. Der Kosmos und das Gute

IV.1 Die Konstitution des Kosmos

Platons Dialog *Timaios* enthält seine Kosmologie. Es ist dies neben der *Politeia* bzw. den *Nomoi* das umfänglichste und ausgearbeitetste Lehrstück seiner Philosophie. Dabei entspricht der *Timaios* eher den *Nomoi* als der *Politeia*, insofern der Dialog *Politeia*, die Verfassung eines Gemeinwesens überhaupt darstellt, während in den *Nomoi* die Gesprächspartner sich Mühe geben, die Verfassung eines zu gründenden Staates, also unter den Bedingungen seiner Durchführbarkeit, zu konzipieren. Eigentlich aber hätte der Kosmologie des *Timaios* nach dem am Anfang des Dialoges vorgestellten Redeplan die Darstellung eines Idealstaates in concreto, nämlich am Beispiel des sagenhaften Urathen, entsprechen sollen.

Den Inhalt des *Timaios* als Platons Kosmologie zu bezeichnen, ist ganz zutreffend. Es handelt sich um eine Gesamtsicht der Natur im Sinne des wahrnehmbaren Seienden, und zwar als eines geordneten Ganzen, eben als eines Kosmos. Dabei ruht der Text auf der Gesamtheit des Platon zugänglichen, empirischen Wissens von der Natur, modern gesprochen, von der Astronomie bis zur Physiologie. Die Darstellung dagegen ist theoretisch, freilich theoretisch in einem bestimmten, schon erläuterten Sinn. Es handelt sich nicht darum, daß Tatsachen aus Naturgesetzen abgeleitet werden, sondern daß vielmehr das empirisch Vorfindliche gedeutet wird, d. h. als Darstellung von Prinzipien und Ideen verstanden wird. Diese spezifische Form von Auffassung (δόξα) nennt Platon, wie wir gesehen haben, εἰκὼς λόγος , bildgemäße oder wahrscheinliche Rede (III.3.4).

Timaios, der Redner in dem gleichnamigen Dialog, trägt die Kosmologie nun in einer besonderen Form vor, nämlich in der Form einer Erzählung von der *Erschaffung* des Kosmos durch einen göttlichen Handwerker. Da die sinnlich wahrnehmbare Welt im ganzen als Darstellung eines idealen Vorbildes gesehen wird, ist die

Fiktion eines göttlichen Handwerkers, der den Kosmos im Blick auf eine Idee anfertigt, naheliegend und zweckmäßig, denn das Konzept *Darstellung einer Idee in einem Medium* schöpft ja seinerseits seine Plausibilität aus der lebensweltlichen Bekanntheit mit handwerklichen Prozessen. Der Handwerker realisiert eine Idee, die er im Kopf hat oder in gezeichneter Vorlage vor sich, indem er einer Materie eine Form gibt, oder Materiestücke zu einer bestimmten Form arrangiert. Freilich muß man beachten, daß das platonische Konzept *Darstellung einer Idee in einem Medium* verstanden als Formgebung eines Materials, bereits in aristotelischer Weise restringiert wird, – eine Verarmung und Vereinheitlichung des Grundgedankens, für die Platon allerdings durch den *Timaios* selbst verantwortlich ist. Gleichwohl, die Darstellung der Konstitution des Kosmos in Form einer Erzählung von einer Herstellung des Ganzen durch einen göttlichen Handwerker ist angemessen und plausibel, weil sie ein lebensweltliches Vorverständnis abruft. Sie ist nicht mehr als das, d. h. der göttliche Handwerker ist ein didaktisches Hilfsmittel, nicht ein Bestandsstück des Kosmos selbst. Wie sollte er auch? Es gibt bei Platon keinen ontologischen Ort für einen Handwerker-Gott. Er müßte ja, nach der Erzählung des Timaios, weder zur Ordnung des ewig Seienden, also der Ideen, noch zum Kosmos gehören, aber beides zusammengenommen ist nach dem Liniengleichnis schon das Seiende im ganzen.

Wir lesen also den Timaios als Kosmologie, nicht als Schöpfungsgeschichte. Daß es gute Gründe gibt, gerade letzteres zu tun[1], soll nicht geleugnet werden. Sie liegen, um es allgemein zu sagen, in dem Versuch, die beiden Hauptstränge der europäischen Kultur, nämlich den griechisch-römischen mit dem jüdisch-christlichen zu vereinen. Seit der Spätantike bis zu Reales Platonbuch in unserem Jahrhundert konnte deshalb der *Timaios* als ein Stück christlicher Literatur heidnischer Herkunft gelesen werden. Wir werden dem nicht folgen, sondern den Demiurgen als mythologischen Repräsentanten der lebendigen Vernunfteinheit ansehen.

Die Hauptcharakteristika des Kosmos sind die folgenden: Der Kosmos ist der Bereich des Werdens und Vergehens, des Wahrnehmbaren. Er ist *einer* im Sinne von geordneter Ganzheit einer-

---

1 Dazu Giovanni Reale, *Zu einer neuen Interpretation Platons*, Paderborn: Ferdinand Schöningh 1993.

seits und im Sinne von Vollständigkeit andererseits, und schließlich ist er im ganzen ein umfassendes Lebewesen. Gehen wir diese Grundbestimmungen des Kosmos im Einzelnen durch.

Zunächst, der Kosmos ist der Bereich des Werdens und Vergehens. Wir kennen die große Zweiteilung des Seienden im ganzen in den Bereich des Ewigen und damit wahrhaft Seienden und den Bereich des Werdens und Vergehens bereits aus dem Liniengleichnis. Diese Zweiteilung wird am Eingang der Rede des Timaios noch einmal in Erinnerung gebracht und zugleich durch die zugehörigen Erkenntnisweisen charakterisiert:

> Was ist das immer Seiende, das kein Werden hat? Und was ist das immer Werdende, aber niemals Seiende? Das eine ist durch die Vernunft in Verbindung mit Rede erfassbar, da es immer in gleicher Weise ist. Das andere aber ist (nur) auffassbar (δόξα) in Verbindung mit Wahrnehmung, denn es ist werdend und vergehend, tatsächlich aber nie seiend. (*Timaios*, 27d6–28a4)

Diese Zuordnung von Seinsform und Erkenntnisform ist hinreichend erläutert (III.1). Jetzt, unter dem Titel der *Kosmologie*, muß es jedoch darum gehen, zu verstehen, warum der Bereich des Werdens und Vergehens nicht bloß eine Klasse von Seienden ist, sondern ein Ganzes, also ein Kosmos, und ferner müssen wir versuchen zu verstehen, was mit Werden und Vergehen im Unterschied zu Sein hier eigentlich gemeint ist. Es liegt ja nur allzu nahe, den Unterschied der Seinssphäre zur Sphäre des Werdens und Vergehens etwa im Sinne Kants zu verstehen, nämlich als Unterschied des mundus intelligibilis zum mundus sensibilis. Dieses neuzeitliche Verständnis ist auch nicht ganz unangemessen, zumal es ja auch eine Spätfolge der platonischen Zweiteilung des Seienden im ganzen ist. Nur sind wir gewohnt, den mundus sensibilis, also den Bereich der Natur qua Erscheinung durch besondere Strukturen zu kennzeichnen, etwa Raum, Zeit und Kausalität, d.h. durch Strukturen, die dem mundus intelligibilis in keiner Weise zukommen können. Diese Denkweise ist der platonischen Philosophie aber ganz unangemessen. Denn was immer im Kosmos Struktur, Form, Ordnung ist, soll ja als eine Darstellung ewiger Ideen verstanden werden, muß also im Bereich der Ideen selbst vorkommen. Es ist also gänzlich unangebracht, den Bereich des Werdens und Vergehens durch bestimmte Eigenschaften zu charakterisieren, die ihn vom Bereich des Seienden *unterscheiden*. Wir haben ja gerade im vorhergehenden Abschnitt gelernt, daß selbst Bewegung ihr Vorbild im Bereich des eigentlich Seienden hat.

Der Bereich des Werdens und Vergehens, der Kosmos, darf also nicht in sich, sondern muß in Bezug auf den Bereich des eigentlich Seienden charakterisiert werden. Die Beziehung des Werdens und Vergehens zum ewig Seienden ist aber klar, es ist die Beziehung eines Bildes zum Original: Das ewig Seiende findet im Werdenden und Vergehenden seine Darstellung. Daraus folgt, das ist unsere These, daß *Werden* und *Vergehen* als Charakteristika der Seinsart des Kosmos nicht innerweltlich verstanden werden dürfen, sondern aus dem Bezug zum Seienden selbst verstanden werden müssen. Werden und Vergehen sind das Hervortreten und Schwinden von Ideen in einem Medium. Diese Grundthese wird natürlich Konsequenzen haben für Platons Auffassung von der Zeit, von Materie – und damit Formkonstanz im Kosmos – und von Leben und Bewegung. Diese Konsequenzen werden in den entsprechenden Abschnitten klar werden. Bereits hier, und das heißt auch bereits am Anfang der Rede des Timaios, folgt aus dieser Grundthese, daß der Kosmos allerdings *auch* ein eigenes Prinzip hat, das aber als solches gar nicht eigentlich bezeichnet werden kann, d.h. nicht den Charakter eines εἶδος hat. Es ist die von Platon später sogenannte χώρα, das aufnehmende Prinzip, die Amme des Werdens ein *schwieriges und dunkles* εἶδος (*Timaios*, 49a). Darstellung ist immer Darstellung in einem Medium. Timaios wird deshalb, nachdem er den Kosmos in einem ersten Teil seiner Rede von dem her geschildert hat, *was* dargestellt wird, in einem zweiten (ab 47e) seine Schilderung von seiten des Darstellungsmediums her korrigieren und erweitern. Dieser zweite Anlauf wird dadurch als einer von der Notwendigkeit her (48a) apostrophiert. Aber auch hier am Anfang der Rede des Timaios wird schon deutlich, daß für das Entstehen des Kosmos als Hervortreten der Ideen etwas vorausgesetzt werden muß. Unter der Fiktion eines göttlichen Handwerkers heißt es in der Rede des Timaios: Die Weltschöpfung ist keine Schöpfung aus dem Nichts, sondern die Herstellung von Ordnung im Chaos.

> Indem nämlich der Gott wollte, daß alles gut und nach Möglichkeiten nichts schlecht sei, so nahm er also alles, was

sichtbar war und keine Ruhe hielt, sondern in ungehöriger und ordnungsloser Bewegung war, und führte es aus der Unordnung zur Ordnung, da ihm dieser Zustand in jeder Beziehung besser schien als jener. (*Timaios*, 30a1–6)

Die Charakterisierung des Kosmos als Seinsbereich des Werdens und Vergehens bedeutet also, daß er der Bereich ist, in dem Ideen in einem Medium hervortreten und dahinschwinden. Was hat diese Charakterisierung aber inhaltlich[2] mit der Charakterisierung als Bereich von Auffassung und Wahrnehmung zu tun? Für den engeren Bereich der Wahrnehmungsqualitäten ergibt sich aufgrund von Platons Theorie der Wahrnehmung eine einfache und klare Antwort.[3] Die Wahrnehmungsprädikate treten zugleich und in Korrelation mit den Wahrnehmungen hervor, sie sind also Erscheinungen, die nur als wahrgenommene *sind*. Hier verband sich für Platon die heraklitische Auffassung, daß in der Natur alles im Fluß ist, zwanglos mit der These, daß Wahrnehmung immer wahr ist. Das trifft aber für Auffassung (δόξα) nicht zu. Da es auch falsche Auffassungen gibt, muß das Aufgefaßte in seinem Sein von der Auffassung unabhängig sein. Die Identifizierung des Reichs des Werdens und Vergehens und des Reichs dessen, was durch Auffassung (δόξα) erkannt wird, ist hier also nicht so selbstverständlich, wie zwischen Sinnesqualitäten und Wahrnehmungen. Ist jedoch dasjenige, was wird und vergeht, gerade die Seinsart, die durch Hervortreten und Schwinden von Ideen ist, so ergibt sich notwendig die Zuordnung dieser Seinsart zur Erkenntnisart der Auffassung: In der Auffassung geht es darum, im Hervortretenden oder Schwindenden zu erfassen, *was* jeweils hervortritt oder schwindet. Es geht also in einer Erscheinung darum, zu erfassen, *was* erscheint, also etwas als etwas, und darin kann man sich irren.

Bis hierher geht die Charakterisierung des Kosmos über die Charakterisierung des Seinsbereichs durch Werden und Vergehen nicht hinaus. Allerdings ist die Einführung eines Darstellungsmediums gegenüber der Teilung der Seinsbereiche im Liniengleichnis eine Erweiterung, und aus ihr folgt auch, wie wir gesehen haben, daß das Hervortreten der Ideen im Darstellungsmedium als

---

2 Die formale Zusammengehörigkeit von Seinsarten und Erkenntnisarten wurde ja bereits in III.1 diskutiert.
3 Vgl. III.3.2.

Ordnung von zuvor ungeordneten Bewegungen[4] zu verstehen ist. Die vernünftige Ordnung von Bewegungen ist dabei ein erster Begriff von Leben. Was nun wirklich über die Charakterisierung des Bereichs des Werdens und Vergehens hinausgeht, wenn man diesen Bereich als Kosmos anspricht, ist, daß er ein umfassendes Lebewesen ist. In der mythologischen Rede des Timaios wird dieser Gedanke so eingeführt, daß es unter der Würde des Demiurgen sei, etwas anderes als das Schönste hervorzubringen.

> Indem er das überdachte, fand er, daß unter dem seiner Natur nach Sichtbaren nichts Vernunftloses als Ganzes schöner sein werde als das mit Vernunft begabte als Ganzes, daß aber unmöglich ohne Seele etwas der Vernunft teilhaftig werden könne. Von dieser Überlegung bewogen, gestaltete er das Weltall (τὸ πᾶν), indem er die Vernunft in der Seele, die Seele aber im Körper schuf, um so das seiner Natur nach schönste und beste Werk zu vollenden. So also muß man der bildgemäßen Rede entsprechend (κατὰ λόγον τὸν εἰκότα) – sagen, daß dieser Kosmos durch die Fürsorge des Gottes in Wahrheit als beseeltes und mit Vernunft begabtes Lebewesen hervorgetreten ist. (*Timaios*, 30b1–c5)

Das ist natürlich eine voraussetzungsreiche Äußerung. Daß der Kosmos selbst körperlich sein muß, folgt aus der Tatsache, daß er wahrnehmbar ist – darauf kommen wir im nächsten Abschnitt zurück. Aber seine Einschätzung als geordnetes Ganzes hat, so meine ich, eine empirische Basis. Im Sinne der Hermeneutik der bildhaften Rede wird aus dem empirisch gewonnenen Eindruck – »der Kosmos ist aber das Schönste des Hervorgetretenen« (ὁ μὲν γὰρ κάλλιστος τῶν γεγονότων, *Timaios*, 29a5 f.) – geschlossen, daß er die Darstellung von etwas Ewigem ist.

Die Ganzheit des Kosmos wird im Folgenden von Timaios noch in zweierlei Hinsicht erläutert. Der Kosmos ist einer und er ist umfassend. Als Lebewesen enthält er »alle anderen Lebewesen einzeln und ihren Gattungen nach als Teile« (*Timaios*, 30c6 f.), als materielles Gebilde enthält er alle mögliche Materie in sich (*Timaios*, 32c5 f.) und schließlich ist er aus systematischen Gründen einzig-

---

4 Inwiefern hier überhaupt von Bewegungen gesprochen werden kann, wird im nächsten Abschnitt geklärt.

artig. Denn, wenn er alle Lebewesen umfaßt, so müßte, gäbe es einen zweiten Kosmos, dieser als Lebewesen je wieder von dem umfassenden eingeschlossen werden.[5]

Der Kosmos wird also von Platon als Lebewesen verstanden, d.h. als beseelter Körper. Daraus ergeben sich zwei Hauptthemen der Kosmologie, nämlich die Konstitution des Körpers einerseits und der Seele andererseits. Platon behandelt diese beiden Themen durchaus für sich und er rechnet offensichtlich auch mit einer relativen Selbständigkeit von Körper und Seele, das wird insbesondere in der Argumentation für die Unsterblichkeit der Seele im *Phaidon* (67d) wie auch im Seelenwanderungsmythos[6] deutlich. Damit ist Platon philosophisch für die in gewisser Weise verhängnisvolle Leib-Seele-Dichotomie verantwortlich, und keineswegs erst Descartes mit seiner Lehre von der res cogitans und der res extensa. Ganz anders liegen die Verhältnisse bei Aristoteles, für den die Seele die organisierende Form des organischen Körpers ist. Aber Platon steht dieser Denkweise keineswegs fern, so daß er durchaus Schwierigkeiten hat mit der getrennten Behandlung von Leib und Seele. Er beginnt zunächst im *Timaios* mit der Konstitution des Körpers des Weltalls, weil die Seele ja die Seele eines Körpers sein soll, macht dann aber andererseits klar, daß die Seele in gewissem Sinne das *Frühere* ist und weist auf die Willkürlichkeit in der Reihenfolge der Darstellung hin. Bei der zweiten Behandlung des Themas *Körper*, nämlich bei der Konstitution der elementaren Körper, d.h. der vier Elemente, auf der Basis des aufnehmenden Prinzips, zeigt sich dann aber, daß bereits die Konstitution der elementaren Körper nicht ohne Seelisches gedacht werden kann.

Seele ist für Platon geordnete Bewegung, genauer Selbstbewegung. Wir werden sehen, daß geordnete Bewegung bereits für die Elementarkörper konstitutiv ist. Wir werden deshalb mit diesem im *Timaios* relativ späten Lehrstück beginnen, um von daher die Frage nach der Ordnung von Bewegungen aufzugreifen. Das führt uns zum Thema Zeit, und erst am Ende werden wir dann im Rahmen der allgemeinen Bewegungslehre nach der Seele, d.h. nach der Selbstbewegung fragen.

---

5 Siehe die Argumentation *Timaios* 31a-b.
6 *Politeia* X, 614bff., *Timaios* 42aff., *Phaidros* 246aff.

IV.2 Körper: Die Theorie der vier Elemente

Die Lehre von den vier Elementen übernahm Platon als ein bereits relativ gefestigtes Lehrstück aus der Tradition der Naturphilosophie. Als Lehre von den *vier* Elementen geht sie in der griechischen Tradition auf Empedokles zurück. Aristoteles sagt mit Recht, daß Empedokles nur dem Wasser des Thales, der Luft des Anaximenes und dem Feuer des Heraklit als viertes die Erde hinzugefügt habe. Tatsächlich aber hat Empedokles keineswegs nur eklektisch bestehende Lehrstücke zusammengerafft und vervollständigt, sondern vielmehr eine durchaus eigenständige Darstellung der Natur durch das Zusammenspiel dieser Vier in Liebe und Haß entworfen. In der ihm folgenden Tradition der Mediziner waren die vier Grundelemente dann mit den vier Grundqualitäten warm/kalt, feucht/trocken, und den vier Körpersäften, schwarze und gelbe Galle, Blut und Lymphe in Verbindung gebracht worden. Zu Platons Zeit waren dann von den Atomisten die Elemente erstmals als Partikel unterschiedlicher Form und Größe verstanden worden. In Platons Timaios fließen diese beiden Traditionen zusammen.[1]

In der Rede des Timaios werden die Elemente zunächst als Konsequenz der Wahrnehmbarkeit des Kosmos eingeführt. Da der Kosmos der Bereich des wahrnehmbaren Seienden ist, muß er notwendig einen Körper haben.

> Das Gewordene muß aber körperlich, sichtbar und tastbar sein. Nun dürfte wohl nichts je ohne Feuer sichtbar sein noch ohne etwas Festes betastbar werden, fest aber nicht ohne Erde. Daher schuf der Gott, als er den Körper des Alls zusammenzusetzen begann, ihn aus Feuer und Erde. (*Timaios*, 31b5–9)

Diese Einführung der Elemente ist plausibel, wenngleich die Argumentationsweise unsauber zu sein scheint. Das liegt vor allem daran, daß wir unter Elementen Materiearten verstehen, aus der Sichtbarkeit und Tastbarkeit jedoch nur geschlossen werden kann,

---

1 Gernot Böhme, Hartmut Böhme: *Feuer, Wasser, Erde, Luft. Eine Kulturgeschichte der vier Elemente*, München: C.H. Beck 1996.

daß der Kosmos, bzw. was zu ihm gehört, bestimmte Sinnesqualitäten aufweisen muß. Danach ist für das Sehen Helligkeit, für das Betastenkönnen Widerständigkeit oder Festigkeit zu fordern. Um das Unbehagen an dieser Stelle abzuschwächen, kann man allerdings darauf hinweisen, daß wenig später, nämlich bei Aristoteles, die Vier-Elementenlehre tatsächlich von Sinnesqualitäten her aufgebaut wird, nämlich so, daß jedem Element die Kombination zweier Elementarqualitäten zugeordnet wird. Allerdings werden dabei die Elementarqualitäten als δυνάμεις verstanden, d. h. als Potenzen, die sowohl auf den Menschen, als leiblich-sinnliches Wesen, wie auch auf andere Substanzen wirken können. Bei Platon ist allerdings die Einführung der Elemente als Korrelate von Wahrnehmung nur vorläufig. Später werden dann die Wahrnehmungsqualitäten im Zuge einer bestimmten Auffassung (δόξα) der Elemente zu abgeleiteten Eigenschaften. Im Rahmen physiologischer Wahrnehmungstheorien versucht Platon dann nämlich plausibel zu machen, daß die Elemente, als Elementarkörper verstanden, aufgrund ihrer geometrischen Eigenschaften in der Wahrnehmung bestimmte Sinnesqualitäten zeigen.

Hier am Anfang der Rede des Timaios werden nur Erde und Feuer als Ingredienzen des Kosmos aus dessen Wahrnehmbarkeit abgeleitet. Luft und Wasser folgen dann als notwendige Vermittlungs-, oder besser Verbindungsglieder zwischen beiden. Platon spielt hier auf die Lehre von den arithmetischen und geometrischen Mitteln an, um dann durch den Hinweis, daß es zwischen Kubikzahlen immer zwei geometrische Mittel gibt, plausibel zu machen, daß auch zwischen Erde und Feuer zwei Verbindungsglieder bestehen müssen.

> Nun aber kam es ihm (dem Körper des Alls, G.B.) zu, dreidimensional (στερεοειδῆ) zu werden, die dreidimensionalen Dinge verbinden aber nie ein sondern immer zwei Mittelglieder; indem der Gott so also inmitten zwischen Feuer und Erde Wasser und Luft einfügte und sie zueinander möglichst ins selbe Verhältnis setzte, nämlich wie Feuer zu Luft so Luft zu Wasser und wie Luft zu Wasser so Wasser zu Erde, verknüpfte und gestaltete er einen sichtbaren und betastbareren Himmel. (*Timaios*, 32b2–9)

Diese Einführung der Elemente hat durchaus etwas Spielerisches und man darf nicht vergessen, daß sie ja im Rahmen des εἰκὼς λόγος, der hier durchaus als wahrscheinliche oder plausible Rede übersetzt werden darf, ihren Platz hat. Platon weist nicht aus, warum er von nur zwei Sinnen ausgeht, wenngleich man wohl bereit sein wird, dem Gesichtssinn und dem Tastsinn gegenüber den anderen Sinnen einen gewissen Vorrang einzuräumen. Aber er hätte ja auch versuchen können, die anderen Elemente den übrigen Sinnen zu korrelieren. Worauf es ihm aber sichtlich ankommt, ist, die Vierer-Ordnung der Elemente als solche zu etablieren und durch ihre wechselseitigen Beziehungen zu befestigen. Dafür hatte Empedokles die Dynamik von Liebe und Haß benutzt. Platon bevorzugt hier ein arithmetisches Modell. Im zweiten Anlauf wird es dann ein geometrisches oder, besser gesagt, stereometrisches Modell sein. Dann wird sich auch deutlich zeigen, daß Platon die Beziehung der Elemente zueinander weniger als dynamische, wie Empedokles, sondern vielmehr als quantitative sieht.

Der zweite Anlauf, den Timaios in seiner Rede zur Beschreibung des Kosmos macht, geht, wie gesagt von dem Notwendigen – nach unserer Deutung dem Medium für die Darstellung der Ideen – aus.

> Wir müssen aber auch in unserer Rede das durch Notwendigkeit Entstehende hinzufügen. Denn das Werden dieser Weltordnung entstand aus einer Vereinigung von Notwendigkeit und Vernunft gemischt. (*Timaios*, 47e3–48a2)

Timaios betont sogleich, daß insbesondere die Lehre von den vier Elementen sich anders darstellen wird, wenn man den Anfang bei dem *Notwendigen* nimmt. Man müsse nämlich die Natur der Elemente schon »vor dem Entstehen des Himmels« (*Timaios*, 48b3) betrachten.

> Denn bis jetzt hat noch niemand ihr Entstehen kundgetan, sondern als ob man wisse, was doch das Feuer und jedes von ihnen sei, sprechen wir von ihnen als Ursprüngen, indem wir sie als Buchstaben (στοιχεῖα) des Alls ansetzen, und es gehört sich, daß man – auch bei nur kurzer Überlegung – sie nicht den Gestalten der Silbe auch nur ungefähr vergleiche. (*Timaios*, 48b5–c2)

Platon kritisiert hier die offenbar zu seiner Zeit[2] schon geläufige Bezeichnung der Vier als Elemente – bei Empedokles hießen sie noch Wurzeln (ῥιζώματα) – und kündigt damit an, daß er sie auf etwas noch *Elementareres* zurückführen will. Um das zu erläutern und damit Platons Theorie der Elemente darzustellen, bedarf es allerdings zuvor einer genaueren Betrachtung jenes Mediums der Darstellung von Ideen im Kosmos, das Timaios zum Anlaß für seinen zweiten Durchgang wird.

Dieses Medium wird als eine dritte *Gattung* neben den eingangs eingeführten, dem ewig Seienden und dem Werdenden und Vergehenden, bezeichnet und erhält schließlich den Namen χώρα (*Timaios*, 52b1). Wir werden diesen Titel unübersetzt lassen. Man übersetzt *Chora* gewöhnlich mit *Raum*. Das ist vom Wort her nicht falsch, insofern *Chora* mit χωρίζειν (einräumen) zusammenhängt. Gleichwohl ist es irreführend, weil für den modernen Leser Raum immer mit irgendwelchen Strukturen verbunden ist, – wenn nicht geometrischen, so doch wenigstens topologischen. Chora soll aber das gänzlich Strukturlose sein. Es empfiehlt sich deshalb, mit Platon die Chora eher von der Funktion her zu verstehen, die sie im Werden des Kosmos hat, das um so mehr, als Platon ausdrücklich davor warnt, Chora im Sinne von Ort zu verstehen.

> Darauf hinblickend träumen wir und behaupten, alles Seiende müsse sich irgendwie notwendig an einem Ort (τόπος) befinden und einen Raum (χώρα) einnehmen, dasjenige aber, was weder auf Erden noch irgendwo im Himmel sei, das sei nicht. (*Timaios*, 52b3–6)

Platon erläutert die Natur der Chora in drei Annäherungsschritten, die jeweils durch gewisse Vorüberlegungen zur Theorie der Elemente ausgelöst werden. Man bekommt dadurch den Eindruck, daß die Chora sich in ihrer Funktion bei der Konstitution der Elemente erschöpft und nach diesem ersten Schritt des Werdens *von unten* dann nicht weiter gebraucht wird. In dieser Hinsicht entspricht sie der *prima materia* des Aristoteles, bzw. besser gesagt,

---

[2] Vielleicht sollte man genauer sagen: in der Akademie, denn nach einem Zeugnis des Eudemos war Platon der erste, der diesen Terminus im naturphilosophischen Zusammenhang verwendete. Siehe dazu: Walter Burkert: ΣΤΟΙΧΕΙΟΝ. *Eine semasiologische Studie*, in: Philologus 103 (1959), 167–297.

die prima materia des Aristoteles ist ihre Nachzeichnung auf dem von Platon im *Timaios* vorgegebenen Weg.

Der Terminus χώρα wird relativ spät eingeführt (*Timaios*, 52b1). Vorher redet Platon vom Aufnehmenden, von der Amme des Werdens, und der Mutter.[3] Der Ausdruck *das Aufnehmende* trifft die Funktion der Chora als Medium für das Hervortreten von Ideen schon recht gut. Gleichwohl ist damit noch nicht gesagt, welche Rolle das aufnehmende Prinzip bei der Erscheinung der Ideen spielt. Platon arbeitet sich deshalb durch eine Reihe von Modellen durch. Diese bieten sich an, indem die Verhältnisse der Elemente zueinander problematisiert werden (*Timaios*, 49b1). Zunächst weist Platon auf Naturprozesse hin, die zeigen, daß die Elemente ineinander überführt werden können. Wir würden diese Vorgänge heute im wesentlichen als Wechsel des Aggregatzustandes deuten. Für Platon folgt daraus, daß Feuer, Wasser, Erde und Luft überhaupt nicht als ein Das-da oder dieses (τόδε καὶ τοῦτο, *Timaios*, 49e1) anzusehen sind, sondern lediglich als Zustände, als ein Derartiges (τοιοῦτον). Ferner, daß es bei dem Wechsel etwas geben muß, das *bleibt*, etwas, »worin jeweils entstehend jedes von ihnen erscheint und woraus es wieder entschwindet« und das deshalb allenfalls als ein dieses oder ein jenes angesprochen werden kann (*Timaios*, 50a1). Wir werden sogleich diese terminologisch interessante Stelle im Ganzen zitieren, möchten aber schon zuvor darauf aufmerksam machen, daß hier nicht, wie an den Stellen, die wir als Ursprungstexte der Kategorie Qualität bezeichnet haben, dem τοιοῦτον ein ὃ ἔστιν entgegengesetzt wird, sondern ein τόδε. Wir haben deshalb mit Anfängen einer Ontologie zu tun, die dann bei Aristoteles zur ersten οὐσία, nämlich dem τόδε τι, und langfristig zur Substanz führen. Die Substanz ist dasjenige, was beim Wechsel von Attributen in der Zeit bleibt.[4] Dafür muß sie allerdings selbst *etwas* sein, und das ist die Amme des Werdens ebenso wenig wie die *prima materia* des Aristoteles. Beide erscheinen jeweils nur in der Form eines der Elemente.

> Da nun so jegliches von diesen (Elementen) nimmer als dasselbe erscheint, von welchem von ihnen möchte dann wohl

---

3 *Timaios*, 49a7 f, 50d3.
4 Damit würde sich eine ganz andere als die Platonische Theorie der Bewegung ergeben. S. IV.3.3.

jemand, ohne vor sich zu erröten, mit Zuversicht behaupten, daß es als irgend etwas gerade dieses und nichts anderes sei? Das kann nicht sein, sondern bei weitem am sichersten ist es, mit folgenden Bezeichnungen von ihnen zu reden: Dasjenige, was wir stets bald so, bald anders werden sehen, wie zum Beispiel Feuer, es nicht als ein dieses (τοῦτο) sondern jeweils als ein Derartiges (τοιοῦτον) Feuer zu nennen, noch das Wasser als dieses, sondern jeweils (nur) als ein Derartiges, noch je irgend etwas anderes, als habe es irgendeine Beständigkeit, auf die wir hinweisen, indem wir die Bezeichnung *dies-da* (τόδε) und *dieses* (τοῦτο) anwenden und so glauben etwas Bestimmtes aufzuzeigen. Es flieht nämlich und hält nicht die Anrede als *dies-da* und *dieses* und als *etwas*[5] aus und alles, wodurch sie bleibend als seiend durch die Rede aufgezeigt werden könnten. Aber mit diesen (Ausdrücken) darf man das jeweilige nicht bezeichnen, das Derartige aber, welches immer ähnlich umläuft, bei jedem einzeln und allen zusammen, soll man so nennen, und so denn auch Feuer das fortwährend So-beschaffene und entsprechend alles, was ein Entstehen hat; dasjenige aber, worin jeweils entstehend jedes von ihnen erscheint und wieder verschwindet, allein jenes müssen wir dagegen bezeichnen, indem wir uns der Bezeichnung *dieses* und *dies-da* bedienen. (*Timaios*, 49d1–50a2)

Hier wird also erstmalig die später sogenannte Chora ausdrücklich als dasjenige, *worin etwas erscheint*, bezeichnet, also unserer Interpretation entsprechend als Medium der Darstellung. Wichtig ist dieses Worin, denn, was erscheint, sind die Ideen und nicht etwa die Chora.

Platon versucht nun, die Verhältnisse durch ein erstes, aus dem Bereich der Sinnenwelt genommenes Modell plausibel zu machen. Der Wechsel von einem Element ins andere wird in Analogie zur Umprägung einer Materie – am Beispiel Gold – von einer Form in die andere verstanden. Dieses Modell ist aber natürlich noch ganz

---

5 gr. τὸ δέν. Dieser Ausdruck ist eine Konjektur von E. Sachs nach Demokrit B156 (Diels/Kranz) »δὲν μὲν ὀνομάζων τὸ σῶμα, μηδὲν δὲ τὸ κενόν.« Eva Sachs: Die fünf Platonischen Körper. Zur Geschichte der Mathematik und der Elementenlehre Platons und der Pythagoreer, Berlin: Weidmannsche Buchhandlung 1917, 204.

unzureichend, weil Gold ja schon als solches etwas ist, während die Chora als Prägemasse (ἐκμαγεῖον, *Timaios*, 50c1) nicht nur bezüglich der einen oder anderen Prägeform indifferent sein soll, sondern schlechthin keine eigene Gestalt haben. Im übrigen kann dieses Modell von der Prägemasse gerade für eine Theorie, die ja als Theorie der vier Elemente überhaupt die Konstitution von Materie erst gewinnen soll, nicht geeignet sein, weil sie ja bereits Materie voraussetzt.

Diesem Gedanken vollständiger Formfreiheit glaubt Platon sich offenbar in dem nächsten Modell mehr zu nähern, nämlich dem Modell einer gänzlich neutralen Flüssigkeit, die man als Trägersubstanz bei der Bereitung von Salbölen zugrundelegt. Dieser Effekt höherer Plausibilität liegt aber wohl nur daran, daß er oder man diese Trägersubstanz in ihrer Spezifität nicht benennt, sondern nur unbestimmt als eine Flüssigkeit einführt, und ferner daran, daß Flüssigkeit ihrer Formlosigkeit wegen sich als Modell gänzlicher Unbestimmtheit und Formfreiheit eher anbietet. Interessant aber ist diese zweite Annäherung, weil hier Platon die Dreiheit, die für die Konstitution des Weltalls notwendig ist, als Vater, Mutter und Kind bezeichnet:

> Und so ist es dann auch angemessen, das Aufnehmende der Mutter, das Woher dem Vater und die zwischen diesen liegende Natur dem Sprößling zu vergleichen. (*Timaios*, 50d1–d3)

Das entspricht einer wohl damals verbreiteten, aber als Theorie dann bei Aristoteles explizit faßbaren Zeugungstheorie, nach der im Samen des Mannes die wirkende Form für das entstehende Lebewesen enthalten ist und die Mutter lediglich den Ausbildungsraum für den Samen und die Materie qua Nahrung zur Verfügung stellt. Danach kommt dem weiblichen Part bei der Entstehung der Nachkommen nur eine sekundäre, eine dienende Funktion zu. Auf der anderen Seite ist hier der Weg zu späteren alchimischen Hochzeiten vorgezeichnet, d.h. einer sexuellen Deutung chemischer Prozesse, bei denen dann jedoch gerade den Matrizes als vielseitigen Potenzen eine bedeutende Rolle zukommt.

Auch hier zeigt sich das aufnehmende Prinzip, die Mutter, als das, was potentiell Feuer, Wasser, Erde und Luft ist. Um das zu formulieren geht Platon von den Substantiven Feuer, Wasser etc. zu den participia passiva der zugehörigen Verben über. Was wir Feuer nennen, ist eigentlich die *entflammte* Chora, was wir Wasser nennen, die *gewässerte* Chora usw. Das Hervortreten der entsprechenden Ideen des Feuers, des Wassers, der Erde und der Luft ist also genauer zu verstehen als die Aktualisierung des aufnehmenden Prinzips in einer bestimmten Weise. Das bisherige Ergebnis der Analyse der Chora zusammenfassend, und damit die Darlegung der Theorie der Elemente einleitend, drückt Platon das folgendermaßen aus:

> Dies also sei als Grund meiner Stimmabgabe als berechnete Summe festgestellt: Es gebe Seiendes, Chora, und Werden, die drei auf verschiedene Weise, sogar noch bevor der Himmel entstand. Die Amme des Werdens aber erscheine, wenn sie verflüssigt (ὑγραινομένη) und wenn sie entzündet werde (πυρομένη) und wenn sie die Gestaltungen (μορφαί) der Erde und Luft in sich aufnehme, sowie alle anderen damit verbundenen Zustände (πάθη) erfahre, als mannigfaltig anzuschauen. (*Timaios*, 52d2–e1)

Platons Theorie der vier Elemente ist ein Beispiel für jene Wissenschaften, wie sie im Dialog *Philebos* durch das Zusammenspiel von Grenzartigem und Unbegrenztem (πέρας und ἄπειρον) begründet werden. Wir hatten ihr schon vorgreifend (II.9) einen Platz in Platons System der *gegenstandsbezogenen* Wissenschaften eingeräumt, nämlich den einer Wissenschaft, deren Ordnungstyp die Gleichheit ist. Die Ideen, durch die die vier Elemente konstituiert werden, sind die platonischen Körper, d.h. die regulären, konvexen Körper. Sie sind Figuren komplexer Gleichheit, oder modern gesprochen Darstellungen von Symmetriegruppen. Man kann sie als die für die Stereometrie charakteristischen Gegenstände ansehen (II.3). Platon hat sie offenbar als Grundformen von Körperlichkeit überhaupt betrachtet. Von daher lag es nahe, ihre Darstellungen in der Chora als die elementaren Körper der sinnlichen Welt zu verstehen, also die vier Elemente. Platon ordnet dem Feuer das Tretraeder, der Luft das Oktaeder dem Wasser das Ikosaeder und der Erde den Würfel zu. Allerdings hat diese Deutung der vier Elemente als Darstellung der regulären, konvexen Polyeder zwei Mängel, die Platon sehr wohl bemerkt. Einerseits gibt es nach dem Beweis des Theaitetos nicht nur vier, sondern fünf reguläre konvexe Polyeder. Platon behilft sich hier, indem er das Dodekaeder, weil es sich der Kugelform annähere, dem Weltall zuordnet. Später, schon in der Generation nach Platon, hat man, genauer Philippos von Opus, dem Dodekaeder noch ein fünftes Element, eine quinta essentia zugeordnet, nämlich den Äther.[6] Gravierender für Platon ist die Tatsache, daß sich nach seiner Ansicht (*Timaios*, 49c) eigentlich die vier Elemente alle ineinander im Sinne eines Kreislaufprozesses müßten überführen lassen. Platon denkt sich jedoch die Umwandlung der Elemente als Auflösung in die elementaren Dreiecke, aus denen die zugeordneten regulären Polyeder gebildet werden, und ihre erneute Zusammensetzung. Damit nach diesem Modell von Veränderung alle Elemente ineinander überführt werden könnten, müßten sie aus denselben Elementardreiecken zusammengesetzt sein, – und das ist nicht der Fall.

Sehen wir uns zunächst diesen Teil der Theorie an. Ein regulärer, konvexer Körper ist nach der Definition des Theaitetos, wie sie sich in *Euklid Buch XIII* findet, definiert als »eine Figur, die von untereinander gleichen, gleichseitigen und gleichwinkligen Flächen umfaßt wird«. Die hier in Frage kommenden Flächen sind, nach dem Beweis der Vollständigkeit der Reihe der fünf regulären konvexen Körper: das gleichseitige Dreieck für den Tetraeder, den Oktaeder und den Ikosaeder, das Quadrat für den Würfel und das reguläre Fünfeck für den Dodekaeder.

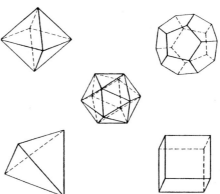

Die fünf platonischen Körper

---

6 »Nach der wahrscheinlichen Rede muß man sagen, daß es fünf sterische Körper gibt«, *Epinomis* 981b2 f.

Körper	Element	begrenzende Flächen	Anzahl Elementardreiecke
Tetraeder	Feuer	4 gleichseitige Dreiecke	24
Oktaeder	Luft	8 gleichseitige Dreiecke	48
Ikosaeder	Wasser	20 gleichseitige Dreiecke	120
Würfel	Erde	6 Quadrate	24
Dodekaeder	Weltall	12 reguläre Fünfecke	–

Es folgt bereits aus dieser Feststellung, daß Feuer, Luft und Wasser in einander überführbar sind, wenn man Überführung als Zerlegung in die konstitutiven Dreiecke und neue Zusammensetzung eines regulären Körpers versteht. Die Erde, deren Figur aus Quadraten gebildet wird, tritt danach nicht in den Kreislauf ein. Platon bemerkt diesen Mangel seiner Theorie (*Timaios*, 54b,c) und stellt sie deshalb[7] ausdrücklich für Verbesserungen zur Disposition (*Timaios*, 54a4–b3).

Die empirische Tatsache der Überführbarkeit der Elemente ineinander ist ganz offensichtlich der Grund, warum Platon die Elemente selbst nicht als elementar ansah (*Timaios*, 48b), und deshalb die stereometrischen Figuren, als deren Darstellungen er sie deutete, auf elementarere Figuren zurückführte. Erstaunlich ist nun, daß diese elementareren Figuren nicht etwa ein gleichseitiges Dreieck und Quadrat, sondern ein halbes gleicheckiges Dreieck und halbes Quadrat sind. Diese Dreiecke nennt Platon die schönsten, begründet das aber nicht weiter. Man könnte eine Begründung in der Einfachheit ihrer Konstruktion sehen, also, modern gesprochen, in ihren algebraischen Eigenschaften. Platon hatte offenbar keine hinreichende Begründung und stellt deshalb auch

---

7 Sicherlich auch wegen der Unverwendbarkeit des Dodekaeders.

die Annahme dieser beiden Dreiecke im Prinzip zur Disposition. »Wer aber nach Überprüfung unserer Behauptung herausfindet, daß sie nicht stimmt, für den liegen die Siegespreise in aller Freundschaft bereit« (*Timaios*, 54b2 f.) Wirklich erklärungsbedürftig ist aber nun die Tatsache, daß Platon die regulären Vielecke, die er zur Zusammensetzung seiner Körper braucht, nicht etwa aus zwei Elementar-Dreiecken zusammensetzt, sondern das gleichseitige Dreieck aus sechs und das Quadrat aus vier.

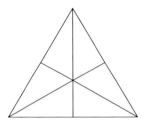
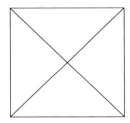

Erzeugung der platonischen Körper aus Elementardreiecken

Der Grund dafür liegt meiner Ansicht nach darin, daß Platon auf diese Weise seine Figuren als *Gleichgewichtsfiguren* deuten wollte. Nach dieser Zusammensetzung nämlich arrangieren sich in den jeweiligen Flächen, die die Begrenzungen der regulären Körper bilden, die Elementar-Dreiecke um den jeweiligen Schwerpunkt der Figur.[8] Beim Tetraeder betont er das noch eigens: »Es drängen sich ihre Diagonalen und ihre kürzeren Katheten in einem Punkt wie in einem Zentrum (εἰς ταὐτὸν ὡς κέντρον) zusammen« (*Timaios*, 34e1 f).

Damit haben wir den anderen Teil von Platons Theorie der Elemente erreicht. Bisher haben wir uns nur, im Sinne des Dialogs *Philebos* gesprochen, mit dem Grenzenartigen, dem πέρας, beschäftigt, d.h. mit den regulären Körpern und Figuren als komplexen Einheiten. Platon stellt diese Figuren, die, rein geometrisch

---

[8] Die eigentümliche Zusammensetzung als Demonstration von Verdopplungs- und Verdreifachungsvorgängen zu erklären ist wenig überzeugend. Was sollte das mit der Materiekonstitution zu tun haben? Siehe B. Artmann, L. Schäfer, *On Plato's »Fairest Triangles« (Timaios, 54a)*, in: Historia Mathematica 20 (1993), 244–264.

gesehen, durch Kanten-, Flächen- und Winkelgleichheit bestimmt sind, zusätzlich als Gleichgewichtsfiguren heraus. Was ordnen aber diese Figuren zur Gleichheit? Welche auseinanderstrebenden qualitativen Tendenzen werden durch sie zum Ausgleich gebracht oder gar ins Gleichgewicht gesetzt?

Hier nun zeigt sich, daß Platon der Chora tatsächlich solche Tendenzen zuschreibt. Sie ist keineswegs einfach nur die homogene Masse, wie das erste Modell, das Gold, suggerierte, noch auch nur die Trägerflüssigkeit, die das zweite Modell als Substrat des Salböls vorstellt. Vielmehr macht Platon jetzt, wo er in seine eigentliche Theorie eintritt, einen weiteren Vorschlag, indem er der Amme des Werdens einander ungleiche und ungleichgewichtige Bewegungstendenzen zuschreibt, die als solche nur zu einem Zittern, nicht aber zu einer geordneten Bewegung führen.

> Da sie (die Amme des Werdens, G.B.) aber weder von ähnlichen noch von im Gleichgewicht stehenden Kräften erfüllt werde (διὰ τὸ μήθ' ὁμοιόν δυνάμεων μήτε ἰσορρόπων ἐμπίμπλασθαι), befinde sie sich in keinem ihrer Teile im Gleichgewicht, sondern indem sie auf ihrer Seite ungleichmäßig auf- und abschwanke (σείεσθαι), werde sie selbst durch jene (Kräfte) erschüttert und erschüttere, durch jene in Bewegung gesetzt, umgekehrt jene. (*Timaios*, 52e2–5)

Wir haben hier eine Charakterisierung, die der Darstellung am Anfang der Rede des Timaios entspricht, in der der Schöpfungsvorgang als Ordnung-Schaffen im Chaos beschrieben wurde. Dort wurde der Zustand vor der Erschaffung der Welt ja als ein Zustand »ungehöriger und ordnungsloser Bewegung« (*Timaios*, 30a4) bezeichnet. Wir hatten an der entsprechenden Stelle (IV.1) bereits angemerkt, daß es problematisch sein könnte, von Bewegung zu sprechen, die dem Erscheinen von Ideen (zu denen ja auch die κίνησις gehört) vorausliege. Hier im Zusammenhang der Theorie der Elemente drückt sich Platon genauer aus: Es handelt sich nicht eigentlich um Bewegungen, sondern lediglich um Bewegungstendenzen (δυνάμεις, H. Müller übersetzt *Kräfte*), die aber zu keinerlei geordneter Bewegung resultieren und deshalb allenfalls zu einem unbestimmten Zittern in der Chora führen. Aber immerhin, diese Bewegungstendenzen gibt es, diese Ansätze zu Bewegungen in der Chora sind vorhanden. Sie kommt deshalb dem Erscheinen von Idee in ihr gewissermaßen entgegen, sie enthält Formtendenzen. Das, was als primäres Erscheinende der Ideen in der Chora sich ereignet, ist, daß deren Bewegungstendenzen in Gleichgewichtsmuster einrasten.

Man würde den beschriebenen Vorgang der Elementenentstehung heute wohl als einen Prozeß der Selbstorganisation bezeichnen. Diese Auffassung mag auch für das Verständnis Platons hilfreich sein, faktisch aber liegen die Verhältnisse umgekehrt: Platon hilft uns die Theorie der Selbstorganisation vollständiger zu konzipieren. Denn daß die Zufallsbewegungen in großen Ensembles unter gewissen Randbedingungen sich zu stabilen Mustern ordnen, setzt ja voraus, daß es diese Muster *an sich* gibt. Daß eine statistische Verteilung von Zitterbewegungen in eine stabile Ordnung von stehenden Wellen übergeht – das ist wohl der Fall, der hier zutrifft – setzt doch voraus, daß diese Ordnung in einer gewissen Weise schon existiert. Die Frage, was dieses *an sich* und dieses *in gewisser Weise Existieren* eigentlich heißt, das ist die Frage, die Platon versucht mit seiner Ideenlehre zu beantworten. Mit dem Satz des Theaitetos sagt er: Es gibt im Bereich des Sterischen – für uns im Bereich des dreidimensionalen Raumes – gewisse Formen komplexer Gleichheit (für uns Symmetriegruppen), die ein System bilden und für diesen Bereich charakteristisch sind. Sie treten in der sinnlichen Welt hervor dadurch, daß sich in der Chora Bewegungstendenzen zu stabilen Bewegungsmustern ordnen, d.h. mit anderen Worten die vier Elemente entstehen.

Das Hervortreten elementischer Formen in der Chora hatte Platon zuvor auch mit den verbalisierten Formen für das Feuer als Entflammen oder für das Wasser als Verflüssigungen der Chora genannt. Auch dort schon der Hinweis auf gewisse in der Chora liegende Potentiale. Daß ihre Aktualisierung eigentlich in qualitativer Sprache unzureichend beschrieben ist, kommt in Platons Zusammenfassung seiner Theorie der Elemente am Schluß noch einmal deutlich heraus. Es handelt sich eigentlich um die Darstellung mathematischer Formen im sinnlichen Bereich:

> Davor (d.h. vor der Durchordnung des Ganzen, G.B.) hätten sich all diese (Elemente) ohne Proportion und Maß (ἀλόγως καὶ ἀμέτρως) verhalten. Als jedoch das Ganze geordnet zu werden begonnen habe, hätten anfangs Feuer, Wasser, Erde

und Luft zwar bereits gewisse Spuren von sich selbst besessen, hätten sich aber durchaus in einem Zustande befunden, wie es sich bei allem erwarten läßt, wenn der Gott sich davon fernhält. Diese damals von Natur so Beschaffenen gestaltete der Gott also zunächst durch Ideen und Zahlen. (εἴδεσί τε καὶ ἀριθμοῖς, *Timaios*, 53a8–b5)

Soviel zur Konstitution der Elemente. Platons Theorie der vier Elemente hat sich damit als eine der *gegenstandsbezogenen* Wissenschaften, wie sie im Dialog *Philebos* konzipiert wurden, erwiesen. Dem Unbegrenzten entsprechen hier die ungleichartigen und gleichgewichtslosen Bewegungstendenzen, dem Grenzartigen die Gleichgewichts-Formen bzw. Stabilitätsmuster. Auf der Basis dieser Theorie entwirft Platon nun das, was wir die Physik, Chemie und Wahrnehmungsphysiologie der Elemente nennen können. Diese Lehrstücke seien hier nun kurz angedeutet, sie können ja, ebenso wie Platons Theorie der vier Elemente, heute ohnehin nur Interesse im Grundsätzlichen, also als Denk- oder Theorietyp, beanspruchen, nicht in den Einzelheiten, die längst durch die Wissenschaftsentwicklung überholt worden sind.

Zunächst – noch verwoben in die Beschreibung des Entstehungsvorganges der Elemente selbst – versucht Platon davon Rechenschaft zu geben, daß die vier Elemente als Massen, d. h. nicht als Atomarten verstanden, bestimmte charakteristische Gegenden des Weltalls ausmachen: Die Erde in der Mitte, darum gelagert das Wasser, um dieses wiederum der Mantel der Luft und schließlich als äußerste Sphäre der feurige Bereich der Himmelskörper. Diese Anordnung führt Platon ebenfalls auf die Zitterbewegung der Chora zurück. Er stellt sich vor, daß die qua Atome entstehenden Elemente »wie bei dem, was von den Worfelschwingen und den anderen Geräten zur Reinigung des Getreides geschüttelt und geworfelt wird, das Feste und Schwere an eine Stelle, das Lockere und Leichte aber an einen anderen Platz getragen wird und sich dort setzt.« (*Timaios*, 52e6–53a2)

Durch diese Anordung ergibt sich für die weitere Geschichte der vier Elemente, daß sie nicht nur als Materiearten, sondern als Naturreiche verstanden werden, denen charakteristische Lebewesen angehören. Für die Chemie der vier Elemente, d. h. also zunächst ihre Umsetzung ineinander, und dann ferner für ihre mögliche Verbindung und den Aufbau weiterer Stoffe, enthält nun Platons Theorie ein quantitatives Modell. Seine Idee der Konstitution der Elemente durch Elementardreiecke legt den Gedanken nahe, chemische Prozesse analytisch-synthetisch, d.h. als ein Auseinandertreten in Elemente und Zusammentreten dieser Elemente wieder zu neuen Verbindungen, und dieses in festen, quantitativen Verhältnissen, zu denken. Platon gibt dafür bereits einige Beispiele im Text, die wir, wenn wir Wasser mit W, Feuer mit F, und Luft mit L bezeichnen, folgendermaßen formalisieren können:

$$1\,W = 1\,F + 2\,L$$
$$1\,L = 2\,F$$
$$2\tfrac{1}{2}\,L = 1\,W$$

Freilich muß man sich hüten, wenn man an dieser Stelle Ursprünge einer quantitativen Chemie identifiziert, Platon eine Auffassung zu unterstellen, wie sie dann erst mit Dalton um 1800 in die Welt tritt, nämlich eine Auffassung, nach der quantitative Umsetzungsformeln in der Chemie zu verstehen sind als Summenformeln für die, durch Atomgewichte zu kennzeichnenden, beteiligten Stoffe. Bei Platon ist ja das, was letztlich elementar ist, nämlich die elementaren Dreiecke, nicht selbst schon Stoff bzw. Körper. Was wir also als Auflösung und Neuzusammensetzung der Elementardreiecke bezeichneten, ist genauer als ein Zerfall sterischer Stabilitätsformen in vorübergehende und als solche instabile Muster und das Hervortreten neuer sterischer Stabilitätsformen zu verstehen.

Die vier platonischen Körper Tetraeder, Oktaeder, Ikosaeder und Würfel dienen Platon zur Deutung der vier Elemente zunächst rein als geometrische Figuren, d.h. unabhängig von ihrer Größe. Er nutzt nun im folgenden diese noch freie Variable, nämlich die Größe, dazu, unterschiedliche Arten von Feuer, Wasser, Erde und Luft einzuführen. Dadurch werden die vier Elemente bei ihm zu Klassen von Stoffen, nicht wie später bei Aristoteles die πρῶτα σώματα zu Grundbausteinen, aus denen sich dann höher organisierte Stoffe – zunächst die Gleichteiligen – aufbauen. Bei Platon gibt es also je nach unterschiedlicher Größe der Atome verschiedene Erden, Wässer etc. So unterscheidet er beispielsweise beim Wasser »seine flüssige Art und seine schmelzbare« (*Timaios*, 58d). Eine der schmelzbaren Arten des Wassers ist das Gold: »Diejenige, welche als dichteste aus den feinsten und gleichförmigsten Elementen entsteht, Gold, eine einzigartige Art, mit glänzender, rötlichgelber Farbe getönt, der wertvollste Besitz« (*Timaios*, 59b1–3). Dieser Gedanke von Feuerarten, Luftarten, Wasserarten und Erden findet sich später in der Alchimie wieder, und hat dann die Anfänge der modernen Chemie mitbestimmt.

Erst relativ spät kommt Platon auf die Sinnesqualitäten zu sprechen, die wir den Elementen zuordnen. Sie haben nach seiner Wahrnehmungstheorie ja ihren Ort erst innerhalb einer Wahrnehmungsphysiologie, weil sie durch die Konstitution des menschlichen Körpers mitbestimmt sind. Die Elementarqualitäten werden nicht wie bei Aristoteles als konstitutiv begriffen, sondern umgekehrt abgeleitet aus den geometrischen Eigenschaften der Elementarkörper.

> So sind nun die durch ihre Gestaltungen, Verbindungen und Umwandlungen ineinander sich mannigfaltig darstellenden Formen bereits so ziemlich aufgezeigt. Aus welchen Ursachen aber die Widerfahrnisse von ihnen (παθήματα αὐτῶν) entstanden sind, das müssen wir ferner deutlich zu machen versuchen. Zuerst nun muß es Wahrnehmung geben für die Widerfahrnisse, von denen wir jeweils sprechen. (*Timaios*, 61c4–8)

In der Erklärung nun der sinnlichen Qualitäten der Elemente zeigt sich wieder der hermeneutische Zirkel, der für die bildgemäße Rede (εἰκὼς λόγος) über den Kosmos charakteristisch ist. So werden Scharfkantigkeit und Kleinheit der Teile des Feuers für seine Wärme und seine zerlegende Wirkung verantwortlich gemacht. Andererseits war ja Feuer sichtlich gerade wegen dieser Wirkungen als Tetraeder gedeutet worden (*Timaios*, 56a). Ich bleibe beim Beispiel des Feuers und gebe nur hier prototypisch Platons Darstellung seiner Qualitäten an:

> Zuerst also wollen wir aufgrund folgender Betrachtung erkennen, wie es kommt, daß wir das Feuer warm nennen, indem wir nämlich seine sondernde und schneidende Einwirkung auf unseren Körper in Erwägung ziehen; das nehmen wir fast alle wahr. Wir müssen aber die Feinheit seiner Kanten, die Schärfe seiner Winkel, die Winzigkeit seiner Teile und die Schnelligkeit seiner Bewegung in Anschlag bringen, durch

welche (Eigenschaften) insgesamt es heftig und scharf ist und alles, vorauf es trifft, durchschneidet; wobei wir uns stets an die Entstehung seiner Gestalt erinnern, daß nämlich vorzüglich sie und kein anderes Beschaffenes unseren Körper auflöst und in kleine Teile zerlegt und so natürlicherweise den Zustand, den wir jetzt als warm bezeichnen, und seine Benennung erzeugte (*Timaios*, 61d6–62a5).

IV.3 Seele

IV.3.1 »Räumlichkeit«

Der Kosmos ist ein Lebewesen, d.h. ein Ganzes aus Körper und Seele. Seele ist geordnete Selbstbewegung. Was Selbstbewegung ist, werden wir noch zu studieren haben. Schon jetzt allerdings kann man so viel sagen, daß der Körper keineswegs etwas ist, das eine von der Seele unabhängige Existenz hätte. Vielmehr hat sich gezeigt, daß bereits die ersten Körper, d.h. die vier Elemente insofern seelisch sind, als sie durch die Ordnung von Bewegungen konstituiert werden. Gleichwohl ist die Rede des Timaios so aufgebaut, daß zunächst der Weltkörper geschaffen wird und dann mit einer Seele versehen. Doch Platon läßt den Timaios (*Timaios*, 34b,c) feststellen, daß diese Reihenfolge nicht den wahren Verhältnissen entspricht: Vielmehr habe die Seele eine Priorität. Nachdem nun die Bildung des Weltkörpers dargestellt ist, wird die Konstitution der Seele in einem besonderen Abschnitt behandelt. Die Vortragsweise ist hier besonders merkwürdig und irreführend, insofern die *Herstellung* der Seele so erzählt wird, als handele es sich dabei um das Zusammenrühren von Substanzen, ihr anschließendes Auswalzen, Zerschneiden und Zusammenfügen der gewonnenen Bänder zu Ringen. Der Sache nach geht es eigentlich um eine Beschreibung der Ordnung der Gestirnsbewegungen, anhebend mit dem Himmelsäquator und der Ekliptik als zweier Ringe, die sich in Form eines χ schneiden. In dem Text, der von der Herstellung dieser Grundfigur berichtet, gilt es also darauf zu achten, welche Elemente daraus für die Himmelsordnung zu entnehmen sind.

> Zwischen dem unteilbaren und immer sich gleich verhaltenden Sein und dem teilbaren, im Bereich der Körper werdenden, mischte er aus beiden eine dritte Form des Seins. Was aber wiederum die Natur des *Selben* und die des *Anderen* angeht, so stellte er entsprechend auch bei diesen je eine dritte Gattung zusammen zwischen dem Unteilbaren von ihnen und dem in den Körpern Teilbaren. Und diese drei nahm er und vereinte alle zu *einer* Gestalt, indem er die schlecht mischbare Natur des *Anderen* gewaltsam mit der des *Selben* harmonisch

zusammenfügte und sie mit dem Sein vermischte. Und als er aus dreien eins gemacht hatte, teilte er dieses Ganze wieder in soviel Teile, als sich ziemte, deren jeder aus dem *Selben* und dem *Anderen* und dem Sein gemischt war. (*Timaios*, 35a1–b3)

Dieser Text ist sehr inhaltsreich und verlangt einige Auslegung. Ohne auf Einzelheiten einzugehen, kann man das Wichtigste sogleich feststellen: Wenn bisher von der großen Zweiteilung des Seienden in das ewig Seiende und das immer Werdende die Rede war, so wird hier mit der Seele eine Zwischeninstanz geschaffen, ein Mittleres zwischen Sein und Werden. Diese Zwischenstellung der Seele wird mit dem vielleicht allzu konkretistischen Bild einer *Mischung* beschrieben. Worin besteht diese Zwischenstellung der Seele? Das erste, was einem dazu einfallen mag, ist Platons Behauptung, daß die Seele einen unsterblichen Anteil hat, und daß sie sich denkend dieses Anteils versichern kann, bzw. dieses Ewige in sich aktualisieren. Dieser Zugang ist sicherlich nicht verfehlt, wenngleich man genauer zu bestimmen hätte, worin das Ewige im Denken besteht. Aber es gibt bei der Weltseele für das Denken eine Entsprechung, nämlich ihre vernünftige Ordnung. Ferner wäre an die Rede der Diotima im Symposion zu erinnern, in der sie darstellt, auf welche Weise sterbliche Wesen an der Unsterblichkeit teilhaben, nämlich durch Reproduktion. Auch das Weltall ist als geschaffenes Lebewesen im Prinzip sterblich. Gleichwohl hat es Anteil an der Unsterblichkeit, und zwar durch die beständige Selbstreproduktion. Die Selbstreproduktion des Weltalls ist primär und ursprünglich in den sphärischen Bewegungen des Himmels zu sehen. Dieses Moment wird noch deutlicher werden, wenn wir Platons Lehre von der Zeit besprechen. Hier aber schon zeigt sich, daß die Form von Ewigkeit, die die Seele dem Kosmos mitteilt, nämlich durch ständige Selbstreproduktion, auf der anderen Seite gerade voraussetzt, daß das Weltall in einem bestimmten Sinne *räumlich* ist: Die zyklische Reproduktion setzt voraus, daß das Werden ein Auseinandertreten in die Mannigfaltigkeit ist.

Wir haben bereits dargelegt, daß der Kosmos der Bereich des Werdens und Vergehens ist, insofern er der Bereich des Hervortretens und Dahinschwindens von Ideen ist. Dabei war noch nicht berücksichtigt und auch von Timaios in seiner Rede noch nicht erwähnt, daß dieses Hervortreten der Ideen in einem Medium ein

Auseinandertreten in die Mannigfaltigkeit ist. Dieses Moment wird in unserem Text durch den Terminus *Teilbarkeit* eingeführt, der hier in der Tat zum erstenmal auftritt. Es sieht so aus, als ob mit dem Begriff der Teilbarkeit ein spezifisches Strukturmoment der sinnlichen Welt genannt wäre. Freilich ist das nicht der Fall und es kann ja auch dergleichen gar nicht geben, vielmehr gibt es auch Teilbarkeit im Bereich der Ideen – die ganze Methode der Dihairesis beruht ja darauf. Also wenn hier von Teilbarkeit die Rede ist, dann handelt es sich natürlich auch um die Darstellung der Idee der Teilbarkeit in einem Medium. Was diese Darstellung bedeutet, d. h. in welcher Weise die Teilbarkeit im Bereich der wahrnehmbaren Welt hervortritt, ist uns nicht unbekannt. Es handelt sich um die unbestimmte Mannigfaltigkeit, in der eine Idee jenseits aller Spezifikationen, d. h. also des ἄτομον εἶδος, hervortritt. Es handelt sich um das *Entlassen in die Unendlichkeit*, von dem im Dialog *Philebos* bei der Behandlung des Problems des Einen und Vielen die Rede ist:[1] Nach der Erschöpfung der vollständigen Zahl der Spezifikation einer Idee wird die Idee schließlich in die Unendlichkeit entlassen, d. h. erfährt als solche im sinnlichen Bereich eine unbestimmte Anzahl von Darstellungen. Diese Mannigfaltigkeit muß, da sie keine strukturellen Differenzen mehr enthält, eine Mannigfaltigkeit der Nebeneinander, also räumlich sein.

Damit haben wir bereits zwei Hauptaussagen unseres Textes identifiziert: Die Seele hat eine Zwischenstellung zwischen dem ewigen Sein und dem Bereich des Werdens und Vergehens. Und gerade die besondere Art, in der die Seele am ewigen Sein teilhat, nämlich durch zyklische Reproduktion, impliziert ein Auseinandertreten der Ideen in die Mannigfaltigkeit. Damit berühren wir bereits einen dritten wichtigen Punkt, nämlich die Rolle der Andersheit in der seelischen Mischung. Hier wird besonders wichtig, daß τὸ ἕτερον nicht notwendig das Verschiedene bedeutet. Gerade das Hervortreten der Ideen in die Mannigfaltigkeit bedeutet, daß es viele Darstellungen von ein und derselben Idee geben kann. Und es ist ein Auseinandertreten *desselben* in die Mannigfaltigkeit, wodurch sich die Ordnung des Nebeneinander öffnet. Wir sprechen deshalb davon, daß durch diese Ordnung der Seele *Räumlichkeit* konstituiert wird. Die Rede vom Raum ist hier vielmehr am Platze als im

---

1 *Philebos*, 16e2.

Zusammenhang mit der Chora. Die Chora als solche ist nichts als das aufnehmende Prinzip, und als solche bringt sie noch keineswegs die Möglichkeit des Nebeneinanders oder gar von Abständen mit sich. Natürlich könnte man sagen, daß mit der Konstitution der vier Elemente auch diese Charakteristika von Räumlichkeit impliziert sind. Werden nicht die Elemente als Körper konzipiert? Aber selbst, wenn man das zugesteht, dann wird auch so die Räumlichkeit eher durch etwas Seelisches, nämlich durch die Ordnung von Bewegungen, deren Stabilitätsformen die platonischen Körper sind, zustandegebracht. Im Gegensatz dazu wird das Moment der Räumlichkeit bei der Erschaffung der Seele ganz deutlich. Zu ihr gehört Teilbarkeit und Andersheit und beides ergibt sich durch das Auseinandertreten, das Hervortreten der Idee in einem Medium. Die Bilder, in denen die Idee hervortritt, sind sich äußerlich und einander jeweils andere, sie unterscheiden sich aber nicht spezifisch: es gibt viele Menschen und es gibt viele Tische.

Auch noch in einem weiteren Sinne ist die Konstitution der Seele für die *Räumlichkeit* der Welt verantwortlich. Es war von Timaios daraus, daß der Kosmos der Bereich des Wahrnehmbaren ist, bereits gefolgert worden, daß er körperlich sein müsse. Faktisch war in dem Zusammenhang *körperlich* eigentlich nur als *fest* zu verstehen, nämlich als gegenüber dem Tastsinn Widerstand leistend. Daß aber das Weltall körperlich ist im Sinne von sterisch, oder modern gesprochen, dreidimensional, ließ sich daraus nicht unmittelbar schließen. Die zu erzeugende Welt hätte ein *flaches* Wesen sein können und im Zirkel des Selben sich reproduzieren. Erst durch die Kombination des Zirkels des Selben mit dem Zirkel des Anderen, nämlich von Himmelsäquator und Ekliptik wird ein Raum *aufgespannt*. Die Kugelgestalt des Kosmos ist zwar etwas, was ihn als Körper charakterisiert, aber dieser Charakter wird ihm doch durch die Konstitution der Seele mitgeteilt.

Mit der Konstitution von *Räumlichkeit* haben wir die kosmologische Funktion von Andersheit (τὸ ἕτερον) benannt. Das Andere ist natürlich primär das Andere zum Selben und charakterisiert das Hervortreten einer Idee in einem Medium überhaupt. Aber dieses Hervortreten ist auch immer ein Auseinandertreten und insofern ein Hervortreten in unbestimmter Vielheit: Die Darstellungen der Idee sind auch untereinander jeweils andere. Die Andersheit (τὸ ἕτερον) ist deshalb im Rahmen der Kosmologie auch wie die

Chora als ein Repräsentant des Prinzips der unbestimmten Zweiheit anzusehen. Sehr schön kommt das dadurch zum Ausdruck, daß der Zirkel der Andersheit genaugenommen gar nicht *ein* Zirkel ist, sondern vielmehr in eine Vielfalt von sieben Zirkeln zerlegt wird, die mit mehr oder weniger großen Abweichungen als in der Ebene der Ekliptik gelegen, angesehen werden können: Die Bahnen der Planeten (*Timaios*, 36d).

Soweit ist die Konstitution der Seele durch Timaios beschrieben, insofern sie eine komplexe Ordnung darstellt. Dieses Moment wird in den folgenden Textabschnitten noch weiter ausgeführt, in denen in pythagoreischer Manier durch eine Reihe von Teilungsschritten diese Ordnung als eine harmonische entfaltet wird (*Timaios*, 35b–36b). Man hat diese Teilungen zwar mit musikalischen Verhältnissen, nicht aber mit astronomischen, in Verbindung bringen können.[2] Die Ordnung der Seele ist bis hierhin auch noch nicht als eine Ordnung von Bewegungen beschrieben worden – das geschieht dann erst beim Thema Zeit und dann wird diese Ordnung auch wieder astronomisch relevant.

Das wichtigste Resultat der Konstitution der Seele, soweit sie bisher beschrieben wurde, ist, daß die Seele als *Mischungsprodukt* aus dem Seienden, dem Werdenden, aus Selbigkeit und Andersheit eine ontologische Zwischenstellung erhält. Sie ist die einzige Entität, die sowohl dem Bereich des Seienden als auch dem Bereich des Werdenden angehört, und deshalb kommt ihr die entscheidende Vermittlungsfunktion zwischen den Bereichen zu. Sie ist es eigentlich, die im platonischen System den χωρισμός zwischen dem nur denkbaren Bereich der Ideen und dem wahrnehmbaren Bereich des Werdenden und Vergehenden überbrückt. Die entscheidende Antwort auf das aus dem πρός τι, dem Sein in Bezug auf etwas, im Dialog *Parmenides* konstruierten Argument gegen die Ideenlehre ist deshalb, daß es eine Entität gibt, die beiden Bereichen angehört. Es ist dann auch die erkenntnistheoretische Konsequenz, die Timaios abschließend aus dieser ersten Darstellung der Ordnung der Seele zieht: Aufgrund ihrer inneren Verwandtschaft mit dem Seienden ist sie zu Vernunft und Wissenschaft fähig, aufgrund ihrer Verwandtschaft zum Werdenden zu Wahrnehmung und bloßer Auffassung

---

2 Francis MacDonald Cornford. *Platos' Cosmology. The Timaeus of Plato translated with a running commentary*, London: Routledge & Kegan Paul 1971, 66–72.

(*Timaios*, 37a-c). Die Seele ist ein *intermediäres Seiendes*[3], sie ist eins und vieles, sie ist dasselbe und anderes, sie ist ganz, und doch in den Raum zerstreut (σκεδαστή, *Timaios*, 37a6).

IV.3.2 Zeit

Mit der Einrichtung der Zeit wird die Konstitution der Seele vollendet. Ja, man muß sagen, daß die Zeit eigentlich erst die Seele zu dem macht, was sie ist, nämlich einer Ordnung von Bewegungen. Soweit wir die Rede des Timaios besprochen haben, sind erst die räumlichen Voraussetzungen für die Beseelung des Kosmos geschaffen worden, nämlich die Anordnung der Planetenbahnen.[1] Erst durch die vielfältigen Bewegungen und allen voran die Bewegungen der Himmelskörper, wird der Kosmos zu einem Lebewesen. Ein Lebewesen nun ist ein Seiendes besonderer Art, dadurch bestimmt, daß es sein Sein nur in der Ganzheit eines Nacheinander hat. Diese Ganzheit des Nacheinander mit seiner inneren Gliederung, also von Geburt über Kindheit, Jugend, Mannes- und Greisenalter zum Tod, nannten die Griechen αἰών – ein Ausdruck, den man am sinnvollsten mit *Lebenszeit* übersetzt. *Zeit* – das ist Platons Lehre – ist der Name einer Darstellung des αἰών des Lebewesens selbst.[2]

Schon diese Skizze der platonischen Zeitlehre muß in einem modernen Leser Irritationen auslösen. Deshalb wird es gut sein darauf einzugehen, noch bevor der entscheidende Text zitiert wird. Wenn αἰών Lebenszeit heißt, dann wird damit ja wohl eine besondere Zeit bestimmt, und man müßte zuvor verstanden haben, was Zeit ist, um das Besondere einer Lebens-Zeit zu erkennen. In diesem Sinne ist aber die platonische Lehre sicherlich nicht zirkulär.

---

3 Das wurde besonders von Francis MacDonald Cornford herausgearbeitet, a.a.O., 59–96.
1 Es sei hier noch einmal daran erinnert, daß es sich, genau genommen, bei den Planetenbewegungen nach platonisch-eudoxischer Lehre um die Bewegung von Sphären handelt, an die Planeten lediglich angeheftet sind, um sie sinnfällig zu machen (*Timaios*, 38c,d; 39b).
2 Platons Zeitlehre findet sich ausführlicher dargestellt in meinem Buch *Idee und Kosmos. Platons Zeitlehre – Eine Einführung in seine theoretische Philosophie*, Frankfurt/ M.: Klostermann 1996. Für αἰών siehe dort Kapitel 2.

Es ist nicht so, daß wir aus einem besonderen Fall von Zeit verstehen, was Zeit allgemein ist, vielmehr ist Lebenszeit in der Tat wesentlich das, was Platon unter Zeit versteht. Wir müssen, um uns diesem Zeitverständnis zu nähern, zunächst einmal unser modernes Zeitverständnis aufgeben. Insbesondere müssen wir aufgeben zu meinen, daß es die Zeit irgendwie *gibt* und man über diesen Gegenstand eine bessere oder schlechtere Theorie haben könne. Zeit ist ein Ordnungsschema der Weltdeutung. Gegenwärtig herrschen vor allem zwei solcher Schemata, nämlich einerseits Zeit als linearer Parameter, längs dessen die Welt in Klassen von gleichzeitigen Ereignissen geordnet wird, und andererseits die sogenannten Zeitmodi, Gegenwart, Vergangenheit und Zukunft, durch die die Welt in das, was gegenwärtig geschieht, das was faktisch geschehen ist, und das, was möglicherweise geschehen wird, eingeteilt wird. Das erste Schema geht auf die messende Physik und die Darstellung von Ereignissen als Funktion der Zeit zurück, das zweite auf eine Bewußtseins-zentrierte Auffassung der Welt gegliedert nach Wahrnehmung, Erinnerung und Erwartung.[3] Diese beiden Zeitauffassungen sind heute so selbstverständlich und landläufig, daß man die Spannung, die zwischen beiden liegt, um nicht zu sagen, ihre Unvereinbarkeit, in der Regel nicht bemerkt. Diese Spannung wurde ausgetragen in der Relativitätstheorie einerseits, und der Diskussion um den zweiten Hauptsatz der Thermodynamik andererseits.[4] Man soll nun nicht glauben, daß man durch Heranziehen dieser Zeitvorstellungen in irgendeiner Weise Platon besser verstehen wird. Vielmehr ist es auch hier umgekehrt: man wird von Platon her unsere Auffassung von Zeit besser verstehen, denn Platons Zeitlehre ist die erste philosophische Theorie von Zeit überhaupt, und alle anderen im europäisch-amerikanischen Kulturkreis herrschenden Zeitvorstellungen sind in vielfacher Weise von ihr abhängig. Wir haben bei Platon gewissermaßen mit einem Urverständnis von Zeit zu tun. Selbstverständlich ruht auch

---

3 Als Theorie findet sich diese Zeitauffassung erstmalig in den *Confessiones* des Hl. Augustinus. Die entsprechenden Termini sind dort: perceptio, memoria, expectatio.
4 Gernot Böhme, *Über die Zeitmodi. Eine Untersuchung über das Verstehen von Zeit als Gegenwart, Vergangenheit und Zukunft mit besonderer Berücksichtigung der Beziehungen zum zweiten Hauptsatz der Thermodynamik*, Göttingen: Vandenhoeck & Ruprecht 1966.

sein Zeitverständnis bereits auf einer langen, historischen Tradition von Lebenspraxis, Astronomie, Medizin und auch Literatur. Aber seine Lehre hat eben doch die Bedeutung eines Ursprungs, insofern sie die erste theoretisch-reflektierte Lehre von der Zeit ist. Und für sie gilt nun: die Zeit ist zyklisch, sie ist ein Charakteristikum des Lebens und sie findet sich zu allererst am Himmel. Das gilt es nun durch Analyse der entsprechenden Textpartien des *Timaios* zu verstehen.

> Als der erzeugende Vater (das Weltall) bewegt und lebendig erschaute, hervorgetreten als Heiligtum der ewigen Götter, war er entzückt und dachte daran, es dem Vorbild noch ähnlicher zu machen. So wie nun dieses selbst ein ewiges Lebewesen ist, versuchte er jenes All nach Möglichkeit als ein derartiges zu vollenden. Nun ist das Wesen des Lebendigen aber aionisch, und dies dem Hervorgetretenen ganz zu gewähren war allerdings nicht möglich: Er gedachte aber ein bewegliches Bild des αἰών zu machen, und indem er zugleich den Himmel ordnete, machte er ein nach Zahlen gehendes, aionisches Bild des im Einen bleibenden αἰών, jenes (nämlich), das wir Zeit genannt haben. (*Timaios*, 37c6–d8)

Das wichtigste, was es festzuhalten gilt, um nicht aus dem platonischen Denken herauszufallen, ist, daß Zeit (χρόνος) nur ein Name ist. Das Wesen der Sache, die wir Zeit nennen, ist der αἰών, und wir geben der Darstellung des αἰών im Bereich des Sinnlichen den Namen *Zeit*. Die Zeit ist also genaugenommen ein Name für ein Bild, für eine Darstellung.

Dieses ganze Schema ist im besten Einklang mit dem Grundkonzept des Kosmos überhaupt. Der Kosmos ist selbst ein Bild, eine Darstellung von etwas. Das, was er darstellt, wurde bisher in der Regel nur summarisch als der Bereich des ewig Seienden bezeichnet. Freilich, da der Kosmos im ganzen ein Lebewesen ist, muß auch sein Urbild Lebewesen sein, eben das Lebewesen selbst. Ein Grundzug vom Leben ist nun der αἰών, und der αἰών findet im Kosmos seine Darstellung in der Ordnung des Himmels, die wir Zeit nennen.

Wie diese Ordnung aussieht, wird hier zunächst nur angedeutet, indem sie als ein nach Zahlen gehendes Bild bezeichnet wird. Wir wissen aber schon aus der Behandlung von Platons

Zeittheorie als allgemeiner Rhythmustheorie im VI. Buch der *Politeia*, im *Philebos* und im *Symposion*, daß die Ordnung im rhythmischen System aller Himmelsbewegungen besteht.[5] Warum aber ist dieses System von Perioden Zeit, insofern sie wesentlich als Lebenszeit verstanden wird? Die Antwort muß sein, weil das Leben selbst rhythmisch in Perioden gegliedert ist. Dafür gibt es je nach Kultur verschiedene Schemata. Für die griechische war die Gliederung nach Siebenjahresrhythmen charakteristisch. Wenn man es so ausdrückt, dann klingt es aber immer noch so, als ob man die Lebensrhythmen gewissermaßen von außen bestimmte, und die Lebenszeit eben der an einem äußerlich vorgegebenen Maßstab gemessene Lebensabschnitt sei.

Wir müssen deshalb doch genauer verstehen, was es bedeutet, daß man Zeit überhaupt vom Leben her versteht, daß Zeit also primär ein charakteristischer Zug am Leben ist, und weder ein dem Leben äußeres Maß noch eine dem Leben vorgegebene oder es umfassende Spanne. Eine gewisse Annäherung an dieses Verständnis mag sein, daß wir inzwischen durch die Biologie gelernt haben, Lebensprozesse als rhythmische Prozesse zu verstehen, als Prozesse, die, wie man sagt, einer inneren Uhr entsprechen oder, besser noch, eine innere Uhr sind. Diese Ausdrucksweise setzt aber immer noch voraus, daß Uhren eigentlich mechanische oder, neuerdings, elektronische Geräte sind, und zwar solche, die konstante Schwingungen produzieren und diese zählen und anzeigen. Man mag dann noch historisch zugestehen, daß mechanische Uhren ursprünglich irdische Repräsentanten der einen großen Uhr, nämlich der Himmelsmechanik, waren. Gleichwohl ist in der Vorstellung von Uhr immer noch impliziert, daß es die himmelsmechanischen oder elektronischen Geräte sind, die eigentlich die Zeit geben und anzeigen, so daß man es dann als einen kuriosen Fund betrachtet, daß Lebewesen etwas in sich haben, nämlich die innere Uhr, das diesen äußeren Zeitgebern mehr oder weniger gut entspricht. Bei dieser ganzen Rede von Zeitgebern und der Repräsentation von Zeit in Uhren hat man aber noch eines übersehen oder zumindest nicht deutlich gemacht. Die Zeit ist ja wesentlich eine. Das war in der antiken und eben auch Platonischen Vorstellung, daß die Zeit

---

5 Vgl. II.4, II.9.

wesentlich am Himmel ist, gewährleistet. In dem Moment aber, wo man Uhren verwendet, sind diese rhythmischen Schwingungsanzeiger nur dann wirklich als Uhren brauchbar, wenn sie irgendeine Form von Koordination haben, d. h. irgendwie alle miteinander gekoppelt sind. Das geschah traditionell durch Orientierung am Himmel, durch Nachrichten und Nachstellen und ist erst heute durch eine wirkliche Verkopplung der Uhren als Funkuhren realisiert.

Die biologischen Uhren, nämlich die circadianen Rhythmen[6] haben eine Eigenschaft, die sie im Prinzip allen mechanischen und auch elektronischen Uhren überlegen machen. Sie bestehen nämlich nicht nur im Rhythmus der Lebensabläufe, sondern verfügen gleichzeitig über einen Mechanismus, durch den sie sich beständig unter Berücksichtigung der Umgebung *nachstellen*. D.h. genauer: Auf der einen Seite sind diese Lebensrhythmen gänzlich von der Umgebung unabhängig, sind also auch feststellbar, wenn man ein Lebewesen gegenüber den Signalen von Tag und Nacht isoliert. So entsprechen sie den äußeren Rhythmen, also hier Tag und Nacht, nur ungefähr: Auf der anderen Seite bringen sie sich mit den äußeren Rhythmen immer wieder in Takt, wenn sie über Wahrnehmung die üblichen Informationen erhalten. Die Überlegenheit der biologischen Uhren über die mechanischen Uhren besteht gerade in dieser Kombination von ungefährer Entsprechung und Selbstjustierung. Eine mechanische Uhr wird dagegen, je genauer sie geht, desto exakter auch ihre Abweichung vom Vergleichsrhythmus reproduzieren und damit kumulieren. Unter Berücksichtigung der Tatsache, daß es biologische Uhren von den Amöben bis zu den höheren Tieren, einschließlich des Menschen gibt, muß man sagen, daß die rhythmische Integration in die Umgebung ein Grundzug der Entitäten ist, die wir Lebewesen nennen.

Durch diesen Exkurs sollte der Boden dafür bereitet sein, Zeit vom Leben her zu verstehen: Zeit ist die rhythmische Gliederung der Lebensganzheit: αἰών.

Mit dem Terminus αἰών bezieht sich Platon in seiner Zeitlehre also auf eine Erfahrung, die man lebend und im Umgang mit

---

6 Arthur T. Winfree, *Biologische Uhren. Zeitstrukturen des Lebendigen*, Heidelberg: Spektrum 1988.

Leben macht. Wenn er die Ordnung des Himmels, die wir oder, besser gesagt, die Griechen damals, Zeit nannten, als eine Darstellung des αἰών begreift, so folgt er hier wiederum dem hermeneutischen Verfahren, wie es für den εἰκὼς λόγος, die bildgemäße Rede charakteristisch ist: Ausgehend von einem Phänomen der sinnlich wahrnehmbaren Welt wird ein Urbild aufgesucht, als dessen Darstellung dann das Phänomen in der Welt verstanden wird.

Für das Bild des αἰών, das wir Zeit nennen, ist nun der zahlmäßige Fortgang charakteristisch. Aber wie ist der αἰών des Lebewesens selbst zu denken? Warum war es nicht möglich, dem Hervorgetretenen, also dem Kosmos, den Charakter *aionisch* zu sein, vollständig mitzuteilen? Die Antwort muß sein: Der αἰών ist die umfassende gegliederte Ganzheit des Lebewesens selbst. Dieses aber ist einzig und ewig, es verharrt im Einen (*Timaios*, 37d7). Im Hervortreten in der sinnlichen Welt tritt jedoch das Lebewesen selbst, wie wir gehört haben, in eine Mannigfaltigkeit auseinander. Daraus ergibt sich als erstes, daß die gegliederte Einheit des αἰών durch ein Zusammenstimmen einer Mannigfaltigkeit von einzelnen Lebensperioden – zu denken, ist primär an die Umschwünge der Planeten als göttlicher Wesen – zustande gebracht werden muß. Ferner ist die Lebensganzheit des αἰών in seiner Darstellung in der sinnlichen Welt nur durch beständiges Hervortreten und Verschwinden, d. h. durch Reproduktion zu erreichen. Wir erinnern uns hier der Rede der Diotima, in der es hieß, daß sterbliche Wesen an der Ewigkeit nur durch ständige bzw. zyklische Reproduktion teilhaben können (*Symposion*, 207d). Das gilt auch für den Kosmos als ganzen, der zwar, wie es heißt nicht aufgelöst werden soll, aber als gewordener im Prinzip auch wieder vergehen kann (*Timaios*, 41b). In der Zeit ist also das aionische Sein nur unvollständig zur Darstellung gebracht, weil die eine Lebensganzheit des Lebewesens selbst nur durch Koordination einer Mannigfaltigkeit von Lebenszyklen dargestellt werden kann und nur durch eine zyklische Reproduktion der Ordnung im ganzen.

Damit haben wir auch ein Verständnis dafür gewonnen, was es heißt, daß hier bei Platon – und er repräsentiert damit ein gemeingriechisches Verständnis – die Zeit zyklisch gedacht wird. Die Zyklizität der Zeit bedeutet nicht, daß es keine linearen, irreversiblen Abläufe gäbe – jedes Einzelleben ist von dieser Art – sondern, daß die rhythmische Gliederung des Ganzen sich zyklisch reproduziert.[7]

Der αἰών selbst bleibt im Einen, während seine Darstellung im Kosmos ein nach Zahlen fortschreitendes Bild ist. Heißt das nicht, daß wir hiermit doch eine Struktur haben, die die sinnliche Welt von der Welt der Ideen unterscheidet? Wäre es nicht berechtigt, diese Struktur als Zeitlichkeit zu bezeichnen und damit den Kosmos als den Bereich der Zeitlichkeit von dem Bereich der Ewigkeit zu unterscheiden? Genau das tut später Kant durch seine Unterscheidung von mundus sensibilis und mundus intelligibilis. Der mundus sensibilis ist gerade durch die Struktur der Zeitlichkeit ausgezeichnet – die Zeit ist eine Form der *Anschauung* –, eine Struktur, die dem Bereich des Denkbaren definitiv nicht zukommt. Aber so ist es bei Platon nicht gemeint, so kann es nicht gemeint sein, will er mit seinem Modell von Urbild und Darstellung konsistent bleiben. Die Zeit ist nichts anders als der αἰών, nur tritt die gegliederte Ganzheit des αἰών im Hervortreten auseinander und muß sich als hervorgetretene zyklisch reproduzieren, um die Ewigkeit des Vorbildes nachzuahmen.

Zeit nennen wir also nach Platon die rhythmisch gegliederte und sich reproduzierende Lebensganzheit des Lebewesens Kosmos. Dieses Lebewesen umfaßt aber und gliedert sich selbst in andere Lebewesen, primär die Planetengötter. Deren Lebensrhythmen sind deshalb selbst Zeit und zugleich Teile der Zeit im ganzen. Platon gewinnt damit Anschluß an das, was man damals landläufig unter Zeit verstand und auch heute noch unter Zeit versteht: Zeit, das ist so etwas wie der Tag, der Monat, das Jahr. Der Tag ist rhythmisch gegliedert in Morgen, Mittag, Nachmittag, Abend und Nacht, der Monat entsprechend durch die Mondphasen, das Jahr durch Frühling, Sommer, Herbst und Winter. Diese drei Zeiten sind durch den Umschwung des Fixsternhimmels (bzw. der Erddrehung), die Umschwünge des Mondes und der Sonne bestimmt. Wir haben schon gehört, daß Platon darauf Wert legt, daß auch die

---

7 Für die Frage, wie die *geschichtliche* Entwicklung der Menschheit im ganzen, die durch ihre kulturelle Dimension sich linear darstellt, mit der Zyklizität der Zeit zu versöhnen sei, s. den Mythos im *Politikos*. Hier hält Platon von Zeit zu Zeit ein Eingreifen Gottes für nötig, um das Rad der Geschichte zurückzudrehen und damit die Geschichte überhaupt erst zum Rad zu machen. (*Politikos*, 269cff.)

Umschwünge der anderen Planeten als *Zeiten* anerkannt werden (*Timaios*, 39c). Hier nun im unmittelbaren Anschluß an den Teil der Rede des Timaios, in dem er die Zeit einführt, kommt er auf die genannten *Teile der Zeit* zu sprechen, um sie zugleich mit etwas anderem, nämlich *Aspekten* der Zeit zu konfrontieren. Die Einführung dieses Unterschiedes – Teile versus Aspekte der Zeit – wirft noch einmal ein erhellendes Licht darauf, was eine zyklische Zeitvorstellung bedeutet.

> Tage und Nächte, Monate und Jahre nämlich, die es, ehe der Himmel entstand, nicht gab, läßt er (der Demiurg) dann zugleich mit der Erschaffung jenes entstehen; diese aber sind insgesamt Teile der Zeit, und das *war* und das *wird sein*, sind gewordene Aspekte der Zeit (χρόνου εἴδη[8]), die wir, uns selbst unbewußt, unrichtig auf das ewige Sein übertragen. Denn wir sagen doch: Es war, es ist und wird sein; der richtigen Ausdrucksweise zufolge kommt aber jenem nur das *ist* zu, das *war* und das *wird sein,* ziemt sich dagegen nur von dem in der Zeit fortschreitenden Werden zu sagen, sind es doch Bewegungen (κινήσεις γάρ ἐστον). (*Timaios*, 37e1–38a2)

Da die Himmelsordnung ja die zahlenmäßige Ordnung der gegeneinander langsamer bzw. schneller gehenden Bewegungen der Sphären ist, ist sie in gewisser Weise immer dieselbe, obgleich sie sich in ihrer Reproduktion jeweils immer wieder anders darstellt. Das um so mehr, als sie sinnfällig wird erst durch die an die Himmelssphären geknüpften Lichter der Planeten. Das heißt aber, daß die Zeit im ganzen immer wieder andere Anblicke, Aspekte bietet. Durch diese Aspekte sieht Platon das *war* und das *wird sein*, die Vergangenheit und die Zukunft gekennzeichnet. Es sind die Konstellationen, unter denen unsere Vorfahren lebten, bzw. unsere Nachkommen leben werden. Eine echte Gegenwart dagegen gibt es für den Bereich des Kosmos nicht. Jedenfalls verweigert Platon – wenn es um strenge Rede geht – allem, was zum Kosmos gehört,

---

8 Für die ausführliche Begründung, daß hier εἴδη nicht den gewöhnlichen Sinn von *Idee* oder gar *Art* haben kann, siehe mein Buch *Idee und Kosmos. Platons Zeitlehre – eine Einführung in seine theoretische Philosophie*, Frankfurt/M.: Klostermann 1996, 101–114

den Titel *ist*, weil sein Sein genaugenommen nur im jeweiligen Hervortreten und Verschwinden besteht. Damit hat Platon im Rahmen seiner Zeitlehre noch einmal die grundsätzliche Voraussetzung, mit der Timaios seine Rede begann, unterstrichen, nämlich: »Was ist das stets Seiende und kein Entstehen Habende und was das stets Werdende, aber nimmerdar Seiende« (*Timaios*, 27d6–28a1).

IV.3.3 Bewegung

Als Lebewesen ist der Kosmos beseelt. Die Seele ist geordnete Selbstbewegung. Aber was heißt das? Wir haben bisher die Ordnung des Kosmos betrachtet, die durch die Seele gestiftet wird. Sie hat sich als eine Raumordnung einerseits und als Zeitordnung andererseits erwiesen. Immer wurde dabei vorausgesetzt, daß die Seele Bewegung ist. Durch deren Verteilung in die Sphäre des Selben und die Sphäre des Anderen und ihre Vermannigfaltigung darin spannte sie den Himmel als sterisches Gebilde auf. Durch das rhythmische System der himmlischen Umschwünge konstituierte sie die Zeit. Aber was ist Bewegung, wie muß Bewegung im Rahmen der platonischen Philosophie gedacht werden?

Zur Beantwortung dieser Frage gibt es gewissermaßen zwei Randbedingungen in Texten, die wir schon besprochen haben, und eine Mitte, die jetzt Thema werden soll. Die eine Randbedingung ist dadurch gegeben, daß κίνησις nach dem Dialog *Sophistes* bereits im Bereich des Seienden selbst auftritt. κίνησις heißt in diesem Sinne soviel wie Bewegtheit oder Wirklichkeit. κίνησις als eine der obersten Gattungen ist eine Randbedingung für das Verständnis innerkosmischer Bewegung, insofern letztere irgendwie als Darstellung der obersten Gattung κίνησις verstanden werden muß. Die andere Randbedingung für das Verständnis von Bewegung im Kosmos ist von der anderen Seite her gegeben, der Seite der Notwendigkeit oder der Chora. Am Anfang des *Timaios* hieß es, daß der Kosmos durch eine Ordnung der ungeordneten Bewegungen zustande komme. Diese ungeordneten Bewegungen traten uns in den ungleichartigen und nicht im Gleichgewicht befindlichen Bewegungstendenzen, die sich in der Chora regen, entgegen bzw. in der chaotischen Rüttelbewegung der Chora. Für das Verständnis innerkosmischer Bewegung, d. h. einer, die sich wirklich als Bewegung ausmachen läßt, sind also diese unbestimmten – sagen wir ruhig: chaotischen – Bewegungstendenzen in der Chora vorauszusetzen. Die Mitte zwischen beiden, also der obersten Gattung und den unbestimmten Bewegungstendenzen in der χώρα, ist die Seele. Sie wurde selbst als ein solches Mittleres konzipiert, als ein Seiendes intermediärer Seinsart. Sie ist verantwortlich für alles, was im Kosmos im eigentlichen Sinne als Bewegung zu bezeichnen ist, d. h. was eine gewisse räumliche und zeitliche Ordnung hat.

Platon wendet sich dem Thema *Bewegung* explizit im X. Buch der *Nomoi* zu. Die dort durchgeführte Behandlung von zehn Bewegungsarten steht nicht eigentlich im kosmologischen Kontext, obgleich die nähere Analyse zeigt, daß Platon bei allen Beispielen zumindest primär an kosmische Verhältnisse gedacht hat.[1] Der Kontext ist vielmehr ein praktischer im eminenten Sinne, d. h. es geht um Staatsgründung, Gesetzgebung und, hier speziell, um den Glauben an Götter als notwendigem Hintergrund einer im Prinzip gutwilligen, gesetzlichem Handeln geneigten Gesinnung der Bürger. Platon bzw. der Hauptgesprächsführer, hier der Athener, fühlen sich veranlaßt, die Existenz von Göttern gegenüber materialistischen Zweiflern zu beweisen. Diesem Beweis dient die Analyse der Bewegungsformen. Sie zeigt, daß ein bewegter Kosmos nur möglich ist, wenn es so etwas wie Selbstbewegung gibt als Quelle und Anfang aller Bewegungen. Selbstbewegung aber ist, darüber sind sich die Gesprächspartner einig, das, was man unter Seele versteht. Also ist Seele eine notwendige kosmologische Tatsache. Insofern nun die Seele für die vernünftige Ordnung der kosmischen Bewegungen verantwortlich ist, muß sie als Gottheit angesprochen werden (*Nomoi* X, 897c–899a). Innerhalb der *Nomoi* hat die Lehre von den Bewegungsformen nur den Rang eines Exkurses. Aber daß im Rahmen der Staatslehre ein Exkurs in die Kosmologie notwendig wird, ist bereits ein Indiz für den Zusammenhang der praktischen und der theoretischen Philosophie Platons, oder umgekehrt ausgedrückt, des Seins und des Guten, dem wir uns am Schluß dieses Buches noch zuwenden werden.

---

1 Siehe dazu die ausführliche Behandlung in: Michael Hoffmann, *Die Entstehung von Ordnung Zur Bestimmung von Sein, Erkennen und Handeln in der späteren Philosophie Platons*, Stuttgart und Leipzig: Teubner 1996, Kap. IV.

Platon gibt im X. Buch der *Nomoi* zehn Bewegungsarten an, die paarweise zusammengehören. Es sind Bewegung an einer Stelle, nämlich Kreisbewegung, und die Fortbewegung (φορά); die Trennung und die Verbindung; das Wachsen und das Abnehmen; das Entstehen und Vergehen; und schließlich »die Bewegung, die immer nur anderes bewegen kann, sich selbst aber niemals« und »diejenige, die stets sowohl sich selbst als auch anderes bewegen kann« (*Nomoi* X, 894b8–10). Es ist vielfach versucht worden, diese Bewegungsformen in eine Ordnung zu bringen, sei es nun eine einfach dihairetische oder eine systematische im Sinne des *Philebos*. Für letzteres scheint mir aber sowohl der besondere Ordnungstyp als auch die spezifische Art von Unbestimmtheit zu fehlen, die zur Mannigfaltigkeit der Bewegungstypen führen sollte. Aber auch der erstere, weniger anspruchsvolle Versuch einer dihairetischen Ordnung bleibt dem Text Platons äußerlich, da die Art und Weise, wie der Athener die einzelnen Bewegungstypen präsentiert, sie sichtlich in einen dynamischen Zusammenhang bringt, in dem Sinne, daß die eine Bewegung zum Ursprung der anderen wird. Gerade dieser Gesichtspunkt ist es, der zu der wichtigsten Unterscheidung, der der beiden letzten Bewegungsarten führt: Die eine kann nur anderes bewegen, die andere aber auch sich selbst. Diese Unterscheidung ist eine, die genaugenommen nicht zwei Bewegungstypen neben den anderen acht einführt. Denn es ist ja denkbar, daß die genannte Differenz bei jeder der zuvor genannten acht Bewegungstypen statthat. Es scheint jedenfalls so, daß Platon damit rechnet, daß jede Bewegung in der Lage ist, anderes zu bewegen, d. h. Anlaß – um nicht zu sagen: Ursache – zu einer anderen Bewegung zu sein. Bewegungen bewegen sich gegenseitig und dadurch kommt der dynamische Zusammenhang im Kosmos zustande. Wenn man aber jede Bewegung als bewegt ansieht, dann kommt man – will man einen unendlichen Regreß vermeiden – zur Forderung einer Selbstbewegung.

DER ATHENER: So. Wenn sie (die Bewegung) ein anderes verändert und dieses immer wieder ein anderes, wird dann wohl jemals eines von diesen das erste Verändernde sein? Und wie kann das, was von einem anderen in Bewegung gesetzt wird, jemals das erste Verändernde sein? Das ist doch unmöglich. Wenn aber etwas, das sich selbst in Bewegung gesetzt hat, ein anderes verändert, dieses dann wieder ein anderes, und so das Bewegte in die Tausende und Abertausende gehen wird, wird es da etwa einen anderen Ursprung ihrer gesamten Bewegung geben als die Veränderung der sich selbst bewegenden Bewegung?» (*Nomoi* X, 894e4–895a3)

Man wird diese Argumentation, die ja letztendlich die kosmologische Notwendigkeit von Seele qua Selbstbewegung erweisen soll, nicht ganz stringent finden, weil ja ein unendlicher Regreß nicht zu fürchten wäre, wenn man nur eine Ewigkeit der Welt annähme. Hier würde natürlich helfen, den Schöpfungsmythos aus dem *Timaios* wörtlich zu nehmen, womit aus dem Gewordensein der Welt ihre Endlichkeit folgte. Mir scheint es aber plausibler, auf den Bewegungsbegriff selbst zu rekurrieren. In-Bewegung-sein wird verstanden als Bewegt-werden. Wir haben durch Analyse der obersten Gattung *Bewegung* gesehen, daß mit *Bewegung* ein Anregungszustand gemeint ist, der eine aktive mit einer passiven δύναμις verbindet. Der Prototyp zu *Bewegung* als Bewegtheit war das Erkennen von etwas Erkanntem durch ein Erkennendes. Man sieht, daß in diesem Bewegungsbegriff immer die Einheit von *bewegen* und *bewegt werden* enthalten ist. Diese Analyse von Bewegung könnte auf eine andere Argumentationsstruktur führen als die zuerst genannte. Jene rechnete nämlich mit der Bewegung als einem Etwas, das weitergegeben werden kann – eine Vorstellung, die in der späteren Wissenschaftsgeschichte zum Begriff des Impulses und dann der Energie geführt hat. Die Vorstellung von Bewegung als einem Anregungszustand dagegen sieht Bewegung als etwas, das aus einem unbewegten Zustand entstehen, gewissermaßen ausbrechen kann: es ist eine Art Entflammen. Freilich setzt dieses Entflammen, wenn es nicht schon immer da ist, voraus, daß dasjenige, was bewegt werden kann, und dasjenige, was bewegen kann, also in unsrem Beispiel das Erkennbare und das Erkennende irgendwie *zusammengebracht* werden. Das setzt aber eine andere Bewegung voraus. Daraus folgt, daß Bewegung überhaupt nur entstehen kann, wenn das, was bewegt werden kann, und das Bewegen-Könnende eins sind, also als Selbstbewegung. Diese Überlegung scheint nun allerdings dem Platontext näherzukommen, denn er fragt im Grunde nicht danach, wie die möglicherweise unendliche Kette von *bewegt werden* und *bewegen* irgendwo abgebrochen werden kann, sondern, wie aus Ruhe Bewegung entstehen kann.

> DER ATHENER: Wir wollen es nun noch auf folgende Weise darstellen und wieder uns selbst antworten. Angenommen alle Dinge würden in eins zusammenfallen und irgendwie zum Stillstand kommen, wie die meisten solcher Menschen zu behaupten sich erdreisten. Welche der genannten Bewegungen müßte dann darin als erste entstehen? Doch wohl diejenige, die sich selbst in Bewegung setzt. (*Nomoi* X, 895a5–b1)

Diese Überlegung unterscheidet sich von der zuerst genannten ganz erheblich, und auf diesen Unterschied hinzuweisen, ist wissenschaftsgeschichtlich wichtig. In der ersten war nämlich mehr oder weniger vorausgesetzt, daß Bewegung selbst etwas Unzerstörbares ist und weitergegeben werden kann. Für die Frage nach einem Anfang solcher Weitergabe könnte man dann entweder, wie die Materialisten, antworten, daß die Bewegung ewig ist, oder man könnte einen ersten göttlichen Anstoß postulieren. Die zuletzt zitierte Platonstelle zeigt aber, daß er wohl – wie später auch Aristoteles – Bewegung als etwas ansieht, das von selbst aufhört, das sich erschöpft. Dann gibt es zwei Möglichkeiten, die Frage nach dem Anfang von Bewegung zu beantworten, nämlich, daß sie spontan entsteht, daß es also so etwas wie Selbstbewegung gibt, oder – und das ist die spätere aristotelische Antwort – daß es einen unbewegten Beweger als Quelle der Bewegung gibt.

Soweit hat Platon nur erst den Vorrang der Selbstbewegung vor allen anderen Bewegungen festgestellt. Ein Vorrang, der sich durch den dynamischen Zusammenhang des kosmischen Geschehens ergibt. Er folgert daraus, daß die anfangs erfolgte Aufzählung der Bewegungsarten der Sache nach eigentlich umgedreht werden müßte. Wir folgen ihm darin und stellen deshalb zunächst die Frage, worin die Selbstbewegung eigentlich besteht, um dann im Text rückwärtsschreitend die anderen Bewegungsformen zu analysieren.

Platons Erläuterung der Selbstbewegung besteht im Grunde darin, daß er sie mit Leben und Seele identifiziert – und dadurch an Bekanntes anknüpft. Diesen Vorgang könnte man nun zunächst als einen rein logischen sehen, und so versucht der Athener ihn auch darzustellen. Erstens, Beseelt-sein und Lebendig-sein sei dasselbe, und zweitens, Seele sei nur der Name für ein Wesen, das als Selbstbewegung definiert wird.

> DER ATHENER: Wenn wir diese Bewegung (die Selbstbewegung, G.B.) irgendwo in etwas entstanden sehen, das aus Erde oder Wasser oder Feuer besteht, sei dieses nun getrennt oder auch gemischt, welchen Zustand werden wir dann wohl einem solchen Ding zuschreiben?
> KLEINIAS: Fragst du mich etwa, oder sollen wir sagen, daß es lebt, wenn es sich selbst bewegt?
> DER ATHENER: Ja.
> KLEINIAS: Nun, daß es lebt, natürlich.
> DER ATHENER: Und weiter, wenn wir in irgendetwas eine Seele wahrnehmen, liegt da die Sache etwa anders oder genauso? Müssen wir nicht zugeben, daß es lebt?
> KLEINIAS: Nicht anders.
> DER ATHENER: Doch halt, beim Zeus. Möchtest du nicht bei jedem Ding dreierlei erkennen?
> KLEINIAS: Wie meinst du das?
> DER ATHENER: Einmal das Wesen, zweitens die Definition des Wesens und drittens den Namen...
> DER ATHENER: Welches ist nun die Definition dessen, was den Namen *Seele* trägt? Haben wir eine andere als die eben angegebene: *Die Bewegung, die sich bewegen kann?*
> KLEINIAS: Du meinst *sich selbst bewegen* kommt als Definition demselben Wesen zu, das auch den Namen trägt, den wir bekanntlich alle mit *Seele* angeben?
> DER ATHENER: Gewiß, meine ich das.
>
> (*Nomoi* X, 895c4–896a5)

Diese Stelle ist nun in Wahrheit keineswegs rein logisch, weil sie sich auf die Vertrautheit mit Leben stützt. Wir wissen, daß Platon das kosmische Geschehen im ganzen auch als Leben deutet, aber im Rahmen der Methodologie des εἰκὼς λόγος heißt das eben auch, daß diese Deutung ihren Anfang nimmt bei einem empirisch gewonnenen Verständnis von Leben, um dann aus einer Idee von Leben überhaupt Geschehendes im Kosmos als Darstellung von Leben zu begreifen. Hier nun wird drauf angespielt, daß man aus dem Umgang mit Lebewesen Spontaneität kennt. Und das heißt eben, daß sie aus sich heraus sich beispielsweise drehen können, fortschreiten können, wachsen und sich entwickeln, bzw. auch verfallen und sterben. Aus diesem Verständnishintergrund erhellt unter anderem auch, daß die anderen Bewegungsformen keineswegs der Selbstbewegung in dem Sinne folgen, daß sie etwa von der Selbstbewegung angestoßen sein müßten, sondern vielmehr kann die Selbstbewegung sich in den Formen der anderen Bewegungen vollziehen.

Platons Konzept der Selbstbewegung speist sich aber nicht nur aus den Erfahrungen, die man im Umgang mit Leben hat, sondern vielmehr noch aus der Vertrautheit mit Leben, insofern man selbst, also die Gesprächspartner wie auch wir, die Leser, selbst Leben sind. Das zeigt sich in dem Moment, in dem er seine Argumentation für den Beweis »daß die Seele dasselbe ist, wie die erste Entstehung und Bewegung alles dessen, was ist und was gewesen ist und was sein wird« (*Nomoi* X, 896a6–8) resümiert. Hier bleibt er nämlich keineswegs bei dem abstrakten Begriff von Seele qua Selbstbewegung, nach dem Seele ein kosmologisches Prinzip ist, sondern vollzieht einen überraschenden Schritt in die *Psychologie* im engeren Sinne, indem er der Seele »Neigungen, Charaktereigenschaften, Wünsche, Überlegungen, wahre Meinung, Fürsorge, Erinnerungen« (*Nomoi* X, 896c9–d1) zuspricht. Und dann plötzlich heißt es:

> Gut. Seele lenkt also alles am Himmel, auf der Erde und im Meer durch ihre Bewegungen, die den Namen führen: Wollen, Erwägen, Fürsorgen, Beraten, richtiges oder falsches Meinen, durch Freude oder Schmerz, Mut oder Furcht und Haß oder Liebe, sowie durch alle Bewegungen, die mit diesen verwandt oder ursprünglich wirkende Bewegungen sind, und die dann ihrerseits die Bewegungen zweiter Ordnung, nämlich die der Körper, übernehmen, und dadurch alles zum Wachsen und zum Abnehmen hinlenken, zur Trennung und zur Verbindung und was daraus hervorgeht... (*Nomoi* X, 896e8–897a7)

Hätte man das, was man an Lebewesen, also Tieren, als Selbstbewegung im Sinne von Spontaneität zu beobachten meint, noch gegebenenfalls durch *mechanistische*, wenngleich verborgene Ursachen wegerklären können, so wird mit den *psychologischen* Seelenprädikaten auf Selbsterfahrung angespielt, die eben auch die Erfahrung von Spontaneität, d.h. die Erfahrung, aus sich selbst Bewegung anfangen zu können, ist. Wir wissen aus der Erfahrung, die in diesen *psychologischen* Ausdrücken enthalten ist, daß es so etwas wie Selbstbewegung gibt, es ist das, was wir mit dem Ausdruck *sich bewegen* bezeichnen, und was im Griechischen in der medialen Form κινεῖσθαι formuliert werden kann: Es ist eine Bewegung, in der das Bewegende und das Bewegte dasselbe sind.

Ein Grund dafür, daß Platon hier so unmittelbar zu *psychologischen* Ausdrücken übergeht, mag darin liegen, daß er sich sehr früh bereits des Problems der Selbstbezüglichkeit bewußt war. Eine Bewegung, die sich selbst bewegt, ist das nicht ein Widerspruch? Und im Konkreten, ist das nicht eine münchhausenhafte Vorstellung? Platon hat seine Zweifel im Dialog *Charmides* dargestellt.

> Du siehst also, o Kritias, was wir auch durchgegangen sind, so zeigt es sich uns teils gänzlich unmöglich, teils gar sehr unglaublich, daß jemals etwas sein Vermögen (δύναμις) in Beziehung auf sich selbst haben könne. Denn bei Größen und Mengen und dergleichen war es ganz und gar unmöglich; oder nicht? – Allerdings – Vom Hören und Sehen aber, und ferner von der Bewegung, daß sie sich selbst bewegen und die Wärme sich selbst erwärmen sollte und von allem derart, möchte es einigen wohl sehr unglaublich scheinen, anderen aber vielleicht nicht. (*Charmides*, 168e2–169a1)

Es geht im *Charmides*, um *die Erkenntnis der Erkenntnis*, also um etwas, das in seiner logischen Möglichkeit zwar fraglich ist, in seiner Wirklichkeit aber durch die Gestalt des Sokrates erwiesen war. Er war der Prototyp des bewußten Menschen, d. h. eines Menschen, dessen Charakter durch innere Reflexivität gezeichnet ist.[2] In unserem Jahrhundert ist die Frage der Selbstbezüglichkeit von Bertrand Russell sehr sorgfältig untersucht worden. Ein Ergebnis war, daß man logische Schichten einführen muß, um hier wirksam Widersprüche zu vermeiden. Wenn man also von einer Bewegung der Bewegung spricht, wäre das nach Russell logisch nur möglich, wenn in diesem Ausdruck *Bewegung* auf zwei verschiedenen Ebenen vorkommt, d. h. wenn es genaugenommen zwei verschiedene Bewegungen sind. Platon scheint einen anderen Weg zu beschreiben,

---

2 Siehe G. Böhme, *Der Typ Sokrates*, Frankfurt/M.: Suhrkamp, 3. Taschenbuchausgabe 2000

indem er in der Diskussion der Selbstbewegung auf psychologische Selbsterfahrung rekurriert. Aus dieser Erfahrung ist de facto Selbstbezüglichkeit evident. Deshalb schlägt Platon vor, Selbstbewegung als psychischen Vorgang zu verstehen. Selbstbewegung ist Bewegung aus Wollen, aus Erkenntnis oder aus Emotion.

Wir müssen nun aber noch einmal zu Platons Feststellung zurückgehen, daß man das Hervortreten von Selbstbewegung in Materie Leben nennt, und daß man etwas lebendig nennt, wenn man eine Seele in ihm wahrnimmt. Diese Bemerkungen lassen erkennen, daß Platon Seele nicht mit Selbstbewegung schlechthin identifiziert, sondern mit Selbstbewegung, insofern sie in oder an Körpern hervortritt. Wie die Zeit scheint mir die Seele kein εἶδος zu sein. Vielmehr ist Seele der Name der in der Materie hervortretenden Selbstbewegung, wie Zeit der Name des im Kosmos hervortretenden αἰών ist. Wir haben im *Timaios* gelesen, daß die Seele ein intermediäres Seiendes ist (IV.3.1), etwas, das das Seiende selbst wie das Werden in sich enthält. Was im *Timaios* bei der Erzeugung der Seele noch reichlich konkretistisch als Mischung bezeichnet wurde, zeigt hier seinen wahren ontologischen Sinn: Das Wesen der Seele ist Selbstbewegung, der Ausdruck *Seele* bezeichnet jedoch die Selbstbewegung als im Kosmos, in den Körpern, letztlich in der Chora hervortretende.

Damit erhält die Seele einen besonderen Bezug zu dem vorletzten Paar der ursprünglichen Aufzählung von Bewegungsarten, nämlich von Werden und Vergehen. Bewegung (κίνησις) als oberste Gattung ist, wie die Analyse des Dialogs *Philebos* zeigt, soviel wie Wirklichkeit, Aktualität. Das Hervortreten von Bewegung in der Chora muß deshalb verstanden werden als Aktualisierung von Möglichkeiten (δυνάμεις). Tatsächlich haben wir ja auch gehört, daß die Entstehung der ersten Körper, nämlich der vier Elemente in der Chora Bewegungstendenzen, δυνάμεις, voraussetzt, die aber wegen ihrer Ungleichartigkeit und ihres Ungleichgewichts sich nicht von selbst (αὐτομάτως) zu Bewegungen ordnen. Es mußte dafür ein Formprinzip hinzutreten, das in diesem Fall durch die Gleichgewichtsformen der platonischen Körper gegeben ist (IV.2). Wir können hier verstehen, was das Sichbewegen, das die Seele ausmacht, eigentlich meint: Es ist das Hervortreten von Bewegung überhaupt, das dadurch zustande kommt, daß unbestimmte Bewegungstendenzen in definitiven Bewegungsmustern zusammentreten.

Wir sind damit vorbereitet, gemäß unserer Maxime, die Aufzählung der Bewegungsarten von hinten zu lesen, auf die Stelle einzugehen, an der Platon in *Nomoi* X die Bewegungsarten *Entstehen* und *Vergehen* einführt.

> Es wird aber das Werden von allem, sobald welches Ereignis (πάθος) eintritt? Offenbar dann, wenn ein Anfang (ἀρχή), indem er eine Zunahme (αὔξη) erfaßt, zu dem zweiten Übergang kommt und von diesem zum nächsten und – wenn er bis zu dreien gekommen ist – Wahrnehmbarkeit annimmt für die Wahrnehmenden. Auf diese Weise also umschlagend (μεταβάλλον) und sich hinüberbewegend (μετακινούμενον) wird alles; es ist aber wirklich seiend, wenn es verharrt, schlug es aber in einen anderen Zustand um, ist es vollständig zerstört (*Nomoi* X, 894a1–8).[3]

Dieser Text enthält erhebliche Schwierigkeiten und läßt alternative Auslegungsmöglichkeiten zu. Zunächst muß festgestellt werden, daß es sich hier nicht um Werden und Vergehen im innerweltlichen Sinne handelt, so wie man etwa den Lebenslauf eines Lebewesens als Werden und Vergehen beschreiben kann, sondern vielmehr um *transzendentales* Werden und Vergehen, d. h. um das Hervortreten und Schwinden von etwas Bestimmtem überhaupt. Diese Art von Werden ist das Hervortreten der Ideen im Bereich des Wahrnehmbaren. Daß dies so ist, zeigt sich an unserem Text an zwei auffälligen Formulierungen. Einerseits wird hier nicht einfach von Bewegung, sondern von Hinüberbewegung (μετακίνησις) gesprochen, und andererseits wird ein Dreischritt unterstellt. Nach übereinstimmender Meinung der Forscher handelt es sich hier um eine Anspielung auf Platons Lehre von der Dimensionenfolge *Zahl, Strecke, Fläche, Körper*, einem Bestandstück der ungeschriebenen Lehre.[4] Direkt aus unserem Text ist zu entnehmen, daß dieser Dreischritt bei wahrnehmbarem Seienden endet, also – nach dem *Timaios* – beim Körperlichen.

---

3 Übersetzung Michael Hoffmann, a.a.O., 224.
4 Hoffmann, a.a.O., Abschnitt 4.2.3.2.3, Klaus Schöpsdau, in: Platon Werke in 8 Bänden, Darmstadt: WB 1977, Bd. VIII,2, 291, K. Gaiser, a.a.O., 175.

Daß das Werden, also das Hervortreten in die Sichtbarkeit als schrittweise Steigerung über drei Stufen zu denken ist – dafür gibt es, gerade weil erst mit dem letzten Schritt die Sichtbarkeit erreicht wird, keine sinnfällige Evidenz. Es handelt sich vielmehr um eine, allerdings keineswegs unplausible, *metaphysische* Spekulation. Konrad Gaiser hat mit Recht darauf hingewiesen, daß Platon für die Systematik seiner Ontologie, und d. h. insbesondere für die Schichtung des Seienden die Mathematik als einen *Vergewisserungsbereich* benutzt und speziell den Aufbau der Dimensionen als Modell verwendet.[5] Die Zuordnung der vier Seinsbereiche, nämlich Ideen, mathematische Gegenstände, Körper und Spiegelungen zu der Reihe: Zahl, Strecke, Fläche, Körper ist allerdings nicht so ganz plausibel. Es spricht jedoch einiges dafür, das Hervortreten in die Sichtbarkeit als ein Durchschreiten der Dimensionenfolge zu verstehen, – wenn man überhaupt das Bedürfnis hat, zwischen einfachem Sein und hervorgetretener Körperlichkeit noch Vermittlungsschritte einzuschieben. Der Körper ist nämlich, was er ist, durch seine Begrenzung, und die ist flächenhaft. Wir haben gesehen, daß die Konstitution der ersten Körper, Feuer, Wasser, Erde, Luft bei Platon durch die regulären, konvexen Polyeder gegeben ist, d. h. also durch ihre flächenhafte Begrenzung (IV.2). Körperliches Seiendes setzt also Flächen als seine Begrenzungen voraus. Diesen Gedanken kann man nun iterieren: Flächen setzen als ihre Begrenzungen Strecken voraus, Strecken als ihre Begrenzungen Punkte, also Monaden, die eine Position zueinander haben.[6] Man erkennt hier durch diesen Rückgang in den Voraussetzungen, daß man bei der Eins oder den Zahlen anfangen muß, wenn man das Hervortreten von etwas in die Sichtbarkeit als den schrittweisen Aufbau seiner Begrenzung versteht. Es ist nun genau diese Ordnung nach dem Voraussetzungscharakter der jeweiligen Begrenzung, die Aristoteles in der Metaphysik als eine platonische mitteilt. Die entsprechende Stelle wird heute als ein Zeugnis für die ungeschriebene

---

5 Konrad Gaiser, a.a.O., 22.
6 Aristoteles definiert den Punkt als eine Monade mit Lage. Er berichtet übrigens, daß Platons Definition der Strecke die Zwei gewesen sei, und korrigiert ihn dahingehend, daß es heißen müsse, *Zwei mit Kontinuum*. Aber bei Platon war ja bekanntlich das Was-sein immer durch die Form bzw. die Grenze definiert. Siehe dazu mein Buch *Zeit und Zahl. Studien zur Zeittheorie bei Platon, Aristoteles, Leibniz und Kant*, Frankfurt/M.: Klostermann 1974, 165 ff.

Lehre, speziell für die Beziehung von Dimensionsfolge und Seinsfolge angesehen.[7]

Ferner heißen Wesenheit die Teile (mória), welche immanent in den Dingen dieser Art dieselben begrenzen und als dies bestimmte Etwas bezeichnen, mit deren Aufhebung das Ganze aufgehoben ist, wie z. B. mit Aufhebung der Fläche der Körper, wie einige behaupten, und mit Aufhebung der Linie die Fläche aufgehoben ist; und überhaupt dieser Art scheint einigen die Zahl zu sein, weil nach ihrer Aufhebung nichts sei und sie alles begrenze. (Aristoteles, *Metaphysik* Δ8, 1017b17–21, Übersetzung H. Bonitz)

Es ist deutlich, daß an der zu besprechenden Stelle aus *Nomoi* X Platon, wie bei der Behandlung von vielen anderen Themen – dem Nichtseienden, dem Anderen, der Seele – sich erneut bemüht, den χωρισμός, die Kluft zwischen dem eigentlich Seienden und dem Bereich des sinnlich Wahrnehmbaren, zu überbrücken. Es fragt sich allerdings, ob er so weit gehen will, diese Kluft wirklich aufzuheben.

Mit dieser Frage wenden wir uns der zweiten problematischen Wendung in der zitierten Textstelle zu. Es handelt sich um die Formulierung »es ist aber wirklich seiend, wenn es verharrt« (ἔστιν δὲ ὄντως ὄν, ὁπόταν μένῃ, *Nomoi* X, 894a6 f.) Will hier Platon das Produkt des Werdens, nämlich den Körper, als ein wahrhaft Seiendes bezeichnen? Michael Hoffmann hat in seinem hier schon mehrfach zitierten Buch *Die Entstehung von Ordnung* die These entwickelt, daß es bei Platon so etwas gibt wie das *Werden zum Sein*. Für diese These ist die Brücke zwischen der fraglichen Stelle in den *Nomoi* X zu einer Stelle in *Philebos*, wo Platon explizit die Formulierung *Werden zum Sein* (γένεσις εἰς οὐσίαν, *Philebos* 26d9) verwendet, das eigentliche Fundament. Doch obgleich man Hoffmann recht geben muß, daß das Entstehen von etwas im Kosmos das Hervortreten von Ordnung ist, wird man kaum annehmen können, daß Platon sich am Ende seines Lebens gewissermaßen zum Aristotelismus bekehrt haben sollte, nämlich das gewordene Seiende für das eigentlich Seiende zu halten. Vielmehr spricht alles dafür, daß Platon in Bezug auf den Kosmos, also die wahr-

---

[7] Siehe Konrad Gaiser, a.a.O., Nr. 33a,b, 504 f.

nehmbare Welt, Herakliteer war, sie also als den Bereich des Hervortretens und Schwindens, des ewigen Flusses sah, nicht aber des Seins. Es sei noch einmal an die Stelle erinnert, die uns im Zusammenhang des Themas *Zeit* entgegengetreten war (IV.3.2). Dort hatte Platon zunächst festgestellt, daß wir das *war* und das *wird sein* zu unrecht auf das ewige Sein übertragen. Dann wendet er sich mit seiner Sprachkritik nach der anderen Seite, nämlich dem Werdenden und Vergehenden zu, und kritisiert hier, daß wir es als Seiendes ansprechen:

> Außerdem aber bedienen wir uns auch noch folgender Ausdrücke: das Gewordene *sei* ein Gewordenes, das Werdende *sei* ein Werdendes und das zukünftig Werdende *sei* ein zukünftig Werdendes sowie: das Nichtseiende *sei* ein Nichtseiendes: keine dieser Aussagen ist genau (ἀκριβές). (*Timaios*, 38a7–b3)

Ebenso wichtig, vielleicht noch wichtiger für den gegenwärtigen Zusammenhang, ist die Stelle, an der er von den vier Elementen in Blick auf ihre ständigen Umwandlungen sagt:

> Da nun so jegliches von diesen nimmer als dasselbe erscheint, von welchem von ihnen möchte dann wohl jemand, ohne vor sich zu erröten, mit Zuversicht behaupten, daß es dieses und nichts anderes sei? (*Timaios*, 49d1–3)

Doch sagt Platon an unsrer Stelle nicht ausdrücklich, daß das Gewordene *wirklich* sei (ὄντως ὄν)? Verwendet nicht Platon an vielen Stellen das ὄντως, um das wahrhaft Seiende von demjenigen, das bloß so scheint, abzusetzen? Das trifft zu, aber es gibt eben auch gewichtige Stellen, an denen das ὄντως gewissermaßen beteuernd, also eher im Sinne von *fürwahr* oder *tatsächlich* steht.[8] Eine bedeutende und auch gerade für unseren Zusammenhang einschlägige Stelle haben wir behandelt (III.2), nämlich die Formel, mit der die Analyse von *Bildsein* abschließt: »Ist es nun also nicht, wirklich nicht seiend, doch wirklich das, was wir Bild nennen?« (*Sophistes*, 240b12f.) Das Bild ist ein Nichtseiendes, und es muß

---

8 Édouard des Places, *Lexique de la langue philosophique et religieuse de Platon* (Platon Œuvres complètes, Tom XIV), Paris: les Belles Lettres, 1964, 384: ὄντως réellement, remplace τῷ ὄντι à partier de Rép.

deshalb betont werden, daß es in gewisser Weise eben doch – tatsächlich, wirklich – ist. Überhaupt gilt ja Platons ganzes Bemühen im *Sophistes* zu zeigen, daß das Nichtseiende in gewisser Weise – wirklich, tatsächlich – ist, obgleich er an der Formulierung des *Timaios* festhält, daß es strenggenommen falsch ist, zu sagen, das Nichtseiende *sei* ein Nichtseiendes. Es kann entsprechend bei der strittigen Stelle aus *Nomoi* X nicht darum gehen, das Gewordene nun etwa als das wahrhaft Seiende zu bezeichnen, es muß vielmehr darum gehen zu verstehen, in welcher Weise bzw. *unter welchen Bedingungen* es eben doch wirklich ist. – Das kommt noch hinzu: Das Gewordene wird ja keineswegs schlechthin, ohne Bedingung, und das hieß, als wahrhaft Seiendes bezeichnet, sondern eben nur konditional als seiend: *wenn es bleibt*. Diese Bedingung zu erfüllen, ist aber im allgemeinen Fluß des Geschehens schwierig, wenngleich nicht ausgeschlossen.[9] Sie ist, nach Platon, zu erfüllen durch beständige Reproduktion. Reproduktion ist die Weise, in der das Sterbliche an der Unsterblichkeit teilhat, oder, wie man für diese Stelle sagen müßte, das Gewordene am Sein.

Damit treten wir ein in Platons Theorie der innerweltlichen Bewegung und nähern uns der Besprechung der Gruppe der ersten sechs Bewegungsarten nach der Aufzählung von *Nomoi* X. Es wird sich zeigen, daß innerweltliche Bewegung tatsächlich vom beständigen Werden und Vergehen abhängig ist und deshalb auch hier der Text von *Nomoi* X von hinten gelesen werden muß. Doch die Theorie der innerweltlichen Bewegung findet sich nicht in den *Nomoi*, sondern vielmehr im *Symposion* in der Diotima-Rede. Wir haben auf deren Formulierungen schon angespielt und Entscheidendes aus dieser Rede bereits besprochen, als es darum ging zu klären, in welchen Sinne im Bereich des Werdens und Vergehens von Selbigkeit gesprochen werden kann (III.5.3). Wir können deshalb jetzt relativ schnell auf den entscheidenden Punkt kommen.

Wir sind gewohnt, Bewegung und innerweltliche Veränderung sehr kantisch nach dem Schema von Substanz und Akzidenz zu verstehen. Bewegung wird gedacht als Wechsel der Attribute an einer bleibenden Substanz. Das kann – nämlich für die Ortsbewegung – auch darin bestehen, daß ein und dieselbe Sache

---

9 Platon formuliert sie im Eventualis nicht im Irrealis!

(Substanz) sich nacheinander an verschiedenen Orten befindet. Entscheidend ist immer, daß aufeinanderfolgende Zustände durch ein Bleibendes aufeinander bezogen werden können. Dieses Muster, Bewegung zu denken, geht auf Aristoteles zurück, auf seine Bestimmung des eigentlich Seienden als οὐσία, genauer als τόδε τι, das zugleich als Zugrundeliegendes gegenüber wechselnden Akzidenzien fungiert. Platon denkt Bewegung – für uns ungewohnt – genau umgekehrt. Er leugnet, daß es in irgendeinem Sinne ein bleibendes Zugrundeliegendes gibt, und setzt dagegen, daß der Zusammenhang in der Zeit durch die ständige Reproduktion eines εἶδος – eines superject würde Whitehead sagen – zustande kommt.

> Und nicht nur an dem Leibe allein, sondern auch an der Seele, die Gewohnheiten, Sitten, Meinungen, Begierden, Lust, Unlust, Furcht, von jedem einzelnen von diesen ist dem einzelnen (Menschen) niemals dasselbe präsent, sondern eins entsteht und das andere vergeht. Und viel wunderlicher noch als dieses ist, daß auch die Erkenntnisse nicht nur teils entstehen, teils vergehen und wir nie dieselben sind in Bezug auf die Erkenntnisse, sondern daß auch jeder einzelnen Erkenntnis dasselbe begegnet. Denn was man Nachsinnen heißt, geht auf eine ausgegangene Erkenntnis. Vergessen nämlich ist das Ausgehen einer Erkenntnis. Nachsinnen aber bildet statt der abgegangenen eine Erinnerung ein und erhält so die Erkenntnis, daß sie scheint, dieselbe zu sein. Und auf diese Weise wird alles Sterbliche erhalten, nicht so, daß es durchaus immer dasselbe wäre wie das Göttliche, sondern indem das Abgehende und Veraltende ein anderes neues solches zurückläßt, wie es selbst war. (*Symposion*, 207e1–208b)

Man sieht also, daß nach Platon innerweltliche Bewegung und Veränderung nicht etwa durch das Beharren einer Substanz, sondern vielmehr durch die Reproduktion einer Form zustande kommt. Das Bleiben im Wechsel beruht nicht auf der Identität einer Substanz, sondern auf dem durch die Reproduktion erzeugten Anschein der Selbigkeit. Mehr kann man im Rahmen eines strikten Phänomenalismus nicht erwarten: Die Erscheinung des Selbstseins ist der Anschein der Selbigkeit in der Reproduktion. Man kann sich fragen, welche von beiden Bewegungstheorien, die platonische oder die aristotelische, die bessere ist. Es ist eine wissenschaftshistorische Tatsache, daß der aristotelische Typ mit Masse und Korpuskel als substanzieller Träger der Bewegung in der Entwicklung der neuzeitlichen Naturwissenschaft, und damit des mechanistischen Weltbildes außerordentlich erfolgreich war. Die moderne Naturwissenschaft seit Einstein hat dagegen den Substanzbegriff schrittweise destruiert und sich entsprechend für das Konzept der Materie und der Bewegung wieder platonischen Denkweisen angenähert.[10]

Wir haben gesehen, daß die Kinesisarten *Werden* und *Vergehen* für die innerweltlichen Bewegungsarten konstitutiv sind. Platon macht hier an der schon zitierten Stelle *Nomoi* X, 897a einen deutlichen Schnitt zwischen den *ursprünglich wirkenden Bewegungen* (πρωτουργοὶ κινήσεις), jenen nämlich, die er als seelische Regungen ansieht oder zumindest diesen verwandt (συγγενεῖς), und den *sekundär wirkenden Bewegungen der Körper* (δευτερούργοι κινήσεις σωμάτων). Diese letztere Gruppe wird nun in der Aufzählung in *Nomoi* X folgendermaßen eingeführt. Zunächst die Ortsbewegung:

> Muß nun nicht in einem gewissem Raum das Feststehende feststehen und das Sichbewegende sich bewegen?
> Ganz ohne Zweifel.
> Und manche Dinge werden das wohl an einer einzigen Stelle tun, andere an mehreren.
> Du meinst wohl, werden wir antworten, daß diejenigen, die die Fähigkeit besitzen, in ihrem Mittelpunkt festzustehen, sich auf einer einzigen Stelle bewegen, so wie sich der Umfang der Kreisscheiben dreht, von denen man sagt, sie stünden fest?
> Ja.
> Wir begreifen ferner, daß eine solche Bewegung, indem sie bei dieser Umdrehung den größten und den kleinsten Kreis gleichzeitig herumbewegt, sich selbst in einem bestimmten Verhältnis den kleinen und den größeren Kreisen mitteilt und selber langsamer und schneller entsprechend diesem Verhältnis ist. Daher ist sie auch zur Quelle alles Wunderbaren geworden, weil sie zu gleicher Zeit großen und kleinen Krei-

---

10 Ernst Cassirer, *Substanzbegriff und Funktionsbegriff: Untersuchungen über die Grundfragen der Erkenntniskritik*, Darmstadt: WB, 7. Aufl. 1994.

sen Langsamkeit und Schnelligkeit in zusammenstimmender Weise verleiht, ein Zustand, den man eigentlich für unmöglich halten sollte.
Ganz recht. (*Nomoi* X, 893c2–d7)

Hiermit ist nun zunächst die Kreisbewegung eingeführt. Auffällig ist, daß vom *Raum* (χώρα) die Rede ist. Freilich handelt es sich genauer um eine – verglichen mit den *Timaios* – unterminologische Verwendung von χώρα, ein Ausdruck, der bereits im nächsten Satz durch ἕδρα, Sitz, Platz ersetzt wird. Aber eins ist klar, daß es sich bei den ersten beiden Bewegungen, hier der Kreisbewegung und dann der Fortbewegung (φορά), tatsächlich um Bewegungen handelt, die eine Mannigfaltigkeit und Ordnung der Orte – wir würden modern sagen: eine Topologie – implizieren. Kreisbewegung wird verstanden als eine Bewegung in oder an einem Orte. Es wird gleich noch eine Besonderheit dieser Kreisbewegung angefügt, nämlich daß sie, als Bewegung eines Körpers verstanden, dessen Teile in miteinander zusammenstimmenden Langsamkeiten und Schnelligkeiten herumführt – modern gesprochen, daß die Bahngeschwindigkeiten der jeweiligen Kreisbewegungen proportional zum Abstand vom Zentrum sind. Platon erwähnt diese Tatsache hier als etwas Wunderbares nicht etwa, um auf die von ihm geforderte Kommensurabilität der Planetenperioden anzuspielen[11], sondern weil in den Kreisen der Eleaten diese Eigenschaft der Scheibenbewegung für den trügerischen Charakter von Bewegung überhaupt angeführt wurde: Denn es sollte doch wohl unmöglich sein, daß ein Körper sich zugleich langsam und schnell bewegt.[12]

Die Drehbewegung ist eine von den sieben Freiheitsgraden, die ein Körper nach Platon hat. Alle anderen sind solche des Ortswechsels, und zwar handelt es sich nach dem *Timaios* (43b), um die Bewegungsmöglichkeiten »vor und rückwärts, dann wieder rechts und links, nach oben und nach unten«. Das sind die Unterscheidungen *nach den sechs Orten* (κατὰ τοὺς ἓξ τόπους, *Timaios* 43b4). Man sieht, daß diese Unterscheidung eine Ordnung

---

11 Hoffmann, a.a.O., 239.
12 Die *Unmöglichkeit* der Kreisbewegung ist ein typisch Zenonisches Argument von der Art, wie sie Aristoteles in der *Physik* Δ 9 berichtet. Dort wird aber gegen die Kreisbewegung nur quasi summarisch gesagt, daß der Kreis zugleich ruhen und bewegt sein müsse.

der Orte impliziert. Diese Ordnung der Orte ist im Kosmos, wie wir gesehen haben, selbst durch die Weltseele konstituiert (IV.3.1). Der Kosmos hat ein Zentrum, und als Körper drei Ausdehnungen, und entsprechend sechs verschiedene mögliche Bewegungsrichtungen für Bewegung mit Ortsveränderung. Diese sechs Bewegungen werden im X. Buch der *Nomoi* nicht als Bewegungsarten unterschieden, sondern alle unter dem Titel φορά, Ortsbewegung, zusammengefaßt. Hier werden als Unterarten lediglich die Roll- und die Gleitbewegung unterschieden.

> Unter den Dingen aber, die sich an vielen Stellen bewegen, scheinst du mir alle die zu verstehen, die sich fortrückend bewegen, indem sie ständig an eine neue Stelle gelangen, und teils nur mit einem Punkt die Unterlage berühren, teils mit mehreren, in Folge des Rollens. (*Nomoi* X, 893d6–e1)

Nach diesen beiden Arten der Ortsbewegung führt Platon vier Arten der *Veränderung* ein: Spalten und Verbinden, Wachsen und Abnehmen. Man vermißt hier die ἀλλοίωσις, die bei Platon an anderer Stelle durchaus vorkommt[13], also die qualitative Veränderung. Sie ist aber in der Regel unter *Werden* und *Vergehen* zu subsumieren, aber auch partiell unter *Zerspalten* und *Verbinden*. Zerspalten und Verbinden sind natürlich primär – wie wir sagen würden – physikalische Vorgänge, aber man kann sie, wie das Hoffmann[14] tut, sehr wohl mit der Wechselwirkung der atomistisch gedachten Elemente in Verbindung bringen, und dann sind sie auch chemische Vorgänge und mit Qualitätsänderungen verbunden. Hier der Text:

> Immer wenn nun solche Körper aufeinandertreffen, so werden sie, falls sie auf feststehende treffen, zerspalten; falls sie aber mit anderen, die sich aus der Gegenrichtung auf sie zu bewegen, an einem Punkt zusammentreffen, so entsteht daraus eine Verbindung, die ein Mittleres zwischen diesen darstellt.
> In der Tat meine ich, daß sich das so verhält, wie du sagst.

---

13 z. B. *Theaitetos*, 181d6.
14 Michael Hoffmann, a.a.O., 250–258.

Aber indem sie sich verbinden, wachsen sie auch, und indem sie sich zerteilen, nehmen sie ab, und zwar nur dann, wenn die ursprünglich vorhandene Beschaffenheit eines jeden bestehen bleibt; wenn sie aber nicht erhalten bleibt, so gehen sie durch beide Vorgänge zugrunde. (*Nomoi* X, 893e1–894a1)

Wir sehen, daß die ersten sechs Bewegungen, die im Buch X der *Nomoi* aufgeführt werden, nicht einfach als Typen nebeneinandergestellt oder aber in einen dihairetischen Zusammenhang gebracht werden, sondern daß sie sich gegenseitig physisch bedingen. Diese sechs Bewegungen, die »sekundär wirkenden Bewegungen«, die auf Körper angewiesen sind, hängen miteinander über Bewegen und Bewegtwerden zusammen und stellen den dynamischen Zusammenhang des kosmischen Geschehens sublunar dar. Die erste unter ihnen ist zweifellos die Kreisbewegung, also die Bewegung der Gestirne und Planeten. Von ihr leiten sich alle anderen innerweltlichen Bewegungen über den Wechsel von Tag und Nacht und die Jahreszeiten ab. Über das Axiom, daß alles Bewegte von etwas bewegt werden muß, verlangt dieses System innerkosmischen Geschehens nach einem »ersten Beweger«. Später wird Aristoteles diesen als den unbewegten Beweger angeben – bei Platon ist das anders. Der erste Beweger ist die Seele, die Bewegung, die sich selbst bewegt. Von ihr her hängen alle anderen Bewegungen ab. Zunächst das Werden und Vergehen im transzendentalen Sinne, d. h. als Hervortreten und Verschwinden von Ideen im Bereich des Sichtbaren. Und durch dieses Hervortreten und Verschwinden werden dann alle anderen Bewegungen konstituiert, indem sie als Wandel, der an einem Bleibenden auftritt, nur gedacht werden können, insofern dieses Bleibende durch beständige Reproduktion im Sein gehalten wird. Damit hat sich der Kreis geschlossen: die sechs körperlichen Bewegungen: Kreisbewegung, Translation, Verbinden, Trennen, Wachsen, Abnehmen, mit denen der Athener die Liste im Buch X der *Nomoi* eröffnet, sind nicht nur der Würde, sondern auch dem Sein nach den Bewegungstypen nachgeordnet, mit denen er die Liste schließt: Werden und Vergehen, Bewegen nur eines anderen und Selbstbewegung. Damit ist gezeigt, was der Athener durch den Exkurs in die Bewegungstheorie eigentlich wollte, nämlich daß es die Seele ist, die für das kosmische Geschehen im ganzen verantwortlich zu machen ist. Aber ist sie damit schon als Gott oder etwas Göttliches erwiesen? Um auch dieses noch zu leisten, wendet sich Platon bzw. der Athener in folgendem der Beziehung von Seele und Vernunft zu.

Nach der bisherigen Darstellung scheint die Wirkung der Seele im Kosmos eindeutig der Ordnung und damit der Vernunft verpflichtet zu sein. Bewegung erscheint im Kosmos überhaupt nur als etwas Bestimmtes, wenn sie eine gewisse Ordnung enthält. Gleichwohl muß Platon auch davon Rechenschaft geben, daß es im Kosmos nicht nur Ordnung, sondern auch Unordnung, und damit in seinem Sinne das Schlechte gibt. In *Nomoi* X tut er das dadurch, daß er unterstellt, die Seele könne der Vernunft verpflichtet sein – oder auch nicht.

> Wenn sie jederzeit die Vernunft zu Hilfe nimmt, die als göttliche recht eigentlich ein Gott ist, führt sie alles zum Rechten und Glücklichen, sobald sie sich aber mit Unvernunft verbindet, bewirkt sie zu diesen das Gegenteil. (*Nomoi* X, 897b1–4)

Dieses mehr oder weniger vernünftig sein können der Seele kennt man ja aus Platons *Psychologie*, wie sie insbesondere in der *Politeia* dargelegt wird. Hier in den *Nomoi* allerdings steigert er diese Differenz zu der Möglichkeit, daß es zwei Seelen geben könne: eine, »die vernünftig und voller Tugend ist« und eine, »die keine dieser Eigenschaften besitzt« (*Nomoi* X, 897b9).

Er entscheidet sich dann zwar im Einklang mit dem *Timaios* für die eine vernünftige Weltseele, aber es bleibt doch die Möglichkeit bestehen, daß Seele auch unvernünftig sein könnte. Wie verhält sich das zu dem Satz, daß das Hervortreten von Bewegung im Kosmos notwendig eine Ordnung von Bewegungstendenzen implizieren muß? Die Antwort, die zugleich auch eine Antwort darauf sein muß, worin das Schlechte in der Welt besteht, wird gleichfalls im *Timaios* gegeben. Dort wird ja dargelegt, daß nicht nur der Kosmos im ganzen *ein* Lebewesen ist, das als solches der vernünftigen Ordnung genügt und damit gut ist, sondern ein Lebewesen, das zugleich eine große Mannigfaltigkeit anderer Lebewesen bis hinab zu Tieren und Menschen enthält. Deren Seelenbewegung, die in sich zwar auch immer eine Ordnung implizieren muß, muß man aber einen gewissen *Eigensinn* zugestehen, das heißt, daß sie sich dem Ganzen nur mehr oder weniger fügt. Die Folge davon ist, daß auch der Kosmos im ganzen nicht durchweg durch Vernunft geordnet ist. Letztlich ist der verbleibende Rest von Unordnung auf chaotische Bewegungstendenzen in der Chora zurückzuführen.

Von dieser Stelle aus ergibt sich erneut eine Beziehung der Kosmologie zur praktischen Philosophie Platons. War der kosmologische Exkurs im X. Buch der *Nomoi* dazu da, durch Ausweis der Seele als vernünftigem Weltprinzip die Neigung der Bürger im Staat zu gesetzmäßigem Verhalten zu stärken, so findet sich im *Timaios* eine kosmologische Deutung der moralischen Forderung, vernünftig zu sein. Vernünftig sein heißt, seine eigenen Seelenbewegungen in Takt mit der Ordnung des Kosmos zu bringen.

> Nun sind die Gedanken und Umläufe des Alls dem Göttlichen in uns verwandte Bewegungen. Diesen muß jeder folgen und die bei unserm Entstehen in unserem Kopfe verdorbenen Umläufe dadurch wieder in Ordnung bringen, daß er Harmonien und Umläufe des Alls erkennen lernt und so dem Wahrgenommenen das Wahrnehmende der ursprünglichen Natur gemäß ähnlich macht, durch diese Verähnlichung aber (muß er) das Ziel erreichen, welches den Menschen von Göttern als bestes Leben für die gegenwärtige und die zukünftige Zeit bestimmt wurde. (*Timaios*, 90c7–d7)

IV.4 Das Sonnengleichnis

Das Sonnengleichnis, das die Reihe der großen Gleichnisse im VI. und VII. Buch der *Politeia* eröffnet, dient der Erläuterung der Idee des Guten. Dieses Gleichnis steht wie die anderen im Kontext der Beschreibung der Philosophenausbildung. Die Einsicht in das Gute wird als die größte Einsicht vom Philosophen verlangt. Ohne sie wäre alles, was er sonst gelernt und erworben hat, nutzlos. Diese Feststellung des Sokrates (*Politeia*, 504a–505a) nimmt Glaukon, sein Gesprächspartner, zum Anlaß, Sokrates zu drängen, über das Gute selbst zu sprechen. Sokrates zögert, hält die Sache für zu schwierig, verspricht aber einen Abkömmling (ἔκγονος) des Guten zu schildern, um an ihm durch Analogien klar zu machen, wie das Gute zu denken sei. Er deutet dabei an, daß es im Prinzip wohl auch möglich sei, direkter über das Gute zu sprechen: »Allein, ihr Herrlichen, was das Gute selbst sei, wollen wir für jetzt doch lassen« (*Politeia* VI, 506d8–e1). Dies ist eine der Stellen, die Szlezák als die Stellen der Andeutung bzw. Zurückhaltung von weiterem oder *höherem* Wissen in Platons Werk identifiziert hat und damit zugleich als Hinweise auf die ungeschriebene Lehre.[1] Die ungeschriebene Lehre wird ja im wesentlichen mit Platons Vortrag *Über das Gute* identifiziert. Diese Vorlesung soll für die Hörer enttäuschend gewesen sein, insofern in ihr hauptsächlich von Mathematik, genauer von der Konstitution alles Seienden durch die Prinzipien des Einen und der unbestimmten Zweiheit die Rede war. Die Enttäuschung der Zuhörer ist zu verstehen, insofern sie sicherlich von dieser Vorlesung eher praktische als theoretische Philosophie erwartet haben, also Mitteilungen über das Gute im ethischen und politischen Zusammenhang. Es wird zwar berichtet, daß nach dieser Lehre das Gute und das Eine dasselbe seien[2], und von daher wäre Gut-sein, soviel wie Einheit und Ordnung. Gegenüber dieser sehr abstrakten Auskunft sind die indirekten Aussagen über das

---

1 Thomas A. Szlezák, Platon lesen, Stuttgart-Bad Cannstatt: frommann-holzboog 1993.
2 Siehe besonders die Nummern 51 und 52 der von Gaiser a.a.O. zusammengestellten Testimonia Platonica.

Gute im Sonnengleichnis der *Politeia* wesentlich plastischer und reichhaltiger, nicht nur weil sie dem landläufigen Verständnis von Gut-sein entgegenkommen, sondern auch, weil sie die Stellung des Guten zum Ganzen des Seienden vielfältiger und beziehungsreicher sehen lassen, als es mit der Ordnungsfunktion, die das Eine gegenüber der unbestimmten Vielheit ausübt, geschehen könnte.

Das Sonnengleichnis besteht also darin, daß anhand der Sonne und ihrer Bedeutung für den Bereich des Sichtbaren – und damit des Werdenden und Vergehenden – die Rolle deutlich gemacht wird, die der Idee des Guten im Bereich des Seienden zukommt. Das geschieht durch Analogien und Parallelisierungen, während davon, daß die Sonne ein Abkömmling der Idee des Guten sein soll oder sich zum Guten selbst wie die Zinsen zum Kapital verhalte, kein Gebrauch gemacht wird. Nach dem Höhlengleichnis könnte man die Sonne eher als einen Repräsentanten der Idee des Guten im Bereich des Werdens und Vergehens bezeichnen. Die Analogie zwischen der Sonne und der Idee des Guten ist folgende:

> Die Sonne, denke ich, wirst du sagen, verleihe dem Sichtbaren nicht nur das Vermögen gesehen zu werden, sondern auch das Werden und Wachstum und Nahrung, unerachtet sie selbst nicht Werden ist.
> Wie sollte sie das sein!
> Ebenso nun sage auch, daß dem, was erkannt wird, nicht nur das Erkanntwerden von dem Guten komme, sondern auch das Sein (τὸ εἶναι) und den Seinsbestand (ἡ οὐσία) habe es von ihm, da doch das Gute selbst nicht der Seinsbestand ist (ἡ οὐσία), sondern noch über den Seinsbestand (ἡ οὐσία) an Würde und Kraft hinausragt. (*Politeia* VI, 509b2–9)

Damit haben wir bereits die Schlußsätze aus dem Sonnengleichnis zitiert, in denen Sokrates durch Analogien aus den dargelegten Beschreibungen der Sonne für die Idee des Guten Konsequenzen zieht. Um diese Analogien zu verstehen, ist es allerdings nötig, zunächst sehr gründlich verstanden zu haben, was über die Sonne gesagt wird. Denn nur so kann der Text seine Funktion als Gleichnis entfalten. Darüber hinaus dürfte das Sonnengleichnis auch wieder als ein Beispiel dafür zu lesen sein, wie Platon aus empirisch bekannten Verhältnissen Modelle gewinnt, als deren Darstellung er dann wiederum jene Verhältnisse deutet.

Platons Sonnengleichnis beginnt mit einer Analyse des Sehvorganges. Diese weicht nicht grundsätzlich von Platons Wahrnehmungstheorie, wie wir sie aus dem *Theaitetos* bzw. aus dem *Timaios* schon kennen (III.3.2), ab. Dort war dargelegt worden, daß Wahrnehmung in einer Wechselwirkung oder besser gesagt einer gemeinsamen Aktivierung des Wahrnehmbaren und des Wahrnehmungsvermögens besteht. Diese Wechselwirkung wurde im Fall visueller Wahrnehmung so gedacht, daß sowohl vom Wahrnehmungsgegenstand wie auch vom Auge *Strahlen* ausgehen, deren mehr oder weniger mechanistisch gedachtes Zusammentreffen das Wahrnehmungsereignis ausmacht. Diese Rolle des *Dritten* neben dem Wahrnehmbaren und dem Wahrnehmungsvermögen, nämlich des Lichtes wird nun hier im Sonnengleichnis etwas anders dargestellt.

> Also betrachte es so. Benötigen wohl auch das Gehör und die Stimme noch ein anderes, damit jenes höre und diese gehört werde, so daß, wenn dieses dritte nicht da ist, jenes nicht hören kann und diese nicht gehört werden?
> Keines, sagte er.
> Und ich glaube, sprach ich, daß auch die meisten anderen, um nicht zu sagen, alle dergleichen nichts bedürfen. Oder weißt du einen anzuführen?
> Ich keinen, sagte er.
> Aber das Sehvermögen (ὄψις) und das Sichtbare, merkst du nicht, daß die eines solchen bedürfen?
> Wieso?
> Wenn auch in den Augen Sehvermögen ist, und wer es hat, versucht, es zu gebrauchen, und wenn auch Farbe, an ihnen (d.h. an den sichtbaren Dingen, G.B.) ist, so weißt du wohl, wenn nicht ein drittes Wesen (γένος) hinzukommt, welches eigens hierzu da ist seiner Natur nach, daß dann das Sehvermögen doch nichts sehen wird und die Farben ungesehen (ἀόρατα) bleiben werden.
> Welches ist denn dies, was du meinst? fragte er.
> Was du, sprach ich, das Licht (φῶς) nennst.
> Du hast recht, sagt er.

Also sind durch eine nicht geringe Sache die visuelle Wahrnehmung und das Vermögen gesehen zu werden mit einem köstlicheren Bande als die anderen solchen Verknüpfungen miteinander verbunden, wenn doch das Licht nichts Unedles ist?
Weit gefehlt doch, sprach er, daß es das sein sollte. (*Politeia* VI, 507c12–508a3)

Wir unterbrechen hier zunächst um festzustellen, daß diese Darstellung in zwei Punkten gegenüber der Wahrnehmungstheorie des *Theaitetos* abfällt. Nach der dort dargelegten Wahrnehmungstheorie Platons sind Farben nichts, das den Dingen selbst zukommt, sondern Widerfahrnisse, die den Dingen zugeschrieben werden, insofern sie und wenn sie gesehen werden. Ferner steht in der genaueren Wahrnehmungstheorie des *Theaitetos* dem Vermögen, wahrgenommen werden zu können, nicht die Wahrnehmung, sondern das Vermögen wahrzunehmen gegenüber. Platon drückt sich hier im Sonnengleichnis offenbar lax aus, weil es ihm genügt, an ein Vorverständnis etwa der Art *ohne Licht sieht man nichts* zu apellieren. Man wird jedoch die Funktion des Lichtes für die visuelle Wahrnehmung nicht verstehen, wenn man nicht auf Platons strenge Wahrnehmungstheorie rekurriert. Auf der anderen Seite muß man sagen, daß die Wahrnehmungstheorie hier im Rahmen des Sonnengleichnisses in einem Punkt genauer oder wenigstens phänomenologischer ist. Und zwar, weil Platon hier nicht von irgendwelchen hypothetischen Strahlen oder Teilchenströmen redet, sondern das Licht der Sonne zuschreibt.

Und von welchem unter den Göttern des Himmels sagst du wohl, daß dieses abhänge, dessen Licht mache, daß unser Sehvermögen auf das schönste sieht und daß das Sichtbare gesehen wird?
Denselben, sagte er, den auch du und jedermann; denn offenbar fragst du doch nach der Sonne.
Verhält sich nun das Sehvermögen (ὄψις) so zu diesem Gott?
Wie?
Das Sehvermögen ist nicht die Sonne, weder es selbst noch auch das, worin es sich befindet, nämlich, was wir Augen nennen.

Freilich nicht.
Aber das sonnenähnlichste, denke ich, ist es doch unter allen Werkzeugen der Wahrnehmung.
Bei weitem.
Und auch das Vermögen, welches es hat, besitzt es doch als einen von jenem Gott mitgeteilten Ausfluß?
Allerdings.
So auch ist die Sonne nicht das Sehvermögen, aber als Ursache davon wird sie von eben demselben gesehen. (*Politeia* VI, 508a4–b10)

Wenn man am Anfang des Sonnengleichnisses von einem Dritten neben Wahrnehmungsvermögen und Wahrnehmbarem hört, dann denkt man zunächst, daß Platon hier auf die Wahrnehmungsmedien zu sprechen kommen will, wie sie dann in der aristotelischen Wahrnehmungslehre in *De Anima* ausführlicher behandelt werden. Das ist aber nicht der Fall, denn sonst müßte man ja auch beim Hören mit einem solchen Medium, nämlich etwa der Luft, rechnen. Das Licht, das dann als das Dritte im Bereich der visuellen Wahrnehmung genannt wird, darf also nicht als Medium verstanden werden. Ich empfehle deshalb das Licht von dem her zu verstehen, was Platon ihm als Wirkung tatsächlich zuschreibt: Es macht, daß das Sehvermögen auch wirklich ein Vermögen ist, d.h. im Sehen tätig ausgeübt werden kann, und andererseits, daß das Sichtbare nicht nur der Möglichkeit nach, sondern wirklich gesehen werden kann.

Wir haben schon an anderer Stelle gesehen, daß sich bei Platon Überlegungen finden, in deren Konsequenz die spätere aristotelische Unterscheidung von Möglichkeit und Wirklichkeit liegt (IV.3.3). Bekanntlich gibt es, was die Erkenntnisvermögen angeht, bei Aristoteles zwischen Möglichkeit und Wirklichkeit eine zweifache Stufung: Der Mensch ist im Prinzip fähig zu rechnen, er muß aber durch Lernen dieses Vermögen erst zu einem wirklichen Vermögen machen; und schließlich kann er, indem er aktuell rechnet, es auch noch ausüben. Von diesen Unterscheidungen zu Platon zurückkehrend, könnte man sagen, daß in jedem Fall das Licht dasjenige ist, was das Vermögen zu sehen und gesehen zu werden aktualisiert. Dieses Aktualisieren kann man in zweierlei Sinne nehmen, nämlich einerseits und vor allem in dem Sinne, daß das Licht das Ereignis anregt, das wir Wahrnehmung nennen: Das Vermögen zu sehen, wie auch das Vermögen gesehen zu werden, werden in der Wahrnehmung zur Wirklichkeit des Sehens und des Gesehenwerdens. Zum zweiten aber und noch davorliegend in dem Sinne, daß das Licht Gesehen-werden-können wie auch Sehen-können zu wirklichen Möglichkeiten macht: Daß wir sehen können und die Dinge gesehen werden können, setzt voraus, daß es hell ist. Platon scheint diese feine Unterscheidung zwischen dem ersten und dem zweiten Fall durchaus zu machen.

> Die Augen, sprach ich, weißt du wohl, wenn sie einer nicht auf solche Dinge richtet, auf deren Oberfläche das Tageslicht fällt, sondern auf solche, die nur nächtliche Schimmer umgeben, so sind sie blöde und scheinen beinahe blind, als ob keine reine Sehkraft in ihnen wäre?
> Ganz recht, sagte er.
> Wenn aber, denke ich, auf das, was die Sonne bescheint, dann sehen sie deutlich, und es zeigt sich, daß in eben diesen Augen Sehkraft wohnt. (*Politeia*, VI 508c6–d2)

Platon unterscheidet also offenbar durchaus zwischen wirklicher Möglichkeit und aktueller Ausübung. Das ist auch wichtig, weil er gesagt hatte, daß auch das Sehvermögen eine Art Ausfluß (ἐπίρρυτον, *Politeia* VI, 508b7) der Sonne ist. Natürlich könnte man dem Satz auch einen evolutionistischen Sinn geben, nämlich, daß sich das Sehvermögen als eine Potenz herausbildet in einer Welt, zu der das Licht gehört. Dazu würde auch die Bemerkung passen, daß das Sehorgan das sonnenhafteste (*Politeia* VI, 508b3) sei. Wenn man aber solche Theorien hier nicht in Platon hineinprojizieren will, dann bleibt jedenfalls bestehen, daß das reine Sehvermögen für sich genommen noch kein Sehenkönnen ist und auch das reine Sehenkönnen, noch ganz abgesehen von seiner aktuellen Ausübung, eine Situation voraussetzt, die durch Helle bestimmt ist.

Die Bedeutung der Sonne für das Sichtbare und für das Sehvermögen besteht also darin, daß sie diese Vermögen überhaupt erst zu dem macht, was sie sind, und schließlich im Ereignis der Wahrnehmung ihre gemeinsame Ausübung finden läßt. Platon befindet sich hiermit bereits sehr in der Nähe der aristotelischen Theorie visueller Wahrnehmung. Freilich muß darauf hingewiesen werden, daß bei Aristoteles das Licht nicht unmittelbar die Wirklichkeit von Wahrnehmenkönnen und Wahrgenommen-werdenkönnen ist, sondern die Wirklichkeit des Mediums, nämlich des Durchscheinenden (τὸ διαφανές).

Bevor wir dazu übergehen, mit Platon bzw. mit Sokrates aus dem Bild der Sonne durch Analogie auf die Idee des Guten zu schließen, sei das bisherige Ergebnis noch in einer bestimmten Hinsicht abstrakter zusammengefaßt. Die strenge Korrelation, die Platon zwischen Seinsarten und Erkenntnisarten sieht und die sich vor allem in den Zuordnungen des Liniengleichnisses fassen läßt, war uns auch bisher am verständlichsten für den Fall der Wahrnehmung geworden (III.3.2). Platon betont hier, im Text des Sonnengleichnisses, die Korrelation zwischen Wahrnehmendem und Wahrgenommenem außerordentlich stark, und zwar durch eine Reihung von Ausdrücken des Zusammengespanntseins, des Verbundenseins (*Politeia* VI, 508a1 f.). Das Besondere am Sonnengleichnis ist, daß Platon nicht bloß von einer Korrelation, nicht einmal nur von gemeinsamer Wirklichkeit, sondern explizit von einer verbindenden Instanz, von einem Joch redet, das für die Korrelation verantwortlich ist und auf das die gemeinsame Wirklichkeit zurückgeht. Diese Instanz ist die Sonne. Sehenkönnen und Sichtbar-sein sind Qualitäten, die den entsprechenden Seienden überhaupt nicht für sich, sondern nur in einer gemeinsamen Situation zukommen, die durch die Anwesenheit der Sonne als Helle qualifiziert ist. Eine analoge Funktion soll nun der Idee des Guten in Bezug auf das Seiende und die Erkenntnis im eigentlichen Sinne zukommen.

> Das heißt nun, sprach ich, ich nenne jene (die Sonne, G.B.) den Sprößling des Guten, welchen das Gute in Analogie zu sich gezeugt hat, so daß, wie jenes selbst in dem Gebiet des Denkbaren zu dem Denken (νοῦς) und dem Gedachten (νοούμενα) sich verhält, so diese, in dem des Sichtbaren (ὁρατόν) zu dem Sehvermögen (ὄψις) und dem, was gesehen wird (ὁρώμενα). (*Politeia* VI, 508b12–c4)

Nachdem er dann noch einmal auf die Verhältnisse im Bereich der visuellen Wahrnehmung zurückgreift und die unterschiedlichen Seherfahrungen im Hellen und im Dunklen benennt – wir waren darauf schon eingegangen – fährt er fort:

Ebenso betrachte dasselbe auch an der Seele. Wenn sie sich auf das heftet, woran Wahrheit und das Seiende glänzt, so bemerkt und erkennt sie es, und es zeigt sich, daß sie Vernunft hat. Wenn aber auf das mit Finsternis Gemischte, das Entstehende und Vergehende, so hat sie (zwar) Auffassungen, wirft diese aber stumpfsinnig hin und her, als ob sie keine Vernunft hätte.
Das tut sie freilich.
Dieses also, was dem, was erkannt wird, Wahrheit mitteilt und dem Erkennenden das Vermögen gibt, sage, sei die Idee des Guten; aber wie sie der Erkenntnis und der Wahrheit, soweit diese erkannt wird, Ursache zwar ist, so wirst du doch, so schön auch diese beiden sind, Erkenntnis und Wahrheit, doch nur, wenn du dir jenes als ein anderes und noch Schöneres als beide denkst, richtig denken. Erkenntnis aber und Wahrheit, so wie dort Licht und Sehvermögen für sonnenartig zu halten, zwar recht war, für die Sonne selbst aber nicht recht, so ist auch hier, diese beiden für gutartig (ἀγαθοειδῆ) zu halten, zwar recht, für das Gute selbst aber, gleichviel welches von beiden anzusehen nicht recht, sondern noch höher ist die Beschaffenheit des Guten einzuschätzen. (*Politeia* VI, 508d4–509a5)

Wir erkennen zunächst, daß hier die Analogie einen Bereich miterfaßt, der bei der Beschreibung der Funktion der Sonne eher am Rande lag. Dort wurde zur Erläuterung zwar auch auf den Unterschied von *im Licht liegen* und *im Schatten liegen* hingewiesen, jetzt aber wird dieser Unterschied ernstgenommen und er bedeutet für das, was von ihm betroffen ist, eine Differenz im Seinsrang. Was im Licht der Sonne liegt, ist sichtbar, was nicht, unsichtbar oder zumindest schwer sichtbar. Was dagegen im *Licht* der Idee des Guten liegt, an dem glänzt Wahrheit und das Seiende (*Politeia* VI, 508d5), was aber nicht von der Idee des Guten *erhellt* ist, das ist das Entstehende und Vergehende (*Politeia* VI, 508d7 f.) Wir erkennen die große Einteilung des Seienden im Ganzen, die Einteilung in das eigentlich Seiende und das Werdende und Vergehende, und es begegnet uns sogleich auch die bekannte Zuordnung: Zum Seienden gehört die Vernunft, zum Werdenden und Vergehenden die Auffassung (δόξα). Beide werden in ihrem Unterschied zusätzlich gekennzeichnet durch die

Differenz von Beständigkeit und Unbeständigkeit. Das alles ist nicht überraschend. Es stellt sich allenfalls die Frage, was die Parallelisierung von Wahrheit und Seiend-sein bedeutet. Vom Gleichnis her aber ist vor allem zu fragen: was entspricht eigentlich dem Licht? – denn bis hierher ist ja nur gesagt worden, welche Differenz das *Licht* des Guten im Bereich des Seienden schafft.

Wir können im Blick auf die schon zitierte Schlußpassage des Sonnengleichnisses zunächst einmal das Seiend-sein bei Seite lassen und uns auf das Thema Wahrheit konzentrieren. Dann können wir die Analogie des Gleichnisses folgendermaßen darstellen: So wie die Sonne dem Sichtbaren die Sichtbarkeit und dem Wahrnehmungsvermögen das Wahrnehmenkönnen verleiht, so die Idee des Guten dem Erkennbaren die Wahrheit und dem Erkennenden das Vermögen zu erkennen (*Politeia* VI, 508e1 f.) Der Sichtbarkeit entspricht also die Wahrheit, aber was entspricht dem Licht? Was geht von der Idee des Guten aus? Wenn von der Sonne das Licht ausgeht – griechisch ἥλιος heißt auch Licht, Tageslicht – so vom Guten das Gut-sein. Damit ergibt sich als die entscheidende Frage des Sonnengleichnisses die Beziehung von Gut-sein und Wahrheit. Inwiefern macht das Gut-sein das Seiende wahr?

Das eigentliche Seiende sind die Ideen. Um die Frage zu klären, was sie als solche mit dem Gut-sein zu tun haben, müssen wir noch einmal auf eine Stelle im X. Buch der *Politeia* zurückgehen, auf die wir schon einmal und zwar im Zusammenhang des Themas *Bild* eingegangen sind (III.2). Es ist die Stelle, wo Platon von den drei Verfertigern des Seienden spricht: Gott, dem Handwerker und dem Maler. Diese Dreiteilung dient der Kritik der Dichter, d.h. ihrer gesellschaftlichen Abwertung, weil sie vom eigentlich Seienden durch zwei Stufen entfernt sind. Die Abwertung der darstellenden Kunst wird nur wenig später noch verschärft, indem Sokrates die Frage aufwirft, welche denn unter den menschlichen Professionen am ehesten für die Einsicht in das Wesen einer Sache zuständig sei, also geeignet, die Idee der Sache zu erfassen, nach der man sich sowohl in herstellender wie darstellender Kunst zu richten hat. Der Beantwortung dieser Frage dient eine andere Dreiteilung, nämlich die Einteilung in gebrauchende, in herstellende und in darstellende Künste.

Der Maler, sagen wir, kann uns Zaum und Gebiß malen?
Ja.
Machen wird sie aber der Sattler und der Kupferschmied?
Freilich.
Wie nun Zügel und Stange beschaffen sein müssen, versteht das der Zeichner? Oder nicht einmal der Kupferschmied und der Sattler, der sie macht, sondern nur jener allein, der sich derselben zu bedienen weiß, der Reiter?
Vollkommen richtig.
Wollen wir nun nicht sagen, daß es sich mit allem so verhalte?
Wie?
Daß es für jedes diese drei Künste gibt, die gebrauchende, die verfertigende, die nachbildende?
Ja.
Nun aber bezieht sich doch eines jeglichen Gerätes und Werkzeuges sowie jedes lebenden Wesens und jeder Handlung Tugend, Schönheit und Richtigkeit auf nichts anderes als auf den Gebrauch, wozu eben jegliches angefertigt oder von der Natur hervorgebracht ist.
Richtig.
Notwendig also ist auch der Gebrauchende immer der Erfahrenste und muß dem Verfertiger Bericht erstatten, wie sich das, was er gebraucht, gut oder schlecht zeigt im Gebrauch. Wie der Flötenspieler dem Flötenmacher Bescheid sagen muß von den Flöten, welche ihm gute Dienste tun beim Blasen, und ihm angeben muß, wie er sie machen soll, dieser aber Folge leisten muß.
Natürlich.
Der eine also als Wissender (εἰδώς) gibt an, was gute und schlechte Flöten sind, der andere aber verfertigt sie als Glaubender (πιστεύων)?
Ja.
Von demselben Gerät also hat der Verfertiger einen richtigen Glauben (πίστιν ὀρθήν), wie es schön sei oder schlecht, weil er mit dem Wissenden umgeht und genötigt wird, auf diesen Wissenden zu hören; die Wissenschaft (ἐπιστήμη) davon aber hat der Gebrauchende.(*Politeia* X, 601c4–602a2)

Diese Stelle hebt an dem eigentlich Seienden, also den Ideen etwas hervor, was gewöhnlich nicht im Vordergrund steht. In der Regel, d. h. seit der sokratischen Frage τί ἐστιν; wird an den Ideen immer ihr Allgemeinheitscharakter hervorgehoben. D.h. sie sind dasjenige, was in den vielen Einzelfällen von Gegenständen, die nach ihnen benannt werden, dasjenige ist, was sie eigentlich zu dem macht, was sie sind. Natürlich ist neben Einheit und Allgemeinheit für die Ideen auch immer ihr Vorbildcharakter wichtig, denn – wie wir gezeigt haben – die Beziehung von Idee und Einzelding wird ja nach dem Modell von Original und Bild gedacht. Darin liegt nun allerdings schon ein normativer Aspekt. Das Einzelding qua Bild ist, was es ist, nur mehr oder weniger gut, gemessen an der Idee, deren Darstellung es ist. Hier nun bei der Unterscheidung der drei menschlichen Professionen zeigt sich, daß, was man eigentlich erkennen muß, um eine Idee zu erkennen, ihr Gut-sein ist. Was eine Sache eigentlich ist (ὅ ἐστιν), ist dasselbe, wie ihr Gut-sein. Dieser Aspekt tritt weniger in logisch-ontologischen Zusammenhängen hervor, als vielmehr in praktischen.[3] In praktischen Zusammenhängen, d. h. sowohl ethischen, wie auch technisch-handwerklichen – aber wir sehen, daß Platon an unserer Textstelle explizit auch die Beurteilung der Naturwesen einbezieht – hat die Idee die Funktion einer Orientierung darauf, wie es eigentlich sein sollte. Damit haben wir den zentralen Sinn des Sonnengleichnisses. Das, was die Idee des Guten den Ideen mitteilt, ist ihr Gut-sein, und sie macht sie dadurch erst eigentlich zu Ideen. Mit einiger Berechtigung hat man deshalb auch die Idee des Guten als *die Idee der Idee* bezeichnet. Freilich kann das keineswegs heißen, daß sie so eine Art Oberidee oder gar Oberbegriff für alles sei.[4]

Daß die Idee auch im praktischen Sinne Vorbild ist, ist nicht ohne weiteres mit ihrem logisch-ontologischen Vorbildcharakter gleichzusetzen, also ihrer Funktion als Urbild für Abbildungen. Vielmehr tritt damit ein gewichtiger Zug der platonischen Ideenlehre heraus. Man sieht das daran, wie schwer Platon sich damit tut,

---

3 Von daher bietet sich durchaus eine pragmatistische Interpretation der Ideenlehre an, wie sie von Wolfgang Wieland in seinem Buch *Platon und die Formen des Wissens*, Göttingen: Vandenhoeck & Ruprecht 1982, 179, unternommen wurde.

4 Siehe das Buch von Rafael Ferber, *Platos Idee des Guten*, St. Augustin: Academia Verlag Richarz, 2. Aufl. 1989.

auch Ideen von Schlechtem oder Minderem ins Auge zu fassen. Dabei kann er noch ohne weiteres zugestehen, daß es auch Ideen von so etwas wie Schmutz gibt – im Gegenteil er bezeichnet es als eine ziemlich kindliche Auffassung der Ideenlehre, wenn man so etwas nicht ins Auge faßt.[5] Aber gleichwohl kommt so etwas wie Ideen spezifischer Krankheiten, d.h. Krankheiten als etwas Bestimmtes mit eigenen, besonderen Wesen, nicht vor. Und obgleich er immer mal wieder die Möglichkeit eines Gegenprinzips zum Guten, also die Idee des *Schlechten* oder einer schlechten Weltseele ins Auge faßt, bleibt seine Philosophie, ethisch gesehen, monistisch. Platon ist kein Manichäer. Das eigentlich Seiende ist das Gute und das Schlechte ist nichts eigener Art, sondern der Mangel an Gutem.

Damit haben wir allerdings die Beziehung von Gutsein und Wahrsein noch nicht verstanden. Da hier der Terminus *wahr* sich auf das Seiende, d.h. auf Gegenstände, nicht auf Sätze bezieht, könnte man allerdings vermuten, daß *wahr* hier den Sinn von *echt* hat. Allerdings sind ja die Ideen das eigentlich Seiende, die Sache selbst. Diesen Sinn kann wahr, ἀληθής, bei Platon durchaus haben. Die Aussage des Sonnengleichnisses kann sich aber darin gerade nicht erschöpfen, weil sie ja die Wahrheit des Seienden mit seiner Erkennbarkeit in Verbindung bringt. Die Wahrheit *glänzt* am Seienden und das Gute teilt dem, was erkannt wird, die Wahrheit mit (*Politeia* VI, 508e1 f.). Durch diese Formulierungen kommt nun ein anderer Zug der Ideenlehre heraus, ein Zug, der auch dafür verantwortlich ist, daß dem Sonnengleichnis eine so zentrale Stellung für Platons Philosophie zukommt. Platon erfaßt in der Ideenlehre das eigentlich Seiende mit einer Metapher des Sehens: Das εἶδος ist das Aussehen einer Sache, seine Physiognomie, der Anblick, den sie gewährt. Die Analogie, von der das Sonnengleichnis lebt, nämlich der Analogie zwischen dem visuellen Bereich und dem Bereich des eigentlich Seienden, ist für Platons Philosophie damit keineswegs beiläufig, sondern vielmehr ein fundamentaler Zug.

Nun gibt es allerdings eine Beziehung von Gut-sein und Erkennbarkeit, die von dem Modellcharakter visueller Wahrnehmung für Erkenntnis überhaupt unabhängig ist: Je besser ein Ding

---

5 *Parmenides*, 130c-e.

ist im Sinne von: je mehr es seiner Idee entspricht, desto besser ist es erkennbar. So wird man etwa an einem Tisch, der nach Maßen und Ausführung nicht klar von einem Bett oder von einem Hocker unterscheidbar ist, schwer erkennen, daß es ein Tisch ist. In diesem Sinne ist natürlich immer die Idee der Sache das Erkennbarste, bzw. im eigentlichen Sinne erkennbar, insofern sie nämlich im vollkommener Weise ist, was sie ist. Andererseits hat aber das Modell visueller Wahrnehmung für Erkenntnis überhaupt und die Bedeutung der Lichtmetapher auch einen spezifischen Sinn, der Platons Philosophie deutlich von Alternativen unterscheidet. Man wird das Besondere und keineswegs Selbstverständliche daran wohl erst entdecken, wenn man sich solche Alternativen vor Augen hält. So weist Thorleif Bomann in seinem Buch über den Unterschied der griechischen und hebräischen Sprache[6] darauf hin, daß das Denken im hebräischen Kulturbereich eher am Hören als am Sehen orientiert ist. In der Philosophie findet man eine entsprechende Alternative bei Jacob Böhme. Jacob Böhme unterscheidet in seinem Dingkonzept drei Instanzen, nämlich das Wesen, die Signatur und den Ruch oder Ton. Das Wesen der Sache ist eigentlich in ihr verschlossen. Es kann sich aber äußern im Ruch oder Ton, freilich artikuliert und, wie wir modern sagen würden, auch kodiert durch die *Signaturen*. Die Signaturen sind gewisse, äußerliche, insbesondere körperliche Strukturen des Dinges, die die Äußerungsformen des Dinges (Ruch oder Ton) stimmen, d.h. in gewisser Weise einschränken, aber andererseits auch artikulieren.[7] Im Vergleich mit einer solchen Alternative sieht man, daß Platons Identifizierung des eigentlich Seienden mit dem εἶδος mehr impliziert als vielleicht eine gewisse Dominanz des Visuellen im Spektrum der Wahrnehmungsarten. Er identifiziert nämlich offenbar das Wesen einer Sache mit ihrer Äußerungsform. Das heißt aber, das Wesen ist im Prinzip nicht verborgen und muß deshalb nicht wie bei Jacob Böhme oder Paracelsus aus äußeren Anzeichen erschlossen werden. Deshalb auch diese Nähe in der platonischen Ontologie

---

6 Th. Bomann, *Das hebräische Denken im Vergleich mit dem Griechischen*, Göttingen 1952.
7 Siehe dazu meinen Artikel über Jacob Böhme, in: G. Böhme (Hrsg.) *Klassiker der Naturphilosophie. Von den Vorsokratikern bis zur Kopenhagener Schule*, München: C.H. Beck 1989.

zwischen dem eigentlichen Sein und dem Hervortreten. Es ist nicht etwa so, daß das eigentlich Seiende das Hervorgetretene ist, sondern gerade umgekehrt: das eigentlich Seiende wird so gedacht, daß das Hervortreten wesentlich zu ihm gehört: als εἶδος wird das Seiende so gedacht, wie es sich auch zeigen kann.

Man kann sagen, daß in dieser Denkweise sich ein geradezu erstaunliches Weltvertrauen manifestiert. Platon vertraut sichtlich darauf, daß die Dinge sich auch so zeigen, wie sie wirklich sind. Andererseits kann man dieses Vertrauen auch als Vertrauen in die menschliche Fähigkeit zur Erkenntnis bezeichnen. Die menschliche Erkenntnisfähigkeit ist offenbar selbst gutartig (ἀγαθοειδής) in dem Sinne, daß sie das Seiende auch so erkennen kann, wie es wirklich ist.[8] Daß Platon an diesem Vertrauen unerschüttert festgehalten hat, ist um so erstaunlicher, als er in seiner Jugend den Prototyp eines Menschen kennengelernt hat, bei dem Sein und Erscheinung auseinander fielen, nämlich Sokrates.[9] Es ist dabei vielleicht gerade das Sonnengleichnis, was gegen solche Erschütterungen das Vertrauen darauf befestigen soll, daß das Seiende und die Seele durch ein Joch verbunden sind wie das Wahrnehmbare mit dem Wahrnehmungsvermögen. Wohlgemerkt, Platon redet hier nicht sogleich von Erkenntnis, sondern allgemeiner von Seele. Das, was die Idee des Guten an der Seele bewirkt, ist, daß sie selbst gutartig (ἀγαθοειδής, *Politeia* VI, 509a3) wird, daß sie *vernünftig* wird. Die Vernunft wird in der Seele durch die Ausrichtung auf das wahrhaft Seiende ausgebildet. Das war die Umkehrung der ganzen Seele, die bei Platon dann in den Erläuterungen zum Höhlengleichnis ausführlich behandelt wird.

Damit können wir die Analogie der Verhältnisse zwischen dem Bereich, den die Sonne beherrscht, und dem Bereich, den die Idee des Guten beherrscht, explizit formulieren. Im Bereich des Sichtbaren wird durch das Licht, das von der Sonne ausgeht, das

---

8 Das Erstaunliche dieses Vertrauens wird einem auch wiederum erst deutlich, wenn man eine Alternative dagegen hält, beispielsweise Nietzsches Satz, daß »Wahrheit die Art von Irrtum (sei), ohne die eine gewisse Art von lebendigen Wesen nicht leben könnte«. Friedrich Nietzsche, *Werke in drei Bänden* (ed. Schlechta), München: Hanser 1956.Bd. 3, 844.

9 Siehe meinen Aufsatz *Über die Physiognomie des Sokrates und Physiognomik überhaupt*, in: G. Böhme, *Atmosphäre. Essays zur neuen Ästhetik*, Frankfurt/M.: Suhrkamp, 3. Aufl., 2000.

Sichtbare das wirklich Sichtbare und ebenso das Sehvermögen zu einem, das auch wirklich ausgeübt werden kann. Im Bereich des Seienden wird durch das Gutsein, das von der Idee des Guten ausgeht, das Seiende zum *Wahren*, nämlich zu dem, was sich als das zeigt, was es ist. Und die Seele wird zur erkennenden, insofern sie als gute das Vermögen der Vernunft in sich ausbildet.

Wenden wir uns noch einmal der Textpassage zu, mit der Platon das Sonnengleichnis resümiert:

> Die Sonne, denke ich, wirst du sagen, verleihe dem Sichtbaren nicht nur das Vermögen gesehen zu werden, sondern auch das Werden und Wachstum und Nahrung, unerachtet sie selbst nicht Werden ist.
> Wie sollte sie das sein!
> Ebenso nun sage auch, daß dem, was erkannt wird, nicht nur das Erkanntwerden von dem Guten komme, sondern auch das Sein und den Seinsbestand (οὐσία) habe es von ihm, da doch das Gute selbst nicht der Seinsbestand (οὐσία) ist, sondern noch über den Seinsbestand (οὐσία), an Würde und Kraft hinausragt. (*Politeia* VI, 509b2–9)

In diesem Resümee hebt Platon noch einen Zug an seinem Gleichnis hervor, der zwar implizit sowohl von Sokrates im Text, wie auch von uns als Auslegern bereits benutzt wurde, aber doch noch nicht ausdrücklich benannt. Die Sonne verleiht dem Sichtbaren nicht nur seine Sichtbarkeit, sondern auch das Werden und Wachstum: Hier geht Platon auf die reale Wirkung der Sonne im Naturhaushalt ein. Sie ist verantwortlich für den Wechsel Jahreszeiten, und damit für Werden und Vergehen der organischen Welt. Wir würden aufgrund der Erkenntnisse der neueren Biologie und Physiologie sagen, daß sie in der Tat auch direkt für die Nahrung der Lebewesen sorgt, indem nämlich das Sonnenlicht als Energiequelle wesentlich zum Aufbau der organischen Substanzen genutzt wird. Was aber entspricht dieser Rolle der Sonne im Bereich des Seienden? Platon sagt, daß die Idee des Guten auch für das Sein (τὸ εἶναι) und den Seinsbestand (ἡ οὐσία) des Seienden verantwortlich sei. Es fragt sich, ob Platon durch die beiden Ausdrücke τὸ εἶναι und ἡ οὐσία dasselbe sagen will, d.h. im Sinne der rhetorischen Figur des Hendiadyoin, durch Verwendung zweier Ausdrücke nur eine Verstärkung des Gesagten leisten – oder, ob er hier, wie sonst fast nie, einen Unterschied macht zwischen Daß-Sein und Was-Sein, zwischen Existenz und Essenz. Es gibt Autoren, die es als eine wesentliche Leistung des Dialogs *Sophistes* ansehen, den Unterschied von existentiellem und prädikativen Sein herausgearbeitet zu haben. Auch hier könnte er die analoge ontologische Differenzierung im Auge gehabt haben. Weil ich glaube, daß Platon an dieser Stelle tatsächlich einen wesentlichen Unterschied im Auge hat, der sogleich auch wichtig werden wird, habe ich οὐσία durch *Seinsbestand* übersetzt. Jedes Seiende ist zwar *Seiendes*, aber es hat zudem noch einen Inhalt, wodurch es sich von anderem Seienden unterscheidet. Die Gerechtigkeit selbst, der Mensch selbst, der Tisch selbst, alles dies sind Ideen und damit Seiendes, aber sie unterscheiden sich durch das, was sie sind, ὅ ἔστιν.

Platon sagt nun, daß dem Erkannten nicht nur das Erkanntwerden von dem Guten komme, sondern auch das Seiendsein und der Seinsbestand. Was soll hier *Sein* (τὸ εἶναι) heißen? Wir erinnern uns, daß Platon den Gesprächsführer im *Sophistes* (247e3 f.) einmal den Versuch wagen ließ zu sagen, was das Seiendsein eigentlich ist. Die Antwort war: δύναμις, die Möglichkeit etwas zu tun oder zu erleiden. Die primäre δύναμις, die das Sein des Seienden nach dem *Sophistes* ausmachte, war die Möglichkeit erkannt zu werden (*Sophistes*, 248d). Hier, im Sonnengleichnis sehen wir nun, wie diese Möglichkeit damit zusammenhängt, daß jedes Seiende etwas Bestimmtes ist. Und dieser Zusammenhang wird gerade durch das Gutsein gestiftet. Seiendes hat wirklich die Möglichkeit erkannt zu werden, insofern es in seinem Was-Gehalt gut ist, d. h. ausgeprägt, artikuliert. Was im Bereich des Sichtbaren weit auseinander zu liegen scheint, nämlich die Gabe der Sichtbarkeit und die Gabe von Werden und Wachstum, ist im Bereich des Seins eigentlich eins. Erkannt werden können und klare Artikuliertheit zu etwas Bestimmtem, das ist es, was die Ideen als Ideen ausmacht und weshalb Platon sie das eigentlich Seiende nennt.

Wenn dem Erkannten das Erkanntwerden wie auch das Sein und der Seinsbestand vom Guten her kommt, so scheint fast trivial, wenn Platon seine Darlegung mit der Feststellung schließt, daß »das Gute nicht selbst der Seinsbestand ist, sondern noch über den Seinsbestand an Würde und Kraft hinausragt« (*Politeia* VI, 509b7–9). Doch was heißt das eigentlich? Platon scheint hier etwas Überschwengliches anzudeuten, etwas, das das Gute im letzten Moment, trotz aller Erläuterungen, in ein unerreichbares Jenseits versetzt. Die fast hymnische Sprache scheint etwas schlechthin Transzendentes anzudeuten. Tatsächlich ist der Ausdruck ἐπέκεινα τῆς οὐσίας zum Ursprung der Rede von der Transzendenz geworden und hat in unserem Jahrhundert noch für Heideggers Rede von der ontologischen Differenz, also die Unterscheidung von Seiendem und Sein, Pate gestanden. Im Neuplatonismus wurde die Stelle zum Ausgangspunkt einer Lehre, nach der von dem Einen-Guten, wie einer Quelle, alles Seiende ausströmt. Es gibt aber für solche überschwenglichen Interpretationen ein Hindernis, nämlich, daß die Idee des Guten eben auch als eine Idee, und damit als ein Seiendes, bezeichnet wird. So äußert sich Platon ganz eindeutig in der Passage, durch die er im sechsten Buch der *Politeia* zum Sonnengleichnis überleitet:

> Vieles Schöne, sprach ich, und vieles Gute, was einzeln so sei, nehmen wir doch an und bestimmen es durch Definition (τῷ λόγῳ).
> Das nehmen wir an.
> Dann aber auch wieder das Schöne selbst und das Gute selbst (αὐτὸ δὴ καλὸν καὶ αὐτὸ ἀγαθόν) und so alles, was wir vorher als vieles setzten, setzen wir als eine Idee, indem wir annehmen, daß sie nur eine ist, und nennen es jegliches, was es ist (ὃ ἔστιν). (*Politeia* VI, 507b2–8)

Hier wird die Idee des Guten keineswegs in ein unerreichbares Jenseits gesetzt, sondern in eine Reihe mit den anderen Ideen. Was hebt sie aber gleichwohl aus ihnen heraus, und warum übertrifft sie den Seinsbestand, ἡ οὐσία, noch an Würde und Kraft? Hier zeigt sich, warum es sinnvoll war, οὐσία an dieser Stelle nicht einfach als einen anderen Ausdruck für Sein zu verstehen. Es zeigt sich nämlich, daß es einige Ideen gibt, die gewissermaßen inhaltslos sind, keine Sachheit, kein ὃ ἔστιν enthalten. Wir haben solche Ideen in den obersten Gattungen schon kennengelernt. Sein, Bewegung, Ruhe, Selbigkeit und Andersheit sind Ideen, die nicht auf derselben Ebene, wie die sachhaltigen Ideen *Gerechtigkeit selbst*, der *Mensch selbst*, der *Tisch selbst*, stehen. Wir haben gesagt, daß es Ideen sind, deren Bedeutung hervortritt, wenn wir über Ideen reden. Man kann sie deshalb auch als Meta-Ideen bezeichnen. Dasselbe nun trifft für die Idee des Guten zu. Auch sie ist eine

Meta-Idee, auch sie enthält keine Sachheit, auch sie steht deshalb über den anderen Ideen und sie übertrifft wohl auch die fünf bedeutendsten Gattungen aus dem Dialog *Sophistes*, weil sie nicht bloß im Zusammenhang der Rede über das Seiende auftritt, sondern dort, wo es um Sein und Erkennbarkeit des Seienden überhaupt geht. Und die Erkenntnis des Seienden ist, wie wir wissen, bei Platon im letzten nicht sprachlich, sondern ereignet sich dort, wo es jemandem gelingt, die Natur des einzelnen Seienden, in dem, was es ist, mit der Seele zu berühren (αὐτοῦ ὃ ἔστιν ἑκάστου τῆς φύσεως ἅψασθαι). (*Politeia* VI, 490b3)

V. Anhang

Personenregister

Allen, R. E. 99 Anm. 7
Anaxagoras 60, 104
Anaximenes 294
Archytas von Tarent 49, 60, 82, 83, 85, 86, 87
Aristoteles, aristotelisch 11, 13, 14, 46, 47, 48, 57 Anm. 3, 69, 71, 72, 74, 75 Anm. 10, 78, 82, 88 u. 88 Anm. 1, 96 Anm. 4, 109, 110, 111 Anm. 2 u. 3, 116, 117 u. 117 Anm. 2, 122 Anm. 3, 119, 131–132 Anm. 3, 136 u. 136 Anm. 5 u. 6, 137 Anm. 7, 138 u. 138 Anm. 8, 152 u. 152 Anm. 3, 167 u. 167 Anm. 1, 168, 174, 175 u. 175 Anm. 5, 187, 193, 197, 208 Anm. 3, 215 u. 215 Anm. 3, 231, 236 u. 236 Anm. 4, 241, 242, 243, 245, 247, 248 u. 248 Anm. 3 u.4, 249 Anm.5, 258, 259, 264, 265, 267, 268, 270, 271 u. 271 Anm. 1, 273, 275, 276, 277, 278, 279, 281, 282 u. 282 Anm. 3, 283, 288, 293, 294, 295, 297, 298, 300, 308, 309, 328, 334 u. 334 Anm. 6, 338, 339, 340 Anm. 12, 342, 349, 350
Aristoxenes 80, 85, 109, 110, 11 Anm. 3
Artmann, Benno 304 Anm. 8
Augustinus 317 Anm. 3
Bacon, Francis 81
Barkhaus, Annette 245 Anm. 3
Basfeld, Martin 41 Anm. 3
Boethius 110, 111 und 111 Anm. 2
Böhme, Hartmut 294 Anm. 1
Böhme, Jacob 357 u. 357 Anm. 7
Boman, Thorleif 357 u. 357 Anm. 6
Bonitz, Hermann 48
Bulmer-Thomas, Ivor 47 Anm. 6
Burkert, Walter 80 Anm. 1, 297 Anm. 2
Caspar, Max 62 Anm. 7, 73 Anm. 8,
Cassirer, Ernst 339 Anm. 10
Cornford, Francis MacDonald 99 Anm. 7, 240 Anm. 7, 315 Anm. 2, 316 Anm. 3
Demokrit 60, 299 Anm. 5
Derrida, Jaques 262
Detel, Wolfgang 96 Anm. 4, 236 Anm.5, 241 Anm. 8,
Diels 249 Anm. 5
Diels/Kranz 169 Anm. 2, 203 Anm. 1, 205 Anm. 2, 232 Anm. 1, 299 Anm. 5

Dreyer, J. L. E. 74 Anm. 9
Eco, Umberto 194 u. 194 Anm. 2
Einstein, Albert 339
Eisenhardt, Peter 153 Anm. 5
Eleaten 340
Empedokles, empedokleisch 11, 17, 123 u. 123 Anm. 5, 157, 294, 296, 297
Eudemos 297 Anm. 2
Eudoxos, eudoxisch 47, 67 Anm. 1, 74, 76, 77, 78, 316 Anm. 1
Euklid, euklidisch 47, 49, 51, 55, 57, 59, 62 u. 62 Anm. 6, 64 u. 64 Anm. 8, 65, 74, 82, 83 Anm. 6, 91, 93, 94, 95, 96 u. 96 Anm.4, 97, 98, 120, 121, 122, 124, 126, 128, 129, 130, 131 u. 131–132 Anm. 3, 136, 138, 139, 302
Ferber, Rafael 355 Anm. 4
Fowler, D. H. 38 Anm. 1
Frank, Erich 49 Anm. 8
Frede, Dorothea 143 Anm. 2, 151 Anm. 3,
Frede, Michael 277 Anm. 1
Fritz, Kurt von 247 u. 247 Anm. 2, 248 Anm. 3,
Gadamer, Hans Georg 43 u. 43 Anm. 5
Gaiser, Konrad 14, 129 Anm. 2, 163 Anm. 9, 249 Anm. 5, 250 Anm. 7, 333 Anm. 4, 334 u. 334 Anm. 5, 335 Anm. 7, 345 Anm. 2
Galilei, Galileo 69, 71, 162, 223,
Gamm, Gerhard 73 Anm. 8
Graeser, Andreas 4 Anm. 4
Hartner, W. 131–132 Anm. 3
Hegel, Georg Wilhelm Friedrich 259, 262, 268
Heidegger, Martin 361
Heraklit 159, 203, 291
Hermodor 249, 250, 259, 265, 269
Hilbert, David 91
Hippasos 49, 83
Hippias 146
Hippokrates von Chios 60
Hoffmann, Michael 325 Anm. 1, 333 Anm. 3 u. 4, 335, 340 Anm. 11, 341 Anm. 14
Homer, homerisch 120. 147
Hösle, Vittorio 131 u. 131–132 Anm. 3, 133 Anm. 3,
Kamlah, Wilhelm 2 Anm. 3
Kant, Immanuel 28, 88 Anm. 1, 113 Anm. 4, 171, 201, 210, 322, 334 Anm. 6
Kapp, Ernst 109 Anm.1, 116 u. 116 Anm. 1, 117, 241 Anm. 9, 247 Anm. 1
Kepler, Johannes 62 u. 62 Anm. 7, 73 u. 73 Anm. 8, 74 Anm. 9, 86
Kimmerle, Gerd 73 Anm. 8
Kimmerle, Heinz 262 Anm. 1
Klein, Jacob 93 Anm. 3
Kobusch, Th. 277 Anm. 1
Kurz, Dietrich 56 Anm. 1

Leibniz, Gottfried Wilhelm 88 Anm. 1, 334 Anm. 6
Leisegang, Hans 142–143 Anm. 1
Linhard, Frank 153 Anm. 5
Linné, Carl von 110
Löhr, G. 137 Anm. 7
Lorentz, Oswald 147 Anm. 5
Maeyawa, Y. 131–133 Anm. 3
Maier, Anneliese 42 Anm. 3, 72 Anm. 7
Merchant, Carolyn 81 Anm. 2
Merlan, Phillip 248 u. 248 Anm. 4
Mittelstraß, Jürgen 75 Anm. 10, 129 u. 129 Anm. 1, 223 Anm. 1
Mojsisch, B. 277 Anm. 1
Müller, Hieronymus 71, 305
Natorp, Paul 2 Anm. 2
Newton, Isaac Sir 91, 201
Nietzsche, Friedrich 358 Anm. 8
Ogawa, T. 268–269 Anm. 6
Oresme, Nicolas von 71
Paracelsus 357
Parmenides, parmenideisch 169, 183, 205, 211, 212, 231, 232, 240
Petanides, Kaisar 153 Anm. 5
Philipp von Opus 16, 302
Philolaos 80 Anm. 1
Places, Éduard des 336 Anm. 8
Plutarch 82
Proclus 14, 94
Protagoras 203, 204, 207, 208
Ptolemäus 82, 83
Pythagoras 48, 80 Anm. 1, 83, 85
Pythagoreer, pythagoreisch 13, 46, 47, 48, 49 u. 49 Anm. 8, 50, 52, 61, 79, 80, 81, 82, 83 u. 83 Anm. 4, 85, 86, 122 Anm. 3, 136, 138, 139 u. 139 Anm. 9, 148, 174, 175, 176, 201, 228, 249, 299 Anm. 5, 315
Reale, Giovanni 43 u. 43 Anm. 5, 288 u. 288 Anm. 1
Richter, Lukas 137 Anm. 7
Russell, Bertrand 331
Sachs, Eva 299 Anm. 5
Saltzer, Walter G. 131–132 Anm. 3, 153 Anm. 5
Sayre, K. K. 137 Anm. 7
Schäfer, Lothar 304 Anm. 8
Schiemann, Gregor 41 Anm. 3
Schlechta, Karl 358 Anm. 8
Schleiermacher, Friedrich 54, 61, 100, 101, 105, 118, 119, 159, 172, 173, 192, 198, 199, 259, 261, 262, 264 u. 264 Anm. 2
Schmitz, Hermann 205
Schöpsdan, Klaus 333 Anm. 4

Sextus Empiricus 14, 249, 250 Anm. 7, 251, 269, 278
Simplicius 74, 75 Anm. 10, 249 u. 249 Anm. 5 u. 6, 250, 251, 259, 261, 265, 269, 278,
Sokrates, sokratisch 8, 21, 22, 28, 30, 37, 92, 100, 101, 102, 104, 109, 117, 127, 167, 184, 209, 220, 221, 230, 255, 331 u. 331 Anm. 2, 358 u. 358 Anm. 9
Speusippos 16
Steinthal, Heymann 142–143 Anm. 1, 146 u. 146 Anm. 3
Stenzel, Julius 117 u. 117 Anm. 2, 136 Anm. 5, 137 Anm. 7, 175 u. 175 Anm. 5
Szabó, Árpád 57 Anm. 2 u. 3, 64 Anm. 8, 83 Anm. 4, 92 Anm. 2, 98 Anm. 6, 125 Anm. 7, 126, 140 Anm. 11
Szaif, Jan 210, 211 Anm. 2
Szlezák, Thomas A. 2 Anm. 1, 14, 15, 345 u. 345 Anm. 1
Teichmann, Jürgen 78
Thaer, Clemens 62 Anm. 6
Thales 30, 47, 74 Anm. 9, 294,
Theaitetos 61, 62, 63, 64 u. 64 Anm. 8, 126, 202, 301,
Theodoros 125, 126
Toth, Imre 131–132 Anm. 3
Wacker, Rudolf 146 Anm. 4
Waerden, B. L. van der 49 Anm. 7, 51 Anm. 9, 57 Anm. 2, 58, 59 u. 59 Anm. 4, 60, 61 Anm. 5, 62, 64 Anm. 8, 62, 68 Anm. 2, 83 Anm. 4, 5 u. 6, 85 Anm. 7, 126, 139 Anm. 9, 140 Anm. 12,
Whitehead, Alfred North 3, 259 Anm. 4, 268–269 Anm. 6
Wieland, Wolfgang 355 Anm. 3
Winfree, Arthur T. 320 Anm. 6
Wolf-Gazo, Ernst 268–269 Anm. 6
Wulf, Christoph 254 Anm. 3
Xenokrates 261
Zenon 340 Anm. 12

Stellenregister

Das Stellenregister gibt die Stellen des Platontextes, wie üblich, nach der Zählung der Stephanus-Ausgabe an. Dabei richtet sich jedoch die Angabe der Zeilenzahl nach der von mir benutzten Ausgabe: *Platon. Werke in acht Bänden. Griechisch und Deutsch. (Hrsg. v. Gunther Eigler) Darmstadt: WB 1983*. Diese Ausgabe enthält den griechischen Text nach Léon Robin, Auguste Diès und Joseph Souilhé, erschienen als *Platon, Oeuvres complètes* bei der Société d'Édition ›Les Belles Lettres‹. Die Deutsche Übersetzung folgt soweit wie möglich der Schleiermacherischen (bzw. der von Klaus Schöpsau bei den Gesetzen, der von Hieronymus Müller beim Timaios und der von Dietrich Kurz bei den Briefen). Abweichungen werden jedoch nicht ausdrücklich angegeben, so daß die letzte Verantwortung für die Übersetzung der jeweiligen Stelle bei mir liegt.

Das Register gibt die Platonstellen, die ausführlich zitiert werden, in fetten Zahlen an. Bei den Seitenangaben des vorliegenden Buches bezeichnet der Fettdruck jene Stellen, an denen nicht nur einfach auf eine Platonstelle verwiesen wird, sondern die angegebene Stelle eingehend besprochen wird.

Alkibiades I	**129b1-c5**	**254–255**
7. Brief	341c4–6	1
	341c4-d2	15
	341c6-d2	104
	341c7-d1	141 Anm. 13
	342a7–343c6	**106–107**
	342b7 f.	**123**, 194
	342e4	197
	343b-c	182, **275**
	344b4–c1	**108–109**
	344b4-c1	141 Anm. 13
Charmides	167cff.	259 Anm. 6
	168e2–169a1	**331**
Epinomis	981b2 f.	302 Anm. 6
	990c7	49

Gorgias	451a	49
Hippias Maior	285d	146
Hippias Minor	368d	146
Kratylos	424c	143
	430a10 ff.	195
	430a10-b5	**196**
	432a7-b4	**275–276**
	432a7-d4	**197**
	432b3 f.	199
	432c7 f.	199
Lysis	215c-216e	268 Anm. 5
	220c4 f.	260
Menon	**72a7-d1**	**118**
	72a9-b1	**119**
	72c8	117
	72e4–6	**119**
	75b9 f.	120
	75d5	121
	76a5 f.	121
	76d6 f.	**123**
	79e7–80b7	22
	81c5–7	**103**
	83a7	57
	84b-86c	213
	84d7	57
	86e3	92–93
	87a2–7	**93**
	87a5 u. 6	57
	97a10-b3	229 Anm.3
	97b1–7	**217**
	98a4	217
	98a7–9	217
Nomoi VII	797b1 f.	257
Nomoi X	**893c2-d7**	**339–340**
	893d6-e1	**341**
	893e1–894a1	**341–342**
	894a6 f.	335
	894a1–8	**333**
	894b8–10	**326**
	894e4–895a3	**326–327**
	895a5-b1	**328**

	895c4–896a5	**329**
	896a6–8	330
	896c9-d1	330
	896e8–897a7	**330**
	897a	339
	897b1–4	**343**
	897b9	343
	897c-899a	325
Parmenides	130c-e	356 Anm. 5
	132d1–133a6	**186–187**
	133a9	261
	133cff.	253 Anm. 2
	133d-134c	266
	134d2-e7	**266–267**
	137c4	237 Anm. 6
	139e8 f.	274
Phaidon	64a	**29**
	64c	29
	64c5–7	260
	65a7–65c7	**29**
	66a2 f.	260
	67d	293
	70e-71d	268 Anm. 5
	74b8	253
	99d4–100a7	21, **104–105**
	100a1 f.	105
	100a3–6	**92**
	100c4 f.	259 Anm. 5
	101b8-c6	**46**
Phaidros	246aff.	293 Anm. 6
	247b-g	103 Anm. 1
	248a-249d	213
	265d3-e3	**102**
Philebos	14c-15c	**132**
	14d1–3	132 Anm.4
	15a4–8	**133**
	16c-26d	149
	16c5–17a5	**133–134**
	16c9 f.	149
	16e1 f.	140
	16e2	313 Anm. 1
	17c1-d2	**136–137**
	17c11 f.	138

	17d	89
	17d1	139
	17d2	140
	17d4–7	73
	17d5	140
	18a7-b4	**141**
	18b6-d3	**143**
	18c4	145
	18c7-d3	148
	23c-26d	149
	23c1 f.	150
	23c9-d1	**149–150**
	24aff.	267
	24a2	149 Anm. 1
	24a-25a	249 Anm. 6
	24a6-b3	**151–152**
	24b11-c3	**151**
	24c3-d7	**152**
	24d2 f.	**153**
	24d6–8	153
	25a7-b8	154
	25c9 f.	150
	25d-e	161
	25d11-e2	154
	25e3–26c1	**156–157**
	26a	73
	26af.	137
	26d9	335
Politeia I	340e2 f.	260
Politeia III	402c6	254
Politeia V	477b	168
	477c9-d5	**168**
	477d1 f.	169
Politeia VI	490b3	362
	504a-505a	345
	506d6	21
	506d8-e1	345
	507b2–8	**361**
	507c12–508a3	**347–348**
	508a1 f.	351
	508a4-b10	**348–349**
	508b7	350
	508b3	350

	508b12-c4	**351**
	508c6-d2	**350**
	508d4–509a5	**352**
	508d5	352
	508d7 f.	352
	508e1 f.	353, 356
	509a3	358
	509b1–9	**346, 359**
	509b7–9	360
	509d7–510b9	**169–170**
	510c1-d2	**94**
	510c4 f.	59, 96, **130**
	510d	215 Anm. 4
	510d2	96
	511b1-c2	**98**
	511b3-c2	**128–129**
	511d	87
	511d1–6	**98–99, 128**
	511e1–3	171
Politeia VII	**514a-517a9**	**23–26**
	517b	27
	518c4-d1	**30**
	521c	29
	522b7	38
	522c1	41
	522c1 f.	38
	522e5	38
	523a1–4	39
	523a3-b2	132 Anm. 4
	523b9–524b2	**39–40**
	523c1	41
	524b2-c15	**43**
	524c11	44
	524e4 f.	**45**
	524e5	44
	525a1-b1	**45**
	525b1	45
	525c1–3	45
	525d5–526a7	**53**
	525d6	52
	525e3–5	54
	526a	53, 174
	526e3	55
	526e4 f.	55

374 Stellenregister

	527a1-b1	**56**
	527a7	59
	527d2–5	66
	528a7-b5	**60**
	528c6	60
	528d9	61
	529b3–8	**69**
	529c1-d5	**70–71**
	529d3	74
	529d8	70 Anm. 5
	530a8-b5	**72–73**
	530b7	70 Anm. 6
	530b7-c3	**70**
	530d6–10	**79**
	530e6–531b8	**79–80**
	531a2 f.	80
	531b3	81 Anm. 3
	531c2–4	86
	531c3	70 Anm. 6
	531c9-d4	**87**
	531e5 f.	**100**
	532a1–5	103
	532a6 f.	103
	532b5	100
	532e2	100
	533b1-c7	**90–91**, 93
	534b3	102
	536d-540c	35
	537c2–4	35, 36, 87
	537c7	102
Politeia X	**596a-597b**	**178–180**, 185
	596c11	182
	596e4	181
	597a1-a8	**256**
	597a2	181
	597a5 f.	181
	601c4–602a2	**354**
	614bff.	293 Anm. 6
Politikos	262a	**112**
	262b1 f.	**112**
	262c	49
	262c11–263b11	**113–114**
	262e3–5	**49**
	262d6-e3	49

Stellenregister 375

	262e3–5	49
	263d1–3	**112**
	269cff.	322 Anm. 7
	283df.	138
	283e3	138
Protagoras	352e	254
Sophistes	230d4	188
	235c9-e2	**190**
	235d9	198
	235e3–236c7	**191–192**
	235e6–8	194
	236e1–3	189
	237a8 f.	232
	237d1-e1	**232–233**
	239c-240b	**183–184**
	240b2	188
	240b7	188
	240b12 f.	189, 336
	240d4	188
	243c-245c	278
	243d-244a	278
	244b-c	278
	247e-248a	280
	247d8-e4	**280**
	247e3 f.	360
	248c4 f.	**122**
	248c4	280
	248c4-e5	**281**
	248d	360
	248d9-e4	**246**
	249b12-c1	**246, 257, 282**
	250a7	282
	250c5	279
	253d1–3	**102, 246,** 263
	254c5-d2	**245**
	255c5-d1	**252**
	255c9-e1	**263–264**
	255c12 f.	**259, 278**
	256d12-e3	**263**
	260b13-c3	**232**
	261d4–262e10	**234–236**
	262d2-d5	238
	262e12–263d4	**239–240**
	263b	**275**
	263e3–5	231

Symposion	**186c6-d6**	**158**
	186d5–187d5	**158–159**
	188a1-b7	**160**
	204a1 f.	104
	207e1–208b	**338**
	207d1-e1	**258**, 321
	207e2–4	**258**
	215a7-b5	22
Theaitetos	147c5 f.	**124**
	147d5	125
	148a8	57
	149c	22, 226
	152a3–4	**203**
	152a7-c4	**204**
	156a-158b	123 Anm. 5
	156a3-c2	**205**
	156d3-e7	**206**
	159e8 f.	207
	181d6	341 Anm. 13
	182a9 f.	**274–275**
	184d7–185a1	208
	185c8-d1	208
	187a5 f.	213, 218
	187dff.	232 Anm. 2
	188c-189b	212, 233 Anm. 30
	189e6 f.	210
	190a4–6	211
	193c1 f.	213
	193c4	212
	194e6	213
	197b	215 Anm. 3
	198a5–12	**50**
	198b	46
	200e-201c	216
	201b7-c2	**216–217**, 229 Anm. 3
	202e-206b	**219, 221**
	203a-b	143
	206e-208b	**219, 221**
	208a8-b1	220
	208b5–209d10	222
	208c5 f.	219
	208c5–8	**219**
	208c6	220
	208c7 f.	222

Stellenregister 377

Timaios		
	27d5 f.	256
	27d6–28a4	**289**, 324
	28c5–29a6	**227**
	28c5–29a2	**256–257**
	29a5 f.	292
	29a8-d5	**224–225**
	29b4 f.	225
	29b8	226
	29c6	226
	30a1–6	**290–291**
	30a4	305
	30b1-c5	**292**
	30c6 f.	292
	31a-b	293 Anm. 5
	31b5–9	**294**
	32b2–9	**295**
	32c5 f.	292
	34b-c	311
	34e1 f.	304
	35a1-b3	**311–312**
	35b-36b	315
	36b7-d7	**76**
	36d	315
	37a-c	316
	37a6	316
	37c6-d8	**318**
	37d7	321
	37e1–38a2	**323**
	38a7-b3	**336**
	38c-d	316 Anm. 1
	39b	316 Anm. 1
	39b2-c1	**69**
	39b8–11	38–39
	39c	323
	39c1-d2	**66–67**
	39d2–7	**67**
	41b	321
	42aff.	293 Anm. 6
	43b	340
	45b-46c	**207**
	47e	290
	47e3–48a2	**296**
	48a	290
	48b	303
	48b3	296

48b5-c2	**296**
49a	290
49a7 f.	298 Anm. 3
49b1	298
49c	302
49d1–3	**336**
49d1–50a2	**298–299**
49e1	298
50a1	298
50c1	300
50d1-d3	**300**
50d3	298 Anm. 3
52b1	297, 298
52b3–6	**297**
52d2-e1	**301**
52e2–5	**305**
52e6–53c2	307
53a8-b5	**306–307**
54a	304 Anm. 8
54a4-b3	303
54a7	131
54b-c	303
54b2 f.	304
56a	309
58d	308
59b1–3	309
61c4–8	**309**
61d6–62a5	**309–310**
67c4–69d3	123 Anm. 5
68d2–7	**81–82**
76cf.	**207**
90c7-d7	**344**

Sachregister

Der Sachindex dient nicht primär dazu, die Verwendung von Termini nachzuweisen. Er soll vielmehr in Ergänzung zum Inhaltsverzeichnis die Sachzuammenhänge quer zur Gliederung des Buches aufzeigen. Dazu dient einerseits die Clusterbildung bei den wichtigsten Stichworten, dienen andererseits die Verweise. Davon gibt es vier Arten: fettgedruckte Termini im Text verweisen jeweils auf andere Stichworte, *s.* verweist auf das entsprechende Hauptstichwort, wo die Einträge zu finden sind, Einträge mit *s. a.* auf wichtige Ergänzungen zum jeweiligen Problemzusammenhang, Einträge mit *s. f.* verweisen auf den weiteren Kontext.

Abbild s. **Bild, Darstellung**
Ähnlichkeit, Ä. u. **Gleichheit** 273 f.; Ä. u. **Identität** (s. a. **Selbigkeit**) 186–188, 274; sind **Idee** und **Einzelding** einander ähnlich? Ähnlichkeit als Prädikationsweise der **Qualität** 274–277; s. a. **Tritos-Anthropos-Argument; Bild**
Aion (Lebenszeit), als Grundzug von Leben überhaupt 316; die **Zeit** ist Bild des ewigen Aion 316–321; der ewige Aion nur durch fortschreitende Reproduktion darstellbar 321;
Akribeia (Strenge), s. strenge **Rede**
Als-Struktur, s. **Auffassung, Satz**
Analyse/Synthese s. **Erklärung**
Anamnesis (Wiedererinnerung) 10, 103 f., 213
Andere, das, das Verschiedene (to heteron) 246, 261–270; Beziehung zur **Kategorie** des **Relats** 262–264; Beziehung zur **Bild**theorie 253, 262; zur Lehre vom **Satz** 232 f., 239–241; das A. und das **Nichtseiende** 233, 240 f.; kosmologische Rolle des A. (Umschwung des A.) 76, 312, 314; s. a. oberste **Gattung, Kategorien,** s. f. **Falschheit**
Apeiron (Unendliches, Unbegrenztes) in der fünf Prinzipienlehre (*Philebos*) 11, 150–154; dynamischer Charakter des A. bzw. der **unbestimmten Zweiheit** 133 f., 140, 141, 144 f.,152 f, 249 (s. f. atomon **Eidos, Dihairesis,** die Rolle des A. beim Problem des **Einen und Vielen**); s. a. **Chora**
Arithmetik (Zahlentheorie) 38–54; Definition der A. 49 f.; A. und Rechenkunst 38 f., 50, 214–216; Wesen der Zahl 45–49; **Hypothesen** d. A. 130 f.Ú **Gerade und Ungerade** 49–52; s. a. **Ideenzahlen, Zahl,** s. f. **ungeschriebene Lehre, Harmonielehre, Kommensurabilität, Inkommensurabilität, Wissenschaft(en)**
Artefakte (Hervorbringen, Herstellen) 138–182, 256, 352–355, Beispiele 8, 23, 37, 178, 221, 256, 353; der Kosmos als hergestellter 16 f., 287 f.
Astronomie, zwei Teile der A. 66–78, 89: A. als **Zeitlehre** 66–68, 160, 318 f.,

332–324, Teil der allgemeinen **Rhythmus**theorie 73, 157 und A. als Theorie der **Planeten**bahnen (Eudoxos) 73–78 (s. a. kosmologische Rolle des **Anderen**); A. als Typ gegenstandsbezogener **Wissenschaft** 160–163; Abwehr empirischer Einstellung zur A. 68–70; s. a. **Kalender, Kosmologie**

Auffassung (doxa) 209–222, 229; als Wissensform, Stellung in der **Erkenntnis**hierarchie 167–178 (Schema dazu 171); als Modell von Kognition, speziell Wachsblock 212 f., Taubenschlag 214–216; richtige A. mit **Erklärung** 219–222; richtige A. mit **Wahrnehmung** 216 f.; Als-Struktur 211 f., 218, 228, 231; Beziehung von **Satz** u. Doxa 210 f., 219, 231–233; falsche A. 212; s. a. **Wahrheit, Falschheit; bildgemäße Rede**, s. f. **Anamnesis**

Aussehen s. Idee

Axiome, A. d. Geometrie 54

Begrenztes, s. **Grenze**

Begriff, Unterschied zu Idee 109–115, 117

Bewegung (kinesis) 324–344; als **oberste Gattung** 279–283; Bewegtheit 205 f., 246, 281–283 (s. a. **Dynamis**/Energeia); als **Kategorie** 279; **Bewegungsarten** nach *Nomoi* X (s. d.); nach *Timaios* 340 f.; Modelle, Bewegung zu denken (Bewegung und **Selbigkeit**) 258 f., 337–339; B. in der **Chora** 291 f., 305–307, 332; erster Beweger 328, 342; s. a. **Materie; Selbstbewegung, Hervortreten**

Bewegungsarten nach *Nomoi* X 326–344: **Selbstbewegung** 326 f., Bewegung eines anderen, **Werden** und Vergehen 332–337, **Kreisbewegung** 338 f., Ortsbewegung (Translation) 340–342, Zerteilen und Zusammenfügen, Wachsen und Abnehmen 340–342; ursprüngliche und abgeleitete Bewegungen 330, 339, 342;

Bewegungslehre s. **Astronomie** u. **Musiktheorie, Langsamkeit/Schnelligkeit, Rhythmus**

Bild, Theorie des B. 178–200; griechische Ausdrücke f. B. 188; Definition von B. 183 f., 188 f., 336 f.; das B. als Nicht-Seiendes 183; Bildrichtigkeit 197–200; Urbild-Abbild-Relation als Modell der Beziehung von **Idee und Einzelding** 8, 253, 262, als Relation der **Seinshierarchie** 173 f.; der **Kosmos** als B. 17, 288, 290 f.; die **Zeit** als Bild 318–321; **Gleichnisrede** als B. 22 f.; s. a. **Darstellung**, bildgemäße **Rede, Hervortreten, Mimesis, Kunst, Sophist**

bildgemäße Rede, s. **Rede, bildgemäße** (eikos logos)

Böse, das, s. das **Schlechte**

Buchstabe, s. **Sprachtheorie**

Buchstaben-Silben-Modell, als Modell von **Erkenntnis** und **Erklärung** 221; als Modell der Materiekonstitution 296 f.;

Chora (Amme des Werdens) 17, 297–301; vs. **Raum**, Räumlichkeit 314; als Medium des **Hervortretens** von **Ideen** 17, 297, 299; **Bewegung**stendenzen in der Ch. 292, 305 f.; als Prinzip der Notwendigkeit 290 f.; qua Ort, Platz 340

Chorismos 10; Überwindung des Ch. 267, 312, 315 f.; s. a. **Idee, Ideenlehre**, s. f. **Seele**

Darstellung (Abbildung, Mimesis) 108, D. der **Idee** im Ding 173, 186, 193 f.; des **Seienden** in der **Rede** 105–108, 196, speziell im **Satz** 241; zwei Arten der Mimesis: **ebenbildnerische und trugbildnerische Kunst** 190–192; kann die

D. der **Idee** im Ding nach dem Modell der ebenbildnerischen 193 f. oder der trugbildnerischen Kunst gedacht werden? 200; D. als Herstellung s. **Artefakte**; D. als Gegenstandsbezug in den **gegenstandsbezogenen Wissenschaften** 162; s. a. **Hervortreten, Bild**;

Definition 106 f., 115–127; als Antwort auf die Frage *was ist X?* (ti esti;) 116 f.; Paradigmata von D. 106, 120, 123 f.; D. von **Seiend**-Sein 122; von **Bild** 182 f., 188 f., 336 f.; von Sprachlehre (**Grammatik**) 148, von **Arithmetik** 49 f.; von Kreis 106, 123; von **quadriert kommensurabel** 125–127; von **Seele** 329; von **Dialektik** 90 f., 102, 246; Definitionsversuche von **Wissenschaft** (*Theaitetos*) 212, 215, 219, s. a. **Wahrnehmung, Auffassung**; D. als Stufe auf dem Erkenntnisweg (*7. Brief*) 106–109; s. a. **Dialektik**

Derartiges, etwas (toiouton) 298 f.; im Unterschied zu **Selbst**sein 180 f., 184 f. 253, 255 f.; **Qualität; Bild; Satz**; s. a. **Ähnlichkeit**

Deuteros plous, s. Methode der Logoi

Deutung (eikasia) 171–173, s. a. **Erkenntnishierarchie**

Dialektik 100–127; Worterklärung von D. 100; Definition von D. 90 f., 102, 246; D. als Gesprächstechnik 100–102, 121; D. und **Ideen**schau 102–104; dialektische Begründung von **Wissenschaft** 128–148; D. u. **Dihairesis** 109–115, 139;

Dihairesis 109–115, 222; Beispiele von D. 102; Regeln der D. 112–115; D. u. dialektische Begründung 133, 139, 143–145; s. a. **Definition**;

Dimension s. **Geometrie, Stereometrie**

Dimensionenfolge (Zahl [Punkt], Linie, Fläche, Körper) 13, 38, 88, 129, 332 f.; s. a. **ungeschriebene Lehre**;

Doxa, s. Auffassung

Dreiecke 59, 131, 303, s. a. **Geometrie**

Dritter Mensch s. **Tritos-Anthropos-Argument**

Dynamis, als Definiens von **Seiend**-Sein 122; Erkenntnisvermögen 168; als Bewegungstendenz in der Chora 305; s. a. **Möglichkeit/Wirklichkeit**

Dynamis, math. (Wurzel) 125–127

Eidos, s. Idee

Eikasia, s. Deutung

Eikos Logos, s. Rede, bildgemäße

Eine, das, s. das Gute

Eine, s. Prinzip des Einen und der unbestimmten Zweiheit

Eines und Vieles, Problem des Einen und Vielen, landläufiges 44 f., 132; gewichtiges 132; Methode des Einen und Vielen 133–136; systematische Funktion der **Zahl** 132–148; Anwendungsbeispiele: musikalischer **Ton** 136–141, **Sprachlaut** 141–148; ins Unendliche entlassen jenseits **dihaire**tischer Differenzierungen 134, 140 (s. a. atomon **Eidos, Apeiron**); s. a. gegenstandsbezogene **Wissenschaften**

Ekliptik s. Umschwung des **Anderen**, s. a. **Astronomie**

Elementardreiecke, s. Elemente, Dreiecke

Elementarismus, s. Buchstaben-Silben-Modell

Elemente (Feuer, Wasser, Erde, Luft), kosmologische Einführung der E.

294–296; Theorie der E. 296–310 (s. a. platonische **Körper**); Physiologie der E. 309 f.;

Empirie, Ablehnung empirischer **Wissenschaft** 69 f., 81 f.; als Moment der Unmittelbarkeit in **Erkenntnis** 218, 229; als Basis hermeneutischer Deutung 227, 288, 292, 329, 347 (s. a. **bildgemäße Rede, Hermeneutik**); qua Erfahrenheit 330 f.; s. f. **Wahrnehmung, Vernunft**, menschliche **Natur**

Entgegensetzung, s. **Gegensatz**

Entstehen, s. **Hervortreten**

Episteme s. **Wissenschaft allgemein**

Erkenntnis (Kognition) 201–229; Kriterien und Modelle 201–203, 208 f. (s. a. **Auffassung**); E. in strengem Sinne (s. **Wissenschaft, Dialektik, Vernunft**) 201; E. und Aneignung 15; Erkenntnishierarchie, Wissensformen nach dem Liniengleichnis (**Vernunft, Verstand [mathematische Wissenschaften], Auffassung, Glaube, Deutung**) 167–177; Schema dazu 171; Beziehung von **Sein** und Erkenntnis 168–173 (Schema 171), 205 f., 291, 352; Kriterien wahrer Erkenntnis (s. a. **Wissenschaft**): Beständigkeit 208, 217, 224, 257, Unwiderlegbarkeit 217, 224, 226, Unmittelbarkeit der E. 207, 218, 229 (s. a. **Wahrnehmung, Vernunft**), muß Handlungskompetenzen begründen 208; dialektische Begründung von E. s. dialektische Begründung von **Wissenschaft**; E. der **Natur** 223–229; s. a. **Erklärung**; s. a. **Kosmologie, bildgemäße Rede; Empirie; Dialektik, Hermeneutik**; gegenstandsbezogene **Wissenschaften**

Erkenntnismodelle 212–222 ; s. a. Typen von **Erklärung**

Erklärung, Auffassung (doxa) mit E. 219–222; Typen von E: **Satz** 219 f., Aufzählung von Bestandsstücken, Analyse/Synthese 220; Bestimmung durch Merkmale 221 f.; s. a. **Auffassung, Wissenschaft**

Erleiden, s. **Tun**

Erziehung zum Philosophen 28–31, 35–37, 66; s. a. Funktion der **Wissenschaft** in der Philosophenbildung

Falschheit (Täuschung, pseudos), als Eigenschaft des **Satzes** 231–233, 238; falsche **Auffassung** (Doxa) 212–216; s. a. **Sophistik, Nicht-Seiendes**

Farbe, Definition von Farbe 121 f., s. a. **Wahrnehmung**

Figuren, Schemata 120–122; **Geometrie, Stereometrie** als Lehre von den Figuren 55

Fixsterne, Bewegung der, Sphäre d. F. s. Umschwung des **Selben**, s. a. **Kosmologie, Astronomie, Kalender**

Gattungen, oberste 12 f., 244–246: **Seiendes** 277–281, **Selbigkeit** 251–261, das **Andere** 261–270, **Bewegung, Ruhe** 257, 281–283

Gegensatz 249 f., 267 f.

Geometrie, Definition der G. 55, 59; Verhältnis zur Praxis 56, 59; Anwendung zur Lösung algebraischer Gleichungen 56–59; **Hypothesen** d. G.: Winkelarten 94, 131; **Figuren** (Schemata) 94, 131; Axiome d. G. nach Euklid 54

geometrische Methode 90–98, 170; s. a. **mathematische Wissenschaften**

Gerade und Ungerade 49–52, 94 f., 113–115, 130 f., 163, 175; s. a. **Arithmetik, Zahl**

Geschwindigkeit, s. **Schnelligkeit/Langsamkeit**

Gestirne, s. **Astronomie, Planeten**
Glaube (pistis) 171–173, s. a. **Annahme, Erkenntnis**hierarchie
Gleichgewicht, Ungleichgewicht in der **Chora** 161, 304–306; s. a. **Elemente**
Gleichheit 154 f., als Ordnungstyp 161, 307; als Prädikationsweise von **Quantität** 273, 276 f.; platonische **Körper** als komplexe G. 62 f., 302, 304 f.; s. a. **Ähnlichkeit, Identität**
Gleichnisse 20–31,167–177, 345–362; Struktur der Gleichnisrede 171, 346 f.; Anlässe zur Gleichnisrede 21–23
Grammatik, s. **Sprachtheorie**
Grenze, Definition v. G. 154; Typen von G. (Ordnung, s. **Homologie**) 154 f., 160–163; G. im Rahmen der fünf Prinzipienlehre (*Philebos*) 149–157; im Zusammenspiel mit dem Grenzenlosen (**Apeiron**) 133 f., 149–163, 301, 304–307
Grenzenlose, das, s. **Apeiron**
Große, das Große und Kleine, s. **Prinzip des Einen und der unbestimmten Zweiheit**
Größe, s. **Quantität**
Gute, das (Idee des Guten) 129; das Eine und das G. 36; die Sonne als Gleichnis oder Abkömmling der I. d. G. 345–362; die Funktion der I. d. G. für das **Seiende** 351; für die Erkennbarkeit des **Seienden** 356–359; Idee der Idee? 355; transzendent? 360 f.; Rolle der Idee des Guten in der **dialekti**schen Begründung von Wissenschaft? 129 f.; Vortrag über das G. s. **Ungeschriebene Lehre**; s. a. **Eines und Vieles**; s. f. gute und **schlechte Seele**
Harmonie, Symphonie 79–86, 138–140, 154,159
Harmonielehre, s. **Musiktheorie**
Hermeneutik, Bildhermeneutik (s. a. **bildgemäße Rede**) 227–229; als Erkenntnisweise 292, 309, 321; s. a. **Empirie**
Hervorbringen, s. **Artefakte**
Hervortreten (Werden, gignesthai), H. d. **Idee** 290, 318, 322, 357 f.; Bereich des Werdens und Vergehens 223–225, 289–291, 322, (entspricht dem Bereich des Sichtbaren 171, der **Wahrnehmung** 203–206); Werden zum Sein (*Philebos*) 335–337; H. in einem Medium 288–291, 313 f.; als **Bewegungsart nach** *Nomoi* X 333; s. a. **Darstellung, Bild**, Ordnung des **Seienden**
Heteron, s. **das Andere**
Homologie, Ordnung gegenstrebiger Tendenzen 158; Arten von H.: **Gleichheit, Proportionalität (Symphonie), Kommensurabilität** 159, 161; s. a. **gegenstandsbezogene Wissenschaften**
Hypothesen 91–98; hypothetisches Verfahren s. a. **geometrische Methode, Dialektik, Methode der Logoi**
Idee (eidos); I. und Begriff 104–115, 117; als das wahrhaft **Seiende** 9, 171–173, 225, 289; als die Sache selbst 8, 104–108, 181 f., 185, 256; Standardbeispiele 8 f., 118, 178 f., 253, 256; Bedeutung des Terminus I. 8, 169; Beziehung zum Visuellen 8, 357; I. als chrakteristische Prägung 117–119, 200; **Hervortreten** der Idee (Erscheinen, Werden) 289 f., 318, 322, 357 f.; Verhältnis von I. und Einzelding 8: **Teilhabe** 186, **Darstellung** der I. im Ding 173, 253, speziell im

Herstellungsprozeß 178–182, 186, 288; Ideen und mathematische Gegenstände (s. a. **Ideenzahlen**) 176; **Gut**sein der I. 355–357; Erkennbarkeit der I. 356–359; Ideenschau 103 f.; Verflechtung der I. (s. a. **Satz**); Ideenteilung (s. a. **Dihairesis**) 112; atomon eidos 140, 175, 313, 315; I. und **Definition** 8,116 f., 119; s. a. **Ideenlehre, Bild, Darstellung, Hervortreten, Dialektik, Selbigkeit, Derartiges**

Idee des Guten; s. Gute, das

Ideenlehre (Zusammenfassung) 8–10, 64 f., 173; Einwände gegen die Ideenlehre: **Tritos-Anthropos-Argument** 10, 186–188, aus dem **Chorismos** 253, 267, 315 (s. a. **Relate**); s. a. **Idee, Anamnesislehre**

Ideenzahlen 174–177; Erzeugung der Zahlen 48, 129 f., 163, 175; s. a. **Zahl, Arithmetik, ungeschriebene Lehre**

Identität, s. Selbigkeit

Inkommensurabilität 125–127; speziell der Diagonale zur Seite im **Quadrat** 51 f.; s. a. **Kommensurabilität**

Intervalle (diastemata), 83–85, 138–140; s. a. **Musiktheorie**

Irrationalität, s. Inkommensurabilität

Jahr, Definition des J. 67, 322; das große oder Platonische J. 67 f.; s. a. **Astronomie** als Teil der allgemeinen **Rhythmus**theorie, **Kalenderproblem**

Kalender; Kalenderproblem 67 f.; s. a. **Astronomie**

Kategorien, 244–283; s. **Ousia, Qualität, Quantität, Relat, Bewegung**; Ursprünge in den Akademischen Diskussionen 247–251; Anfänge bei Platon 252 f., 257–277; Seinsgattungen oder Prädikationsformen? 247 f., 275, 278; s. a. Zeugnisse für die **ungeschriebene Lehre**;

Kinesis, s. Bewegung

kommensurabel, Kommensurabilität (Symmetria) 154; **quadriert kommensurabel** s. d.; K. als Ordnungstyp 155–163; K. der **Planeten**perioden 66–68, 70 f., 72 f., 319; vs. **Inkommensurabilität**;

Kopula, 236, 247; s. a. **Satz**

Körper, als Gegenstand der **Stereometrie** 55, 60–65; als Korrelat des Tastsinnes 294–296; Körper des **Kosmos** 17 f., 292–296; Körper und **Seele** 29 f., 260 f., 293; s. a. **Dimensionenfolge**

Körper, platonische (Tetraeder, Oktaeder, Würfel, Dodekaeder, Ikosaeder) 61–65, (Übersicht 302 f.); Definition 302; Beweis der Vollzähligkeit der pl. K. 63; als komplexe Formen von **Gleichheit** 301; als Ideen der vier **Elemente** 301; ihre Zusammensetzung aus Elementar**dreieck**en 302–304; s. a. **Stereometrie**

Kosmologie; Zusammenfassung16–18, 287–293; der Demiourg als Welthersteller 16 f., 287 f.; die **Erkenntnis** des Kosmos s. bildgemäße **Rede**; Prinzipien des Kosmologie: das ewig **Seiende** und die **Chora** 290; zwei Ansätze der Kosmologie: 1. vom **Seienden** her 290 f., 2. von der Notwendigkeit her 290, 296 f.; s. a. **Kosmos, Astronomie, Elemente**

Kosmos, Welt**körper** 294–310; Welt**seele** 311–344; der K. als Bereich des **Werdens und Vergehens** 289–292; der K. als **Bild, Darstellung** 17, 227 f., 290 (s.a bildgemäße **Rede**); K. als umfassendstes Lebewesen 318 f.; Schönheit des K. 292; kosmische **Bewegungen** als ethische Orientierung für den Menschen 344; s. a. **Aion, Raum, Zeit, Leben**

Kreisbewegung, Bewegung der Kreisscheibe 338 f.; s. a. **Selbstbewegung, Bewegungsarten**
Kunst (Techne) s. **Artefakte**
Kunst, ebenbildnerische, trugbildnerische 190 f.,193, 194 f., ästhetische Bewertung beider 192
Kunst, gebrauchende, herstellende, nachbildende 352–355, s. f. **Darstellung**
Langsamkeit/Schnelligkeit s. **Schnelligkeit/Langsamkeit**; s. a. **Bewegung, Rhythmus**
Laut, s. **Sprachtheorie**
Leben, s. **Selbstbewegung**
Lebenszeit, s. **Aion**
Licht, ermöglicht die Sichtbarkeit und Seinsweise der sichtbaren Welt 347; Wirkung der Idee des **Guten** analog zum L. 346, 352–356; s. a. **Wahrnehmung**
Logos, s. **Rede, Methode der Logoi, Satz,** L. im Sinne von **Proportion** s. d.
Materie, s. **Elemente**
Mathematik, s. **Wissenschaften, mathematische**
Medium der Darstellung, 108, 288, 290 f., 292, 299, 313; s. a. **Chora,** s. f. **Hervortreten**
Medium der Wahrnehmung 349
Mehr und Weniger, s. **unbestimmte Zweiheit**
Meinung, s. **Auffassung**
Merkmal, s. **Erklärung**
Methode der Logoi 21 f., 100–109, 238; **zweitbeste Fahrt** 92, 104–106, 127, 184,230
Methode des Einen und Vielen, s. **Eines und Vieles**
Methode, geometrische, s. **geometrische Methode**
Mimesis (Nachahmung) s. **Darstellung**
Mittel, arithmetisches, geometrisches, harmonisches 83 f.
Mittlere Proportionale 60; kosmologische Rolle im *Timaios* 295;
Möglichkeit/Wirklichkeit, aristotelische Bedeutung 282; Bezüge dazu bei Platon 282; s. a. **Bewegung** als oberste **Gattung**
Musiktheorie (Harmonielehre) 79–86, zwei Teile der M.: Harmonielehre und allgemeine **Rhythmus**theorie (s. d.) 73, 89, 157–159; Abwehr empirischer Einstellung zur H. 79–82; Pythagoreische vs. Aristoxenische H. 79–81; Pythagoreische H., sectio canonis 82–85, 138 f.; H. als Paradigma dialektischer Begründung von **Wissenschaft** 136–141, 158; M. als gegenstandsbezogene **Wissenschaft** 158; s. f. **Wissenschaft(en)**
Nachahmung (Mimesis), s. **Darstellung**
Name (onoma), N. im **Satz** 219, 234–237; **Zeit** als N. 318; **Seele** als N. 329, 332;
Natur (Physis), als Bereich des **Werdens** und Vergehens im ganzen 287–289; Erkenntnis der N. s. bildgemäße **Rede**; menschliche N. 22, 81 f., 225–227; s. a. **Kosmos**; s. f. **Hervortreten**

Sachregister

Naturerkenntnis 223–229;ist hermeneutisch 228 f. (s. bildgemäße **Rede, Hermeneutik**); keine strenge Erkenntnis 226; revidierbar 229;
Nicht-Seiendes 182; das **Bild** als N. 190; Beziehung zu Täuschung u. **Falschheit** 238; zur Sophistik 182 f., 231; Notwendigkeit, N. zu denken für **Auffassung** u. **Satz** 190, 212, 232; das N. als das **Andere** (Verschiedene) 238–241, 270; Unerkennbarkeit des N. (Parmenides) 212, 232 f.; s. f. ebenbildnerische u. trugbildnerische **Kunst**
Nomen (Onoma), s. **Name**
Nous, s. **Vernunft**
oberste Gattungen, s. **Gattungen, oberste**
On, s. **Seiendes**
Ontologie, s. **Seiendes, Nicht-Seiendes, Kategorien**
Ordnung, s. **Homologie**
Ortsbewegung, s. **Bewegungsarten**
Ousia (die Kategorie); Vorläufer der Kategorie O. in der akademischen Diskussion 249–251; Anfänge bei Platon 259–261, 298;
Ousia, s. **Seinsbestand**
Philosophie 105; s. a. **Erziehung** zum Philosophen
Physis, s. **Natur**
Pistis, s. **Glaube**
Planeten (**Sonne**, Mond, Merkur, Venus, Mars, Jupiter, Saturn); Perioden der Pl. 66–70; Bahnen der Pl. 73–78, 314 f.; s. a. **Astronomie, Kalender**, s. f. **Kommensurabilität**
Platonische Körper, s. **Körper, platonische**
Platonisches Jahr, s. **Jahr**
Prädikate, s. **Prädikation**
Prädikation, ist Platons Lehre vom **Satz** als Prädikationslehre zu werten? 236 f.; Weisen der Pr. s. **Kategorien**
Prinzip des Einen und der unbestimmten Zweiheit, als Bestandteil der **ungeschriebenen Lehre** 13, 250; Bezugsstellen im Werk Platons 42–44, 149–153; als Prinzip der Erzeugung von **Zahlen** 48, 175 f.; als Prinzip der **Kosmologie** s. **Chora**; s. a. **unbestimmte Zweiheit, Eines und Vieles**
Prinzipienlehre, Zusammenfassung der Pr. 10–13; die fünf Prinzipien des *Philebos* (**Grenze**, Unbegrenztes [**Apeiron**], das Gemischte, die Ursache der Mischung, der Trennung) 149–157; s. a. oberste **Gattungen**
Problem des Einen und Vielen, s. **Eines und Vieles**
Proportion (logos) 83, 138 f., 154 f., s. a. **mittlere Proportionale**
Pseudos, s. **Falschheit**
Quadrat 303 f.; Quadratzahlen 125, s. a. **Kommensurabilität**
Quadrieren 57–59, 125, s. a. **Geometrie**
quadriert kommensurabel 125–127
Qualität 152, 181, 197, 236, 270–277; Wahrnehmungsqualität 207; Ursprünge der **Kategorie** der Qualität bei Platon 197 f., 274–277; in der akademischen Diskussion 249; Bestimmungen in der aristotelischen Kategorienlehre 270–275; **Ähnlichkeit** als Proprium der Kategorie Q. 273 f.; als **Prädikation**sweise 275–277; s. a. **Derartiges**

Quantität 152 f., 270–277; Ursprünge in der **Kategorie** der Quantität bei Platon 152 f., 154, 197 f.; Bestimmungen in der aristotelischen Kategorienlehre 271–273; **Gleichheit** als proprium der Kategorie Q. 273 f.; als **Prädikationsweise** 275–277; s. a. **Grenze**

Raum, Räumlichkeit d. **Kosmos** 311–316; Unterscheidung zu **Chora** 314; Räumlichkeit der Bewegung 340 f.; s. a. **Teilbarkeit**

Rechnen, s. **Arithmetik**

Rede (logos), als **Darstellung des Seienden** 105–109; als **Medium der Darstellung** 108; s. a. **Satz, Definition; Dialektik, Methode der Logoi**

Rede , bildgemäße (eikos logos) 224–229, Unterschied zur **strengen Rede** 225 f.; als Rede der **Erkenntnis** der **Natur** angemessen 225, 287; wahrscheinliche Rede 224 f., 296; Beispiele für b. R. im *Timaios* 227, 292, 296, 309, 321; s. a. **Hermeneutik**,

Rede, strenge 260; Beispiele für st. R. 267, 323 f. 336; Unterschied zur bildgemäßen Rede 226;

Relate, Relation (pros ti); charakteristische Beispiele 266; Ursprünge im Werk Platons 168, 252 f., 262–269; in der akademischen Diskussion 242–251; Beziehung zur **obersten Gattung** des **Anderen** 261–270; **Seiendes**, das nicht an sich sondern in Bezug auf anderes so genannt wird 252; s. a. **Kategorie**

Rhema, s. **Verb**

Rhythmus, als Ordnungsschema für die gegenstrebigen Tendenzen des **Schneller /Langsamer**(s. a. **Kommensurabilität**) 72 f., 154–161; allgemeine Rhythmuslehre 89; **Astronomie** als Teil davon 159 f.; Rhythmuslehre als Teil der **Musik** 156 f.;

Ruhe (stasis), als **oberste Gattung** 282 f.; Voraussetzung für **Selbigkeit** und **Erkenntnis** 282;

Satz (logos) 230–243; aus Nomen und Verb 219 f., 231, 234; Satzqualität: **Wahrheit** u. **Falschheit** 232, 236, 238–242, 275; S. als **Prädikation** 236; Normalform des Satzes nach Aristoteles 236; Unterschied zu Aristoteles' Analyse des Satzes 241–243; Beziehung von S. u. **Auffassung** 210 f., 219, 231–233; Als-Struktur des S. 233, 238; als Artikulation einer Weise zu sein 237; Analogie von S. und **Bild** 238–240; s. a. **Kategorien, Kopula; s. f. Rede, Seinsweise**

Schemata, s. **Figuren**

Schlechte, das, (das Böse, Unordnung) 343, **Idee** des Schlechten 356, schlechte **Seele** 343 f.; **Ideen** von Niedrigem (Schmutz etc) 356;

Schnelligkeit/Langsamkeit, Unterschied zum Geschwindigkeitsbegriff 71 f.; als gegenstrebige Tendenzen 150 f., 153, 156 f., 159; **Kommensurabilität** als Ordnungsprinzip für S/L 72 f., 154–161; s. a. **Astronomie, Rhythmus**

Schrift, Erfindung der S. nach Platon 141–148; Ursprung der griechischen S. 146 f.; Lehre von der S. als Beispiel **gegenstandsbezogener Wissenschaft** 161; s. a. **Sprachtheorie**

Schriftkritik 106 f.; S. und **ungeschriebene Lehre** 15

Seele, allgemein, Definition als **Selbstbewegung** 329, s. a. **Selbstprädikation**

Seele, des Menschen, S. und **Körper** 29 f., 253, 260 f., 293; ethische Orientierung an den kosmischen **Bewegungen** 344; Umwendung der ganzen S. 30, 36,

105, 358 (s.a. als Funktion der **Wissenschaft** in der **Erziehung zum Philosophen**); S. als Ort der Erkenntnis 106f., gute und **schlechte** S. 343f.

Seele, kosmologisch, Konstitution der Weltseele aus **Seiendem, Hervortretendem,** Teilbarem, Unteilbarem, **Selbigkeit** u. **Andersheit** 311f.; S. als intermediäres **Seiendes** (Überwindung des **Chorismos**) 312, 315; S. als erstes Bewegendes 326–332; S.u. **Körper** 293; S. u. **Raum**ordnung 311–316; S.u. **Zeit** 316–324; S. und **Vernunft** 343f.

Sehen, Modelle des Sehens als Orientierung in der **Ontologie** 347–351, für die **Ideen**lehre 8, 357; Analogon von Sehen und wahrer **Erkenntnis** im Sonnengleichnis 355; s.a. Theorie der **Wahrnehmung**

Seiendes (on), als **oberste Gattung** 277–283; Definition von Seiend-Sein 122, 280 (s.f. **Dynamis**); Seinsordnung 23–27; Seinsordnung und **Erkenntnis**ordnung 167–177 (Schema 171); wahrhaft, eigentlich S. s. **Idee;** s.a. **Nichtseiendes, Sein, Seinsbestand, Seinshierarchie**

Sein (einai) 359, S. u.**Wahrheit;** S. u. Wirklichkeit (Bewegtheit) s. **Bewegung,** S. u. **Gut**-Sein 353–358; Was-sein und Daß-sein (Existenz) 360; s.a. **Nichtseiendes, Seinshierarchie**

Seinsbestand (ousia) 119, 359–361; Wasgehalt des **Seienden** 117, 119; das **Seiende** im Ganzen (Sonnengleichnis) 346; Realdefinition (logos tes ousias) 116–119; Werden zum Sein (gignesthai eis ousian) 335–337

Seinshierarchie; S. nach dem Höhlengleichnis 26f.; nach dem Liniengleichnis 171; Beziehung von S. und **Erkentnis**hierarchie 167–177 (Schema 171); **Urbild-Abbild-Relation** als Schema der S. 27, 173f.

Seinsweise 189, vs. **Prädikation** 236–238; s.a. **Satz**

Selbigkeit (to auton), Selbstsein, das Selbe 251–261; vs. Identität 252; als **oberste Gattung** 246; als Epitheton des wahren **Seienden** (der **Idee**) 8, 181f., 185, 253, 255f.; im Gegensatz zu relativem Sein 249f. 259–261; Bezug zur **Kategorie** der **Ousia** 258; S. und Beständigkeit 256, 337–339; Selbstsein als Forderung ethischer Bildung 254f.; **kosmologisch:** Umschwung des Selben 67, 69, 75f.;

Selbstbewegung (Spontaneität) 328–332; als Definition für **Seele** 329; und **Leben** 329; als erste **Bewegung** 326–328; s.a. **Bewegungsarten nach** *Nomoi* X;

Selbstprädikation, Selbstbezüglichkeit 259, s.a. **Selbstbewegung**

Sichtbarkeit, eine Wirkung des **Lichts** 349–351; Analogie zur wahren **Erkenntnis** 352–359;

Sonne, kosmologisch: das **Jahr** als Periode der S. 67, 322; als Sprößling der **Idee des Guten** (Sonnengleichnis 345–362), 351; verantwortlich für **Sein** und Sichtbarkeit des Sichtbaren 347–350, 358;

Sophistik 182f.

Sphären, s. **Astronomie**

Spontaneität, s. **Selbstbewegung**

Sprachlaute, s. **Sprachtheorie, Schrift**

Sprachtheorie (Grammatik) 141–149; Definition der Grammatik 148; Sp. als Beispiel **gegenstandsbezogener Wissenschaft** 161; Wörter als natürliche oder konventionelle Zeichen 196, 275 f.; s. a. **Schrift**, s. f. **Buchstaben-Silben-Modell**

Stereometrie, Platons Forderung einer St.55, 60; **Platonische Körper** als stereometrische Grundfiguren 61–64, 301; s. a. Theorie der vier **Elemente**, s. f. **Raum, Geometrie, Wissenschaft(en)**

Strenge, s. **Rede, strenge**

Substanz, s. **Ousia, die Kategorie**; Substanz im Modell, **Bewegung** zu denken 337–339;

Symmetrie, s. **Kommensurabilität**

Symphonie, s. **Harmonie**

Synopsis der **Wissenschaften** 87–99; tabellarische Übersicht 89

Synthese / Analyse, s. **Erklärung**

System, S. der gegenstandsbezogenen **Wissenschaften** 149–163; Tonleitern s. **Musiktheorie**

Tastsinn, kosmologische Rolle 294 f.;

Täuschung, s. **Falschheit**

Techne (Technik, Handwerk) s. **Artefakt**; s. f. **Kunst**

Teilbarkeit, als **kosmologische** Bestimmung 311–313;

Teilhabe 108 f.; Teilhabe-Relation als Modell der Ding-**Idee**-Beziehung 8, 186;

Ton (musikalischer), **Musiktheorie** als Entfaltung der Idee des musikalischen Tons 136–141

Ton (Sprachlaut), s. **Sprachtheorie, Schrift**

Tonarten, Tonleitern, Tonsysteme, s. **Musiktheorie**

Transzendenz, 360–362; s. a. **Seinsbestand, Idee** des **Guten**

Tritos-Anthropos-Argument als Einwand gegen die **Ideenlehre** 10, 186–188, 274; s. a. **Ähnlichkeit**

Tun und Erleiden, als aristotelische **Kategorie** 282; als Grundmöglichkeit des **Seienden** (*Sophistes*) 280–282; **Bewegung** als Zusammenspiel von T. u. E. 281 f.;

Übertreffen und Zurückbleiben, s. **unbestimmte Zweiheit**

Umwendung der ganzen Seele, s. **Seele des Menschen**

Unbegrenztes, s. **Apeiron**

Unbestimmte Zweiheit, als Gegenprinzip des Einen 13; Beispiele u. Zw. bei Platon 153; in der **ungeschriebenen Lehre** 249; dynamischer Charakter der u. Zw. 249; s. a. **Prinzip des Einen und der unbestimmten Zweiheit, Apeiron**

Unendliches, s. **Apeiron**

Ungerade und Gerade, s. **Gerade und Ungerade**, s. a. **Arithmetik**

Ungeschriebene Lehre, Inhalt der u. L. 12–16; Zeugnisse für die u. L. 48, 175, 249, 250, 335, 345; der Vortrag *Über das* **Gute** 14, 345; Beziehung auf die u. L. im platonischen Text 42 f., 72, 149–153, 332; Beziehung zur **Schriftkritik** 15; s. a. **Prinzip des Einen und der unbestimmten Zweiheit, Ideenzahlen**

Unterschied (Diaphora) 250 f.

Urbild-Abbild-Relation, s. **Bild**

Urteil s. **Satz**

Verb (rhema), als Bestandteil des **Satzes** 219 f., 234 f.; als Artikulation der Weise zu sein 236–238; s. f. **Erklärung**
Verfahren (hypothetisches), s. **Methode der Logoi, geometrische Methode**
Verfahren der Dihairesis, s. d.
Vermutung, s. **Deutung**
Vernunft (nous), als **Erkenntnis**vermögen 103–109, 128, 171, 229, 250, 289, 350 f.; als **kosmologisches** Prinzip 288, 344; als Prinzip der Konstitution des **Seienden** 150 (s. a. **Homologie**) s. a. **Erkenntnis**hierarchie
Verschiedene, das, s. **das Andere**
Verstand (dianoia), als **Erkenntnis**form der **mathematischen Wissenschaften** 171; der defizitäre **Erkenntnis**status der D. 90 f., 128; s. a. **Erkenntnis**hierarchie
Vieles, s. **Eines und Vieles**
Wahrheit, als Wirkung der **Idee des Guten** 352–359; als Epitheton des eigentlich **Seienden** s. **Idee**; als Qualität des **Satzes** s. d., der **Auffassung** (Doxa) s. richtige **Auffassung**;
Wahrnehmung 203–209; Theorien der W. 169, 205–207, 347–351; Rolle des Lichts in der W. 207, 347–351; W. als notwendig für **Erkenntnis** 207; als Analogon für **Erkenntnis** 347–352; als Vorschlag einer Definition von **Erkenntnis** 203; s. a. **Erkenntnis**hierarchie, **Seinshierarchie**
Wahrnehmungsqualitäten, s. **Qualität**
Wahrscheinlichkeit s. bildgemäße **Rede**
Was-Sein 255 f.; Unterschied von Was-Sein und Daß-sein (Existenz) 237; s. a. **Seinsbestand, Satz, Derartiges**
Weltseele, s. **Seele, kosmologisch**
Werden, s. **Hervortreten**
Wiedererinnerung, s. **Anamnesis**
Wirklichkeit/ Möglichkeit, s. **Möglichkeit/Wirklichkeit**
Wissenschaft (Episteme, **Erkenntnis** im strengen Sinne) **allgemein**, als Wissensform 167; Stellung in der Ordnung der **Erkenntnis**hierarchie 171; was ist **Erkenntnis**? (*Theaitetos*) 212, 215, 219; **Erkenntnis** vs. **Auffassung** (Doxa) 168–171, 209–225, 289; **dialektische** Begründung von W. 128–148; Synopsis der Wissenschaften 87–99; Funktion der W. in der Philosophenbildung (Umwendung der ganzen **Seele**) 35–37, 39–41, 44 f., 68 f., 86; Vollständigkeit der Gegenstände einer W. 63, 93, 130, 135 (s. a. **Musiktheorie, Sprachtheorie**, Theorie der vier **Elemente**)
Wissenschaften, gegenstandsbezogene: Harmonielehre (**Musiktheorie**), **Astronomie** als **Zeit**theorie oder Teil der allgemeinen **Rhythmus**theorie, **Astronomie** als Theorie der **Planeten**bahnen, Theorie der vier **Elemente**, **Sprachtheorie (Grammatik)**; System der gegenstandsbezogenen W. 149–163; Unterschied zur reinen **mathematischen Wissenschaft** 162; s. a. **Wissenschaft, allgemein**
Wissenschaften, mathematische (**Arithmetik, Geometrie, Stereometrie, Astronomie, Harmonielehre**) Übersicht 89; defizitärer Status bzgl. des Wissenschaftscharakters 90 f., 128; s. a. **geometrische Methode**; **dialektische** Begründung; **W., gegenstandsbezogene**

Würfel, als **Idee** des **Elemente**s Erde 301–304, Zusammensetzung aus Elementardreiecken 303; Würfelverdoppelung 60 f.; s. a. platonische Körper

Zahl, s. Arithmetik, Zahlbegriffe 47, speziell bei Platon und den Pythagoreern 177, bei Aristoteles 176; zahlenhaft **Seiendes** 197 f.; Z. als **Grenze** 154 f.; systematische Funktion der Zahl 132–148 (s. a. Problem des **Einen und Vielen**); Erzeugung der Zahlen s. **Ideenzahlen**, s. a. **Quantität**

Zahlideen, s. Ideenzahlen

Zeit 66–68, 316–324, Bild des **Aion** 318–321; Zeiten: Tag, Monat, **Jahr** 66,322; auch Umschwünge der anderen **Planeten** sind Zeit 67, 322 f.; Aspekte der Zeit (Gegenwart, Vergangenheit, Zukunft) 323 f., 336; Lebenszeit 316, 319 f.; Zyklizität der Z. 321 f., 323; s. a. **Planeten, Rhythmus**, Platonisches **Jahr, Kalender**

Zweiheit, unbestimmte, s. Unbestimmte Zweiheit

Danksagung

Mein Dank gilt vor allem Frau Heiderose Kolberg, Frau Bożena Friedrich und Herrn Ziad Mahayni, die den Text mit dem Computer erfaßt haben, was insbesondere wegen der vielen griechischen Termini eine besondere Leistung darstellt. Ferner danke ich Frau Univ. Prof. Dr. Sigrid Jalkotzy und den Herren Dr. Gisbert Hoffmann und Dr. Michael Hoffmann für wertvolle Hinweise. Bei der Korrektur hat mir Frau Katharina Waack-Erdmann geholfen, der Stellenindex und der Personenindex stammen von Frau Bożena Friedrich. Für die Revision im Zuge der Lizenzausgabe der Wissenschaftlichen Buchgesellschaft (April 2004) war die sorgfältige Lektüre Gisbert Hoffmanns sehr hilfreich.